Guide spirituel
des lieux de retraite
dans toutes les traditions

Anne Ducrocq

Guide spirituel des lieux de retraite dans toutes les traditions

Albin Michel

Ouvrage publié sous la direction
de Marc de Smedt

Avertissement

Les adresses figurent à la fin de chaque chapitre
ou sous-chapitre et sont classées par ordre aphabétique
de région, puis de département pour la France,
par ordre alphabétique de province ou de canton
pour la Belgique, la Suisse et le Luxembourg.

Aux cœurs qui écoutent

Sommaire

*« Pratiquez l'hospitalité
les uns envers les autres,
sans murmurer. »*
1 Pierre 4, 9

*« La marche vers le puits
n'est pas le terme
de notre soif. »*
Hawad, poète touareg

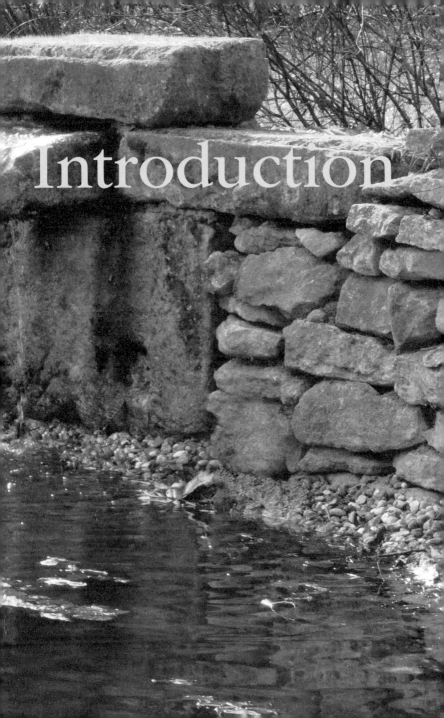

Introduction

*" Quel que soit le chemin
déjà parcouru par un homme,
il se tromperait grandement
s'il croyait ne pouvoir aller au-delà. "*

Lanfranc

« Tout le malheur vient d'une seule chose, qui est
de ne savoir pas demeurer en repos, dans une
chambre », écrivait le sage Blaise Pascal. La sentence
n'a pas pris une ride... En effet, quelle leçon magistrale
pour les êtres du XXIe siècle, saisis simultanément de
bougeotte et de déprime ! Et si le philosophe avait
raison ? Et si notre suractivité et notre détresse existentielle étaient liées ? Ainsi, de même que la Bible
nous rappelle justement qu'« il y a un temps pour
toute chose sous les cieux, un temps pour naître, et
un temps pour mourir ; un temps pour planter, et un
temps pour arracher ce qui a été planté » (Ecclésiaste
3, 2), de même devrions-nous nous souvenir que s'il
y a un temps pour agir dans le monde, il en faut un
aussi pour s'en retirer, se reposer et faire silence. Ce
dernier effraie autant qu'il fascine. Pourtant, les ermites
le savent : de même que les avions passent le mur du
son, il y a un mur du silence à traverser...
Toutes les traditions ne cessent de le répéter : le
silence n'est pas l'absence de bruit, c'est une qualité
d'être. J'y ai goûté consciemment pour la première
fois à l'âge de vingt ans. Mal dans ma peau, dans
une urgence mal nommée, j'avais éprouvé le besoin

de me *retirer*. Une amie très chère avait tiré sa révérence et je n'arrivais pas, depuis, à être sûre de mon ancrage, de mon « incarnation ». La mort interroge la vie. J'avais alors trouvé, sans autre conseil que la main de la providence, un monastère chrétien niché dans une forêt. Je ne cherchais pas Dieu. Je cherchais un apaisement. Le silence y était obligatoire, cela me ravit et me rassura : j'avais peur d'être « auscultée », on ne verrait donc pas de près mes drôles de motivations. J'ai passé cinq jours dans un petit ermitage. Il faisait beau, la lumière réchauffait les sous-bois qui m'abritaient.

> *Dieu se contente de peu, car il sait que nous n'avons pas beaucoup.*
> Saint François de Sales

À l'heure des repas, j'allais, dans la maison d'accueil, remplir mon panier d'osier. J'y croisais d'autres retraitants. Nous ne nous parlions pas et cela me convenait car je n'avais pas envie d'échanger. On se bat souvent dans la vie de tous les jours pour prendre la parole, je venais ici pour prendre le silence. Le panier rempli, chacun retournait ensuite se nourrir « chez lui ». Nous étions éloignés les uns des autres et je passais mes journées dans ma cabane, ou assise près d'un arbre, sans croiser âme qui vive.

Le jour de mon arrivée, une religieuse m'avait demandé si j'avais besoin d'écoute. J'avais dit oui, un peu effrayée par cette première expérience en tête à tête avec moi-même. Le silence, j'étais d'accord, mais un peu de chaleur humaine, j'étais aussi preneuse... J'avais besoin d'un regard un peu décalé sur ce que je vivais. Je ne me sentais pas si solide que cela et, surtout, si pleine de moi ! J'avais besoin d'être guidée dans ce pays de silence et de solitude. Chaque jour, pendant une heure, la « petite sœur de la communication » venait s'asseoir dans l'herbe à mes côtés et je lui parlais. « *Curvata Resurgo* » (Courbée, je me redresse).

Je dis « parler », pas « bavarder », car je sentais qu'il y avait une différence majeure entre les deux. Une différence qui, précisément, peut tout changer dans la relation à l'autre. Je comprenais cela intuitivement, à l'attitude de cette jeune femme. Je la trouvais différente, elle était si disponible. Je sais aujourd'hui que ce que j'ai découvert là-bas, c'était une *écoute*. Elle m'écoutait et je m'entendais...

Une semaine plus tard, la vie a repris, le bruit et mes bavardages aussi. Une chose a néanmoins changé : mes retraits du monde, dans des couvents ou dans la maison familiale de montagne isolée, n'ont plus cessé. Chaque voyage en solitaire, même lorsqu'il est bref, me transforme. Souffle. C'est mon secret de vie, parfois de survie : le silence, quand il est habité, aime et restaure.

En chemin vers soi...

Chaque année, pas seulement l'été mais en toute saison, des milliers de personnes, de tous âges, effectuent une retraite dans une abbaye, couvent, monastère, temple bouddhiste ou autre lieu à connotation spirituelle. La demande explose. Et qui veut aujourd'hui, en Europe, faire un séjour « hors du monde » sait déjà qu'il doit s'y prendre bien à l'avance pour trouver une chambre disponible.

Certes, le risque de « consommer » de la spiritualité est présent. Le maître de méditation tibétain Chogyam Trungpâ dénonçait déjà dans les années 1970 les pièges subtils du matérialisme spirituel : « Un certain nombre de voies de traverse conduisent à une version distordue, égocentrique, de la vie spirituelle. Nous pouvons nous illusionner en pensant que nous nous développons spirituellement, alors qu'en fait nous usons de techniques spirituelles pour renforcer notre ego. Cette distorsion fondamentale mérite le nom de "matérialisme spirituel". » Heureusement, quand bien même on nourrirait son ego et l'on s'éloignerait de l'authentique spiritualité – qui est dénuement, humilité et approfondissement –, un séjour dans un monastère, de quelque tradition que ce soit, ne laisse pas indemne. Il y a toujours un enrichissement de la personne, ne serait-ce que parce que se couper de ses habitudes quotidiennes et « pratiquer » le silence change les êtres.

« Nous connaissons dans notre Occident deux voies quand nous sommes dans un état d'étouffement : l'une, c'est le défoulement, c'est crier, exprimer ce qui était jusqu'alors rentré ; l'autre, c'est le refoulement, avaler des couleuvres… Il existe un troisième modèle, c'est de s'asseoir au milieu du désastre et devenir témoin, réveiller en soi cet allié qui n'est autre que le noyau divin en nous », soulignait justement Christiane Singer. De fait, si les églises se vident, les monastères n'ont jamais été aussi pleins, les âges et les visages n'ont jamais été aussi éclectiques.

Simone a perdu son mari il y a un an ; elle a assumé le quotidien depuis pour ses deux enfants ; elle a besoin de prendre quelques jours rien que pour elle, pour se rassembler. Raphaël a perdu son emploi ; il a besoin de faire le point, de se recentrer. Charlotte est revenue gonflée des derniers JMJ avec le pape ; elle a pris la décision, avec sa meilleure amie, de prendre une petite semaine en août tous les ans pour raviver sa foi. Le fils de Matthieu s'est suicidé ; celui-ci a besoin de pousser un cri à l'infini, en se rapprochant de l'infini sur la pointe des pieds. Christophe est baptisé, mais ne pratique plus depuis l'adolescence ; un divorce le fait réfléchir au sacrement et à l'engagement ; toute sa vie est secouée. Rémi a vingt ans et ne trouve pas sa place dans l'avenir qu'on lui trace ; il a besoin de creuser qui il

> *Où que je sois, chez moi, dans un hôtel, dans un train, un avion ou un aéroport, je ne me sentirais pas irrité, agité et désireux d'être ailleurs ou de faire autre chose. Je saurais que c'est ici et maintenant qui compte et qui a de l'importance parce que c'est Dieu lui-même qui me veut à ce moment en ce lieu.*
>
> Henri Nouwen

est en vérité. Anne vient de réchapper d'un cancer et de deux ans de traitement ; tout recommence ; tout commence ; elle veut une vie neuve ; elle veut remercier aussi. Hélène a lu un livre qui l'a bousculée en rejoignant une aspiration mystique nouvelle en elle ; elle sent une envie d'aller plonger en ses terres intérieures. Viviane est pratiquante ; après une vie bien remplie, devenue grand-mère, elle s'offre le luxe dont elle rêve depuis quarante ans : quelques jours en dehors du monde.

Entre quête de Dieu et quête de soi, entre attrait du silence, de la méditation et des rituels, entre besoin d'être écouté, de partager et besoin de décrocher du stress, entre choix de vie et manque crucial d'outils de discernement, les motivations sont diverses... Tous, les plus jeunes en particulier, demandent à ce que leur vie soit éclairée. Fini le temps où l'on allait en Orient chercher une spiritualité de l'intériorité !

On part pour prendre un bol d'air en plein surmenage avant le *burn-out*. Pour réfléchir avant de faire une bêtise, avant de prendre une décision qui engage, au moment d'un changement de cap professionnel, d'une rupture amoureuse, d'un deuil qui ne se fait pas. Au moment de devenir père ou mère. Partir pour descendre en soi. Pour expérimenter le silence, le tête-à-tête avec soi-même. Pour retrouver le contact avec le divin ou le chemin du pardon. Pour réviser un examen. Pour recevoir un enseignement. Pour fuir parfois. Pour mettre son cœur à l'abri du chahut et des chagrins. Pour savoir ce qu'on a dans le ventre. Pour pressentir le sacré, le ciel en soi. Pour déposer les armes, recontacter ses forces et, peut-être, dans le silence des lieux, oser entendre, des profondeurs de soi, une parole et des envies nouvelles.

Les blessures de la vie mettent parfois du temps à cicatriser, mais font aussi retentir une petite voix, comme un appel à une vie plus *authentique*. Les uns et les autres, avec des raisons toujours uniques, se mettent alors en quête d'un lieu en retrait du monde, de son bruit, de son agitation, de sa consommation. Pour entrer dans le langage du silence et des sourires. Comme si le fait de s'approcher de personnes qui ont des convictions et ont trouvé un sens à leur vie pouvait être contagieux. Et peut-être cela l'est-il, justement. Mais on ne le sait qu'après...

> *Chacun, même le plus perdu des hommes,*
> *a dans son âme une chaumière, avec une clochette*
> *à l'entrée. Le vent parfois la fait bouger.*
>
> Christian Bobin

Oser le plongeon du face-à-face avec soi-même, on le pressent, n'est pas sans risques. On aimerait ne pas se tromper d'adresse. Quand on n'appartient pas à une religion, à un groupe confessionnel où le bouche-à-oreille peut nous guider, on ne sait à qui demander conseil. Et c'est avec cette peur – à la fois bien réelle mais aussi souvent prétexte – que l'on attend parfois des années avant d'oser franchir le pas.

> **Où il n'est plus d'espoir, c'est l'occasion de Dieu.**
> Adage chrétien

Paradoxalement, si les lieux à l'écart du monde effraient, ils attirent aussi comme des aimants. Ils sont, d'une part, souvent situés dans la nature, parfois dans des cadres spectaculaires. La beauté a toujours été un vecteur du sacré. Une nature sauvage – mais un monastère dans la ville peut aussi être une véritable oasis –, une liturgie solennelle, un chant qui semble venu d'un autre monde ou encore une architecture harmonieuse aux lignes pures conduisent l'âme vers les choses essentielles. « Le sacré est ce qui donne la vie et ce qui la ravit », écrivait le poète Roger Caillois. Mais aussi, et surtout, on sait qu'on trouvera en ces lieux retirés des personnes qui cherchent à vivre de l'unique nécessaire et dont la radicalité des choix tranche avec nos atermoiements permanents, avec nos difficultés à trouver une direction et à nous y tenir. « Le monastère est un phare, une sorte d'idéal que l'on n'atteint jamais. Nous avons besoin de l'idée qu'il existe des lieux où des gens se consacrent totalement à la vie de l'esprit. On ne les idéalise pas plus qu'hier. Il y a toujours eu ce double rythme des êtres qui vivent dans le monde et de ceux qui se sont retirés.

En Asie, la répartition des rôles est d'ailleurs claire : on fait des offrandes à ceux qui prient pour nous. Notre fascination à leur égard est finalement très logique. Nous vivons en effet à quatre-vingt-dix-neuf pour cent dans la matière. Comme au Moyen Âge, nous sommes impressionnés par ceux qui se consacrent entièrement au un pour cent restant. En choisissant ce qui est apparemment de l'ordre de l'"inutile", ils incarnent l'inverse de nos valeurs », souligne Frédéric Lenoir, directeur du *Monde des religions* et sociologue des religions.

Alors, on se prend à rêver. Et si la paix se transmettait ? Et si la sagesse se transfusait d'âme à âme, dans le silence et le recueillement ?

L'hospitalité

« Le sens de l'hospitalité se perd », entend-on ici et là. Ce serait dommage car il vient de loin... Il remonte en effet au monde antique et les poèmes homériques y font de fréquentes allusions. En Grèce, l'étranger qui demandait asile devait être accueilli comme un envoyé des dieux. On était tenu de lui servir un repas, de le faire asseoir devant le foyer, de lui fournir une couche... À la fin de l'Empire romain, des institutions chrétiennes hébergent et soignent des étrangers et des pauvres ; ils y sont traités en « hôtes » : c'est ainsi que l'Hôtel-Dieu, à Paris, date du VIIᵉ siècle. Plus tard, au Moyen Âge, les bénédictins ont contribué à créer un réseau d'hospices pour voyageurs. Les Écritures font en effet une grande place à l'hospitalité. On dit que saint Augustin la pratiquait généreusement.

Elle s'imposait à l'égard des pèlerins et des clercs en voyage (d'autant que les auberges n'avaient pas bonne réputation) et constituait l'un des services que les hommes se devaient les uns aux autres : « Ce que tu as fait aux moindres des miens, c'est à moi que tu l'as fait » (Matthieu 25, 40).

Tout cela a progressivement glissé vers la sphère étatique qui a pris en charge les plus faibles, les plus démunis. Désormais, on considère que l'hospitalité est « l'action de recevoir chez soi l'étranger qui se présente ». Quant à savoir qui est l'étranger, le débat est vaste : on est tous l'étranger de quelqu'un... De même, le besoin d'être accueilli n'est pas qu'économique : les « déshérités » de notre monde – malades, dépressifs, solitaires – peuvent être des nantis...

Les lieux qui pratiquent l'hospitalité monastique – moyennant une contrepartie financière qui n'est, en principe, jamais imposée – l'ont bien compris : l'hospitalité est un visage du divin. C'est la raison pour laquelle ils ouvrent la porte à tous les gens fragiles, au sens large, c'est-à-dire à vous, à moi.

L'hospitalité présuppose un espace particulièrement protégé, un abri, un emplacement clos qui s'oppose à l'ouvert, à l'étendue dépeuplée que le voyageur traverse. Là, l'étranger et l'exilé sont en sécurité. Mais plus encore, ils reçoivent l' « hospitalité du silence[1] », c'est-à-dire l'écoute, comme l'explique magnifiquement Marcel Neusch, assomptioniste : « Que veut dire : offrir l'hospitalité ? C'est en priorité une écoute. Écouter, ce n'est pas rester muet devant l'autre, mais

---

1. Expression de Jean-Louis Chrétien.

ouvrir un espace pour accueillir sa parole, se rendre réceptif à ce que sa parole peut avoir d'inattendu et de dérangeant. [...] Offrir l'hospitalité, ce n'est pas d'abord donner quelque chose, c'est accueillir quelqu'un. Ce qui manque dans notre société, c'est certainement des êtres d'écoute, des services d'écoute, des points d'écoute, que ce soit dans les familles, dans les écoles, dans les entreprises. L'écoute est peut-être la forme d'hospitalité la plus déficiente dans nos sociétés. [...] Écouter est une tâche difficile : on a peur de certaines confidences, car on sent bien qu'elles entraînent plus loin que l'on ne le voudrait. Alors, on préfère ne pas écouter, ou ne pas entendre. Trop d'appels se perdent faute d'oreilles pour écouter. Offrir l'hospitalité, c'est non seulement être à l'écoute, mais se mettre au service d'autrui. C'est une urgence permanente tant que nous sommes en exil ici-bas[2]. »

> *N'oubliez pas l'hospitalité, car c'est grâce à elle que quelques-uns, à leur insu, hébergent des anges.*
> Épître aux Hébreux 13, 1-2

Aujourd'hui, la vocation à l'accueil et à l'hospitalité est inscrite dans la plupart des règles de vie des ordres et des communautés. Elle leur interdit de « trier » les hommes et les femmes qui frappent à leur porte : dans des lieux où l'on est en droit d'attendre une plus grande humanité qu'ailleurs, aucun critère de discrimination n'est toléré. Chacun y est donc bienvenu quelle que soit son appartenance religieuse, sociale, politique ou sexuelle. De même qu'un hôtelier n'est pas

---

2. Lire son article passionnant sur : www.assomption.org

censé choisir ses clients, l'hôtellerie monastique ouvre a priori les bras à tous ceux qui éprouvent le besoin de faire une halte. Offrir l'hospitalité, c'est devenir le prochain de l'étranger.

Une boussole pour indiquer une direction

Partir donc, oui. S'arrêter. Mais où ? Les pratiquants ont bien souvent leurs réseaux, leurs adresses. Mais les autres ? Certes, des guides de retraites spirituelles catholiques existent déjà. Ils sont nombreux et certains fort bien faits. Mais ils présentent l'inconvénient de faire de l'« entre-soi » : ne présentant que des lieux catholiques, ils donnent implicitement l'impression de ne s'adresser qu'aux catholiques. Quid des personnes sans appartenance confessionnelle ou en rupture avec leur baptême ? Pourtant, des hommes et des femmes laïques, voire athées, osent passer la porte des abbayes et des monastères chrétiens. Et c'est là que les choses sont nouvelles. Certes, les monastères n'ont pas attendu le XXIᵉ siècle pour exercer une attraction sur le monde. Mais hier, les retraitants étaient sinon des pratiquants, du moins des personnes qui appartenaient à une religion et qui vivaient son observance d'une manière naturelle. Aujourd'hui, les motivations de ces voyageurs en quête d'eux-mêmes ne sont pas toujours religieuses. « Les gens ont besoin de faire le point sur leur vie, de prendre du recul. Ils pourraient le faire dans un Club Méditerranée ou en se retirant seul dans un hôtel à Trouville, mais c'est un peu triste. Or, il y a des lieux qui ont du sens pour cette réflexion-là.

Aujourd'hui, on ne vient pas au monastère chercher Dieu, mais se chercher soi », précise encore Frédéric Lenoir. On va ainsi vers tel lieu parce qu'il accueille les étudiants en manque de tranquillité pour leurs révisions, vers tel autre parce qu'il offre des liturgies avec des chants grégoriens qui font courir tout l'Hexagone. On choisit celui-ci, réputé pour un directeur spirituel au discernement très fin ou pour sa proximité de la résidence principale, et celui-là pour sa situation dans un cadre naturel de toute beauté ou parce qu'on y a suivi une retraite de fiançailles il y a dix ans.

De même, il existe des guides de lieux de retraite bouddhistes. Nul n'a besoin de prendre refuge dans le Bouddha pour être initié à des techniques de méditation et cela tombe bien : nous n'avons jamais été aussi friands de méthodes pour aller mieux et les monastères bouddhistes font salle comble. Or on a aujourd'hui plus tendance « à butiner » en allant cette année s'initier à la gestion des émotions chez les bouddhistes et l'année suivante à une session de discernement dans un moment de vie crucial. On assiste à une révolution copernicienne de la conscience religieuse : ce n'est plus la tradition qui forme l'individu, c'est l'individu qui va chercher dans les traditions ce dont il a besoin.

Mais l'une des raisons d'être de ce guide est aussi partie d'un constat très simple : les guides existants, chrétiens ou bouddhistes, sont organisés selon des critères géographiques : on part ainsi en quête d'un lieu proche de chez soi. C'est un critère plus qu'utile mais pourquoi ne pas le croiser avec des critères plus « spirituels » ? On peut en effet préférer prendre un TGV pour se rendre à deux heures de chez soi dans un lieu qui correspond mieux à sa recherche intérieure et à ses préoccupations d'aujourd'hui... Les trappistines, on s'en doute, ne reçoivent pas comme les carmélites ou les cisterciens, ni les bouddhistes vietnamiens comme les tibétains. Ni spirituellement ni concrètement.

Ici on parle, là on s'enfouit dans le silence. Le bavardage, en revanche, n'est invité nulle part. Ici on est plus chaleureux, là plus rigoureux. Ici l'accueil est mixte, pas là. Ici on se réveille au milieu de la nuit ou l'on démarre la journée à 4 heures du matin, là on médite une heure et demie matin et soir. Ici les offices sont en latin, là en japonais ou en sanskrit. Ici on est à la périphérie de la ville, là protégés par des hectares de forêt. Ici, les liturgies sont d'une beauté à couper le souffle et font la part belle aux sens, là elles sont dépouillées à l'extrême... Comment faire la différence ? Comment savoir avec qui je suis, aujourd'hui, en résonance ?

À méditer

« *Mais quand deux hommes s'entretiennent, il y a toujours un tiers présent : le silence ; il écoute. Ce qui donne de l'ampleur à la conversation, c'est que les paroles ne se meuvent pas dans l'espace étroit des interlocuteurs, mais qu'elles viennent de loin, de là où le silence écoute* ».
Max Picard

Pour éclairer le désir de l'intérieur, j'ai voulu débroussailler les choses. Que de personnalités variées, d'énergie, d'intelligence du cœur... Chaque famille a ses maîtres, ses modèles. Si on les connaît, si on les lit, on gagne un temps fou. Dis-moi à qui tu veux ressembler, je te dirai qui tu es, et vers où aller...

Ce livre, qui donne des adresses interreligieuses en France et chez nos voisins francophones – suisses, belges et luxembourgeois –, se veut une boussole, une main tendue à ceux, pratiquants, croyants ou pas, qui ne souhaitent pas s'en remettre totalement au hasard.

Les adresses proposées ne sont pas exhaustives – d'autres guides le sont – et mes choix de reportage, ainsi que mes ressentis, sont nécessairement subjectifs. Par ailleurs, l'islam et le judaïsme n'ayant pas de tradition monastique, ce guide de retraite spirituelle se limite aux adresses chrétiennes, bouddhistes et laïques. En effet, il n'existe pas de lieux de retraite dans le judaïsme. Dans le monde juif orthodoxe, ce sont les familles, à titre individuel, qui s'ouvrent et accueillent des personnes seules ou en difficulté, essentiellement le chabbat et les jours de fêtes religieuses. De même, il n'existe pas de monastères en islam, hormis deux ou trois monastères de derviches. En revanche, il existe des *zaouias* (ou *khanqa*) qui sont des lieux où les soufis se rencontrent et pratiquent, en groupe ou individuellement. La pratique de la retraite existe dans le soufisme mais sans nécessiter des lieux spécifiques.

Un dernier préambule s'impose avant de poursuivre : si je suis allée à la rencontre de différentes familles religieuses pour entrer plus avant dans leur spiritualité et en faire « humer » l'atmosphère, je me dois de préciser que je suis chrétienne. Mes affinités pouvant se sentir dans certains reportages, je les assume. Elles n'empêchent en rien, ce me semble, la rencontre avec l'autre.

Les lieux de retraite dans les lieux de pèlerinage et les sanctuaires mariaux (Paray-le-Monial, Sainte-Baume, Mont-Saint-Michel, Lourdes, Bétharram, Vézelay, Lisieux, Chartres, Notre-Dame de Paris, Notre-Dame de La Salette, Sainte-Anne d'Auray, Marienthal, Le Puy-en-Velay, Cotignac, Brive-la-Gaillarde, etc.) ne sont volontairement pas répertoriés dans ce guide. La démarche, plus proche du « tourisme religieux » et collective, y est fondamentalement différente de celle de la retraite solitaire et fait l'objet de suffisamment d'ouvrages spécialisés.

De même, ce guide, étant destiné à celles et ceux qui ont une démarche individuelle, ne donne pas d'informations particulières concernant l'accueil des groupes.

Enfin, les informations relatives aux lieux d'accueil émanent pour la très grande majorité de leurs sites Internet. Certains sont plus sobres que d'autres. Il faut savoir lire entre les lignes...

Entre réalisation personnelle
et épanouissement spirituel...

Avec Bernard Ugeux[1], spécialiste des nouveaux mouvements religieux, s'intéresse à la soif spirituelle de ses contemporains et notamment aux liens qui existent entre guérison et spiritualité. Quel est son regard sur le « magnétisme » qu'exercent les lieux de retraite ?

▌ *De façon quasi unanime, les centres spirituels ont vu la fréquentation de leur hôtellerie augmenter. Mais ce qui est plus symptomatique, c'est l'évolution de celles et ceux qui tapent à leur porte. Qui est ce nouveau public dont on dit qu'il est moins « boutique » ?*

Je suis frappé par le nombre grandissant de personnes qui disent : « J'ai une spiritualité, mais je n'ai aucune religion. » On note ici toute l'ambiguïté du mot « spiritualité ». Ces gens-là ne font pas toujours mention d'une dimension transcendante, mais veulent exprimer l'idée qu'ils ont une vie intérieure, un « maître intérieur », et qu'ils sont en quête de quelque chose. Maurice Bellet, psychanalyste et théologien, définit la spiritualité comme « ce qui fait appel à l'intériorité de l'homme, lui fait refuser l'inhumain, l'invite à s'accomplir dans une recherche de transcendance et donner sens à son action, le met à l'écoute des autres et le porte à donner, échanger, recevoir[2] ». Cette définition peut s'appliquer à toute personne en recherche sérieuse de sens.

Les publics sont assez variés. Cela va des personnes qui ont une authentique recherche d'absolu à d'autres, plus narcissiques. On trouve tous ceux qui ont, un temps, cherché dans les livres les réponses à leurs questions existentielles et essentielles. À un moment, cela ne leur suffit plus. Il y a aussi les hommes et les femmes qui ont suivi des maîtres autoproclamés ou se réclamant d'un mélange de différentes traditions. Vient l'heure où, pour approfondir leur chemin, certains ressentent le besoin de cesser le « bricolage » et de s'adresser à une « vraie » tradition. Aller dans

---

1. Bernard Ugeux, père blanc, est directeur de l'ISTR (Institut de science et de théologie des religions) de Toulouse et professeur à la faculté de théologie de Toulouse. Il est notamment l'auteur de *Guérir à tout prix ?*, *Traverser nos fragilités* ou encore *Retrouver la source intérieure*, tous publiés aux Éditions de l'Atelier. Fin 2008, la revue *Panorama*, dans un hors-série, publie une conférence de Bernard Ugeux dédiée à ce sujet, dans une perspective plus largement chrétienne.

2. Charte de « Démocratie et spiritualité ».

un monastère, c'est se rapprocher d'une communauté et de personnes qui ont fait un choix radical de spiritualité dans la durée. C'est aussi aller dans des lieux « chargés », autre terme ambigu lié à une idée d'énergie. Enfin, ils cherchent des modèles de gens « réalisés[3] ». La communauté des moines interroge. Ces derniers sont des modèles contre-culturels, loin de l'injonction de réussite individuelle. Ils sont les garants d'une tradition et, contrairement à des maîtres spirituels qui utilisent parfois leur ego pour se créer une clientèle, on attend de leur part une gratuité du témoignage.

▌ *Comment se met-on en route ?*
Certains ont été mis en mouvement par une rencontre personnelle en profondeur, une expérience spirituelle ou humaine qui a bousculé leurs certitudes et ouvert leur cœur : une visite à Taizé, une célébration des JMJ, une retraite dans un monastère bouddhiste, un séjour dans une culture où la transcendance garde une place centrale... D'autres se sont mis en route à la suite d'une épreuve qui leur a révélé leur fragilité ou les a poussés à se poser des questions jusque-là occultées :

---

3. Cette expression est souvent employée par les spiritualités d'Extrême-Orient pour définir quelqu'un qui a atteint un réel degré d'accomplissement spirituel.

« Pourquoi le mal ? Pourquoi est-ce moi qui suis touché par cette maladie ? Quel sens donner à la souffrance ? Dieu existe-t-il ? Pourquoi est-il si silencieux ? Et après cette vie, où irons-nous ? Reverrons-nous ceux qui nous ont quittés ? » En effet, la perte d'un être cher, l'expérience d'un échec conjugal ou professionnel, une maladie grave ou handicapante, certains événements imprévisibles ne les ont pas laissés indemnes. Ils questionnent leur toute-puissance souvent inconsciente... et parfois la toute-puissance de Dieu.

L'expérience de la fragilité peut nous pousser à nous replier sur nous-mêmes, à nous durcir, à nous protéger en coupant toute relation authentique, à douter de Dieu ou à nous détruire. Elle peut être aussi la découverte bénéfique d'une faille dans notre carapace, d'une béance qui se révèle comme un espace soudain libéré pour un nouvel ensemencement. La reconnaissance de notre finitude peut être le début de la découverte de notre identité profonde, parfois insoupçonnée... et même d'une nouvelle fécondité.

Or, partir ainsi sur les chemins de la découverte de soi et d'un sens à donner à la vie ne se décide pas sans combat intérieur. Au moment de se mettre en route, que de résistances en nous ! Que de bonnes raisons de ne pas prendre de risques ! Entre l'intention de partir et la décision de lâcher ses certitudes, le pèlerin a bien des peurs à apprivoiser, des fragilités à accueillir, des deuils à traverser pour s'orienter vers la source intérieure... La décision est d'autant plus difficile que les propositions sont nombreuses et si ambiguës que nous avons peur de nous perdre, parfois à juste titre.

> *Les monastères, quelle que soit leur tradition, offrent des espaces de silence que l'on a du mal à trouver ailleurs.*

▌ *Vers quoi se met-on en route ?*
Il y a d'abord le souci d'acquérir des outils : soit pour mieux se connaître, soit en vue de pratiques méditatives, soit dans le but de développer indéfiniment ses potentialités, jusqu'à aboutir à des modifications d'état de conscience. Pour arriver à ces fins, des maîtres ou des thérapeutes sont nécessaires. Certains revendiquent la compétence d'être les deux à la fois : ils peuvent être dangereux. Où trouver ces guides ? Dans des lieux spirituels ou thérapeutiques les plus divers : ashrams de tradition hindouiste, monastères chrétiens ou bouddhistes, mas provençaux,

riches en expériences holistiques, communautés du renouveau charismatique... Il est donc important que les centres spirituels chrétiens soient conscients qu'eux aussi sont perçus par ces quêteurs de sens ou de santé comme faisant partie du « supermarché » des biens religieux. Ils sont parfois visités comme des étapes sur des parcours pragmatiques, initiatiques, marqués par la fluidité des inquiétudes...

Les monastères, quelle que soit la tradition, offrent des espaces de silence que l'on a du mal à trouver ailleurs. On reprend également contact avec la nature, on marche, on respire, on se repose. Je conseille toujours aux gens de commencer leur retraite par bien dormir. Il vaut mieux détendre son corps avant d'entrer dans des pratiques méditatives...

▌ *N'y a-t-il pas confusion entre épanouissement personnel et épanouissement spirituel ?*
Des gens en recherche de bonheur, d'épanouissement et de spiritualité s'engagent de plus en plus nombreux dans une quête « spirituelle ». L'expression « quête spirituelle » est volontairement prise dans le sens large de quête de chemin d'intériorité, de connaissance de soi, avec une certaine ouverture à une transcendance, à un ultime. Pour ma part, je ne souhaite pas opposer travail sur soi et chemin spirituel. Pour moi, la vie spirituelle doit être

lieu d'humanisation, c'est-à-dire me permettre d'être moi-même dans toutes les dimensions de ma personne. On a trop longtemps déployé la vie spirituelle contre l'ego en oubliant un peu vite qu'avoir une certaine estime de soi mais aussi une connaissance de soi, tant sur le plan corporel qu'affectif, est indispensable.

Épanouissement personnel et épanouissement spirituel sont compatibles et de plus en plus souvent associés. À condition que derrière l'idée de l'épanouissement ne se cache pas le désir que « tout baigne », le désir d'oublier l'inévitable souffrance de la condition humaine avec ses fragilités et sa finitude. Cela étant dit, il me semble tout à fait normal que, parallèlement à un chemin spirituel, certains jugent nécessaire un travail sur soi. On ne peut cependant réduire le chemin d'*humanisation* qu'offre une authentique expérience spirituelle avec une pure recherche d'épanouissement, confondue parfois avec une quête largement égocentrique.

▌ *Aujourd'hui comme hier Abraham, l'homme entend « Va vers toi-même ». Cet appel, parfois pressant, ne correspond-il pas comme un gant à la quête contemporaine ?*

Cette invitation peut revêtir plusieurs significations. Partir à la découverte de ma terre peut signifier m'engager dans une recherche toujours inachevée de connaissance de moi-même et de développement personnel. Elle favorise alors le butinage et le nomadisme, où la succession des expériences plus ou moins gratifiantes risque de ne jamais déboucher sur une conversion et une libération du moi. Mais « Va vers toi-même » peut aussi signifier s'engager dans une démarche spirituelle pèlerine où, d'étape en étape, le chercheur de sens découvre des facettes de son mystère, de celui du Dieu qui l'habite et du monde qui l'entoure, tendu vers un accomplissement encore imprécis. Il peut alors accéder à une unification de ses profondeurs et à une liberté intérieure. Il ne s'agit cependant pas d'opposer les deux démarches, la quête spirituelle et la quête de soi.

▌ *Comment expliquez-vous le succès des centres bouddhistes en terre chrétienne ?*

On constate qu'un certain nombre de personnes qui s'engagent aujourd'hui dans le bouddhisme – comme dans le New Age – ont été déçues par un Dieu personnel. Elles considèrent qu'il existe une incompatibilité entre le mal qui règne dans le monde et la définition d'un Dieu à la fois tout-puissant et tout-amour. Pour elles, il vaut mieux renoncer à un dieu personnel et affirmer, comme c'est le cas dans le bouddhisme, que tout est souffrance et que c'est à chacun de faire un travail sur lui-même pour sortir de l'ignorance et de l'illusion du moi, afin d'être libéré de la souffrance.

Très concrètement, les bouddhistes proposent de nombreux outils, à commencer par la méditation, mais aussi des techniques de travail sur soi. Ainsi, de nombreuses personnes sont en grande détresse affective, submergées par leurs émotions. Le bouddhisme travaille précisément sur chacune d'elles (colère, aversion, désir, peur, tout ce qu'on appelle les « poisons moraux »...). Il apprend à les identifier, à en comprendre le fonctionnement et à se libérer de leurs excès. Cela procure une grande paix. D'autant que leur enseignement est complété par un travail sur le souffle, l'immobilité...

Épanouissement personnel et épanouissement spirituel sont compatibles et de plus en plus souvent associés.

Il y a une véritable interaction entre le spirituel et le corporel. Enfin, à la différence d'autres traditions, les bouddhistes, pédagogues et patients, valorisent l'expérience personnelle et proposent de l'autovalider. Cela rencontre un besoin devenu très fort, loin de tout dogmatisme imposé, de tout vérifier par soi-même.

▌*Jamais une société n'a eu accès à autant de propositions spirituelles. On assiste de ce fait à des parcours où les gens ont l'air de butiner, passant d'un lieu à l'autre, dans une sorte de « zigzag spirituel ». Doit-on voir cela comme une errance ou comme une étape ?*

Tout un religieux flottant et disponible est mis au service de quêtes individuelles, bien souvent sans critères de discernement. Ce supermarché du spirituel n'est pas sans risque. Tout dépend de l'état dans lequel on se trouve au départ. Des personnes qui ont des problèmes psychiques importants, tant qu'elles n'ont pas fait un travail sérieux sur elles-mêmes, continueront d'errer de groupe en groupe. Les centres spirituels ne peuvent pas les aider. Pour d'autres, ce peut être un complément à un moment où elles se posent dans leur thérapie. Le silence, la régularité des horaires, le fait d'être porté par des prières, même si on ne pratique pas, peut poser un cadre où relire des événements.

D'autres, en revanche, font des essais mais avec de vraies exigences. Progressivement, des choses s'acquièrent et se consolident. Elles entrent dans un chemin de conversion. Au fur et à mesure, elles font le tri. Enfin, il y a des chercheurs d'épanouissement personnel très égocentriques. Ces consommateurs spirituels cherchent simplement à aller d'expériences paroxystiques en expériences paroxystiques, en dehors d'une authentique quête d'absolu, de divin.

▌ *Que pensez-vous de ce retour de flamme pour les rituels et les cérémonies, parfois interminables, en latin, tibétain ou vieux chinois ?*
Notre société a un énorme déficit de rites et de symboles. Elle bavarde. Or, dans le rite, on met en scène des symboles qui suggèrent sans discours. Les gens sont en recherche d'une religiosité qui les mette en contact avec le sacré. Pour pouvoir « vibrer » à un autre niveau, ils ont besoin qu'existent des espaces alternatifs qui ne soient pas laminés par la société de consommation, qui soient protégés de la trépidation du quotidien. Un espace sacré donne accès à l'invisible. Ce dernier n'étant pas rationnel, on passe par le symbolique pour l'atteindre. Le christianisme s'est toujours méfié des débordements de l'affectif et a souvent tout fait pour les canaliser. C'est insuffisant. Il me semble plus opportun de partir de cette demande d'émotion et d'aider les personnes, progressivement, à la déplacer et à la faire

évoluer dans le sens d'un travail de discernement nourri des fruits de l'expérience.

▌ *Quel conseil donneriez-vous à des responsables d'hôtellerie chrétiens ?*
Pourquoi, dans les monastères chrétiens, ne pas prévoir de dédier un frère qui offre un chemin d'initiation à la méditation ou à l'oraison ? À cela, certains moines me répondent que ce n'est pas à eux de former. Je ne suis pas d'accord. Au Moyen Âge, ce sont bien eux qui ont formé l'Europe aux valeurs chrétiennes avec les moyens de l'époque. Aujourd'hui, on manque d'espaces d'initiation à la prière dans le cadre d'un parcours initiatique malgré une forte demande. Pourquoi ne pas proposer un parcours initiatique de deux fois une semaine par an, par exemple ? Cela pourrait être envisagé parallèlement à un accompagnement spirituel.
Je crains que les gens qui viennent dans les monastères n'y retournent pas si on ne répond pas à leur besoin d'initiation. Ici ou là, on propose des introductions à la *lectio divina* (lecture des textes sacrés). Les gens ont aussi besoin de sentir les choses avec leur corps et leur cœur. Pas seulement avec leur tête ! Il faut impérativement que les lieux d'accueil (ré)envisagent les dimensions affectives et corporelles. Pour les chrétiens, c'est un retour au réalisme spirituel de l'incarnation.

Parole de retraitant

Un parcours emblématique de la quête d'aujourd'hui

En 2002, « bien perchée sur les idéaux de l'adolescence et avec un besoin d'indépendance absolu », Marion, dix-neuf ans, part trois jours pour réviser ses examens d'entrée à Sciences Po à l'abbaye d'Ourscamp[1], dans l'Oise. Cette première expérience l'interpelle. Elle a des entretiens avec le prieur, un ami de la famille de son amoureux. Il avait fait des études supérieures et beaucoup voyagé. « Moi qui pensais par toutes les cellules de mon corps que la religion était enfermante pour l'esprit, j'ai réalisé que l'on n'allait pas forcément vers la religion seulement par ignorance, par peur ou par besoin. » Par ailleurs, même si son côté rebelle ne se satisfait pas des offices plus ou moins obligatoires, elle apprécie la sérénité des lieux. À Ourscamp, une première petite graine spirituelle est plantée... De fait, elle commence à ressentir de plus en plus fortement le besoin de faire une place à la quête de sens dans sa vie. Mais « avant de trouver le costume que je voulais choisir, j'ai eu besoin de fouiller ». Deux ans plus tard, en recherche d'épanouissement et dans un mal-être profond, elle s'installe à La Maison, un foyer qui accueille des étudiantes dans le quartier de Montparnasse à Paris. Le centre est animé par une congrégation mariale qui s'inspire de la spiritualité de saint Ignace de Loyola. D'emblée, Marion arrive en disant qu'elle ne croit pas en Dieu. Sous-entendu : ne vous approchez pas de trop près et ne me vendez rien ! « Les sœurs étaient ouvertes sur le monde, elles m'ont acceptée comme j'étais. Ce lieu était un vrai havre de paix dans le brouhaha du quartier. Les vitraux de la chapelle, signés Lalique, le petit jardin, tout m'apaisait. J'ai découvert que les

---

1. Voir l'adresse p. 253.

sœurs étaient des personnes avec qui l'on pouvait échanger, et pas seulement pour parler de dogmes ! » L'expérience dure un an et lui permet de franchir un pas de plus. C'est la seconde petite graine.

En quête d'un cadre plus défini, Marion se rend pour trois jours – elle cherche encore sur la pointe des pieds et ne s'engage pas au-delà d'un grand week-end – au centre bouddhiste Dhagpô Kagyu Ling[2]. Elle remarque un moine burkinabé, fils d'un imam. Elle qui a si peur d'être enfermée est séduite par son ouverture. « *Il y avait de tout parmi les moines. Par ailleurs, les bénévoles du centre étaient des jeunes, ce qui facilite l'identification.* » Elle sympathise avec deux d'entre eux, ainsi qu'avec Lama Puntso, un moine « *très vivant, très incarné* » qui avait fait plusieurs retraites de trois ans. Ensemble, ils évoquent le lien entre spiritualité et psychologie, la nécessité d'un dialogue interreligieux...

Lentement, des peurs s'estompent, le cœur de Marion commence à prendre le large. La recherche s'accélère. Trois mois plus tard, toujours pas fixée, elle part trois jours dans le Vexin au Centre Assise[3]. Elle est conquise par les lieux, où se mêlent harmonieusement zen, christianisme et développement personnel à travers la créativité. Elle est impressionnée par le parcours interreligieux de Jacques Breton, le prêtre qui anime le centre, apprécie les repas en silence, la méditation guidée du matin, la nature, le service. Ici, la messe de 18 heures est recommandée mais pas obligatoire. À Ourscamp non plus d'ailleurs...

La problématique de Marion reste la même – « *touche pas à ma liberté* » –, mais elle sent qu'elle avance à pas de géant. Deux mois plus tard, en avril, elle retourne à Dhagpo suivre une session de

---

2. Voir l'adresse p. 309.
3. Voir l'adresse p. 291.

quatre jours sur « Le spirituel dans l'art ». Puis enchaîne, avec une
amie, sur une semaine, « Naître à 2008 », à Assise. « Le 1er janvier,
nous sommes partis tous ensemble pour une marche dans la forêt.
De façon à passer d'une année à l'autre d'une façon consciente. »
De fait, elle gagne en conscience et en confiance en elle. Marion
creuse son sillon avec volonté, elle cherche et se rapproche de son
centre. « Dans les premiers temps, j'avais besoin de faire des retraites
avec des supports, des animations, des distractions. Aujourd'hui, je
peux envisager un sesshin [retraite zen intensive] en silence. Je suis
infiniment moins anxieuse. Mon entourage a changé : je fréquente
beaucoup plus de personnes intéressées par la spiritualité et je ne
mets plus tous les catholiques dans le même sac ! » s'amuse-t-elle.
À vingt-cinq ans, tout en s'appuyant sur ceux qui la soutiennent
au quotidien, Marion a désormais trouvé deux lieux qui lui
ressemblent. « Je cherche moins, je laisse plus les choses venir,
enfin… » Le zigzag spirituel, cette avancée par petites touches
impressionnistes, est aussi une façon de respecter son rythme…

Six questions à se poser avant de partir

La société nous aliène, sachons faire retraite.

Montaigne

Faire une retraite libre ou encadrée ?

Il existe deux grands types de retraites. Les premières sont solitaires, on y vit en alternance du temps pour soi (lire, se promener, rencontrer un moine, etc.) et des « temps spirituels » (offices, rencontre avec un frère, etc.). Vous êtes libre de gérer votre temps comme bon vous semble et la participation aux offices – si elle est parfois souhaitée – est le plus souvent laissée à votre libre arbitre. Vous êtes responsable de ce que vous en faites... ou pas.

Les secondes retraites sont accompagnées d'un enseignement. Elles sont collectives et on y est encadré. On y suit un enseignement sur des sujets tels que le pardon, le couple, se libérer de la colère, l'émerveillement, le deuil, les thérapies de l'âme, etc.

Aussi, avant de choisir un lieu, soyez clair sur votre recherche. Selon les moments de sa vie, ses besoins, ses motivations, on se dirigera avec plus de profit vers la retraite individuelle ou la retraite collective. On peut indifféremment commencer par l'une ou l'autre, bien que la retraite en groupe soit pour certains plus « rassurante ».

Quel temps consacrer à une retraite ?

Quel que soit le temps dont vous disposez, sachez que vous vivrez à un autre rythme et que la notion du temps sera très différente de celle que l'on a au quotidien ou même en vacances. Les habitués n'hésitent pas à prendre une semaine par an de ressourcement.

Si vous y allez pour la première fois, peut-être faut-il être plus progressif et commencer par deux ou trois jours de « visite » (une journée n'est pas suffisante pour « déposer son sac », son fardeau !).

Prendre le temps de s'arrêter un weekend prolongé, par exemple, c'est prendre un temps de retrait vital, s'initier au silence et au retournement intérieur. C'est une mise en route. Un centre spirituel est un poteau, une halte sur la route. Il y a un temps de découverte, d'acclimatation. Ensuite viendra le temps de la « relecture » : qu'est-ce que j'ai vécu ici ? Que vais-je en faire ? Ai-je envie de revenir ? Nous avons beau être dans une société de l'immédiateté, il faut laisser à l'expérience le temps de produire ses fruits.

Trois jours dans un monastère, qu'il soit tibétain, chrétien ou laïque, peuvent suffire sinon à réorienter une vie professionnelle ou affective, du moins à faire évoluer un questionnement.

Ceux qui ont déjà une expérience du silence pourront s'offrir cinq jours. Avec une expérience qui s'inscrit dans une durée, on laisse le temps aux choses de « monter » en nous et au silence d'agir.

Enfin, s'octroyer d'une semaine à dix jours, c'est prendre le temps de sentir et de goûter les choses intérieurement. C'est, sauf exception, la durée maximale d'un séjour.

De toute façon, on est vite confronté à la réalité : quelle que soit la durée, nous ne sommes maîtres ni du temps ni de notre maturation intérieure...

Quid de la mixité ?

Certaines communautés pratiquent ce qu'on appelle la « clôture ». Autrement dit, une ligne (virtuelle) qui signifie la frontière entre la vie profane, orientée vers le monde, et la vie consacrée, orientée vers Dieu seul. Elle n'est franchie par les moines et moniales que dans des cas exceptionnels. Les hôtes sont généralement invités à ne pas franchir cette clôture (sauf parfois si l'on est du même sexe mais, même dans ce cas, on ne pénètre pas n'importe où dans le monastère). Dans ces monastères, des lieux d'accueil sont prévus pour les retraitants au-delà de la clôture.
Certains lieux d'accueil sont mixtes, d'autres pas. Les proches sont parfois bienvenus : ici vous pourrez venir en couple, là en famille.

Combien cela coûte-t-il ?

Il n'y a pas de prix, seulement un barème. Pourtant, faire une retraite a un coût : celui de l'hébergement, des repas et éventuellement de l'accompagnement (c'est, pour les moines, une façon de « gagner leur pain »). Prévoyez un petit budget. Entre 25 et 40 euros par jour dans les lieux institutionnels – aidés par leurs ordres ou par les fidèles et sympathisants, ils peuvent accueillir à prix coûtant.
On vous donnera en général le coût de la journée, mais le règlement est encore souvent laissé à votre discrétion. Des arrhes sont parfois souhaitées lors de la réservation.
L'aspect financier ne doit *en aucun cas* constituer un empêchement. Vous pouvez toujours faire part de vos difficultés. Certains donnent plus que d'autres ou

Un conseil : réservez à l'avance

En règle générale, il est déconseillé de réserver à la dernière minute. Certes, les possibilités sont nombreuses dans toute la France (*le Guide Saint-Christophe*, *La Vie/Malesherbes Publications*, référence pour les adresses catholiques, propose tout de même 750 adresses), mais les places sont limitées dans chaque lieu. Les lieux les plus prisés sont réservés de six mois à un an à l'avance ! L'été, trouver une chambre devient presque mission impossible – on parle d'ailleurs d'« été spirituel ». D'une manière générale, les vacances scolaires et les grandes fêtes religieuses sont des dates très demandées.

font des dons aux communautés pour aider ceux qui ont de petits moyens. Une belle cordée humaine...

Certaines initiatives spirituelles privées peuvent se révéler plus onéreuses (en effet, quand il n'y a pas une communauté qui porte l'accueil, l'entretien des lieux, les salaires, les normes de sécurité, etc., font vite grimper les prix). Nous n'avons conservé que les adresses incontournables et à des prix qui restent accessibles. Ce n'est pas un guide des lieux privés de développement personnel !

un grand nombre de communautés chrétiennes, vous pourrez rencontrer un frère ou une sœur tous les jours. Des moines et moniales ont reçu une formation à l'accueil, à l'écoute et au discernement. Les bouddhistes n'ont a priori pas cette vocation à l'écoute.

Quoi qu'il en soit, sachez cependant que les monastères et temples ne sont pas compétents pour accueillir des personnes « en crise » : l'écoute d'un moine ou d'une moniale, de quelle que tradition que ce soit, ne peut se substituer à celle d'un thérapeute.

Quid de l'accompagnement spirituel ?

Ici, vous ne trouverez pas de « cellule psychologique » mais un rendez-vous avec vous-même ! Néanmoins, de nombreuses communautés offrent un accompagnement spirituel à ceux qui en font la demande au préalable. Dans

Que mettre dans sa valise ?

Il est recommandé d'apporter son linge de toilette et son linge de lit. Néanmoins, si vous voyagez en train et ne voulez pas vous charger, il est toujours possible d'en louer sur place pour une somme très modique.

Allô ?

Vous risquez parfois d'avoir du mal à joindre le frère hôtelier ou la sœur hôtelière par téléphone : vie monastique oblige, les heures d'accueil ne correspondent pas à celles d'une administration ! La vocation d'un moine ou d'une moniale n'est pas d'être standardiste mais de se tourner vers l'essentiel...

Lorsque cela est possible, nous vous avons donné les créneaux horaires pendant lesquels vous trouverez un frère ou une sœur au bout du fil. De plus en plus de lieux d'accueil disposent aujourd'hui d'un site Internet. Vous y obtiendrez de nombreuses informations et pourrez envoyer un courriel.

Pour ce qui est de nos outils de communication préférés – téléphone et ordinateur portable – il faut être clair : on vient faire retraite pour (re)trouver l'étrange saveur du tête-à-tête avec soi-même. Une certaine distance avec le quotidien, sa routine et son lot d'angoisses est donc souhaitable. Les chambres ne sont pas équipées de lignes téléphoniques (nous ne sommes pas à l'hôtel !...), donc faites une croix pendant quelques jours sur votre connexion Internet. Cela permet de voir ses dépendances dans le blanc des yeux.

Si le téléphone portable est accepté, on vous demandera de l'éteindre et de passer vos communications à l'extérieur. Il ne s'agit de rien d'autre que du respect de soi, de l'autre et de la qualité qu'exige la quête intérieure... Tous les lieux ont une ligne de téléphone fixe, généralement à pièces ou à carte, pour ceux qui ont besoin de rester reliés à leur petite famille...

Enfin, évitez de venir avec votre magazine préféré ou un roman. D'une part, une bibliothèque spirituelle existe dans quasiment tous les lieux. Ce sont des lectures plus indiquées à la démarche de retraite. Vous pourrez même y prendre goût... D'autre part, n'ayez pas peur de vous ennuyer. Nous sommes dans une société où l'on est terrorisé à l'idée de ne rien faire. Osez être oisif, faire le vide. C'est vertigineux mais immense : on y fait l'expérience que le vide est habité...

À qui hésite encore à faire sa première retraite

Conseils glanés auprès de ceux qui m'ont accueillie.

▌ La retraite commence avant le retrait à proprement parler : elle est née dans un désir que vous avez écouté et fait mûrir. Elle s'ancre dans le temps et le soin que vous mettrez à choisir dans quel lieu vous avez envie d'être accueilli. Écoutez votre petite voix. Elle vous glissera peut-être qu'un lieu, même quelque peu éloigné de votre domicile, résonne avec vous *aujourd'hui*. N'oubliez pas non plus qu'il ne suffit pas de rencontrer des « gens gentils et de bonne volonté » pour que ce soit bon pour vous. Essayez de discerner ce qui se cache derrière votre désir de retraite. Entendez votre demande profonde. On vient parfois chercher l'apaisement à un moment où l'on aurait davantage besoin d'un travail sur soi...

▌ Méfiez-vous de la boulimie d'expériences ou des comparaisons d'expériences, de tout ce qui est de l'ordre de la concurrence et des exigences de résultats sensibles immédiats. Ne vous attendez pas à des transformations spectaculaires et rapides. Visez la gratuité de la démarche.

▌ Venir dans un centre de retraite spirituelle est une expérience. Il n'y a ni réussite ni échec. Il faut changer de grille de lecture : on ne vient pas « réussir » une retraite ! Cela sera peut-être surprenant, désorientant, bousculant, voire décevant. Mais ce qui importe, c'est quel écho cette expérience va avoir en vous. Une retraite est là pour réveiller ce que les gens portent en eux, dans leur cœur. Après ce premier pas, il y a fort à parier que vous aurez réalisé que ce n'est pas si « redoutable » que cela et que vous aurez envie de renouveler l'expérience.

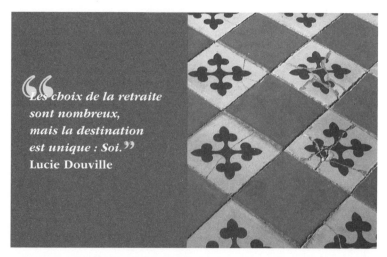

Les choix de la retraite sont nombreux, mais la destination est unique : Soi.
Lucie Douville

▌On se fait parfois un monde de passer le pas de la première retraite. Nous portons tant de choses en nous, nous en sommes effrayés. Nous avons peur de les laisser remonter. Alors qu'au fond de chacun de nous, il y a la paix et la joie. Bien sûr, elles devront traverser des zones de turbulences avant d'atteindre la surface. Mais c'est en les traversant que se joue notre transformation. Les moines l'expérimentent chaque jour... Un monastère est un lieu d'écoute de soi-même. On est acculé à laisser surgir des pensées, des émotions, des sentiments inattendus, parfois surprenants ou dérangeants. Faire une retraite, même brève, c'est aussi l'occasion d'avoir une oreille à qui l'on peut dire des choses que l'on ne s'est jamais entendu dire. Des choses qui nous révèlent à nous-mêmes, qui nous révèlent un chemin. Être écouté, avoir un écho, peut souvent suffire...

▌On pressent qu'une session peut bouleverser une vie, ou tout au moins ses conforts. C'est si important, les petits conforts... On préfère pendant longtemps se répandre, parler, plutôt que de poser des actes. Mais il faut aller au-delà de la peur car, avec elle, on ne peut pas raisonner. Plus on raisonne avec la peur, plus elle prend de l'importance... La seule solution reste de sauter, de se jeter à l'eau ! Quitte à ne pas renouveler l'expérience par la suite mais, au moins, on ne sera pas resté au niveau du mental.

▌Nous avons peur de laisser remonter ce qu'on ne connaît pas, ce qu'on ne maîtrise pas en soi car nous vivons dans une société où l'on nous fait croire que le bonheur consiste à tout contrôler. La société actuelle ne nous autorise plus l'échec. Donc ne nous autorise plus l'expérience, qui peut ne pas être un succès. Pour paralyser les gens, il est difficile de faire mieux ! Essaie et tu verras...

▌Il ne faut pas non plus craindre de s'ennuyer. Le fait de ne pas avoir de « programme » en panique plus d'un ! Il ne faut pas chercher à s'échapper du silence – on le fait déjà assez à l'extérieur ! Ne cherchons pas, toujours, à vouloir combler tous les vides... Et si certains sont oppressés et ont absolument besoin de « faire », on leur donne un aspirateur, des confitures à préparer, une haie à tailler, du bois à couper, des haricots à équeuter ! Si un désir de retraite est en vous, saisissez-le.

Faites confiance : à votre intuition, à votre désir profond, au hasard, à la chance, à ceux qui vont vous recevoir, au chemin, au présent, à Dieu...

Première partie

Spiritualités chrétiennes

> **" *Venez vous-mêmes à l'écart,*
> *dans un lieu désert,*
> *et reposez-vous un peu.* "**
>
> Marc 6, 31

On a longtemps stigmatisé le christianisme pour sa rigueur, son écoute moraliste, son prosélytisme ou encore pour l'absence de place accordée au corps. Aujourd'hui, pourtant, on dirait que l'Église se laisse un peu « décoiffer ». De plus en plus de communautés, en effet, sont connectées à Internet ou font des emprunts bancaires pour offrir un confort simple mais moderne à leurs hôtes de passage. Dans les parcs des abbayes on croise des frères l'oreille collée à leur portable. D'autres lieux, encore, ont su redonner au corps la place qui lui est due, avec des propositions aussi variées que l'initiation à la sagesse du corps ou des marches silencieuses dans la nature pour équilibrer le corps et l'esprit. Ici ou là, également, des moines se forment au New Age ou à la psychologie ou proposent, à côté de rendez-vous plus classiques, des retraites originales comme un séjour de prière en mer ou la gestion des conflits dans le couple !

Il n'est, bien sûr, et heureusement, pas un lieu qui ressemble à l'autre. Chacun a son mode de vie et sa singularité, portant la marque du prieur ou de l'abbesse qui dirige la communauté, mais aussi celle de la personnalité du frère hôtelier, de l'ambiance qui règne entre les frères et sœurs…

Comme dans un bouquet coloré, chaque membre de la famille chrétienne a sa couleur et son parfum : ainsi, par exemple, l'hospitalité traditionnelle de la famille bénédictine, la joyeuse pauvreté franciscaine et la solitude dépouillée du carmel. De fait, on n'est pas reçu de la même façon chez les uns et chez les autres et l'on n'y cueille pas non plus les mêmes fruits. On préférera tel lieu, plus adapté à la découverte, pour un premier essai, tel autre, plus dépouillé, pour le prolonger par une expérience plus profonde.

Ici on sera plus dans le partage, là plus dans l'intériorité. Ici on proposera un accompagnement spirituel, là on sera invité à traverser le silence. Ici la communauté religieuse sera réduite et les chambres d'accueil aussi, là on viendra de loin et la maison des retraitants, qui reçoit groupes et individuels, sera comble presque d'une année sur l'autre…

À vous de voir ce dont vous avez envie ou besoin.

À méditer

« *Quand ma prière devint de plus en plus fervente et de plus en plus intense, je trouvai de moins en moins à dire. Finalement, je me tus totalement. Et enfin, contraste plus flagrant encore, je me mis à écouter. D'abord je pensais que prier, c'était parler. J'appris que la prière, ce n'est pas seulement se taire, mais écouter. Bref prier, ce n'est pas parler, c'est faire silence, se taire et attendre, jusqu'à ce que le priant entende Dieu.* »
Sören Kierkegaard

La famille bénédictine

*66 Tous ceux qui viennent au monastère
seront reçus comme le Christ. 99*

Règle de saint Benoît

L a tradition bénédictine, fondée au VIᵉ siècle par
saint Benoît, compte plusieurs ordres monastiques : les bénédictins, les cisterciens et les trappistes.
Fondateur de l'ordre bénédictin et du monachisme
occidental, saint Benoît est même considéré par les
catholiques et les orthodoxes comme le patriarche des
moines d'Occident. Il est né vers l'an 480 à Nursie, en
Ombrie (Italie). Voulant rompre avec le monde, il abandonne ses études à Rome et se retire dans une grotte
près de la ville actuelle de Subiaco pour chercher
Dieu dans la solitude et la prière : il part « habiter avec
lui-même », seul sous le regard de Dieu. Bientôt, sa
renommée d'homme de Dieu lui attire de nombreux
disciples. Benoît les regroupe en douze petits monastères qui vivent sous sa direction. Vers 529, un conflit
avec un prêtre local l'oblige à quitter les lieux. Il va
alors s'établir sur le mont Cassin avec quelques compagnons. Il y fonde une abbaye appelée à un très

grand rayonnement. C'est durant cette dernière étape de sa vie qu'il rédige sa *Règle des moines,* couramment appelée *Règle de saint Benoît*, seul écrit que nous ayons de lui. Un écrit tout mince, qui « ne paie pas de mine », et qui nourrit pourtant toute la vie des moines depuis des générations. Benoît meurt vers 547.

Pour saint Benoît, le moine se caractérise par sa stabilité, et donc par son attachement à un lieu. Il entre dans un monastère précis, une terre qu'il a reconnue comme étant habitée par Dieu, un lieu qu'il épouse et qu'il ne quittera pas, sauf exception. C'est dans cet espace « clos », qui est davantage spirituel que géographique, qu'il vivra, mourra et reposera. « Le vœu de stabilité signifie que la vie est une affaire à entreprendre ensemble et non un divertissement solitaire. [...] C'est être responsable en permanence, chaque jour, de toutes ces personnes auxquelles [nous sommes] liés jusqu'à ce que

Vocabulaire monastique

Un **monastère** est un lieu où vivent les moines (et/ou moniales), du grec *monos* (unique, seul) car le moine vit seul en présence de l'unique Dieu.

Ce monastère peut être :

▌ une **abbaye** : si ce monastère est gouverné par un abbé (au féminin : abbesse, du latin *abbatia*, formé à partir de l'araméen *abba*, « père ») ;

▌ un **prieuré** : si ce monastère est gouverné par un prieur (au féminin prieure, du latin *prior*, « celui qui est en tête de liste »).

Pour qu'il y ait un abbé, il faut qu'il y ait plus de douze moines, autrement, c'est un prieur ayant sous sa responsabilité la direction de moins de douze moines (prieur et prieuré).

L'abbé d'une communauté est élu par ses moines, tandis que le prieur est désigné par l'abbé. Ce qui signifie que le prieuré dépend obligatoirement d'une abbaye.

tous, les uns après les autres, nous nous soyons aidés les uns les autres à aller au bout du chemin de notre vie », écrit la sœur bénédictine et écrivaine Joan Chittister.

La stabilité pose toute la question de l'engagement et de la fidélité. Et la question nous intéresse au premier chef, nous qui papillonnons d'une chose à l'autre, d'un visage, d'un lieu, d'un métier à l'autre. La stabilité, ce n'est pas tant ne pas fuir l'endroit où nous sommes. Elle signifie ne pas se fuir soi-même… En choisissant ainsi de rester en un seul lieu, le moine se concentre sur le combat spirituel qu'il a à mener : il est face à lui-même, face à Dieu, parmi ses frères pour lutter contre les pensées qui l'habitent, qui habitent tout homme – de violence, de haine, de pouvoir, etc. Avec et pour les hommes, il combat, et c'est une des formes de sa prière. « La stabilité est une promesse de faire face à la vie, résolument », ajoute Joan Chittister. Pour « tenir ferme », une seule méthode : avoir trouvé sa stabilité en Dieu. Or, le centre de gravité est en nous, c'est la stabilité du cœur.

Au XIIe siècle, saint Robert, moine bénédictin de Molesmes, est à l'origine de la réforme dite « de Cîteaux » : cette dernière, sous l'impulsion de saint Bernard de Clervaux, donnera naissance à l'ordre cistercien dont l'objectif est de redonner à la vie bénédictine toute sa pureté. Les trappistes, au XVIIe siècle, cherchèrent à leur tour à restituer la simplicité et l'austérité originelles de la règle cistercienne… Ce sont les « poupées gigognes » de saint Benoît !

Pour en savoir plus sur la vie monastique et les grands textes de la famille bénédictine : **http://www.abbayes.fr**

Une retraite dans la spiritualité bénédictine

Toutes les abbayes de la tradition bénédictine ont une hôtellerie : l'accueil des hôtes, surtout pour un temps de ressourcement spirituel, est inscrit dans la *Règle*, et les communautés ont généralement une partie de leurs bâtiments affectée à l'accueil.

Même si un accompagnement personnalisé avec un frère est souvent possible (certains ont même reçu une formation pour cela), la participation aux offices liturgiques – sept temps communautaires sont proposés – constitue l'essentiel de la retraite. On y vient donc avant tout pour le recueillement et pour la beauté des cérémonies. La restauration du chant grégorien dans de nombreuses communautés attire et réchauffe les âmes, jusqu'aux plus incrédules (voir encadré p. 77)...

> **La paresse est l'ennemie de l'âme.**
> *Règle de saint Benoît*

Le sens de la journée dominicale

Chez les juifs, le chabbat était jour d'adoration du Seigneur Dieu et jour de repos. Le quatrième des Dix Commandements prescrit de sanctifier le septième jour, qui sera le jour du repos. Les premiers chrétiens célèbrent le dimanche, le huitième jour, considéré comme le jour d'une création nouvelle, inaugurée par la résurrection de Jésus. L'empereur Constantin a institué en 321 le jour du Seigneur (le dimanche) comme jour férié légal dans tout l'Empire.

La journée monastique
selon la *Règle de saint Benoît*

À intervalles réguliers, les moines sont invités à laisser tomber ce qu'ils sont en train de faire, même si cela est apparemment urgent et important. Saint Benoît donne en effet à la prière la primauté et relègue toute autre activité au second plan. Il la nomme, en latin : « *opus Dei* », c'est-à-dire l'« œuvre de Dieu ». C'est pourquoi la prière des Heures constitue la charpente de la journée : à sept reprises, les moines vont rejoindre leurs stalles dans l'église pour chanter la louange de Dieu et intercéder pour tous les hommes. Les offices monastiques sont des « bornes » dans la journée, un arrêt pour se remettre en présence de Dieu.

Il n'y a pas réellement d'horaire type. Ce dernier tient compte de l'adaptation au temps, au lieu et aux cas concrets. Les bénédictins consacrent chaque jour entre quatre et huit heures à célébrer l'office divin, entre sept et huit heures au repos ; le reste de la journée est divisé entre le travail, la lecture et l'étude.

Les heures
de la journée monastique

Inspirées par le modèle proposé par saint Benoît, toutes les communautés monastiques, y compris non bénédictines, suivent une vie structurée par des horaires stricts : cela permet d'être à ce qui est demandé à chaque heure de la journée, c'est-à-dire de vivre pleinement dans le présent. Voici une journée bénédictine type.

3h30 – 4h30
L'office des vigiles (ou « matines ») précède le lever du soleil.
« Mon âme attend le Seigneur avec plus d'impatience que les veilleurs ne guettent l'aurore » (psaume 129, 6). Premier chant de louange à l'heure où le sommeil emporte tant d'hommes dans le rêve… Toutes les communautés ne se lèvent pas au milieu de la nuit.

4h30 – 6h
Les moines et moniales regagnent leur chambre. C'est le temps de la *Lectio divina*.

6h – 6h30
Office des laudes, grande prière de louange du matin. Toute la communauté se rassemble. À l'aide des Psaumes, ils chantent et louent Dieu. « Seigneur, ouvre mes lèvres, et ma bouche annoncera ta louange » : ce verset du psaume 50 est lancé comme une flèche en début de journée et oriente la journée vers le Bien-Aimé.

6h30 – 7h
Réunion des moines dans la salle capitulaire ; l'abbé ou l'abbesse lit un chapitre de la *Règle* et le commente. Les moines confessent leur désobéissance à la *Règle*. On lit le ménologe (liste des membres défunts de la communauté, parents et amis).

7h – 7h30
Petit déjeuner.

7h30 à 8h
Préparation au travail.

8h
Messe conventuelle et eucharistie. C'est le noyau central de la journée. Chants grégoriens et chants en français alternent.

9h – 9h30
L'office de tierce se chante en prélude au travail du matin.

9h30 – 11h30
Le travail manuel et intellectuel, sous le regard de Dieu, sanctifie toute chose.
Chaque moine a sa spécialité : accueil des visiteurs, jardin, bibliothèque, enseignement, comptabilité, Internet, fabrication d'hosties, de pâtes de fruits, d'icônes, de bougies, de chapelets mais aussi de produits d'hygiène et de beauté, de miel, de fromage, de bière, etc.

▌ **11h30 – 12h30**

L'office de sexte marque la fin de la matinée.

▌ **12h30 – 13h**

Déjeuner frugal en silence au réfectoire : en général pain et légumes, pas de viande (l'absence de viande a longtemps été un point commun à toutes les communautés religieuses. Dans sa *Règle*, saint Benoît est très clair sur ce sujet : « Tous s'abstiendront absolument de manger la chair des quadrupèdes, sauf les malades très affaiblis »). Le repas se prend en silence, l'un des membres de la communauté lit un passage de la Bible. Tandis que le corps se nourrit, l'âme se nourrit aussi par l'écoute d'une lecture spirituelle.

▌ **13h – 15h**

Récréation et repos.

▌ **15h – 15h30**

L'office de none se chante en prélude au travail de l'après-midi.

▌ **15h30 – 18h**

Travail.

▌ **18h – 18h30**

L'office de vêpres (*de vespera*, « soir »), grande prière du soir, rassemble à nouveau toute la communauté. On confie sa journée à Dieu.

▌ **18h30 – 19h**

Dîner léger, de quelques légumes et fruits.

▌ **19h – 19h30**

Les moines s'alignent sur les bancs de pierre du cloître pour entendre une dernière lecture faite par l'un des frères.

▌ **19h30 – 20h**

L'office de complies, quand tout est accompli, jette un pont vers le repos nocturne. Lorsqu'il s'achève, les lumières s'éteignent et seule reste éclairée la statue de la Vierge vers laquelle se tournent les moines pour chanter le *Salve Regina* (voir p. 63). Enfin, dans le silence total, les moines quittent l'église en procession, ils s'inclinent devant l'abbé qui donne l'eau bénite et regagnent leurs cellules dans le silence absolu.

▌ **Vers 20h**

Retour en cellule pour le repos de la nuit. « Père, entre tes mains je remets mon esprit » (Luc 23, 46).

▌ Les dimanches et jours de fêtes, la journée est modifiée et le temps de repos remplace le temps de travail.

Les bénédictins

L'ordre de saint Benoît (o.s.b.), plus connu sous le nom d'ordre bénédictin, a été fondé en 529 par saint Benoît de Nursie. C'est le plus ancien d'Occident. Ses membres prononcent les vœux solennels qui les lient pour la vie à un monastère et qui leur imposent le respect de la *Règle des moines*. Celle-ci a pour but de créer des conditions favorables à une parfaite recherche de Dieu. Toutes les familles monastiques d'Occident se réclament ou se sont inspirées de la *Règle de saint Benoît*.

La contemplation bénédictine se caractérise par un style de vie cloîtré dans le silence et orienté autour de trois piliers : la prière, le travail et la vie fraternelle.

Pour en savoir plus
sur l'ordre de saint Benoît : **http://www.osb.org**

À méditer

« *L'effort de fixer en Dieu notre regard et notre cœur, dans une attitude de contemplation, comme nous l'appelons, devient l'acte le plus élevé et le plus plénier de l'esprit, celui qui aujourd'hui encore peut et doit ordonner l'immense pyramide des activités humaines.* »
Paul VI

Voyage au cœur de la régularité bénédictine

> **"***Qui vous accueille m'accueille,
> et qui m'accueille
> accueille celui qui m'a envoyé.***"**
> Matthieu 10, 40

Ma mère, qui, enfant, profitait de la liberté estivale non loin d'ici, avait toujours rêvé de venir séjourner quelques jours à l'abbaye du Bec-Hellouin, près de Brionne en Normandie. À une heure et demie de Paris, le souhait ne fut pas compliqué à réaliser. Le lieu, majestueux et paisible, est splendide, fondé dans la Normandie du xie siècle, au cœur d'un village classé. Une petite rivière, le Bec, ceinture l'espace. Doux cliquetis d'eau. La tour Saint-Nicolas, une tour carrée qui date du xve siècle, domine de sa hauteur les bâtiments conventuels. À côté, les vestiges de l'ancienne église, détruite au xixe siècle, laissent imaginer une ampleur comparable au château de Versailles... « Les gens ont besoin de retrouver un temps de gratuité. Se poser, se promener, n'avoir rien à faire. Pour notre époque, venir partager la nature, la régularité qui est la nôtre et qui permet de s'apaiser, prendre un temps de silence et de solitude est une vraie richesse », me dit d'emblée le père Jean-Marie, responsable de l'hôtellerie depuis dix ans, qui nous accueille à notre arrivée.

Ma mère et moi partons nous promener dans l'abbaye. On ne croise pas un moine. Nous ne les croiserons que pour prier ensemble. Le domaine est ouvert, mais les bâtiments où vit la communauté restent inaccessibles. Les visiteurs – d'une heure ou d'une semaine – sont les bienvenus, mais ici l'essentiel est ailleurs : « habiter avec soi-même sous le regard de Dieu », comme le demande saint Benoît. Cela veut dire nous laisser (re)construire par Lui. Mais pour qu'Il puisse agir, nous devons être à l'intérieur de nous-mêmes,

Parole de retraitant

« Je suis ici pour quatre jours, c'est ma première retraite. Je suis dans une phase de recherche intérieure, j'ai senti le besoin de me mettre à part pour cheminer. Ma sœur, qui est religieuse, m'a conseillé, pour une première expérience, de venir chez les bénédictins. Ce sont les "plus normaux" et il est aisé de prendre un rendez-vous avec un frère pour discuter. Je suis accompagnée d'une amie car je n'aurais pas eu le courage de venir seule. Je suis venue avec une certaine appréhension, mais le fait de se poser, de prendre l'air, d'entendre les oiseaux est agréable pour une Parisienne : on trouve ici un repos aussi physique. Dans mon quotidien, je trouve toujours des excuses pour ne pas me poser les vraies questions et éviter le face-à-face avec moi-même. Le quotidien des frères ne ressemble pas au mien, cela m'a aidée à lâcher prise. Je me suis progressivement détendue. Au début, aux offices, j'étais braquée. Trois jours après, je ne m'implique toujours pas, mais je suis moins réfractaire. La sérénité des lieux agit sur moi qui ne le suis pas ! »
Myriam

pas à l'extérieur. Pour nous y aider, saint Benoît a eu l'intuition géniale d'équilibrer le silence et la parole, la vie solitaire et la vie communautaire, le temps de l'action et celui de la contemplation. Notre vie est une vie d'obéissance où nous acceptons de renoncer à notre volonté personnelle. Autrement dit, nous renonçons à nous sauver nous-mêmes », m'explique plus tard le père Jean-Marie. Dans cette vie équilibrée, sous la guidance de l'abbé qui est le père de ses moines, les bénédictins font confiance à Dieu pour tout transformer...

Le ciel est menaçant, des gris anthracite s'entortillent autour de nuances plus pâles, comme la mer en hiver. Le soleil, capricieux mais esthète, joue avec ce camaïeu... Je demande s'il est possible d'avoir accès à la bibliothèque. J'ai à la fois besoin de me cultiver sur la spiritualité bénédictine et une envie terrible de découvrir les quatre-vingt-dix mille volumes, répartis sur trois niveaux et... trois kilomètres de rayonnage ! Hélas, seuls les chercheurs et des laïcs en formation en théologie sont invités à prendre place dans l'ancien cellier. Le père Jean-Marie, soucieux de ne laisser aucune demande sans réponse, me propose des ouvrages de sa bibliothèque personnelle. Avec un choix éclairé (voir la « Petite bibliothèque idéale et subjective », p. 70)...

Les cloches des vêpres sonnent. L'architecture de l'église abbatiale – un ancien réfectoire impressionnant de soixante-quinze mètres de long sur neuf mètres de large – est d'une grande sobriété. Hormis quelques statues – notamment un très beau gisant de Geoffroy Faë, vingtième abbé du Bec avant de devenir évêque d'Évreux, et une magnifique Vierge, Notre-Dame du Bec –, l'ensemble est dépouillé et blanc. Des éclats de lumière filtrent à travers les baies.

L'assistance est clairsemée, il y a peu d'hôtes ce soir. Plus étonnant, aucun moine n'est présent dans la chapelle. Je vérifie ma montre avec incompréhension : nous sommes pourtant à l'heure. Les portes qui donnent sur les bâtiments conventuels s'ouvrent enfin et les frères arrivent deux à deux, en procession. Ils s'étaient rassemblés en silence à l'extérieur de l'église avant d'entrer dans la nef pour la prière chorale : la coutume monastique de la *statio* consiste à arrêter une action avant d'en commencer une autre. C'est un temps entre deux temps. Autrement dit, ils n'étaient donc pas en retard, ils se mobilisaient intérieurement avant d'entrer. La *statio* est intention : je suis présent à ce que je vais faire. La *statio* est la vertu de la présence. Une coutume que les hommes et les femmes pressés et dispersés que nous sommes pourrions adopter… « Le moine doit instantanément se soumettre au temps et le transcender. Le souci d'exactitude dans l'horaire monastique est bien plus qu'un souci d'ordre. Le moine doit être au lieu de sa rencontre avec Dieu, il doit obéir sans retard parce que cet instant est le moment présent, le moment éternel, le point central d'intersection qui est à la fois dans le temps et hors du temps, et c'est là qu'il doit rencontrer Dieu », écrivait Esther de Waal[1].

> **Le Seigneur fera tout pour moi**
> Psaume 138

---

1. *La Voie du chrétien dans le monde*, Le Cerf, 1986.

Les quinze frères prennent place derrière l'imposant autel en marbre vert. Devant le sanctuaire, symboliquement, se trouve le sarcophage contenant la dépouille du fondateur de l'abbaye en 1034, Herluin. Quand les moines entonnent en chœur le psaume 70 : « Seigneur, viens à mon aide, hâte-toi de me secourir », ils parlent d'eux, de vous, de moi : la prière des Psaumes – le psautier entier est dit chaque semaine – est celle d'un peuple de pèlerins. « Les frères ne liront ni ne chanteront leur tour mais ceux-là seulement qui font profiter ceux qui écoutent », dit expressément la très réaliste *Règle de saint Benoît*. Autrement dit, plutôt que de chanter faux ou avec un filet de voix qui ne porte pas, mieux vaut s'abstenir et rester assis sans se faire trop remarquer !… Avant de quitter les lieux, un

Salve Regina

En latin

Salve, Regina, mater misericordiae : vita, dulcedo et spes nostra, salve.
Ad te clamamus, exsules filii Evae.
Ad te suspiramus, gementes et flentes in hac lacrimarum valle.
Eja ergo, advocata nostra, illos tuos misericordes oculos ad nos converte.
Et Jesum, benedictum fructum ventris tui, nobis post hoc exilium ostende.
O clemens, o pia, o dulcis Virgo Maria !

Traduction française

Salut, ô Reine, Mère de Miséricorde, notre vie, notre douceur, et notre espérance, salut.
Vers vous nous élevons nos cris, pauvres exilés, malheureux enfants d'Ève.
Vers vous nous soupirons, gémissant et pleurant dans cette vallée de larmes.
De grâce donc, ô notre Avocate, tournez vers nous vos regards miséricordieux. Et, après cet exil, montrez-nous Jésus, le fruit béni de vos entrailles.
Ô clémente, ô miséricordieuse, ô douce Vierge Marie.

moine à la voix claire et forte nous lit les chapitres 1 et 2 de l'Ecclésiaste : « Tout est vanité et poursuite de vent. » La lecture de l'Ancien Testament n'est suivie d'aucun commentaire, la Parole reste suspendue. Pour les cœurs qui veulent l'attraper et la méditer… « Écoute, ô mon fils, l'invitation du maître, et incline l'oreille de ton cœur » est la première phrase de la *Règle*. N'est-ce pas l'apprentissage de toute une vie ? Écouter, que l'on en ait envie ou pas, que l'on entende des choses agréables, menaçantes ou désagréables. Dieu parle parfois avec des moyens inattendus, voire inacceptables…

« Avant la lecture, prie et supplie le Seigneur qu'il se révèle à toi », invite saint Ephrem le Syrien. Les moines sont invités à n'avoir progressivement qu'une activité unique, la prière. Pour entrer en prière, ils lisent la Parole, présence de Dieu dans le monde, et s'en laissent imprégner. La *lectio divina*, cette méthode de lecture de la Bible à une heure déterminée et pour un temps fixé à l'avance, est un héritage du judaïsme. Si la lecture est « divine », sacrée, c'est parce que Dieu y

À méditer

« *Aide-nous à trouver Dieu, demandèrent les disciples à l'ancien.*
Personne ne peut vous aider dans cette recherche, dit l'ancien.
Pourquoi ? demandèrent les disciples ébahis.
Pour la même raison que personne ne peut aider le poisson à trouver l'Océan. »
Joan Chittister

prend la parole. « L'esprit a agi sur les écrivains sacrés, mais il agit toujours sur qui lit l'Écriture, et seule sa présence permet à la lettre de devenir esprit. ; lui seul assure une jeunesse perpétuelle du texte. [...] "Lecture divine", cela veut dire que non seulement elle a pour objet les livres de Dieu, mais aussi qu'elle est une lecture faite à deux : nous et l'esprit », écrit Enzo Bianzi, grand spécialiste de la *lectio divina*[2].

Les moines apprennent ainsi que l'art de la prière consiste non pas tant à parler à Dieu qu'à l'écouter, découvrir sa volonté, accueillir son amour. « La *lectio divina* est un forage : on creuse. Ce qui fait pour

> *Soulève la pierre et tu trouveras.*
> *Fends le bois et je suis là.*
> *Celui qui s'émerveille régnera.*
> Papyrus d'Oxyrhynque

nous la joie de méditer la Parole, c'est la cohérence qu'elle propose pour nos vies, tant dans nos joies que dans nos peines, nos découvertes que nos deuils. Approfondir la Parole de Dieu, c'est comme frotter des pierres les unes contre les autres jusqu'à faire jaillir des étincelles. Les textes se font écho, ils allument le feu... Mais la *lectio divina* s'enrichit d'une écoute et d'une méditation communes. Ainsi, la psalmodie est une école de communion. Nous méditons la Parole, à la fois seul dans notre cellule et ensemble. Progressivement, il y a osmose entre les deux sillons : priant seul, je porte les autres ; priant avec eux, je ne suis pas un atome perdu. Pour nous qui croyons,

---

2. Dans « Prier la Parole », *Vie monastique*, n° 15, janvier 1997, Éd. Abbaye de Bellefontaine.

la Parole de l'Évangile est comme un contre-poison pour lutter contre toutes les paroles de pessimisme, de lassitude que l'on dit et que l'on entend. C'est une parole de guérison et de vie », commente le père Jean-Marie. Et si les bénédictins pratiquent le silence, c'est pour apprendre à écouter cette parole, pour « tendre l'oreille du cœur ».

Il a plu. À la sortie des vêpres, la terre sent l'eau du soir qui descend. Nous nous dirigeons vers la salle à manger de la maison des hôtes. Cette hôtellerie externe est mixte. Les hommes qui demandent à être reçus à l'hôtellerie interne, derrière la clôture, peuvent partager le silence et le repas des moines dans le réfectoire du XVIIIe siècle, sous neuf mètres de hauteur de plafond ! Un panneau nous invite : « Quand il nous semble que Dieu, secrètement, nous fait comprendre qu'il nous écoute, il est bon alors de nous taire » (Thérèse d'Avila). De fait, le dîner est accompagné de musique religieuse. La nourriture est plutôt frugale – haricots verts, poivrons, fromage et tarte –, mais il y a une carafe de vin sur chaque table : mon voisin et sa femme, arrivés en avance, prennent l'apéritif en silence… Comme il est de coutume dans les hôtelleries monastiques, la vaisselle est faite en commun.

L'office des complies, le dernier office de la journée – très bref –, nous réunit. Encore un soleil qui se couche… Quinze hommes dans leur coule blanche. La lecture des Psaumes évoque la confiance en Dieu. Pour clore la cérémonie, ils quittent le chœur et, en procession, vont au fond de l'église, se mettent en cercle autour de la statue de Notre-Dame du Bec. Seul le père abbé lui fait face. Le *Salve Regina*, cantique à la fois principal et final de l'office de complies, retentit. C'est la « petite musique de nuit » monastique, chantée à l'unisson et en latin par toutes les communautés catholiques avant le repos de la nuit… Le père abbé, avec de l'eau bénite, bénit ses frères, un à un, puis les membres de l'assistance. Chacun regagne sa cellule et entre dans le grand silence de la nuit. Les moines garderont le silence jusqu'à l'office de laudes, demain matin.

Pour ma part, je profite de cette heure de liberté inhabituelle pour me plonger dans la *Règle des moines*. Ce texte, que saint Benoît présentait comme une « petite règle écrite pour des débutants », continue quinze siècles après de transformer les vies. Je plonge ensuite dans un livre d'entretiens du célèbre bénédictin Anselm Grün, l'un des auteurs spirituels les plus lus en ce début de XXIᵉ siècle. J'éteins à minuit, rassasiée de nourritures spirituelles. Je me réveille au cœur de la nuit et je me surprends à prier. Le climat de recueillement du lieu a été immédiatement contagieux… Je ne suis pas la seule. J'entends une personne se lever dans une chambre voisine. Peut-être pour se rendre à l'oratoire… À 4h30 du matin.

À 7 heures, je retrouve les hommes en blanc pour les laudes pendant quarante-cinq minutes. Les huit invités de la maison des hôtes sont là. Nous sommes au complet. Pourtant, si nous sommes invités à suivre les offices, il n'y a pas d'obligation. Les bénédictins n'ont aucune règle absolue. Après un rapide petit déjeuner en self-service, je retourne à mes lectures avant d'être reçue par le père Jean-Marie. Pendant ce temps, ma mère suit une visite guidée de l'abbaye. Elle en revient enthousiaste. D'autant que le soleil est de sortie. Du parc me parviennent des bruits d'enfants. Nous nous retrouvons à la messe de 11h45. Un groupe de jeunes qui préparent leur confirmation dans une paroisse voisine ainsi que des touristes y assistent. L'assistance participe assez peu aux chants, peut-être parce qu'ils sont mi en latin, mi en français. Dommage, il me semble pourtant que c'est aussi une façon de communier avec les autres que de chanter en chœur…

Nous filons ensuite pour le déjeuner, toujours aussi silencieux hormis la lecture d'une « prière de table ». Ma mère me confiera qu'elle n'était pas très à l'aise pendant ces repas où chacun a le regard perdu ailleurs et où l'on se tend le pain ou l'eau sans un mot.

Sieste d'une demi-heure. Puis travail à nouveau. Je lis les témoignages d'une bénédictine américaine et d'une mère de famille sur le chemin proposé par saint Benoît. Une famille n'est-elle pas *la* communauté par excellence ? À 14h30, rendez-vous pour le « petit » office de none. Lentement, office après office, les Psaumes s'infiltrent, dans toute la journée, dans toute l'âme…. En sortant, je profite de l'ouverture de la boutique pour aller jeter un œil aux céramiques fabriquées ici par les frères ainsi qu'aux CD de chants grégoriens enregistrés à l'abbaye. La boutique regorge de trésors. En moi-même résonne : « Ne nous soumets pas à la consommation »…

Je reprends mon « travail de bénédictin » – entendez : effectué avec patience et qui ne se laisse pas dévier. Tout l'après-midi, j'entends des visiteurs qui viennent profiter de la sérénité des lieux. On s'habitue très vite au silence : les bruits du dehors me dérangent presque… Les vêpres nous réunissent à nouveau. On voit que nous sommes samedi, il commence à y avoir affluence. Même l'hôtellerie se remplit. Il faut dire que les sœurs du monastère voisin vont venir dès ce soir chanter avec leurs frères. En effet, les moniales du monastère Sainte-Françoise-Romaine, à deux kilomètres, rejoignent Le Bec-Hellouin pour les vigiles du samedi soir, la liturgie du dimanche matin et les vêpres, chantées en grégorien et en français. Cela attire du monde tous les week-ends. « Il y a une complémentarité entre la sobriété des jours de semaine et le côté festif avec la présence des sœurs. Ce bel équilibre est l'une des richesses de l'abbaye », confie le père.

À méditer

« Prier, quand nous ne le pouvons pas, c'est laisser Dieu être notre prière. La spiritualité de la régularité requiert que nous livrions nos moi meurtris, blessés, fragmentés et distraits à la possibilité de conversion, dans le souvenir et dans l'espoir, aux bons moments comme aux mauvais, jour après jour, de jour comme de nuit, année après année. […] La prière bénédictine repose presque entièrement sur les Psaumes et sur les Écritures. […] Par conséquent, elle n'est pas centrée sur les besoins, les manques et les intuitions personnelles de la personne qui prie. Elle est ancrée dans les besoins, les manques et les intuitions de l'univers tout entier. La prière me soulève au-dessus de moi-même afin que je puisse un jour peut-être parvenir au meilleur de moi-même. »
Joan Chittister

Le dîner qui suit est animé, très indirectement : des religieuses en vacances ont demandé à ne pas dîner en silence avec nous ! On les entend rire dans la salle d'en face. C'est le monde à l'envers… Ici, vraiment, on sort du temps et des règles du monde.

Nous quittons la maison des hôtes juste au moment où une estafette Citroën se gare à côté de l'église… remplie d'une vingtaine de sœurs. Quelle image insolite dans la sérénité intemporelle des lieux ! Cinq minutes plus tard, l'office des vigiles commence. Les voûtes de pierres blanches accueillent les chants polyphoniques des moines et des moniales, les chœurs alternent, se rejoignent, en une psalmodie pure et bouleversante. Comme si l'éternité avait une voix… « Saint Augustin a dit : "Celui qui chante bien prie deux fois." Chanter à l'unisson, c'est s'écouter mutuel-

Petite bibliothèque idéale (et subjective)

Livres à lire avant une retraite ou pour la prolonger…

▌ *Une sagesse au fil des jours. La spiritualité bénédictine pour tous*, Joan Chittiste, Le Cerf, 1994. Un livre qui s'adresse au grand public.

▌ *La Voie du chrétien dans le monde. Le chemin de saint Benoît*, Esther de Waal, Le Cerf. Comment la règle de saint Benoît s'intègre dans la vie d'une mère de famille !

▌ « Prier la Parole », dans *Vie monastique*, n°15, janvier 1997, Enzo Bianchi, Éd. Abbaye de Bellefontaine. Une introduction à la *lectio divina* par un grand spécialiste du sujet.

lement, s'unir. Accorder nos timbres est un exercice qui n'est jamais fini. Nous avons un professeur de chants qui vient de temps en temps nous aider à revisiter ce que l'on chante un peu trop machinalement ou trop personnellement. Le chant est en effet pour nous un véritable facteur à la fois d'unification de la communauté et d'unification personnelle », me confie le père Jean-Marie.

Au micro, l'abbé, Dom Emmanuel, un homme à la présence étonnante, tout en retenue et en intériorité, commente l'Évangile du jour : « Prier le Seigneur qu'il envoie des ouvriers à la moisson, c'est prier pour que nous soyons de bons ouvriers dans le champ où Dieu nous a placés… Puisse notre champ donner beaucoup de fruits… » Frères et sœurs vont ensuite en procession rejoindre la Vierge du Bec et l'entourent, en amande, avant d'élever le *Salve Regina* du soir. Un moment poignant, hors du temps.

La nuit tombe, elle n'est pas ténèbres…

▌ Le frère Cadfael

Le frère Cadfael est un personnage de fiction que l'on ne présente plus. Vingt aventures (Traffic de reliques, Un cadavre de trop, La Vierge dans la glace, Le capuchon du moine, Le moineau du sanctuaire… publiées chez 10/18) ont fait du moine herboriste de l'abbaye de Shrewsbury le frère d'armes des plus grands détectives de l'Histoire. L'auteur, sa « mère spirituelle », est la Britannique Ellis Peters. Grâce à ce moine gallois, on comprend mieux la foi des hommes du Moyen Âge.

Adresses en France

*Dieu donne la prière
à celui qui prie.*
Saint Jean Climaque

ALSACE

Monastère des bénédictines de Rosheim
(Bas-Rhin)

À 25 km de Strasbourg, le monastère est blotti au creux des collines sous-vosgiennes, au cœur du vignoble alsacien. Douze religieuses contemplatives accueillent ceux qui veulent vivre un temps de réflexion et de paix dans une ambiance de prière, afin d'y puiser des forces vives. Elles accueillent également des sessions de chant grégorien deux ou trois fois par an. Une ferme est aménagée à l'extrémité du parc.

Contact

Monastère du Saint-Sacrement
1 rue Saint-Benoît – BP 8 Rosheim
67218 Obernai
Tél.: 03 88 50 41 67 – Fax: 03 88 50 42 71
Courriel: info@benedictines-rosheim.com
Site: http://www.benedictines-rosheim.com

AQUITAINE

Le prieuré d'Échourgnac
(Dordogne)

À 90 km de Bordeaux, au cœur du Périgord, dans la Double, immense forêt parsemée de centaines d'étangs. Cette communauté de moines handicapés a adapté la *Règle de saint Benoît* à leur situation (elle fait partie de la congrégation bénédictine Notre-Dame-d'Espérance) et occupe une grande ferme entourée de ses terres. Des familiers et des personnes non handicapées désirant se joindre à la communauté dans un esprit de service et d'attention à leurs frères sont accueillis avec joie. Les frères pratiquent l'hospitalité et l'accueil des plus démunis.

Contact

Prieuré Saint-Jean-Baptiste
24410 Échourgnac
Tél.: 05 53 80 36 44
Courriel: mn.echourgnac@wanadoo.fr
Site: http://prieure.echourgnac.free.fr

Monastères bénédictins d'Urt
(Pyrénées-Atlantiques)

À 25 km de Bayonne, aux confins du Pays basque, du Béarn et des Landes. En pleine campagne basque, sur la route impériale des cimes.

■ Abbaye de Notre-Dame de Belloc
La communauté accueille hommes, groupes et couples mariés pour des séjours ne dépassant pas six jours. Pour vivre selon le rythme de la communauté et dans son climat de recueillement. Des frères peuvent aider à l'accompagnement spirituel des retraitants individuels. Promenades dans les sentiers pyrénéens.

Contact

64240 Urt
Tél.: 05 59 29 65 55
Fax: 05 59 29 44 08
Courriel: benedictins@belloc-urt.org
Site: http://www.belloc-urt.org

▌Monastère Sainte-Scolastique
Accueil des femmes et des couples pour une durée d'une semaine maximum.

Contact
Tél.: 05 59 70 20 28
Fax: 05 59 29 18 64
Courriel: benedictines-urt@wanadoo.fr

AUVERGNE

Bénédictines de Chantelle
(Allier)

À 30 km de Vichy. L'abbaye Saint-Vincent, édifiée sur un éperon rocheux, jouit d'un cadre naturel rare. Son église romane du XIIe siècle, imprégnée de l'oraison des sœurs, se dessine sur une presqu'île de verdure et le monastère a été magnifiquement restauré au XVIe siècle. C'était à l'origine une forteresse, comme en témoignent plusieurs tours reliées par un mur d'enceinte, qui a gardé une silhouette médiévale. On ne peut malheureusement pas passer outre la clôture, hormis durant les journées du Patrimoine…
Qui veut séjourner dans la maison d'accueil est le bienvenu. Les chambres sont simples mais spacieuses, avec une très belle vue. On entend dans le lointain la course du torrent, la Bouble. Les repas sont partagés avec le chanoine qui encadre la petite communauté des douze sœurs. Il ne tient pas plus que cela au silence, ce qui permet d'avoir des échanges entre hôtes… De belles promenades dans la région sont possibles, dans la douce lumière du pays bourbonnais.

Contact
Abbaye Saint-Vincent
14 rue Anne-de-Beaujeu – 03140 Chantelle
Tél.: 04 70 56 62 55 – Fax: 04 70 56 15 30
Courriel: contact@benedictines-chantelle.com
Site: http://www.benedictines-chantelle.com

Abbaye Notre-Dame de Randol
(Puy-de-Dôme)

À 10 km de Clermont-Ferrand, à la sortie des gorges sauvages de la Monne. Dans la solitude et la splendeur des monts d'Auvergne, l'abbaye de Randol est connue pour son attachement aux rites de la tradition latine traditionnelle. Elle conjugue architecture moderne avec liturgie en latin et chant grégorien, « tenant le regard en éveil et le cœur en paix ». Pour les hommes uniquement.

Contact
63450 Saint-Amant-Tallende
Tél.: 04 73 39 31 00 – Fax: 04 73 39 05 28
Courriel: postmaster@randol.org
Site: http://www.randol.org

▌Produits *made in* Chantelle

Depuis 1954, les bénédictines de Chantelle fabriquent des eaux de Cologne et de lavande ainsi que des produits de toilette: savons, bains moussants, gels douche, shampoings, laits de toilette et lotions, crèmes… En particulier, la crème « soin des pieds » est très appréciée des randonneurs en été ! Riche en glycérine et en huile d'amande douce, délicatement parfumée au thym, elle possède des vertus calmantes et reconstituantes et procure une agréable sensation de fraîcheur.

❝*Celui qui demeure
avec des frères
ne doit pas être carré
mais sphérique
afin de se tourner
vers tous.*❞

Abba Matoes

BASSE-NORMANDIE

Abbaye de Valognes
(Manche)

À l'intérieur des terres du Cotentin, à 20 km de Cherbourg. Pour vivre un temps de retraite, de silence, de ressourcement en un lieu propice au calme. Messe en grégorien avec les trente sœurs.

Contact

Abbaye Notre-Dame-de-Protection
8 rue des Capucins
50700 Valognes
Tél.: 02 33 21 62 82
Fax: 02 33 21 62 83
Courriel: accueil.valognes@wanadoo.fr
Site: http://pagesperso-orange.fr/abbaye.valognes

Abbaye Notre-Dame d'Argentan
(Orne)

Un logis et un petit ermitage annexes permettent, pour de brefs séjours, un moment de repos à la campagne et la participation aux offices (en latin et chant grégorien).

Contact

BP 8 – 61201 Argentan
Tél.: 02 33 67 12 01
Fax: 02 33 35 67 55
Courriel: n-d-a@club-internet.fr

Les biens terrestres...

Les activités économiques occupent une place certaine dans la vie quotidienne des communautés : elles s'efforcent en effet de pourvoir autant que faire se peut à leur subsistance par leur travail. Les produits fabriqués bénéficient souvent d'une longue tradition de fabrication. Alors pourquoi ne pas acheter des biens terrestres dans les monastères ? Voilà une consommation qui a du cœur ! Sans compter qu'il y a le choix. Ainsi, l'abbaye de Sept-Fons offre une gamme de produits naturels et diététiques ; celle de Lérins des vins, alcools, liqueurs, bonbons, miels... À Belval, on mise sur de belles assiettes de fromages, tandis que les bénédictines de Sainte-Lioba font des tentures en batik et que les moines de Maylis, avec la cire du Père Fulgence, ont inventé la cire qui brille sans frotter ! À Ligugé, on achètera des émaux ou on complétera sa collection musicale de chants grégoriens ; à Senanque, on fera des réserves d'essence de lavandin pour la maison ; à Notre-Dame du Bec, on s'offrira des faïences et des bougies...

Où acheter ?

Outre les boutiques de monastères, on peut aujourd'hui trouver les produits monastiques sur le site de l'**association Monastic**: http://www.monastic-euro.org.

BOURGOGNE

Abbaye de Saint-Joseph de Clairval
(Côte-d'Or)

À côté de Dijon. L'abbaye se situe dans un village médiéval. Elle organise des retraites – inspirées des exercices de saint Ignace – pour faire participer les laïcs aux richesses de la vie contemplative. En dehors de ces temps-là, elle est également ouverte à des retraites individuelles (accueil réservé aux hommes).

Contact

21150 Flavigny-sur-Ozerain
Tél. : 03 80 96 22 31
Fax : 03 80 96 25 29
Courriel : abbaye@clairval.com
Site : http://www.clairval.com

Abbaye Notre-Dame de Vénière
(Saône-et-Loire)

À 25 km de Chalon-sur-Saône. À l'entrée du monastère, un petit bâtiment permet d'accueillir toute l'année – sauf en janvier – tous ceux qui sont en recherche de Dieu, de silence et de paix dans le cadre de la prière monastique.

Contact

71700 Boyer
Tél. : 03 85 51 05 85 – Fax : 03 85 51 34 97
Courriel : ndveniere@wanadoo.fr

Abbaye de la Pierre-qui-Vire
(Yonne)

À 30 km d'Avallon. Le monastère est situé dans les forêts isolées et propices au recueillement du Morvan. L'hôtellerie est ouverte toute l'année, sauf en janvier,

Cette association rassemble plus de deux cents communautés monastiques de tradition chrétienne, implantées en France principalement. Cela permet de distinguer les produits qui viennent *vraiment* de monastères… et non de concurrents qui font de la publicité d'apparence monastique.

Par ailleurs, quelques monastères se sont réunis pour vendre leurs produits sur le site **La boutique de Théophile** : http://www.boutiques-theophile.com.

Eole VPC, une entreprise de vente par correspondance de produits de qualité s'est proposée d'ajouter des produits d'abbayes dans son catalogue. Sur le site http://www.eolevpc.com/, il n'y a en ce moment à peu près que des produits d'abbayes et de monastères. Un grand choix de plus de trois cents articles disponibles par correspondance : de l'alimentation fine aux produits d'hygiène pour le corps.

Enfin, l'**abbaye de Chambarand** développe la vente par correspondance des produits de plus de trente abbayes et monastères. Allez découvrir son « panier gourmand » sur : http://www.chambarand.com. Il permet de participer à la vie et au dynamisme de ces communautés monastiques. Il paraît même que les produits monastiques commencent à devenir des cadeaux d'affaires « tendance » !...

pour des retraites individuelles. Les hôtes (hommes, femmes, couples) peuvent demander à bénéficier de l'accompagnement spirituel d'un frère. La communauté comprend une cinquantaine de frères, ce qui devient rare...

Contact

Renseignements par courrier
ou fax uniquement
89630 Saint-Léger-Vauban
Fax : 03 86 32 22 33
Site : http://www.abbaye-pierrequivire.asso.fr

> *La pensée fondamentale de la Bible est que l'invisible ne peut se dire qu'à travers le sensible.*
> Jean Sulivan

BRETAGNE

Abbaye Saint-Guénolé de Landévennec
(Finistère)

Entre mer et rivière, dans une boucle de l'Aulne. Cette abbaye jouit d'une grande notoriété en Bretagne. Cela tient sans doute et en partie à son histoire, à sa situation superbe dans la presqu'île de Crozon, à sa renommée intellectuelle, et sans doute aussi à ses délicieuses pâtes de fruits ! La communauté dispose de deux pavillons proches du monastère pour accueillir toute personne désirant vivre un temps de retraite et de silence, et d'une maison d'hôte, le Penity, pour accueillir familles et groupes d'adultes ou de jeunes.

Contact

29560 Landévennec
Tél. : 02 98 27 37 53
Courriel : abbaye.landevennec@wanadoo.fr
Site : http://abbaye-landevennec.cef.fr/

Abbaye de Kergonan
(Morbihan)

À proximité de l'océan et du site mégalithique de Carnac, cette maison de prière est bâtie sur le granit breton : la louange liturgique et le chœur des moines s'accordent à la houle de l'océan. Pour profiter de l'héritage spirituel des chants grégoriens et de tonifiantes randonnées, à l'entrée de la presqu'île de Quiberon.

Contact

• Abbaye Saint-Michel (pour les hommes)
56340 Plouharnel
Tél. : 02 97 52 32 14

• Abbaye Sainte-Anne (pour les femmes)
BP 11 - 56340 Plouharnel
Tél. : 02 97 52 30 75
Fax : 02 97 52 41 20
Courriel : communaute@abbaye-ste-anne-kergonan.org
Site : www.abbaye-ste-anne-kergonan.org

CENTRE

Abbaye Notre-Dame de Fontgombault
(Indre)

L'abbaye a été fondée en 1091. Elle est connue dans le monde entier et accueille les hommes et les femmes qui aspirent à un temps de recueillement ou de réflexion et qui, pour cela, sont disposés à « ne pas troubler le silence du monastère, se contenter de l'austérité qu'on y trouve et assister aux principaux offices ».

36220 Fontgombault
Tél. : 02 54 37 12 03
Fax. : 02 54 37 12 56
Site : http://perso.orange.fr/fontgombault/
abbaye.htm

*Écoute... incline
l'oreille de ton cœur...*
Règle de saint Benoît

Abbaye Notre-Dame de Bouzy
(Loiret)

Dans un cadre de verdure, à l'orée de la forêt d'Orléans, la communauté accueille toutes les personnes (seules ou en groupe) désireuses de séjourner quelques jours à l'accueil.

73 route de Mi-Feuillage
45460 Bouzy-la-Forêt
Tél. : 02 38 46 88 99
Fax : 02 38 46 88 97
Courriel : bouzy.accueil@orange.fr
Site : http://www.benedictines-bouzy.com

CORSE

Monastère d'Erbalunga

Au nord de Bastia, dans l'enchanteresse région du Cap-Corse. Ce couvent du XIXe siècle a élu refuge dans un cadre austère, à deux pas de la mer et du village ancien d'Erbalunga. Belles promenades pour méditer dans le maquis alentour. Uniquement entre juin et septembre.

Monastère du Saint-Sacrement
20222 Erbalunga
Tél. et Fax : 04 95 33 22 81
Courriel : erbalunga@free.fr

Le sublime du chant grégorien

Les communautés monastiques qui pratiquent le chant grégorien font « chapelle pleine » : le calme, la profondeur et la beauté simple de ce chant inspiré – il est d'ailleurs le chant liturgique officiel de l'Église catholique romaine – touchent les âmes. Comme si les choses célestes enveloppaient les lieux l'espace d'un moment suspendu. Les esprits se laissent faire, doux abandon... Au service de la prière, de la contemplation et du recueillement, le chant grégorien se chante le plus souvent a cappella, c'est-à-dire sans accompagnement instrumental. Tous les choristes chantent d'une même voix, à l'unisson : on parle d'un chant « monodique ». Chant pur, Présence presque palpable... Certains parlent de « yoga musical de l'Occident ». Si le chant grégorien s'est répandu à la fin du VIIIe siècle, il est tombé en désuétude à la fin du Moyen Âge. Sa restauration – essentiellement due aux travaux des bénédictins de l'abbaye de Solesmes – date du XIXe siècle.

Franche-Comté

Prieuré Saint-Benoît de Chauveroche
(Territoire-de-Belfort)

Le prieuré se trouve à 15 km au nord de Belfort. La communauté propose une session « moine pour 3 ou 5 jours » réservée aux hommes.

Contact

90200 Lepuix-Gy
Tél. : 03 84 29 01 57 (de 19h30 à 20h)
Fax : 03 84 29 56 80
Courriel : chauveroche@wanadoo.fr

> *C'est une triste chose que de penser que la nature parle et que le genre humain n'écoute pas.*
>
> Victor Hugo

Haute-Normandie

Abbaye Notre-Dame du Bec-Hellouin
(Eure)

L'un des joyaux de l'architecture mauriste des XVIIe et XVIIIe siècles. Entre parcs et jardins, l'abbaye étend ses splendides bâtiments au fond de la vallée du Bec. Majestueuse et paisible, elle accueille tous ceux qui veulent profiter du rythme de la journée bénédictine pour entrer dans un temps de silence et de prière. Une hôtellerie extérieure est également à la disposition des groupes. La communauté porte un intérêt particulier à l'œcuménisme et accueille notamment les anglicans, protestants et orthodoxes qui s'intéressent à l'unité des chrétiens. La maison des hôtes est fermée en janvier.

▸ *Voir le reportage détaillé p. 59-71.*

Contact

27800 Le Bec-Hellouin
Tél. : 02 32 43 72 62 (hôtellerie)
Fax : 02 32 44 96 69
Courriel : hotes@abbayedubec.com
Site : http://www.abbayedubec.com

Abbaye de Saint-Wandrille
(Seine-Maritime)

À 35 km de Rouen. Depuis treize siècles, Saint-Wandrille entend témoigner de la réalité spirituelle et de l'absolu de Dieu. D'ici sortirent plusieurs évêques et une trentaine de saints inscrits au « catalogue » des saints de l'Église. L'abbaye accueille les hôtes désireux de vivre un temps de silence et de recueillement spirituel aux côtés de la communauté. Il existe une hôtellerie intérieure pour les hommes et une hôtellerie extérieure (Saint-Joseph) pour les femmes et les familles. Des groupes de jeunes peuvent être reçus dans deux logements annexes. Il est demandé aux hôtes de participer à la messe et aux offices principaux de la communauté.

Contact

2 rue Saint-Jacques
76490 Saint-Wandrille-Rançon
Tél. : 02 35 96 23 11
Fax : 02 35 96 49 08
Femmes ou couples :
st.joseph@st-wandrille.com
Hommes et groupes :
hotellerie@st-wandrille.com
Site : http://www.st-wandrille.com

ÎLE-DE-FRANCE

Abbaye Notre-Dame de Jouarre
(Seine-et-Marne)

À une heure de Paris, les étonnantes cryptes de cette abbaye ont été qualifiées de « plus beau monument qui nous reste de l'art mérovingien » (vıı^e siècle). Deux maisons d'accueil sont ouvertes pour ceux qui souhaitent effectuer une retraite silencieuse.

Contact

BP 30 Jouarre
77262 La Ferté-sous-Jouarre Cedex
Tél. : 01 60 22 06 11
Site : http://pagesperso-orange.fr/abbayejouarre

Prieuré de Béthanie
(Yvelines)

Le prieuré est la maison de retraite spirituelle des bénédictines du Sacré-Cœur de Montmartre.

Contact

78270 Blaru
Tél. : 01 34 76 21 39
Fax : 01 34 76 22 62

MIDI-PYRÉNÉES

Abbaye Saint-Benoît d'En Calcat
(Tarn)

À 70 km de Toulouse et 15 km de Castres, au pied de la montagne Noire. Un univers dédié à la musique et à l'art des vitraux.

Contact

• Accueil au monastère
(pour les hommes uniquement) :

81110 Dourgne
Tél. : 05 63 50 32 37
Fax : 05 63 50 34 90
Courriel : hotellerie@encalcat.com
Site : http://www.encalcat.com

• Accueil (mixte) à l'hôtellerie neuve :
Les repas se prennent en silence, dans une salle à manger du monastère, en écoutant la lecture faite à la communauté.
Tél. : 05 63 50 84 10
Fax : 05 63 50 34 90
Courriel : hote@encalcat.com

• À coté, les sœurs de l'abbaye Sainte-Scolastique : parallèlement aux retraites libres, elles proposent des sessions-retraites à tous ceux qui souhaiteraient profiter de quelques jours passés à l'abbaye pour ouvrir la Bible et approfondir leur foi.
Tél. : 05 63 50 75 70
Fax : 05 63 50 12 18
Courriel : hotellerie@benedictines-dourgne.org
Site : http://benedictinesdourgne.free.fr

NORD-PAS-DE-CALAIS

Abbaye de Wisques
(Pas-de-Calais)

À 7 km de Saint-Omer, dans une paisible campagne. Depuis plus de cent ans, sur la colline de Wisques, les moines et moniales bénédictins assurent leur office de louange en chant grégorien.

Contact

• Abbaye Notre-Dame (pour les femmes)
Rue de la Fontaine
62219 Wisques
Tél. : 03 21 95 12 26 – Fax : 03 21 95 56 69

• Abbaye de Saint-Paul (pour les hommes)
Rue des Écoles
62219 Wisques
Tél. : 03 21 12 28 78 (hôtellerie)
Fax : 03 21 12 28 51
Courriel : hot@abbaye-wisques.com
Site : http://www.abbaye-stpaul-wisques.com

Pays-de-Loire

Monastère Notre-Dame-de-la-Paix
(Sarthe)

Sur la route de Vouvray, à proximité de la forêt de Bercé. Le monastère est situé près du Loir, en pleine campagne. Hôtellerie hors clôture.

Contact

72500 Flée
Tél.: 02 43 44 14 18 – Fax: 02 43 79 18 92

Abbaye Saint-Pierre de Solesmes
(Sarthe)

Entre Le Mans et Angers. Le prieuré de Solesmes, fondé en 1010, fut rasé. L'actuelle abbaye date de 1837 et domine la vallée de la Sarthe. Solesmes est une communauté monastique vivante et nombreuse, réputée pour ses chants grégoriens, ses chœurs et ses travaux de musicologie. Elle prie, étudie et travaille de ses mains. Une telle vocation, contemplative, pour laquelle les bâtiments ont été conçus, requiert absolument un climat de silence et de paix. L'église abbatiale est ouverte aux retraitants pour certains offices de jour. Pour une retraite austère et solennelle, à l'écart du monde.

▌ Séjour dans l'enceinte monastique (réservé aux hommes)
Silence à respecter. Possibilité d'accompagnement spirituel.

Contact

1 place Dom Guéranger – 72300 Solesmes
Tél.: 02 43 95 03 08
Fax: 02 43 95 03 28
Courriel: hospescodesolesmes.com
Site: http://www.solesmes.com

▌ Séjour à l'extérieur de l'enceinte monastique: dans un cadre magnifique, à 200 m de l'abbaye, deux lieux sont ouverts, notamment aux femmes et aux groupes mixtes, plutôt jeunes: la Marbrerie et Saint-Clément. Réservés aux groupes à motivation religieuse.

À méditer

« Nous croyons que la vie monastique est un don de Dieu fait aux hommes. Le moine a conscience de répondre à un appel qui ne vient pas de lui, mais d'un Autre, Quelqu'un d'autre… Cet appel rejoint ses forces vives les plus intimes et sa capacité d'aimer. Et parce qu'il est de l'ordre de l'amour, le choix monastique – comme la prière – ne se mesure pas en termes d'utilité ou d'efficacité. »
Texte des frères d'En Calcat

*A l'heure de la prière,
dés qu'on entend le signal,
on doit laisser tout
ce qu'on a dans les mains,
et se hâter d'accourir,
avec gravité cependant,
et sans dissipation.
Donc, que l'on ne préfère
rien a la prière commune.*
Règle de saint Benoît

Également, dans le village de Solesmes, l'accueil Sainte-Anne est tenu par les moniales bénédictines de l'abbaye Sainte-Cécile (à 200 m de l'abbaye Saint-Pierre). Pour hommes, femmes et enfants.

Contact

21 rue Jules-Alain – 72300 Solesmes
Tél.: 02 43 95 45 05 – Fax: 02 43 95 52 01

POITOU-CHARENTES

Abbaye Sainte-Marie de Maumont
(Charente)

Entre Angoulême et Bordeaux, sur les pentes d'un doux vallon. L'abbaye accueille familles, groupes ou retraites individuelles. Il est possible de participer aux offices liturgiques avec la communauté, de travailler avec des moniales et de découvrir, à travers la Bible et les Psaumes, comment d'autres hommes ont affronté la souffran-ce, la peur, la maladie, la mort. Possibilité de rencontrer une sœur ou un frère.

Contact

16190 Juignac
Tél.: 05 45 60 34 38 – Fax: 05 45 60 29 02
Courriel: maumont.accueil@wanadoo.fr
Site: http://www.maumont.com

Monastère de l'Annonciation
(Deux-Sèvres)

À côté de Saint-Maixent. Les bénédictines se sont implantées dans un ancien logis huguenot, en cette terre protestante marquée par les guerres de Religion. Elles y vivent une présence monastique simple, accueillante à tous, signe de réconciliation et de paix, dans la campagne verdoyante du pays mellois.

Contact

Pié Foulard – 79370 Prailles
Tél.: 05 49 32 69 81 – Fax: 05 49 05 52 17

Abbaye Saint-Martin de Ligugé
(Vienne)

À 8 km au sud de Poitiers. L'abbaye de Ligugé est le plus ancien monastère connu d'Occident, au milieu d'un village poitevin. Les bâtiments actuels datent du xixᵉ siècle. En retraite en 1900, Paul Claudel en tombe subjugué… L'émaillerie de l'abbaye de Ligugé est réputée : Chagall, Rouault, Braque, Manessier ont confié des peintures à l'abbaye pour qu'elles soient reproduites en émaux…
Seul, en couple ou en groupe, chacun a la possibilité de séjourner pendant un temps auprès de la communauté d'une trentaine de moines. On y trouve une discrétion chaleureuse. L'abbaye a lancé un festival de musique sacrée avec concerts, conférences et initiation au chant grégorien (voir sur http://www.cheminsdemusique.fr/). Les moines de Ligugé enregistrent régulièrement des messes et des offices en grégorien.

Contact

2 place R.-P. Lambert – 86240 Ligugé
Tél. : 05 49 55 21 12
Fax : 05 49 55 10 98
Courriel : accueil@abbaye-liguge.com
Site : http://www.abbaye-liguge.com

PROVENCE-ALPES-CÔTE D'AZUR

Monastère Notre-Dame de Ganagobie
(Alpes-de-Haute-Provence)

Entre Sisteron et Manosque, sur un balcon rocheux qui domine la Durance. L'abbaye est réputée pour son site exceptionnel, ses mosaïques du Moyen Âge, son architecture romane, sa bibliothèque riche d'environ cent mille livres (soit cinq kilomètres de rayons) et ses possibilités de retraites individuelles ou collectives. Les lieux sont habités par des moines depuis le ixᵉ siècle. On y retrouve ses racines en se remettant en présence de Dieu et en vivant au rythme de la communauté et dans son climat de recueillement.
Le plateau de Ganagobie offre des sentiers pour de superbes promenades. Possibilité de rencontrer un moine pour « faire le point ». Les hommes prendront leurs repas avec la communauté, les femmes et ceux qui le préfèrent à l'hôtellerie. Deux jours minimum.

Contact

04310 Ganagobie
Tél. : 04 92 68 00 04 (de 10h30 à 11h30 et de 15h à 17h, sauf le lundi)
Fax : 04 92 68 11 49
Courriel : p.hotelier@ ndganagobie.com
Site : http://www.ndganagobie.com

Communautés monastiques des frères et sœurs de Sainte-Lioba
(Bouches-du-Rhône)

Près de Marseille, dans un paysage de garrigue. Comme un petit hameau provençal, le monastère des moniales est un ensemble de petites maisons juxtaposées. À côté, les frères accueillent au monastère Saint-Germain.

Contact

530 chemin des Mérentiers
13109 Simiane-Collongue
Tél. : 04 42 22 60 60
Fax : 04 42 22 79 50
Courriel : benedictins@ lioba.com
Site : http://www.lioba.com

La cuisine des monastères

Les repas partagés sont le plus souvent simples mais les gourmands ont parfois de très bonne surprises. Le dîner est généralement léger (tout dépend, de l'ascète ou du gourmand, qui officie en cuisine !). Dans de nombreuses communautés, les repas sont pris en silence. La cuisine monastique repose depuis toujours sur une alimentation saine et équilibrée. Ce qui donne une table simple et frugale, mais souvent colorée et savoureuse. Quelques conseils glanés auprès de gourmands sur le Net :

Abbaye Notre-Dame-des-Neiges (cisterciens, Ardèche)
Une cuisine copieuse et frugale. On se désaltère en buvant une des bières trappistes.

Abbaye Notre-Dame-de-Protection (bénédictins, Manche)
Les bénédictines de l'abbaye Notre-Dame-de-Protection confectionnent de délicieuses pâtes de fruits artisanales à la pulpe de pommes cuites à la marmite. Rien que du naturel !

Abbaye de Sylvanès (dominicain, Aveyron)
L'abbaye de Sylvanès est devenue un haut lieu de culture, d'art et de spiritualité. Elle offre de riches programmes d'activités pour le jeune public et les familles. On a la possibilité de savourer quelques spécialités locales, soupe au fromage ou encore chou farci, lors d'un déjeuner dans le splendide scriptorium de l'abbaye.

Abbaye de Lérins (cisterciens, Alpes-Maritimes)
Pour découvrir la simplicité des plats provençaux, principalement à base de tomates, d'olives, de poivrons et d'huile d'olive.

Abbaye Sainte-Marie de Maumont (bénédictins, Charente-Maritime)
On y déguste des plats originaux, mélange de cèpes, de salmis de palombes, accompagnés de sauces originales telles que la sauce d'escargots.

Prieuré Saint-Bernard (serviteurs de Jésus et de Marie, Haut-Rhin)
Ici, on peut aussi profiter des richesses du verger, offrant ses fruits (pommes, poires, prunes, cerises) qui, pour le coup, ne sont pas défendus !

Prieuré Sainte-Thérèse (communauté Saint-Jean, Cantal)
Fromage et jambon de pays sont les spécialités locales, mais on y découvre aussi d'autres plats succulents, notamment à base de châtaignes et de marrons.

À lire : *Les Bonnes Soupes du monastère* et *La Cuisine du monastère* (150 recettes sans viande). Frère Victor-Antoine d'Avila-Latourrette, Éditions de l'homme, 1999.

Abbaye Sainte-Madeleine du Barroux
(Vaucluse)

Sur un terrain de trente hectares, entre le Ventoux et les Dentelles de Montmirail, au village du Barroux. Le site est beau et sauvage. L'hôtellerie est ouverte aux hommes. Retraites individuelles ou en groupe (une semaine maximum.) Si chacun reste libre d'organiser sa journée comme il l'entend, la participation aux offices de la communauté, en particulier la messe conventuelle, en grégorien avec tous les moines présents dans l'église, est toujours souhaitée.

Contact
84330 Le Barroux
Tél.: 04 90 62 56 31
(de 11 h à 12 h et de 14 h 30 à 17 h)
Site: http://www.barroux.org

Abbaye Notre-Dame-de-l'Annonciation
(Vaucluse)

L'abbaye, implantée en terre provençale au pied du mont Ventoux, accueille les femmes.

Contact
La Font de Pertus – 84330 Le Barroux
Tél.: 04 90 65 29 29 – Fax: 04 90 65 29 30
Site: http://abbaye.nda.internetologis.com

RHÔNE-ALPES

Abbaye Notre-Dame de Triors
(Drôme)

À 8 km de Romans-sur-Isère. L'abbaye – un château des XVIIe-XVIIIe siècles complété de constructions récentes – propose un cadre de retraite personnelle ou en groupe, au rythme paisible de la prière liturgique bénédictine. Messes et vêpres sont célébrées tous les jours en chant grégorien.

Contact
BP 1 – 26750 Châtillon-Saint-Jean
Tél.: 04 75 71 43 39 – Fax: 04 75 45 38 14
Courriel: econome.triors@wanadoo.fr

Prieuré Saint-François-de-Sales
(Haute-Savoie)

Pour un temps de ressourcement spirituel ou simplement de réconfort. Cet établissement monastique est situé en pleine ville, sur les hauteurs d'Évian d'où l'on découvre un superbe paysage encadrant le lac Léman et les montagnes voisines. Les hôtes disposent d'une chambre individuelle (ou pour couple) et exceptionnellement d'un appartement pour les familles.

Contact
12 rue du Monastère – 74500 Évian
Tél.: 04 50 75 24 20 – Fax: 04 50 70 76 33
Courriel: evian.monastere@wanadoo.fr

Abbaye de Pradines
(Loire)

À 10 km de Roanne. Lieu de paix, de silence et de prière offert à tous ceux qui éprouvent le besoin d'un ressourcement spirituel.

Contact
Abbaye Saint-Joseph-et-Saint-Pierre
42630 Pradines
Tél.: 04 77 64 80 06 – Fax: 04 77 64 82 08
Courriel: abbaye-pradines@wanadoo.fr

*La beauté agit même
sur ceux qui ne
la constatent pas.*

Jean Cocteau

Adresses en Belgique

PROVINCE
DU BRABANT WALLON

Monastère Saint-André
de Clerlande

Le site est enchâssé dans un écrin naturel de verdure, au centre des bois de
Lauzelle.

Contact

Allée de Clerlande, 1
B-1340 Ottignies
Tél.: 00 32 (0) 10 43 56 52
Courriel: gregoire@clerlande.com

Bénédictines de Rixensart

Dans un parc verdoyant de deux hectares
et demi, sur une colline de peupliers et
de sapins. De l'extérieur et de l'intérieur,
le monastère exprime dans le langage
de l'architecture le double aspect d'une
même vocation bénédictine: l'intériorité
et l'accueil.

Contact

Monastère de l'Alliance
Rue du Monastère 82
B-1330 Rixensart
Tél.: 00 32 (0) 26 33 48 50
Fax: 00 32 (0) 26 52 06 46
Courriel: accueil@benedictinesrixensart.be
Site: http://www.benedictines.rixensart.catho.be

L'habit monastique

L'habit aide puissamment à faire et à garder le moine.

Lanza del Vasto.

L'habit bénédictin est composé
d'une austère tunique et d'un scapulaire à capuchon (vêtement couvrant
les épaules, le dos et la poitrine).
La *Règle* ne précise pas la couleur
de l'habit et on suppose que les
premiers bénédictins portaient du
blanc, couleur naturelle de la laine

non teinte. Cependant, au cours des
siècles, le noir est devenu la couleur dominante de l'habit. C'est au
Moyen Âge la couleur de l'humilité
et de la modestie. Pour les offices,
les bénédictins enfilent sur la robe la
coule, vêtement à larges manches.

PROVINCE DE LIÈGE

Monastère Saint-Remacle Wavreumont

Près de Liège. L'hospitalité s'adresse à tous, mais spécialement à ceux et celles qui veulent s'avancer plus loin dans une démarche de solitude, avec le soutien d'une communauté de prière. La maison de Mambré, à 20 minutes à pied du monastère, est également disponible pour accueillir des groupes désirant vivre une réelle démarche spirituelle.
Spécialement adaptée pour les personnes handicapées, la maison leur sera réservée en priorité.

Contact
9 B - 4970 Stavelot
Tél. : 00 32 (0) 80 28 03 71
Fax : 00 32 (0) 80 88 01 82
Courriel : Wavreumont@belgacom.net
Site : http://users.belgacom.net/wavreumont

La communauté mondiale des méditants chrétiens

"Nous avons à oublier, à méconnaître ce que nous avons été si nous nous orientons vers la complétude."

Dom John Main

Des religieux bénédictins sont à l'origine d'un mouvement international : la Communauté mondiale des méditants chrétiens est un réseau contemplatif présent dans une centaine de pays. Elle est dédiée à la pratique de la méditation. Des lectures sont envoyées chaque semaine aux méditants et diffusés sur le site Internet du réseau. La communauté organise également des retraites, en France et à l'étranger, avec des prédicateurs comme le père Laurence Freeman, cofondateur, avec John Main, de la communauté. La plupart des groupes de méditation sont animés par des laïcs.

À lire :
▌ *Un mot dans le silence, un mot pour méditer,* Dom John Main, Éditions Le Jour, 1999.
▌ *Jésus, le maître intérieur,* Laurence Freeman, Albin Michel, 2002.

Contact
Communauté mondiale
des méditants chrétiens
Dominique Lablanche
126 rue de Pelleport
75020 Paris
Tél. : 01 40 31 89 73
Courriel : dlablanche@noos.fr
Site : http://www.meditationchretienne.org/

PROVINCE DE LUXEMBOURG

Monastère Notre-Dame d'Hurtebise

Dans un écrin de verdure, au cœur de la forêt.

Contact

B - 6870 Saint-Hubert
Tél.: 00 32 (0) 61 61 11 27
Fax: 00 32 (0) 61 61 32 76
Courriel: hurtebise.accueil@skynet.be
Site: http://users.skynet.be/hurtebise/table.html

PROVINCE DE NAMUR

Abbaye de Chevetogne

Le monastère de Chevetogne, situé à mi-distance entre Bruxelles et Luxembourg, dans la campagne en bordure des Ardennes belges, est un lieu absolument unique, fondé en 1925 et voué à l'unité des chrétiens.
Trois maisons sont réservées à l'accueil des hôtes, l'une pour les femmes, l'autre pour les hommes, la dernière pour les groupes. Le monastère abrite une bibliothèque de cent mille volumes autour des différentes traditions chrétiennes.

Contact

Monastère de l'Exaltation-de-la-Sainte-Croix
Rue du Monastère 65
B - 5590 Chevetogne
Tél.: 00 32 (0) 83 21 17 63
Fax: 00 32 (0) 83 21 60 45
Courriels:
• Hôtellerie pour les hommes: hotelier.monastere@monasterechevetogne.com
• Hôtellerie pour les femmes et les familles: hotelier.bethanie@monasterechevetogne.com
Site: http://www.monasterechevetogne.com

Abbaye de Maredret

L'abbaye se trouve dans la vallée de la Molignée, affluent de la rive gauche de la Meuse. La région est réputée pour la beauté de ses paysages et ses richesses naturelles.

Contact

Rue des Laidmonts 9
B - 5537 Maredret
Tél.: 00 32 (0) 82 69 91 34
Fax: 00 32 (0) 82 69 90 89

▌ Les deux « poumons » de Chevetogne

« Qu'ils soient un. » S'il est vrai qu'on ne peut s'apprécier sans se connaître, le premier pas vers la réconciliation est en effet d'apprendre de l'autre qui il est.
La communauté de Chevetogne s'est donc mise dès son origine à l'école de l'Orient chrétien, et de l'orthodoxie russe en particulier. Les moines se répartissent en deux groupes liturgiques, l'un célébrant selon la tradition de l'Occident, l'autre en slavon selon la tradition de l'Orient byzantin. Ils veulent donner corps ainsi à la primauté de la prière qui unifie. On parle de « Chevetogne les deux Églises »… Les membres de la communauté se retrouvent souvent dans l'un des deux édifices – latin ou byzantin – pour une célébration commune. Par ailleurs, les moines de Chevetogne sont également réputés par leur production de disques de chants orthodoxes.

Monastère d'Ermeton

Les bénédictines occupent un ancien château du XVIIIe siècle, à 24 km de Namur, dans la vallée de la Molignée. L'ensemble des bâtiments est entouré d'un parc, pelouses, jardin et bois.

Contact

Monastère Notre-Dame
Rue du Monastère, 1
B - 5644 Ermeton-sur-Biert
Tél.: 00 32 (0) 71 72 00 48
Fax: 00 32 (0) 71 72 73 92
Courriel: accueil@ermeton.be
Site: http://www.ermeton.be

Abbaye de Maredsous

Sur une colline boisée et dans un impressionnant cadre de verdure, les re-traitants sont invités à vivre au rythme de la journée monastique et à partager la prière des moines. L'authenticité de ce qui se vit derrière les murs de l'imposante abbatiale attire chaque année plus de trois cent mille personnes ! Le centre d'accueil Saint-Joseph est bâti légèrement à l'écart des bâtiments conventuels. D'autres préfèrent la formule des camps sous tente, le long de la Molignée (le Moulin de Maredsous étant actuellement fermé). Cette formule offre un climat de calme en contact direct avec la nature. Un haut lieu de recueillement du pays.

Contact

Rue de Maredsous 11
B – 5537 Denée
Tél.: 00 32 (0) 82 69 82 75
Fax: 00 32 (0) 82 69 82 43
Courriel: accueil@maredsous.com
Site: http://www.maredsous.be

Dom Marmion

❝Je suis convaincu, et cela par expérience, que ce n'est pas par la discussion mais par la bonté qu'on gagne ou qu'on ramène les âmes. Ce n'est pas en voulant convaincre quelqu'un de son tort qu'on le gagne, mais bien en lui montrant la vérité avec douceur et bienveillance.❞

Dom Columba Marmion

Dom Columba Marmion (1858-1923), moine et abbé de Maredsous en Belgique, était un contemplatif qui enseignait que « l'homme dépasse infiniment l'homme », qu'il est le « voisin de Dieu ». Il a été béatifié le 3 septembre 2000 par le pape Jean-Paul II. Le cœur de son message : nous pouvons devenir tout de suite et réellement des enfants (fils et filles) de Dieu en Jésus.

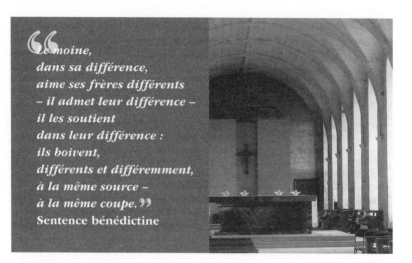

Le moine,
dans sa différence,
aime ses frères différents
– il admet leur différence –
il les soutient
dans leur différence :
ils boivent,
différents et différemment,
à la même source –
à la même coupe.
Sentence bénédictine

Bières et abbayes, une affaire qui mousse

Faire des bières dans les abbayes est une tradition qui date du Moyen Âge. Les abbayes offraient alors l'hospitalité, contre quelques deniers, aux voyageurs, aux pèlerins surtout. L'utilité d'une brasserie dans un monastère était avant tout d'ordre sanitaire. Dans l'impossibilité matérielle de vérifier si l'eau de source était propre ou non à la consommation, la communauté trouvait dans la fabrication de la bière un moyen pratique de résoudre ces doutes grâce au processus assainissant de la fermentation. On pouvait par là espérer échapper aux épidémies, de typhus notamment. Les moines brassaient donc, pour eux dans un premier temps, et partageaient leur breuvage avec leurs hôtes. Les voyageurs se permettaient certains détours pour s'arrêter dans les lieux les plus agréables... Au fil des siècles, la bière devint un objet commercial, exporté, vendu hors de son lieu de brassage, l'abbaye.

Aujourd'hui les derniers monastères qui brassent sont tous trappistes. En effet, au fil du temps, les religieux confièrent le brassage à des brasseries indépendantes extérieures à l'abbaye. Il s'agit des « bières d'abbaye ». Ainsi, il existe environ soixante-dix marques de bières d'abbaye en Belgique. À noter qu'elles n'ont pas toujours un rapport avec une communauté existante. Certaines sont dédiées à des ruines, des églises, des sanctuaires ou encore des saints. Certains monastères touchent désormais une rente en louant leur nom. L'abbaye reste propriétaire de la recette et donne son nom à la bière qui est brassée sous licence par une autre brasserie (comme Leffe, brassée par Interbrew, Maredsous, brassée par la brasserie Duvel, ou encore Tongerloo, brassée par la brasserie Haacht).

Adresses en Suisse romande

CANTON DU VALAIS

Abbaye Saint-Benoît de Port-Valais

Sur les bords valaisans du Léman, au Bouveret, tout près de la frontière française et aux portes d'Annecy. Le monastère accueille des retraitants individuels ou en groupe.

Contact

Maison Sainte-Marthe
38 route de l'Église
CH-1897 Le Bouveret
Tél. : 00 41 (0) 24 4 812 812
Fax : 00 41 (0) 24 4 814 398
Courriel : portier@abbaye-saint-benoit.ch
Site : http://www.abbaye-saint-benoit.ch

Adresses au Luxembourg

Abbaye Saint-Maurice de Clervaux

À 65 km au nord de Luxembourg-Ville. Lieu de vie contemplative, Clervaux – dont la communauté est composée de six nationalités différentes – est un espace de prière et de communion vécues dans une totale gratuité. Les moines ne « servent à rien », ils servent Quelqu'un. Liturgie en grégorien, avec des parties en français.

Contact

L-9737 Clervaux
Tél. : 00 352 92 10 27
Fax : 00 352 92 01 44

Prière pour la paix

Chaque mois, le jour de la pleine lune, des groupes se réunissent un peu partout en France et dans le monde pour une prière interreligieuse pour la paix.

Contact

Mouvement international pour la réconciliation
68 rue de Babylone – 75007 Paris
Tél. : 01 47 53 84 05
Courriel : mirfr@club-internet.fr
Site : http://www.mirfrance.org

La multitude des croyants n'avait qu'un cœur et qu'une âme.
Actes des Apôtres

Les cisterciens
et les trappistes

*«L'homme reconnaissant sait que Dieu est bon,
non par ouï-dire, mais par expérience.
Et c'est ce qui fait toute la différence.»*

Thomas Merton

L'ordre cistercien, également connu sous le nom de « saint ordre de Cîteaux » (s.o.c.), a été fondé en 1098 à l'abbaye de Cîteaux en Bourgogne. Il s'inscrit à l'époque dans le vaste mouvement de retour aux sources authentiques du christianisme. L'ordre suit la *Règle de saint Benoît*, mais dans un dépouillement plus grand de façon à se rapprocher de son idéal : le but avoué des fondateurs, Robert, Albéric et Étienne, était de restaurer la vie bénédictine dans sa première simplicité, notamment par le travail manuel, la pauvreté et le rejet de tout superflu.

Les « moines blancs » cisterciens se développent avec une remarquable vitalité, portés par l'aura de Bernard, abbé de Clairvaux, entré dans leurs rangs en 1113. Les débuts sont difficiles : la discipline imposée par Bernard est très sévère. Pourtant, très vite, on afflue dans la nouvelle abbaye. Mais loin de rester cloîtré, Bernard parcourt les routes d'Europe, devenant, comme on a pu l'écrire, la « conscience de l'Église de son temps ». Sa correspondance abondante avec des princes, des frères moines ou des jeunes gens qui requièrent son conseil ne l'empêche pas de se consacrer à la contemplation tout autant qu'à l'action directe dans la société de son temps. Infatigable, on le voit sur sa mule, traînant sur les routes d'Europe sa santé délabrée et son enthousiasme spirituel. L'homme fut convaincant : deux ans avant sa mort, il y avait cinq cents abbayes cisterciennes sur le sol européen ! « Marchez comme des enfants de la lumière », intimait-il.

La robe de l'habit est blanche avec un scapulaire noir. On appelle parfois les cisterciens « bénédictins blancs », « moines blancs » ou « bernardins », du nom de saint Bernard, le plus célèbre des cisterciens.

Le surnom de « trappistes » (aussi nommés « cisterciens de la Stricte Observance ») provient d'un mouvement de réforme ultérieur qui a commencé au xviie siècle, à partir du monastère français de La Trappe, en Normandie.

À méditer

« Le moine n'existe pas pour préserver quoi que ce soit, même pas la religion ou la contemplation. Son rôle n'est pas de garder vivant dans le monde le souvenir de Dieu.
Dieu ne dépend de personne pour vivre et agir dans le monde, pas même de ses moines ! Au contraire, le rôle du moine en notre temps est de se garder vivant lui-même par son union à Dieu. »
Thomas Merton

Aujourd'hui, l'austérité originelle des monastères cisterciens – cisterciens et cisterciens de la Stricte Observance – attire encore tous ceux que la dispersion et la société de consommation ne comblent pas.

Pour en savoir plus sur les abbayes et sites cisterciens :
http://www.cister.net
Pour en savoir plus sur les trappistes :
http://www.ocso.org

Petite bibliothèque idéale (et subjective)

Livres à lire avant une retraite ou pour la prolonger…

La Spiritualité de Cîteaux, Louis Bouyer, Flammarion, 1955.

La Voie cistercienne à l'école de l'amour, Dom André Louf, DDB, 1991.

Spiritualité cistercienne. Histoire et doctrine, Beauchesne, 1998.

Mystère de l'amour de Dieu et de la grâce : les plus beaux poèmes de Bernard de Clairvaux, choix et traduction par sœur Agnès Lemaire, DDB, 1982.

Saint Bernard mystique, Dom Jean Leclercq, DDB, 1948.

Le Miroir de la charité, Aelred de Rielvaux. Présentation et traduction, Charles Dumont et Gaëtane de Briey, Éd. Abbaye de Bellefontaine, 1992.

La Nuit privée d'étoiles, Thomas Merton, Albin Michel, 2005.

Adresses en France

ALSACE

Abbaye Notre-Dame d'Œlenberg
(Haut-Rhin)

Située sur l'une des dernières collines du Sundgau, à 15 km à l'ouest de Mulhouse, le lieu est chargé d'histoire depuis le XIe siècle. L'abbaye d'Œlenberg, seule survivante des nombreux monastères d'hommes que comptait jadis le pays, maintient en Alsace la grande tradition monastique. Certains bâtiments sont classés monuments historiques. À l'église, dans le parc ou dans l'intimité de sa chambre, le retraitant goûte au silence monastique « qui n'est pas une simple pratique, mais une grâce, un don de Dieu ». Une bibliothèque de plus de cent mille livres est à disposition. La communauté compte quatorze frères.

Contact

68950 Reiningue
Tél. : 03 89 81 91 23
Fax : 03 89 81 86 07
Courriel : hotellerie@abbaye-oelenberg.com
Site : http://www.abbaye-oelenberg.com

Venez à moi vous tous qui peinez et ployez sous le poids du fardeau.
Matthieu 11, 28

AQUITAINE

Abbaye d'Échourgnac
(Dordogne)

À 90 km de Bordeaux. À l'orée de la forêt de la Double, sur une colline, les vingt-cinq moniales reçoivent des personnes individuelles ou des groupes pour dix jours maximum. En pleine campagne au milieu du Périgord vert. Les retraitants sont invités à participer à la prière des heures de la communauté qui célèbre Dieu sept fois par jour. Un petit oratoire et le cadre naturel entourant l'abbaye sont des lieux propices à la prière, dans le silence et la solitude. Des aménagements sont prévus pour les personnes à mobilité réduite.

Contact

Abbaye Notre-Dame-de-Bonne-Espérance
24410 Échourgnac
Tél. : 05 53 80 82 59 (de 9h30 à 11h30, et de 14h30 à 17h)
Fax : 05 53 80 08 36
Courriel : retraitants@abbaye-echourgnac.org
Site : http://abbaye-echourgnac.org

À 500 m du monastère, entourée de prairies et de bois, la maison Bellevue est essentiellement destinée à l'accueil des groupes de jeunes. Tél. : 05 53 80 28 02.

Abbaye Sainte-Marie du Rivet
(Gironde)

Au sud-est de Bordeaux, le monastère des sœurs est bâti sur le roc dans un cadre enchanteur. Des forêts, des champs de maïs et de blé sur un terrain légèrement vallonné constituent le décor environnant. L'hôtellerie reçoit volontiers toute personne désirant faire silence, partager la prière de la communauté, se ressourcer dans une nature simple et belle. Il est possible de rencontrer une sœur et/ou le père aumônier.

Contact

33124 Auros
Tél. : 05 56 65 05 30 ou 05 56 65 05 33
Fax : 05 56 65 05 39
Courriel : adresse.rivet@wanadoo.fr
Site : http://www.abbayesaintemariedurivet.com

> *Les brebis*
> *qui lui appartiennent,*
> *il les appelle chacune*
> *par son nom.*
>
> Jean 10, 3

AUVERGNE

Abbaye des Sept-Fons
(Allier)

Au cœur de la Sologne, entre Moulins et Paray-le-Monial. La communauté de moines trappistes – environ soixante-dix ! – accueille pour une semaine de silence dans une antique abbaye cistercienne.

Contact

03290 Dompierre-sur-Besbre
Tél. : 04 70 48 14 90
Fax : 04 70 48 14 87
Courriel : septfons@septfons.com
Site : http://www.abbayedeseptfons.com

BASSE-NORMANDIE

Abbaye de Bricquebec
(Manche)

L'abbaye est occupée par vingt-cinq moines trappistes. Elle reçoit des retraitants

À méditer

« *Et c'est quoi, au juste, prier ? C'est faire silence. Peut-être est-ce impossible. Peut-être ne savons-nous pas prier comme il faut : toujours trop de bruit à nos lèvres, toujours trop de choses dans nos cœurs. Dans les églises, personne ne prie, sauf les bougies. Elles perdent tout leur sang. Elles dépensent toute leur mèche. Elles ne gardent rien pour elles, elles donnent ce qu'elles sont, et ce don passe en lumière. La plus belle image de prière... oui, ce serait celle-là : l'usure lente d'une bougie dans l'église froide.* »
Christian Bobin, *La Petite Robe de fête*

(individuels, couples, groupes de jeunes ou adultes) pour une semaine maximum dans le silence et le recueillement. Elle accueille également des étudiant(e)s pour réviser. Les repas se prennent dans un climat de silence. Un moine est affecté aux entretiens personnels.

Contact
Abbaye Notre-Dame-de-Grâce
50260 Bricquebec
Tél.: 02 33 87 56 10
Fax: 02 33 87 56 13
Courriel: ocso.bricquebec@wanadoo.fr
Site: http://www.catholique-coutances.cef.fr

Abbaye de La Trappe
(Orne)

Ici, le silence s'impose. Le domaine est vaste, entre forêts et étangs. On y croise des moines en vélo... Une partie des bâtiments est réservée aux hôtes, retraitants individuels ou en groupes constitués. Les séjours n'excèdent pas huit jours durant lesquels chacun est invité à entrer dans le silence et la prière. Les retraitants peuvent participer à toutes les liturgies de la communauté et rencontrer un frère s'ils le désirent. Ils ont à leur disposition une bibliothèque, un grand parc ainsi qu'une boutique. Fermé en janvier.

Contact
61380 Soligny-la-Trappe
Tél.: 02 33 84 17 05 (de 17h à 18h)
Fax: 02 33 34 98 57
Courriel: hotelier@latrappe.fr
Site: http://www.latrappe.fr

Autre lieu d'accueil, à l'extérieur mais tout près du monastère : une ancienne bergerie a été aménagée pour l'accueil de groupes de jeunes. « La Bergerie » reçoit en moyenne deux mille personnes par an. Sans compter les sept à neuf mille jeunes qui viennent profiter du cadre tous les étés.

Contact
Les Amis de la Bergerie
61380 Soligny-la-Trappe
Tél.: 02 33 84 17 67
Fax: 02 33 24 55 10
Courriel: bergerie@latrappe.fr

BOURGOGNE

Abbaye de Cîteaux
(Côte-d'Or)

C'est entre Dijon et Beaune, dans la plaine de la Saône, sur le lieu dit « Cistels » (terme signifiant « joncs, roseaux » et indiquant un endroit marécageux), un lieu isolé au sol ingrat, qu'en mars 1098, le moine Robert et vingt et un membres de la communauté bénédictine vécurent un nouveau monachisme basé sur la solitude, le dénuement et le travail manuel. Le monastère, lieu de naissance de tous les monastères cisterciens, prend le nom de Cîteaux en 1119.
Aujourd'hui, la congrégation (trente-cinq membres) accueille sur cette terre de prière les hommes et les femmes en quête d'un lieu de recherche spirituelle, de silence, de paix, des gens à un tournant de leur vie qui éprouvent le besoin de vivre cela dans le silence ou, tout simplement, des jeunes en quête du sens à donner à leur vie. Les retraitants motivés (pas de simples touristes) sont reçus dans l'hôtellerie du monastère, récemment rénovée, pour quelques jours de prière et de recueillement. L'abbaye propose également des stages de cinq jours pour les dix-huit-trente-cinq ans sur le thème « Aventurier du bonheur, écoute ton cœur ».

Contact
21700 Saint-Nicolas-les-Cîteaux
Tél.: 03 80 61 35 34
(de 10h à 12h et de 15h à 17h)
Courriel: hotelier@citeaux-abbaye.com
Site: http://www.citeaux-abbaye.com

BRETAGNE

Abbaye Notre-Dame de Melleray
(Loire-Atlantique)

À 50 km de Nantes. Les moines vivent dans des bâtiments claustraux du XVIIIe siècle et accueillent individuellement ou en groupe. Parc à l'anglaise bordant un étang, à l'orée de la forêt.

Contact
44520 La Melleraye-de-Bretagne
Tél.: 02 40 55 26 00 – Fax.: 02 40 55 22 43
Courriel: melleray@wanadoo.fr
Site: http://www.melleray-abbaye.com

Prier, ce n'est pas être intelligent, c'est être là.
Frère Pierre Januar

Abbaye de la Joie-Notre-Dame
(Morbihan)

Dans le diocèse de Vannes, dans un cadre de verdure. Le monastère est en partie édifié à partir d'un château, à l'orée de la forêt de Brocéliande. La communauté de quarante sœurs trappistines reçoit des personnes seules, des couples et de petits groupes, à l'hôtellerie.

Contact
56800 Campénéac
Tél.: 02 97 93 42 07 – Fax: 02 97 93 13 27
Courriel: accueilabbayelajoie@minitel.net
Site: http://catholique-vannes.cef.fr/site2/01-07c.html

Abbaye Notre-Dame de Timadeuc
(Morbihan)

Au cœur de la Bretagne, dans un océan de verdure, entre Rennes et Vannes, l'abbaye a été fondée en 1847 près de la cité de Rohan, en bordure du canal de Nantes. Sa démarche spirituelle est celle d'une communauté de moines cisterciens dont la vie se définit par la recherche de Dieu dans un lieu de solitude. Accueil spécialisé pour les handicapés.
Deux lieux d'accueil sont à la disposition des groupes de jeunes : le moulin de Coët Moru à 1 km de l'abbaye sur l'Oust, et le foyer Saint-Julien, à proximité du monastère. Ces lieux sont conçus pour que les divers groupes soient entièrement autonomes.

Contact
56580 Bréhan
Tél.: 02 97 51 50 29 – Fax: 02 97 51 59 20
Courriel : timadeuc.abbaye@wanadoo.fr
Site: http://catholique-vannes.cef.fr/site2/01-07b.html

CHAMPAGNE-ARDENNE

Abbaye Notre-Dame d'Igny
(Marne)

Igny est terre de prière depuis le XIIe siècle. Dans un vallon retiré, au milieu d'une campagne boisée, la communauté des quarante moniales trappistines offre silence et paix pour une semaine maximum. Fermé en janvier.

Contact
51170 Arcis-le-Ponsart
Tél.: 03 26 48 98 98 (de préférence de 9h15 à 11h30 et de 14h45 à 17h)
Fax: 03 26 83 10 79
Site: http://catholique-reims.cef.fr/nd-igny.htm

FRANCHE-COMTÉ

Abbaye Notre-Dame-de-la-Grâce-Dieu
(Doubs)

À 30 km à l'est de Besançon. Les moniales cisterciennes accueillent toute personne, seule ou en groupe, pour des retraites spirituelles personnelles, haltes de prière, récollections et sessions. L'environnement calme favorise la prière. L'abbaye est située dans un vallon boisé.

Contact

25530 Chaux-les-Passavant
Tél.: 03 81 60 44 45 – Fax: 03 81 60 44 18
Courriel: ndgracedieu@wanadoo.fr
Site: http://www.la-grace-dieu.org

▌Les nourritures spirituelles

Faire une pause dans un lieu de prière et de silence est idéal pour se nourrir autrement que dans notre monde de consommation effrénée. En particulier, les communautés monastiques mettent à votre disposition leur bibliothèque dans laquelle, si vous le souhaitez, vous pourrez trouver des nourritures spirituelles. Entendez par là des livres qui vont nourrir et vivifier vos questionnements et votre cœur. Vous ne trouverez en général ni télévision, ni radio, ni quotidien, ni magazine. Pour une courte durée, vous avez quitté le monde, sa dispersion, ses tentations. Vous êtes à l'intérieur de vous-même, vous n'êtes plus à l'extérieur...

Abbaye Notre-Dame d'Acey
(Jura)

Depuis 1136, dans la vallée et sur les bords mêmes de l'Ogno, vingt-trois moines trappistes partagent la « brûlure de l'Esprit Saint » avec les hôtes qu'ils accueillent. Hôtellerie et auberge de jeunes.

Contact

39350 Vitreux
Tél.: 03 84 81 04 11
Courriel: hotelier.acey@orange.fr
Site: http://acey.eglisejura.com

LANGUEDOC-ROUSSILLON

Abbaye Sainte-Marie de Rieunette
(Aude)

L'abbaye est une des premières abbayes de moniales cisterciennes en France. Fondée au XIIᵉ siècle, elle a été rendue à la vie monastique en 1998, après plusieurs siècles d'interruption. La petite communauté y fait retentir dans l'antique église le chant grégorien. Nichée au creux d'un vallon sauvage et boisé, l'abbaye offre au visiteur le sentiment d'une impressionnante solitude : le « bout du monde ».

Contact

11250 Ladern-sur-Lauquet
Tél.: 04 68 69 69 06
Fax: 04 68 69 40 44
Site: http://www.boulaur.org/fp/rieunette.htm

Monastère de la Paix-Dieu
(Gard)

À 15 km d'Alès. Les trappistines ont acquis en ce pays de tradition huguenote une vieille ferme isolée, et y établirent le monastère de la Paix-Dieu, plus habituellement appelé « Cabanoule ». Elles proposent des retraites de silence pour une durée maximum de huit jours dans un monastère entouré d'un parc ombragé.

Contact

1064 chemin de Cabanoule – 30140 Anduze
Tél.: 04 66 61 73 44
Fax: 04 66 61 87 94
Courriel: communaute@cabanoule.org

LIMOUSIN

Prieuré du Jassonneix
(Corrèze)

Le château du Jassonneix, au milieu d'un domaine de plusieurs hectares, existait déjà au Moyen Âge. L'hôtellerie dispose d'une dizaine de chambres, réservées aux personnes qui désirent prendre un peu de recul dans le calme en partageant la liturgie de la communauté. Le monastère est entouré de myrtilliers : il est possible de passer une semaine ou deux à vivre près des religieuses, de suivre les offices et de les aider cinq à six heures par jour à la cueillette sur les arbustes.

Contact

19250 Meymac
Tél.: 05 55 95 21 11 – Fax: 05 55 95 21 88
Courriel: mon.jassonneix@wanadoo.fr
Site: http://www.monastere-du-jassonneix.com

LORRAINE

Abbaye Notre-Dame-de-Saint-Joseph
(Vosges)

Entre Nancy et Épinal. Communauté de sœurs trappistines dans l'antique château féodal d'Ubexy.

Contact

88130 Ubexy
Tél.: 03 29 38 25 70 – Fax: 03 29 38 05 90
Courriel: uy.compt@wanadoo.fr
Site: www.abbaye-ubexy.com.fr/

> *Il les conduit au port de leur désir.*
>
> Psaume 107

À méditer

« *Que vous le compreniez ou non, Dieu vous aime, Il est présent en vous, Il vit en vous. Il demeure en vous, vous appelle, vous sauve et vous offre un entendement et une lumière qui ne ressemblent à rien de ce que vous avez pu trouver dans les livres ou entendu dans les sermons.* »
Thomas Merton (Lettre du 21 août 1967)

MIDI-PYRÉNÉES

Abbaye Notre-Dame de Bonneval
(Aveyron)

À 30 km de Rodez, dans un site sauvage du Rouergue. Situé dans une vallée étroite de la Boralde, petite rivière qui se jette dans le Lot, le monastère des trappistines accueille ceux qui cherchent à vivre un temps fort dans le cadre d'une vie simple et cachée. Un ermitage, situé à 1,5 km du monastère, peut accueillir des groupes de jeunes. Lieu sauvage et beau.

Contact

12500 Le Cayrol-Espalion
Tél.: 05 65 44 01 22
Fax: 05 65 44 77 69
Courriel: info@abbaye-bonneval.com
Site: http://www.abbaye-bonneval.com

Abbaye Sainte-Marie de Boulaur
(Gers)

À 60 km de Toulouse, dans la campagne. Le monastère domine la vallée de la Gimone et n'ouvre ses portes qu'à la belle saison.
Du mois d'avril à la fin du mois de septembre, les sœurs cisterciennes accueillent les particuliers (femmes seules et familles) pour des séjours en pension complète de deux nuits minimum. Le climat est sain et vivifiant.

Contact

32450 Boulaur
Tél.: 05 62 65 40 12
Fax: 05 62 65 49 37
Courriel: hotellerie@boulaur.org
Site: http://www.boulaur.org/fp/index.htm

Abbaye Sainte-Marie-du-Désert
(Haute-Garonne)

À 30 km de Toulouse. Les moines trappistes accueillent durant l'été des laïcs à la recherche de sites de grande solitude pour une retraite spirituelle. Blottie dans un superbe vallon et isolée du village, l'abbaye est un lieu idéal pour se ressourcer. Hormis le son des cloches des offices, aucun bruit ne vient perturber la méditation. La qualité du silence, que chacun ici s'efforce de préserver (même pendant les repas), favorise un climat d'intériorité et d'intense prière personnelle. L'abbaye peut également accueillir à la maison Notre-Dame des groupes de jeunes.

Contact

31530 Bellegarde-Sainte-Marie
Tél.: 05 62 13 45 45
(de 10h à 11h45 ou de 15h à 17h30)
Fax: 05 62 13 45 35
Courriel: abstemariedesert@wanadoo.fr
Site: http://abbayedudesert.com

NORD-PAS-DE-CALAIS

Abbaye Sainte-Marie du Mont-des-Cats
(Nord)

Entre Lille et Dunkerque. L'abbaye a été fondée à la fin du XVIe siècle, au sommet du plus célèbre sommet des Flandres, en lieu et place d'un antique ermitage. L'hôtellerie est fermée en janvier.

Contact

2470 route du Mont-des-Cats
59270 Godewaersvelde
Tél.: 03 28 43 83 63 – Fax: 03 28 43 83 64
Courriel: hotellerie@abbaye-montdescats.com
Site: http://www.abbaye-montdescats.com

Monastère Notre-Dame-de-la-Plaine
(Nord)

Le monastère est situé en banlieue de Lille. D'accès facile, et bénéficiant d'un parc qui préserve un bel espace, il accueille des personnes en quête de silence, de paix, de prière.

Contact

287, avenue de Lattre-de-Tassigny
59876 Saint-André
Tél. : 03 20 51 76 20
Fax : 03 20 42 26 70
Courriel : nd.la.plaine@wanadoo.fr
Site : http://www.bernardine.org/laplainef.html

> " *Je la conduirai au désert et je parlerai à son cœur.* "
> Osée 2,16

Abbaye de Belval
(Pas-de-Calais)

Près d'Arras, au creux d'un vallon boisé, le hameau de Belval se niche dans une campagne silencieuse, propice au recueillement, abritant la vie monastique des trappistines.

Contact

62130 Troisvaux
Tél. : 03 21 04 10 14
Fax : 03 21 47 18 15
Courriel : econome@abbaye-belval.com
Site : http://www.abbaye-belval.com

Aux Pierres Blanches, pour les groupes de vingt à quarante personnes.
Tél. : 03 21 04 10 10

PAYS-DE-LOIRE

Abbaye Notre-Dame de Bellefontaine
(Maine-et-Loire)

Les trente moines sont des cisterciens-trappistes. Leur genre de vie est marqué par le silence, le lever de nuit, le chant de l'office divin, le travail manuel, la lecture, et une dévotion spéciale à la Vierge Marie. Il y a une hôtellerie pour faire une retraite personnelle.

Contact

BP 17 - 49122 Bégrolles-en-Mauges
Tél. : 02 41 75 60 40
Fax : 02 41 75 60 49
Courriel : info@bellefontaine-abbaye.com
Site : www.bellefontaine-abbaye.com

Abbaye Notre-Dame de Port-du-Salut
(Mayenne)

À 9 km de Laval, sur les bords de la Mayenne. Si l'abbaye est célèbre pour son fromage, les moines trappistes

▌Mystique
Du grec *mustikos* – ce qui, dans une religion, a trait aux rites secrets, réservés aux initiés. Depuis, le mot « mystique » n'a cessé de changer de sens. La mystique est le fruit d'une expérience intérieure d'« unité-communion-présence » – avec l'absolu – le Soi, le grand Tout, la nature, l'âme du monde, Dieu. Ces expériences existent dans toutes les religions. Chez les chrétiens, elle est toujours personnelle.

> *« Il est essentiel,*
> *surtout aux moments*
> *de transition de la vie,*
> *de se retirer*
> *de ses activités habituelles*
> *pour entrer en soi-même*
> *et réfléchir sur*
> *le rêve de son âme. »*
> **Jean Monbourquette**

proposent surtout des séjours spirituels adaptés à tous ainsi que des formations spirituelles qui consolident la personne dans son ensemble, corps, âme, esprit, tout l'être étant pris en compte. Les repas sont pris en silence.

Contact

53260 Entrammes
Tél. : 02 43 64 18 64
Fax : 02 43 64 18 63
Courriel : hotellerie@portdusalut.com
Site : http://www.portdusalut.com

Abbaye de la Coudre
(Mayenne)

Importante communauté de trappistines – une cinquantaine de sœurs – aux por- tes de Laval. Le parc de l'abbaye abrite des coudriers et des noisetiers sauvages. La campagne et une forêt aménagée sont tout proches. Les retraitants orga- nisent eux-mêmes leur journée, mais ils sont conviés à participer aux offices liturgiques de la communauté (la psal- modie est en français, avec quelques pièces en grégorien pour la messe), et à partager l'eucharistie célébrée chaque jour. L'hôtellerie offre aussi la possibilité de prier seul dans le cadre plus intime de son oratoire.

Contact

Rue Saint-Benoît – BP 0537
53005 Laval Cedex
Tél. : 02 43 02 85 85
Fax : 02 43 02 85 87
Courriel : hotellerie.coudre@wanadoo.fr
Site : http://www.abbaye-coudre.com

PROVENCE-ALPES-CÔTE D'AZUR

> *J'aime et honore entre tous les lieux ma chère Lérins, qui reçoit dans son sein plein de miséricorde ceux qui viennent au sortir des naufrages de ce monde. Elle introduit affectueusement sous ses ombrages tous ceux qu'a dévorés l'ardente chaleur du siècle, pour qu'ils puissent reprendre haleine, en cet abri intime.*
>
> Saint Eucher, *Éloge du désert*

Abbaye de Lérins
(Alpes-Maritimes)

L'île Saint-Honorat abrite l'un des monastères les plus anciens d'Occident : en 410, Honorat et ses compagnons décidèrent de s'installer dans cet ermitage situé loin du monde… Du début du ve siècle jusqu'à nos jours, cette petite île, en baie de Cannes, est restée un lieu consacré exclusivement à la vie monastique. La communauté cistercienne l'occupe entièrement et y préserve une oasis de tranquillité, un donjon médiéval les pieds dans l'eau et des bâtiments plus récents. Possibilité d'un séjour d'une semaine maximum, dans un climat de silence idyllique. Fermé en novembre.

Contact

BP 157 – 06406 Cannes Cedex
Tél. : 04 92 99 54 00
Fax : 04 92 98 54 21 (hôtellerie)
Courriel : hotellerie@abbayedelerins.com
Site : http://www.abbayedelerins.com
De Cannes, embarquement sur la jetée face au casino (20 mn en bateau).

Retraite-révisions pour les jeunes à Lérins

La formule fait fureur : la « retraite révisions » à l'abbaye de Lérins connaît un succès qui dépasse largement les capacités d'accueil de l'institution. À 80 euros la semaine pour l'hébergement, la nourriture et sept heures minimum de révisions quotidiennes, les candidats au bac ou aux grandes écoles sont assurés de trouver sur l'île un cadre, un calme et une sérénité absolus. Pour une question de places de couchage, les moines ne peuvent recevoir qu'une vingtaine de jeunes à la fois, à raison de deux stages prévus pendant les vacances de printemps. De nombreuses autres communautés monastiques organisent ce type de retraites, notamment le prieuré Sainte-Thérèse de Murat, dans le Cantal, le carmel de Mazille, Notre-Dame-de-Grâce dans la Manche ou encore l'abbaye d'Ourscamp, dans l'Oise. Les moines de Lérins organisent aussi, en juin, juillet et septembre, des « retraites-chantier » pour des jeunes intéressés par le travail de la vigne, les vendanges ou des travaux dans l'abbaye.

Témoignage du scientifique Jean Staune sur Lérins[1]

« Qu'est-ce que Lérins ? C'est une "porte" entre le Ciel et la Terre. Certes on peut trouver Dieu et le prier partout (même dans le métro pour ceux qui sont très forts !), mais il y a des lieux qui sont plus privilégiés que d'autres. Lérins est l'un de ceux-là tout simplement parce que c'est le plus vieux monastère de France (il a été fondé en 410 !) et que toute l'île est ainsi imprégnée de prière depuis quinze siècles. [...] À première vue, Lérins ressemble à n'importe quelle île... mais "que celui qui a des oreilles pour entendre entende" comme nous l'a dit le Christ.

Lérins est donc un endroit où l'on peut entendre à l'intérieur de soi le souffle de ce que les chrétiens appellent l'"Esprit Saint". [...] C'est un lieu d'extase mystique qui a accueilli un nombre unique de saints au cours des siècles (au point qu'on l'appelle aussi "l'Île des Saints") qui ont laissé leurs empreintes discrètes sur chaque pierre, chaque arbre, chaque brin d'herbe. C'est aussi un lieu de souffrance, une île de martyrs où des centaines de moines ont été massacrés par les pirates barbaresques au cours de raids, ce qui a amené à la construction du monastère fortifié.

Le retraitant d'aujourd'hui peut ressentir les deux aspects de Lérins. Le temps est très important pour cela. Il m'est arrivé d'y être par temps de grands vent et de pluie, de froid glacial (la température est plus basse qu'à Cannes !) et avec une humidité de 95 %. Là on y ressent vraiment le côté "obscur" de notre monde.

Il m'est aussi arrivé d'y faire des retraites avec un soleil permanent et une mer d'huile en plein janvier et de recevoir alors des grâces extraordinaires dans l'église, et de faire quasiment seul sur l'île (pas de touristes à ce moment) de merveilleuses méditations face à l'eau et à la lumière. Voilà les deux aspects de Lérins. C'est le Ciel qui décide celui que l'on rencontre (c'est le cas de le dire !).

[...] Que peut-on espérer de Lérins ? Il ne faut pas aller là-bas en se disant "Je vais ressentir quelque chose". On ne peut pas "passer en force". Seul un certain oubli de soi, seul le fait de se laisser porter par l'Esprit de Lérins, par la prière de Lérins, écho de la prière de ces hommes qui prient tous les jours de l'année, quelles que soient les circonstances, peut nous amener à nous laisser envahir par ce sentiment de la présence véritable en nous de ce qui est au-delà de toute description et de tout mot (ce qui fait que j'arrête mon discours ici !)... mais qui est la source de l'Amour et du Sens.

Il y a ceux qui recevront cette grâce du premier coup, ceux qui devront pour cela revenir à Lérins, ceux pour qui le chemin est différent... Cela est normal, la diversité des hommes face à l'expérience spirituelle est le reflet de la diversité des parcours et des caractères... »

À lire :

Notre existence a-t-elle un sens ?, Presses de la Renaissance, 2007.

"Quand je me perds de vue, c'est que je Le regarde."

Simone Weil

Contact
Abbaye Notre-Dame-de-la-Paix
271 route de Saint-Blaise
06670 Castagniers
Tél.: 04 93 08 05 12
Fax: 04 93 08 35 18
Courriel: abbayedecastagniers@wanadoo.fr

Abbaye de Castagniers
(Alpes-Maritimes)

L'abbaye de la branche féminine de l'abbaye de Lérins, dans un village de l'arrière-pays niçois, bénéficie d'un site exceptionnel entre mer et montagne. Les retraitants partagent à l'hôtellerie l'ambiance de silence et de paix de ce site ombrien, planté de cyprès et d'oliviers. Communauté de quinze sœurs.

Abbaye Notre-Dame de Sénanque
(Vaucluse)

À 30 km d'Avignon, à quelques kilomètres du beau village de Gordes et de la terre ocre de Roussillon. Fondée en 1148 et enserrée dans le creux d'un vallon, au milieu des cultures de lavande, l'abbaye millénaire de Sénanque demeure l'un des plus purs témoins de l'architecture cistercienne primitive. Contrairement à

Telles des sentinelles sur les remparts...

"Sur tes remparts, Jérusalem, j'ai posté des veilleurs.
De jour et de nuit, jamais ils ne se tairont,
avant que ma justice ne se lève comme l'aurore
et que mon salut atteigne aux extrémités de la terre !"

Isaïe 62

N'hésitez pas à assister à l'office du milieu de la nuit dans les communautés qui le pratiquent : à l'heure où la plupart d'entre nous dorment, des hommes et des femmes veillent et prient pour le monde. Ce temps de prière est particulièrement fervent. Être témoin ou participant de ces prières dans les ténèbres remet de nombreuses choses à leur place.

celles que l'on appelle ses « sœurs », les abbayes du Thoronet et de Silvacane, elle est toujours habitée par une communauté de moines cisterciens. Ils accueillent les personnes désirant partager la vie de prière de la communauté, dans le silence et le recueillement, pour une semaine maximum. Le frère hôtelier est à la disposition de ceux qui le souhaitent pour un entretien spirituel. Enfin, ici on se laissera séduire par la magie des mélodies byzantines. Hôtellerie fermée en janvier-février.

Contact

84220 Gordes
Tél.: 04 90 72 05 72
Fax: 04 90 72 15 70
Courriel: frere.hotelier@senanque.fr
Site: http://www.senanque.fr

Abbaye de Blauvac
(Vaucluse)

À 15 km de Carpentras. Le monastère est planté au cœur de la Provence, face au mont Ventoux et blotti dans les bois de Blauvac. À quelques kilomètres d'Avignon, dix-huit moniales habitent une solide demeure traditionnelle que leurs voisins ont baptisée « le château » à cause de la tour en pierre qui émerge des grands pins. À découvrir les jours de mistral lorsque le ciel n'en peut plus d'être bleu et que les cigales crient à tue-tête leur éphémère joie de vivre. L'Oasis accueille les retraitants individuels et la Rencontre les groupes.

Contact

Abbaye Notre-Dame-de-Bon-Secours
84570 Blauvac
Tél.: 04 90 61 81 17
Fax: 04 90 61 98 07
Courriel: hoteliere@abbaye-blauvac.com
Site: http://www.abbaye-blauvac.com

RHÔNE-ALPES

Abbaye de Notre-Dame-des-Neiges
(Ardèche)

Dans les montagnes ardéchoises, les trappistes accueillent aussi bien ceux qui veulent mettre leurs pas sur les traces de Robert Louis Stevenson et de Charles de Foucauld – qui y célébra sa première messe – que ceux qui souhaitent venir passer quelques jours seuls, en couple ou en groupe. Les retraitants sont invités à participer à la vie de la communauté et à vivre le silence propice au recueillement. Penser à retenir sa place longtemps à l'avance pour ce lieu de contemplation idéal.

Contact

07590 Saint-Laurent-les-Bains
Tél.: 04 66 46 59 00
Courriel: info@notredamedesneiges.com
Site: http://notredamedesneiges.com

Les petites sœurs de Nazareth et de l'Unité

Les petites sœurs de Nazareth et de l'Unité – présence discrète de la spiritualité foucauldienne – vivent à proximité de la communauté cistercienne, en ce lieu où Charles de Foucauld a tant prié. On peut y vivre toute l'année un temps de désert ou de vie fraternelle. Le lieu accueille des personnes de toute religion.

Contact

07590 Saint-Laurent-les-Bains
Tél.: 04 66 46 14 83
Courriel: cte.nazareth@wanadoo.fr

Abbaye Notre-Dame d'Aiguebelle
(Drôme)

À 15 km de Montélimar, dans un vallon où convergent les eaux, les moines de Cîteaux installent en 1137 un monastère de pierre dédié à Notre-Dame des « Belles Eaux », Aiguebelle. Dans la Drôme provençale, au milieu des champs de lavande, la communauté des trente frères trappistes cherche à vivre du travail de ses mains, à aider les pauvres dans la mesure de ses possibilités et à accueillir ceux et celles que la divine Providence conduit au monastère pour chercher un approfondissement de leur vie de prière.

Contact
Montjoyer
26230 Grignan
Tél. : 04 75 98 64 72
Fax : 04 75 98 64 71
Courriel : contact@abbaye-aiguebelle.com
ou hotellerie.aiguebelle@orange.fr
Site : http://www.abbaye-aiguebelle.com

▌ Le baume d'Aiguebelle

Au siècle dernier, les moines de l'abbaye Notre-Dame d'Aiguebelle distillaient déjà des plantes médicinales. Aujourd'hui, le baume d'Aiguebelle utilise les vertus d'huiles essentielles de certaines plantes sélectionnées selon une formule élaborée à partir du savoir-faire traditionnel et des dernières connaissances scientifiques. Un vrai bonheur olfactif en plus ! À avoir toujours dans sa pharmacie…

Abbaye Notre-Dame de Chambarand
(Isère)

À égale distance de Valence et de Grenoble, entre le Rhône et les Alpes, l'abbaye, fondée en 1868, fait face à la chaîne du Vercors, dans un cadre naturel magnifique. Aux hôtes, la communauté des trappistines désire offrir un espace de paix, de liberté, de silence, de prière, dans le respect de la vocation de chacun, l'écoute fraternelle et l'émerveillement devant cette nature si belle...

Contact
200 impasse du Monastère
38940 Roybon
Tél. : 04 76 36 22 68
Fax : 04 76 36 28 65
Courriel : ab.chambarand@wanadoo.fr
Site : http://www.chambarand.com

Monastère Notre-Dame-des-Petites-Roches
(Isère)

Entre Grenoble et Chambéry, à 1000 m d'altitude, dans un site magnifique. Le monastère des cisterciennes bernardines domine la vallée du Grésivaudan, sur un balcon majestueux. Derrière lui, le massif de la chartreuse ; en face, la chaîne de Belledonne ; en contrebas, la vallée de l'Isère. Pour un moment de calme dans un spectaculaire paysage alpin. Le silence souhaité épouse et invite à l'altitude pour quinze jours maximum. C'est toute la communauté (onze sœurs) qui accueille, même si quelques sœurs sont plus spécialement désignées pour être présentes aux groupes ou personnes individuelles qui viennent.

38660 Saint-Bernard-du-Touvet
Tél.: 04 76 08 31 13 – Fax: 04 76 08 32 17
Courriel: hotellerie.petitesroches@gmail.com
Site: www.bernardine.org/touvetf.html

Abbaye Notre-Dame de Tamié
(Savoie)

Près d'Albertville, à 900 m d'altitude, à flanc de montagne, l'abbaye offre une vue spectaculaire sur la combe de Savoie et le Mont-Blanc et un sentier botanique pour de belles promenades. Elle a longtemps servi de refuge pour ceux qui traversaient les Alpes.
La communauté d'une trentaine de moines accueille personnes et couples pour une semaine maximum. Elle s'efforce d'offrir un cadre de silence et de recueillement, ainsi qu'une écoute attentive. Tamié est connu notamment par sa liturgie… et réputé pour son fromage. L'hôtellerie est située dans une aile du monastère. Une maison d'accueil est prévue pour les jeunes. Les handicapés sont accueillis. Les personnes qui le désirent peuvent être accompagnées par un frère de la communauté.

73200 Plancherine
Tél.: 04 79 31 15 50 – Fax: 04 79 37 05 24
Courriel: accueil@abbaye-tamie.com
Site: www.abbaye-tamie.com

En tout lieu, tenir certain que Dieu nous regarde.
Saint Benoît

> *L'amour ne veut pas d'autre cause, pas d'autre fruit que lui-même. Son vrai fruit, c'est d'être. J'aime parce que j'aime, j'aime pour aimer.*
> **Saint Bernard**

Adresses en Belgique

PROVINCE DU HAINAUT

Abbaye Notre-Dame de Scourmont

Située à quelques kilomètres de Chimay, dans le sud du Hainaut belge, près de la frontière française. L'hôtellerie, spacieuse, est ouverte aux personnes ou aux groupes qui veulent partager durant quelques jours la solitude, le silence et la prière des moines. Les hôtes ont accès à un magnifique parc et aux bois environnants.

B-6464 Forges
Tél.: 00 32 (0) 60 21 05 11
Fax: 00 32 (0) 60 21 36 96
Courriel: Abbaye@scourmont.be
Site: www.scourmont.be

> *Pour avoir droit
> à une étincelle d'éternité,
> il faut avoir aimé.*

Jacques Attali

Monastère Notre-Dame-de-Bon-Secours

À la frontière franco-belge, le monastère des vingt sœurs fait partie du parc national Hainaut occidental, proche de la forêt domaniale de Bon-Secours-Condé.

Contact

Vieux Chemin de Leuze – B-7600 Peruwelz
Tél.: 00 32 (0) 69 77 20 34
Fax: 00 32 (0) 69 77 03 84
Courriel: bernardinesperuwelz@skynet.be

PROVINCE DE LIÈGE

Abbaye Notre-Dame de Brialmont

Le château de Brialmont, véritable nid d'aigle qui domine la vallée de l'Ourthe depuis le XIIᵉ siècle, a été transformé en abbaye. L'environnement boisé offre de larges espaces de promenades. Les retraitants organisent eux-mêmes leur journée, mais sont conviés à participer aux offices liturgiques de la communauté (la psalmodie est en français) et à partager l'eucharistie célébrée chaque jour.

Contact

B - 4130 Tilff
Tél.: 00 32 (0) 43 88 10 41
Fax: 00 32 (0) 43 88 10 44
Courriel: brialmont.hotellerie@skynet.be
Site: www.brialmont.be

Abbaye Notre-Dame-du-Val-Dieu

L'abbaye se veut ouverte au monde mais en préservant la sérénité qui a toujours régné en ce lieu. Elle accueille les pèlerins et les retraitants qui veulent partager la vie de prière et de silence de la communauté ainsi que les étudiants en révision (de mai à septembre).

Contact

B - 4880 Aubel
Tél.: 00 32 (0) 87 69 28 28 (de 10h à 16h)
Fax: 00 32 (0) 87 69 28 23
Courriel: hotellerie@val-dieu.net
Site: http://www.evolutionbuilder.com/val-dieu

PROVINCE DE LUXEMBOURG

Abbaye d'Orval

Au cœur de la Gaume, à proximité immédiate de la frontière avec la France, non loin du grand-duché de Luxembourg. L'une des abbayes cisterciennes trappistes les plus remarquables de Belgique. Le site, caché dans une vallée profonde, sa source, la fontaine Mathilde, sa rosace séculaire et son jardin de plantes médicinales sont enchanteurs.

Les hôtes sont invités à participer à la prière de la communauté. Les personnes qui le désirent peuvent demander l'aide d'un moine dans leur recherche spirituelle.

Pour favoriser le recueillement et l'intériorité, les repas sont pris en silence avec un fond musical. Dans le même sens, les personnes sont invitées à respecter un climat de discrétion et de méditation à l'intérieur des bâtiments et dans la cour des retraitants. Des parloirs sont disponibles pour des rencontres.

Un chalet est mis à la disposition des groupes de jeunes ou des familles avec

jeunes enfants qui désirent vivre une expérience monastique et participer aux
temps de prière avec la communauté.

B-6823 Villers-devant-Orval
Tél.: 00 32 (0) 61 32 51 10
Fax: 00 32 (0) 61 32 51 36
Courriel: hotellerie@orval.be
Site: www.orval.be

Abbaye Notre-Dame de Clairefontaine

Des trappistines ont élu refuge dans
la verte vallée de la Semois, dans les
Ardennes belges.

B - 6830 Bouillon
Tél.: 00 32 (0) 61 22 90 80
Fax: 00 32 (0) 61 22 90 81
Courriel: accueil@abbaye-clairefontaine.be

PROVINCE DE NAMUR

Abbaye Notre-Dame de Saint-Rémy-de-Rochefort

Située dans une large vallée au pied d'une
colline boisée qui la sépare de Rochefort,
l'abbaye des moines trappistes est une
véritable oasis de paix. Elle impressionne
par l'ambiance recueillie, que favorisent
ses bâtiments de différentes époques et
son environnement naturel.

B - 5580 Rochefort
Tél.: 00 32 (0) 84 22 01 40
Fax: 00 32 (0) 84 22 01 43
Courriel: remyabbaye@scarlet.be
Site: www.trappistes-rochefort.com

Adresses en Suisse romande

CANTON DE FRIBOURG

Abbaye d'Hauterive

À 7 km de Fribourg. Installée sur un
méandre de la Sarine, entre arbres et
étangs, l'abbaye occupe un site enchanteur où la nature réalise une heureuse
harmonie entre l'eau, la végétation et la
pierre. Les repas sont pris en commun,
dans le silence. L'accueil est largement
ouvert aux chrétiens d'autres confessions. Les offices en grégorien sont chantés par les moines sous les voûtes d'une
splendide église gothique du XIIe siècle.
Un régal pour les amateurs.

CH-1725 Posieux
Tél.: 00 41 (0) 26 409 71 00
Fax: 00 41 (0) 26 409 71 01
Courriel: info@abbaye-hauterive.ch
Site: http://www.abbaye-hauterive.ch

> *Dieu regarde
> les mains pures,
> non les mains pleines.*
>
> Proverbe médiéval

Abbaye Notre-Dame de La Maigrauge

L'abbaye, fondée en 1255, est située
entre forêt, rives rocheuses et une rivière
qui sépare le monastère de la ville de Fribourg. Une oasis de calme et de verdure

enchâssée dans une boucle de la Sarine. Une église du XIIIe siècle dans sa beauté originelle. Pour une halte, pour rencontrer Dieu, pour prier avec la communauté, ou, en solitude, réfléchir et faire le point, pour trouver une ambiance de recueillement. Possibilité de rencontrer une sœur.

Contact

2 chemin de l'Abbaye
CH-1700 Fribourg
Tél. : 00 41 (0) 26 309 21 10
Fax : 00 41 (0) 26 309 21 15
Courriel : contact@maigrauge.ch
Site : http://www.maigrauge.ch

Abbaye Notre-Dame-de-la-Fille-Dieu

À quelques encablures de la cité médiévale de Romont, dans les vertes prairies du Glâne, un havre d'accueil qui offre aux hôtes de passage la possibilité de s'abreuver à la source du silence.

Contact

CH-1680-Romont
Tél. : 00 41 (0) 26 651 90 10
Fax : 00 41 (0) 26 651 90 11
Courriel : Office@Fille-Dieu.ch
Site : http://www.fille-dieu.ch

Les ordres mendiants

"La valeur de ma vie dépend de ma capacité à la donner."

Pierre Claverie

On parle pour les dominicains, franciscains, clarisses, carmélites et carmes d'ordres mendiants. Leur idéal est autant de vivre une certaine pauvreté – radicale ou adaptée – que d'être parmi les plus petits. Les franciscains ne se nomment-ils pas « frères mineurs » ? Ainsi, les ordres mendiants veulent la place de celui qui sert, pas de celui qui domine. De même, ils choisissent la pauvreté car elle est pratique de la Présence de Dieu : rien ne nous appartient, tout nous est donné.

Les dominicains

« Nos rêves sont trop étroits et si Dieu les détruit,
c'est pour que nous puissions nous aventurer
dans les plus vastes espaces de Sa vie. »

Timothy Radcliffe

L'ordre est né sous l'impulsion de Dominique de Guzman (1170-1221), fils de nobles espagnols. À quatorze ans, il étudie la théologie et la philosophie. Il vit déjà comme un saint. Devenu chanoine régulier, en traversant le midi de la France, il est frappé, avec son évêque Diègue, par les ravages de l'hérésie des cathares. Ils obtiennent du pape Innocent III la mission, avec quelques compagnons, de prêcher l'Évangile par la parole et par l'exemple. Dominique s'installe ensuite à Prouilhe où il fonde un monastère de femmes. Afin de poursuivre et d'étendre son œuvre de prédication, il réunit ses premiers compagnons dans un couvent de Toulouse dans le même souci de radicale pauvreté.

Dominique fait le voyage de Rome pour obtenir l'approbation de son ordre. On dit qu'il y rencontra François d'Assise et que les deux fondateurs se reconnurent pour s'être vus en songe, s'embrassèrent comme deux frères et se lièrent d'une amitié profonde qui dura jusqu'à la mort. Le pape Honorius III approuve en 1216 son œuvre qui devient l'ordre des

frères prêcheurs. Ces derniers seront invités à s'ins-
truire sans relâche. Dès l'année suivante, Dominique
les disperse dans toute l'Europe afin d'y fonder des
couvents. Les prêcheurs se fixent dans les villes uni-
versitaires où la qualité de leur enseignement leur
permet de briguer rapidement les chaires de faculté.
La dévotion pour la Vierge Marie est très grande parmi les frères. C'est à elle que Dominique a confié la
communauté naissante. Elle lui apparut plusieurs fois.
Dominique mourut à Bologne le 6 août 1221. Il fut
canonisé en 1234.

Les moniales dominicaines se consacrent à la louange
et à l'intercession pour le salut du monde « afin que
la Parole qui sort de la bouche de Dieu ne lui revien-
ne pas sans fruit mais accomplisse en plénitude ce
pour quoi il l'a envoyée » (*Constitutions des moniales
dominicaines*). Les frères prêcheurs sont envoyés par
Dominique dans les universités, ils y étudient la théologie et se mettent au service de la Parole de Dieu.
Elles sont contemplatives.

Les moines et moniales dominicains portent un habit
de couleur blanche, recouvert d'une cape noire (la
charge). Dans les pays anglo-saxons, on les appelait
les *blackfriars* (frères noirs). Une ceinture de cuir à laquelle on accroche un rosaire complète l'habit. On dit
que la soutane blanche du pape est inspirée de l'habit
dominicain, depuis Pie V qui était dominicain.

La devise de l'ordre est « *Veritas* » (la vérité). L'accent est
mis sur la Parole de Dieu. Saint Dominique prêchait le
don total de soi au Christ, pour que s'accomplisse le mystère du salut. Lorsqu'il rencontrait quelqu'un, celui-ci avait
l'impression d'être attendu. Ses rencontres n'étaient jamais

superficielles. Elles se prolongeaient dans la prière pour que tous les hommes entrent dans l'amitié de Dieu.

Pour un dominicain, vivre vraiment, c'est trouver sa demeure dans cette amitié et en être transformé jusqu'à devenir capable « d'être utile à l'âme du prochain » (prologue des *Constitutions* de 1220). Thomas d'Aquin a bien formulé l'objectif du prêcheur : « *Contemplata aliis tradere* » (Transmettre ce que nous avons contemplé).

Les dominicains suivent la règle de saint Augustin. Alors que les moines sont liés à leur abbaye par un vœu de stabilité, les dominicains pratiquent l'itinérance, base de la vie des apôtres dont ils sont les imitateurs par leur vocation d'annoncer le Christ au monde.

À méditer

« *Tu veux, Bonté éternelle, que je regarde en Toi et que je voie que Tu m'aimes, et que Tu m'aimes par grâce, afin que de ce même amour j'aime toute créature douée de raison, donc Tu veux que j'aime et serve mon prochain par grâce, c'est-à-dire en subvenant à lui spirituellement et corporellement autant qu'il me soit possible sans aucun souci de ce qui m'est utile ou agréable, et même Tu ne veux pas que je m'en éloigne pour cause d'ingratitude et de persécution ou d'infamie que je pourrais recevoir de lui.* »

Sainte Catherine de Sienne

La vocation des dominicains est de prêcher la Parole de Dieu. Toutes les branches de la famille dominicaine participent à cette mission commune : frères, moniales, sœurs apostoliques et une grande diversité de groupes de laïcs.

Pour en savoir plus sur les dominicains :
http://www.op.org et **http://www.dominicains.fr**
Un site des dominicains de la Province de France dédié à la prière silencieuse chrétienne, qui propose notamment textes et sessions d'initiation : **http://www.priere-silencieuse.org**

Une retraite dans la famille dominicaine

L'accueil chez les dominicains est marqué par la possibilité offerte aux retraitants de se rencontrer et de dialoguer (c'est pourquoi, en général, les repas des hôtes ne sont pas pris en silence, sauf lorsqu'il s'agit de « séjours » ou « semaines monastiques » proposés aux jeunes). Par ailleurs, les frères et les sœurs ont une grande disponibilité pour dialoguer avec les personnes qui le souhaitent. Chacun est en tout cas reçu tel qu'il est, dans la singularité de son cheminement et de ses capacités.

Petite bibliothèque idéale (et subjective)

Livres à lire avant une retraite ou pour la prolonger...

▌ *Je vous appelle amis*, Timothy Radcliffe, Le Cerf, 2001 (Prix de Littérature religieuse).

▌ *Pourquoi aller à l'église ?*, Timothy Radcliffe, Le Cerf, 2009.

▌ *Si tu cherches Dieu*, Jean-René Bouchet, Le Cerf, 1982. Un petit livre de conseils idéal pour les chercheurs de Dieu.

▌ *Donner sa vie*, Pierre Claverie, Le Cerf, 2003. Le témoignage de l'évêque d'Oran, assassiné en 1997.

▌ *Laisse Dieu être Dieu en toi*, Jean-Marie Gueulette, Le Cerf, 2002. Un parcours spirituel ; un petit livre à mettre dans son sac de retraitant.

Adresses en France

> *Je vais où Dieu me mène,*
> *incertain de moi,*
> *mais sûr de lui.*

Lacordaire

ALSACE

Monastère d'Orbey
(Haut-Rhin)

À 25 km de Colmar. Le monastère reçoit des personnes ou des groupes pour une semaine maximum, sur réservation. L'accueil est fermé de mi-septembre à la Toussaint.

Contact

Monastère de Saint-Jean-Baptiste d'Unterlinden
53 lieu-dit Holnet – 68370 Orbey
Tél.: 03 89 71 23 30 – Fax: 03 89 71 35 61
Courriel: dominicaines.orbey@orange.fr

AQUITAINE

Monastère de Saint-Dominique
(Landes)

Lieu où des hommes et des femmes en recherche de silence et de paix peuvent se poser et poser leurs questions. Possibilité d'un accompagnement spirituel. Une semaine monastique est proposée une fois par an aux jeunes de moins de trente-cinq ans durant l'été.

Contact

62 rue Gambetta – 40100 Dax
Tél.: 05 58 56 84 60 – Fax: 05 58 74 97 25
Courriel: dax@dominicaines.org
Site: http://dax.dominicaines.org

AUVERGNE

Monastère de Langeac
(Haute-Loire)

À 40 km du Puy-en-Velay. Fondée en 1623, la communauté compte parmi ses fondatrices une jeune fille du Puy-en-Velay, sœur Agnès de Jésus Galand, béatifiée en 1994. Sa tombe est vénérée dans la chapelle, tout particulièrement par les futures mères. Une halte spirituelle d'une durée de deux semaines maximum, au bord de la rivière Allier, pour « revenir à son cœur ». Possibilité d'échanges spirituels. Fermé en septembre.

Contact

Monastère de Sainte-Catherine-de-Sienne
2 rue du Pont – 43300 Langeac
Tél.: 04 71 77 01 50 – Fax: 04 71 77 27 61
Courriel: dominicaines.langeac@orange.fr
Site: http://langeac.op.org

BRETAGNE

Monastère Notre-Dame de Beaufort
(Ille-et-Vilaine)

Entre Rennes, Saint-Malo, Dol et Dinan. Le monastère est un manoir breton du XVIIe siècle, qui surplombe l'étang de Beaufort, dans un cadre boisé très silencieux. Un lieu où partager ses peines et ses joies, ses questions, ses doutes... L'accueil est ouvert à toute personne, tout groupe qui cherche le silence, la prière et le soutien d'une vie fraternelle. Les hôtes sont accueillis dans une aile d'époque, légèrement remaniée au xixe siècle.

Contact

35540 Plerguer
Tél. : 02 99 48 07 57 ou 06 74 94 76 65
Fax : 02 99 48 48 95
Courriel : monastere.dominicaines@nordnet.fr
Site : http://ndbeaufort.free.fr

FRANCHE-COMTÉ

Dominicaines de Béthanie
(Doubs)

La maison d'accueil offre un lieu paisible aux personnes qui veulent participer à la vie de prière ou se ressourcer dans une ambiance chaleureuse empreinte d'un des grands caractères de Béthanie : la discrétion. La tombe du bienheureux père Latatste, dominicain fondateur de Béthanie, est vénérée dans la chapelle.

Marie de la Trinité : de l'angoisse à la paix

Mal connue du grand public, Marie de la Trinité pourrait pourtant bien être l'une des figures mystiques du xxe siècle, proche des souffrances profondes de son temps. Elle entre en 1930 chez les dominicaines missionnaires des campagnes. Entre 1942 et 1946, elle écrit des carnets spirituels où elle relate les expériences et paroles reçues en oraison. En 1945-1946, elle sombre dans une dépression nerveuse qui durera dix ans. Dans cette épreuve, elle apprend à trier ce qui est authentiquement spirituel et ce qui relève de ses angoisses psychiques. Échappant de peu à la lobotomie, elle entreprend avec Jacques Lacan une cure analytique qui durera près de trois ans, de 1950 à 1953. En 1956, elle se lance dans une formation de psychothérapeute pour aider les religieuses en difficulté.

En 1959, elle choisit de revenir à Flavien, son premier monastère, auprès de la mère fondatrice devenue aveugle. Elle reste près d'elle jusqu'à sa mort, en 1969. Lorsque la congrégation quitte les lieux, en 1970, elle choisit, en accord avec les supérieures, d'y rester seule dans une dépendance de l'ancien couvent, la « cambuse ». Elle reprend alors ses carnets pour les dactylographier. Elle meurt d'un cancer le 21 novembre 1980. Ce parcours qui, ainsi que l'écrit sa biographe, va « de l'angoisse à la paix », parle à tous ceux que la détresse menace d'abattre.

À lire :

▌ *De l'angoisse à la paix. Sœur Marie de la Trinité*, Christiane Sanson, Le Cerf, 2003.
▌ *Petit Livre des grâces*, Marie de la Trinité, Arfuyen, 2002.

Contact
25320 Montferrand-le-Château
Tél.: 03 81 56 53 35
Courriel: dominicainesdebethanie@wanadoo.fr
Site: http://dominicainesbethanie.com

> *Dieu ne regarde pas ce que nous avons été, mais ce que nous sommes.*

Père Lataste

Île-de-France

Monastère de la Croix-et-de-la-Miséricorde
(Essonne)

L'accueil fait partie du quotidien des sœurs qui reçoivent les personnes dans le besoin de se confier, d'exposer leurs peines et leurs doutes, d'être encouragées… Quelques chambres sont disponibles aux personnes en quête de silence et de prière et aux familles.

Contact
19 cours Monseigneur-Roméro
91025 Évry Cedex
Tél.: 01 64 97 22 72 – Fax: 01 64 97 22 91
Courriel:
monastere.dominicaines.evry@club-internet.fr

Dominicaines de Béthanie
(Essonne)

Situé à 40 km de Paris, dans la vallée de la Renarde, à proximité d'une très belle église du XIIIᵉ (gothique rayonnant), la maison Saint-Dominique est destinée aux groupes de retraite, de réflexion, de travail, ainsi qu'aux adultes et familles qui recherchent un lieu de silence et de paix en vue d'une réflexion spirituelle. Un grand jardin est à la disposition des hôtes, dans le respect des personnes et de la nature. La discrétion, essentielle dans la communauté, est aussi recommandée à chacun. Elle est facteur de liberté et de paix pour tous. Fermeture annuelle : quinze jours fin juin et quinze jours fin novembre.

Contact
11 rue de Rochefontaine
91910 Saint-Sulpice-de-Favières
Tél.: 01 64 58 54 15
Courriel: dominicaines_bethanie@wanadoo.fr
Site: http://dominicainesbethanie.com

Languedoc-Roussillon

Monastère de Sainte-Marie
(Aude)

En pleine terre cathare, Prouilhe est le lieu qui vit naître l'ordre des dominicains vers 1206. Les retraitants sont logés dans un bâtiment qui leur est entièrement réservé. De nombreux sentiers pédestres permettent des moments de détente physique et la visite de lieux historiques faisant mémoire de saint Dominique.

Contact
Prouilhe – 11270 Fanjeaux
Tél.: 04 68 11 22 66 – Fax: 04 68 11 22 60
Courriel: accueil@prouilhe.com
Site: http://www.prouilhe.com

Dominicaines des Tourelles
(Hérault)

Entre la mer et les Cévennes, dans un cadre de garrigue, la congrégation des dominicaines des Tourelles accueille dans un très beau monastère moderne ceux qui désirent célébrer ou approfondir leur foi et ceux qui éprouvent le besoin d'un temps de silence et de réflexion pour une durée de quinze jours maximum. La maison est ouverte quasiment toute l'année aux groupes autonomes ou pour une retraite individuelle avec possibilité d'accompagnement.

Contact

Communauté de la Transfiguration
Route de Castries
34270 Saint-Mathieu-de-Tréviers
Tél. : 04 67 55 20 62 – Fax : 04 67 55 22 39
Courriel : hotellerie.tourelles@free.fr
Site : http://dom.tourelles.free.fr/

Cette congrégation accueille également au Prieuré de l'Emmanuel, à Grignan (**Drôme provençale**, **Rhône-Alpes**), un vieux mas au milieu des lavandes.

Contact

26230 Grignan
Tél. : 04 75 46 50 37 – Fax : 04 75 46 53 49
Courriel : dom_tou@club-internet.fr

MIDI-PYRÉNÉES

Abbaye de Sylvanès
(Aveyron)

Située dans le Sud-Aveyron, cette abbaye du xiie siècle a été restaurée à partir de 1975 avec l'arrivée sur place du père dominicain et compositeur André Gouzes. Elle est aujourd'hui un centre de rencontres culturelles et musicales de renommée internationale. Haut lieu spirituel, liturgique et œcuménique (une chapelle orthodoxe en bois a été construite dans la forêt à quelques kilomètres de l'abbaye), Sylvanès est également un centre culturel proposant tout au long de l'année des stages très variés (chant, direction, iconographie, peinture...).

Sylvanès : un centre international d'art sacré

Depuis plus de trente ans, pendant l'été, le Festival international de musique sacrée de Sylvanès ouvre ses portes, avec près de quarante concerts et des invités prestigieux. Outre les stages de chants sacrés, les ateliers choraux, les sessions de musique liturgique, les colloques et la célébration des grands moments liturgiques (Semaine sainte et Pâques, Pentecôte, Noël, 15 août), des sessions et retraites sont proposées sur la liturgie, la méditation et la prière.

Contact

12360 Sylvanès – Tél. : 05 65 98 20 20
Fax : 05 65 98 20 25
Courriel : abbaye@sylavanes.com
Site : http://www.sylvanes.com
Pour l'hébergement, s'adresser au Prieuré des Granges :
Tél. : 05 65 49 52 32

PROVENCE-ALPES-CÔTE D'AZUR

Maison Lacordaire
(Alpes-Maritimes)

Sur le site exceptionnel de Vence, jouxtant la chapelle du Rosaire réalisée par Henri Matisse, les dominicaines de la Maison Lacordaire reçoivent les personnes seules, en famille, en groupe. Elles accueillent séminaires, sessions culturelles, haltes spirituelles, retraites, repos, etc., et organisent avec l'aide des religieux, prêtres, laïcs, des sessions spirituelles, culturelles et artistiques, etc. La Maison Lacordaire est composée de deux villas, dans un jardin en terrasse ouvert sur un large horizon, baignée par la lumière de la Méditerranée.

466 avenue Henri-Matisse
BP 33 – 06141 Vence Cedex
Tél. : 04 93 58 03 26 – Fax : 04 93 58 21 10
Courriel : dominicaines@wanadoo.fr
Site : http://perso.orange.fr/maison.lacordaire

Visiter l'abbaye de Boscodon
(Hautes-Alpes)

Située dans le très beau cadre de montagne du lac de Serre-Ponçon, à 1150 m d'altitude, l'abbaye est un remarquable monument du XIIe siècle. Ce fut la plus grande abbaye de la région. Classée monument historique, elle est habitée par une communauté de religieux – frères et sœurs – qui s'étend à des laïcs de tous âges qui viennent partager la vie, la prière et le travail avec les religieux. Ils forment ensemble une véritable « communauté élargie ». Visiter l'abbaye de Boscodon relève autant de l'initiation à la symbolique romane que de l'expérience spirituelle.

05200 Crots
Courriel : abbaye.boscodon@wanadoo.fr
Site : www.abbayedeboscodon.fr/
Il n'y a pas d'hébergement à l'abbaye, ni de séjours de retraite. Une auberge-gîte de montagne, tout à côté, peut recevoir :
« Le Cellier des Moines »
Tél/Fax : 04 92 43 00 50

> *Viens étranger, tu feras du bien à celui qui te reçoit.*
> Proverbe africain

RHÔNE-ALPES
Monastère de la Clarté-Notre-Dame
(Drôme)

La communauté accueille volontiers les chercheurs de Dieu et toute personne qui désire refaire ses forces spirituelles. Ceux qui le souhaitent peuvent participer à ce qui est le cœur de la vie des sœurs : la prière liturgique.

26770 Taulignan
Tél. : 04 75 53 55 11 – Fax : 04 75 53 62 23
Courriel :
monastereop-clartetaulignan@wanadoo.fr
Site : http://pagesperso-orange.fr/dominicaines.taulignan

Monastère Notre-Dame de Chalais
(Isère)

À 15 km de Grenoble, au cœur du massif de la Chartreuse, à 940 m d'altitude. Le monastère, campé à flanc de montagne, offre un cadre propice à la prière, au silence et à la solitude, seul, en couple ou en groupe. Des générations de priants ont vécu en ce lieu exceptionnel depuis le XIIe siècle. Très belle église romane.

BP 128 – 38343 Voreppe Cedex
Tél. : 04 76 50 02 16 – Fax : 04 76 50 22 23
Courriel : monastere.chalais@orange.fr
Site : http://www.chalais.fr

Adresses en Suisse romande

CANTON DE FRIBOURG

Monastère des dominicaines d'Estavayer

Estavayer-le-Lac est une ville typiquement médiévale près du lac de Neuchâtel. Accueil de personnes individuelles et de groupes en pension complète ou en autogestion.

Contact
Grand'Rue 3
CH-1470 Estavayer-le-Lac
Tél.: 00 41 (0) 26 6 634 222
Courriel: dominicaines.estavayer@bluemail.ch
Site: www.moniales-op.ch

> « *La gaieté du front doit être le reflet de la paix de l'âme.* »
>
> Mère Marie-Anastasie

Communauté Sainte-Marie de la Tourette : le couvent lumière de Le Corbusier
(Rhône)

Sur les monts du Lyonnais, au-dessus de L'Arbresle, à 25 km de Lyon, ce couvent (classé monument historique en 1979) est un centre original : construit par l'architecte franco-suisse Le Corbusier près d'une forêt, il accueille de nombreuses rencontres autour des sciences humaines, des religions ou encore centrées autour du débat scientifique ou philosophique. Le 19 octobre 1960, au cours de l'inauguration du couvent Sainte-Marie de la Tourette à Éveux-sur-l'Arbresle, Le Corbusier rappelait aux dominicains les paroles du défunt Père Couturier, commanditaire de l'œuvre : « Corbu, c'est un truc pour vous, une chose à l'échelle humaine. » Lorsqu'il avait demandé à Le Corbusier en 1952 de concevoir le projet d'un couvent, le Père Couturier avait choisi un architecte qui, bien que n'appartenant pas à l'Église catholique, avait « suffisamment le sens du mystère » pour accomplir cette mission.

Le résultat est étonnant : un couvent aux formes géométriques doté de quelques façades vitrées. Pour empêcher d'être absorbé par le monde extérieur, des blocs de béton viennent boucher soudainement çà et là la visibilité... L'intériorité et la concentration doivent primer. Toute décoration – hormis celle de la lumière naturelle – est d'ailleurs absente.

« J'ai essayé, écrit Le Corbusier, de créer à L'Arbresle un lieu de méditation, de recherche et de prière pour les frères prêcheurs. Les résonances humaines de ce problème ont guidé notre

*Vivre, c'est se réveiller
la nuit dans l'impatience
du jour à venir, c'est
s'émerveiller de ce que
le miracle quotidien
se reproduise pour nous
une fois encore, c'est avoir
des insomnies de joie.* "
Paul-Émile Victor

travail. [...] J'ai imaginé les formes, les contacts, les circuits qu'il fallait pour que la prière, la liturgie, la méditation, l'étude se trouvent à l'aise dans cette maison. Mon métier est de loger les hommes. Il était question de loger des religieux en essayant de leur donner ce dont les hommes d'aujourd'hui ont le plus besoin : le silence de la paix. Les religieux, eux, dans ce silence placent Dieu. Ce couvent de rude béton est une œuvre d'amour. Il ne se parle pas. C'est de l'intérieur qu'il vit. C'est à l'intérieur que se passe l'essentiel. »

On y trouve un climat à la fois de silence et de grande liberté spirituelle, le lieu se veut au service de la rencontre et du partage. Le couvent est grand ouvert à qui veut venir le découvrir, le comprendre, l'habiter. La visite constitue un avant-goût de la découverte du lieu car l'architecture, ici, se vit. L'hospitalité offerte comporte quelques règles (quiétude, horaires, respect du lieu et des espaces réservés), puisque la Tourette est avant tout une maison habitée par des religieux.

Le couvent de la Tourette où résident une dizaine de frères dominicains propose des journées, des week-ends et des semaines de réflexion, de prière et de méditation animés par des frères ou des personnalités extérieures (programme annuel disponible). Le centre culturel de la Tourette propose en outre un programme de concerts et de sessions de travail sur les arts, les sciences humaines, la philosophie et le fait religieux.

Contact

BP 105 – 69591 L'Arbresle Cedex
Tél. : 04 74 26 79 70 – Fax : 04 74 26 79 99
Courriel: resa@couventlatourette.com
Site: www.couventlatourette.com

À lire :

▌ *Un couvent de Le Corbusier*, Éditions de Minuit, 1961.

Retraites en ligne

Et si vous faisiez une retraite spirituelle sans bouger de chez vous ?

▌ Découvrez le site web http://www.retraitedanslaville.org, animé depuis 2003 par une soixantaine de dominicains. Pour les chrétiens, et plus largement pour tous les chercheurs de sens, les quarante jours du Carême qui préparent à la fête de Pâques offrent une occasion privilégiée pour se donner du temps. À tous ceux qui, trop occupés ou peu familiers des monastères, n'ont pas cette possibilité, les frères dominicains proposent une retraite spirituelle en ligne, à vivre chez soi ou au travail. Le site se compose de :
• l'office des vêpres, chanté par des frères ;
• une méditation quotidienne et chaque dimanche une conférence spirituelle, qu'il est possible de recevoir par e-mail sur simple inscription ;
• un lieu où poser vos questions ;
• la possibilité de déposer des intentions de prières ;
• une page pour les plus jeunes ;
• la possibilité d'un accompagnement spirituel par un religieux ou une religieuse.
Lors de la dernière édition de la « Retraite dans la ville » (Carême 2008), ce sont presque vingt mille personnes qui ont suivi la retraite.

À lire aussi :
▌ *Petite Retraite à la maison*, Alain Quilici, Presses de la Renaissance, 2009. Pour faire une retraite spirituelle chez soi tout en poursuivant ses activités quotidiennes. Un programme de sept jours, trente minutes matin et soir.

> *Ce n'est pas d'en savoir beaucoup qui rassasie et satisfait l'âme, mais de sentir et de goûter les choses intérieurement.*
>
> Saint Ignace de Loyola

▌ Voir aussi le site ignacien Notre-Dame du Web : http://www.ndweb.org. Depuis l'an 2000, Notre-Dame du Web est un centre spirituel ignacien sur Internet. Il veut être un lieu pour aider les internautes à chercher et trouver Dieu en toutes choses. Certaines propositions sont ponctuelles, d'autres s'inscrivent dans la durée. Différentes retraites existent : trois semaines de « Premier pas » dans les *Exercices* spirituels (une retraite d'initiation), « Venez et voyez » (une retraite « force 2 » pour ceux qui veulent aller plus loin) ou encore des « exercices spirituels » pour l'été ou les temps liturgiques forts (Avent, Carême).

Les franciscains

“*Ne garde pour toi rien de toi*
afin que te reçoive tout entier
Celui qui se donne à toi tout entier.”
Saint François d'Assise

Les franciscains, clarisses, capucins et annoncia-des ont opté pour la contemplation, la simplicité de vie et la présence évangélique en tous milieux sociaux (surtout simples et populaires). L'accent est mis sur la simplicité, la convivialité et la joie francis-caine et sur une pauvreté habitée de ferveur. « Moins je possède, plus je me possède », estiment ces frères mineurs. Saint François d'Assise, prince nu des pau-vres, prescrivait en effet la « minorité ». Il désignait par ce terme un souci de fraternité : ne pas dominer l'autre, toujours reconnaître en lui un être supérieur. « Si mes frères ont reçu le nom de petits [mineurs], c'est pour qu'ils n'aspirent pas à devenir grands, leur vocation est de rester en bas et de suivre les traces de l'humilité du Christ », disait François.

Né à Assise en 1181, dans une famille aisée, François voyage dans le monde entier, menant tout d'abord une existence sans soucis. À vingt-quatre ans, dans la chapelle Saint-Damien, il entend un grand crucifix byzantin lui dire : « Va, répare ma maison qui tombe en ruine. » Pour réparer la chapelle, il dépense l'argent de son père, qui le déshérite. Il épouse alors, selon sa propre expression, Dame Pauvreté et déclare qu'il n'a d'autre père que Celui qui est aux cieux.

Un matin, il entend l'Évangile de l'envoi en mission des disciples[1]. Appliquant l'Évangile à la lettre, l'enfant gâté d'Assise parcourt la campagne, pieds nus et une corde pour ceinture, en annonçant : « Que le Seigneur vous donne sa paix. » Des compagnons lui viennent...

---

1. Matthieu 10, 5-16.

Petite bibliothèque idéale (et subjective)

Livres à lire avant une retraite ou pour la prolonger...

▌ *Sagesse d'un pauvre*, Éloi Leclerc, DDB, 1991. L'ouvrage qui fit connaître ce frère franciscain continue d'être un livre de référence en matière de spiritualité.

▌ *Un maître à prier, François d'Assise*, Éloi Leclerc, Éditions franciscaines, 1995.

▌ *Saint François parle aux oiseaux*, C.H. Rocquet, Éditions franciscaines, 2005.

▌ *Le Pauvre d'Assise*, Nikos Kazantzakis, Éd. Pocket, 1989. Une biographie romancée et inspirée.

▌ *Le Très-Bas*, Christian Bobin, Gallimard, coll. « Folio », 1995. Un bijou de simplicité sur saint François d'Assise

▌ *Frère François*, Julien Green, Le Seuil, coll. « Points Sagesse », 1983. Et l'histoire devient humaine...

Il rédige une *Règle* faite de passages d'Évangile qu'il va, à Rome, faire approuver par le pape Innocent III. Parallèlement, sa sœur spirituelle, Claire Favarone, devient la première clarisse. Pour les laïcs, il fonde un troisième ordre, appelé aujourd'hui « la Fraternité séculière ». Il finit par se retirer sur le mont Alverne où il reçoit les stigmates du Christ en croix. En 1226, au milieu de très grandes souffrances, il compose son *Cantique des créatures* et, le 3 octobre, « nu, sur la terre nue », le *Poverello* accueille « notre sœur la mort corporelle ».

Renan a écrit de lui : « Sa vie est une perpétuelle ivresse d'amour divin [...]. Il ne dédaigne rien ; il aime tout ; il a une joie et une larme pour tout ; une fleur le jette dans le ravissement ; il ne voit dans la nature que frères et sœurs ; tout a pour lui un sens et une beauté. »

Une retraite franciscaine

Saisis par le Christ, dans une disponibilité à tous sans exclusivité, les disciples de François et de Claire d'Assise ont à cœur de favoriser l'accueil des jeunes et des petits budgets.

Les capucins sont des frères franciscains qui ont souhaité, au XVIe siècle, revenir aux origines de l'ordre et à une forme de vie plus proche de celle de saint François. La spiritualité franciscaine est une invitation à une joyeuse austérité.

Pour en savoir plus sur les franciscains : **www.franciscain.net**

Les Fioretti

La vie de saint François a fait l'objet des *Fioretti* (« Petites fleurs »), recueil anonyme du XIVᵉ siècle composé plus de cent ans après la mort du saint. Il conte sur un ton naïf les miracles et anecdotes qui seraient advenus à François et à ses premiers disciples. Cette œuvre d'une simplicité qui traverse les siècles et touche les cœurs des plus incrédules nous instruit sur l'idéal de pauvreté évangélique et de joie qu'ils ont poursuivi. Certaines histoires ont donné lieu au film inoubliable de Roberto Rosselini, *Les Onze Fioretti de saint François d'Assise* – les éditions Carlotta ont réédité ce chef-d'œuvre du néoréalisme italien. C'est souvent en lisant les *Fioretti* que bien des lecteurs découvrent saint François et sainte Claire et s'attachent à eux. Dans un climat de poésie, les *Fioretti* ont le charme des fables. Elles sont aussi des leçons de sagesse.

> *On atteint plus vite le ciel en partant d'une chaumière que d'un palais.*
>
> Saint François d'Assise

La joie franciscaine

François est présenté comme le saint de la joie… La voie franciscaine n'est-elle pas, en effet, la joie de vivre l'Évangile ? Pour lui, la source de la joie réelle est la certitude que Dieu nous a déjà fait entrer dans son Royaume. « Au premier trouble, au premier mouvement de tristesse, le serviteur de Dieu doit se lever, se mettre en prière et demeurer face au Père céleste, tant que Celui-ci ne lui aura pas fait retrouver la joie de celui qui est sauvé » (2 Celano 125). Le Christ est le frère de tous et l'homme est sauvé. Tirant un trait sur son passé, libéré des attaches terrestres, il découvre, joie immense,

> *Réjouis-toi donc toujours dans le Seigneur ; ne permets à aucune amertume, à aucun nuage, de venir assombrir ta joie.*
>
> Claire d'Assise

qu'il peut enfin suivre Jésus-Christ et l'imiter. Sa joie – qui est dérision de soi-même, humour dans les difficultés, bonheur du bien que le Seigneur opère dans les autres et surtout paisible allégresse de ceux qui se savent fils du Très-Haut – n'est pas ternie dans les épreuves, les échecs. Sans quoi elle resterait superficielle.

Le tau franciscain

Une croix en forme de T – le tau, dernière lettre dans l'alphabet hébraïque – est le signe de reconnaissance de tous les frères et sœurs de la famille franciscaine.

En 1215, au concile de Latran, le pape Innocent III, dans son discours d'ouverture, commenta un passage du prophète Ézéchiel et reprit à son compte cette Parole de Dieu : « Marque du signe Tau le front des hommes qui soupirent et gémissent à cause de toutes les abominations qui se commettent dans la ville. »

Le pape ajouta : « Tau est le signe que l'on porte au front si l'on manifeste dans toute sa conduite le rayonnement de la Croix. Soyez donc les champions du Tau et de la Croix. » Cela fut décisif pour François qui l'adopta comme signe. Il l'utilisait souvent pour marquer les lieux où il demeurait, et s'en servait comme d'une signature. Avec ce signe, il bénissait les hommes et signait ses lettres.

À lire :

▌ *Un symbole franciscain : le Tau*, Damien Vorreux, Éditions franciscaines, 1977.

Adresses en France

ALSACE

Le Chant des sources
(Bas-Rhin)

À 40 km de Strasbourg. À la porte du parc régional des Vosges, dans un magnifique écrin de verdure, les petites sœurs franciscaines accueillent avec simplicité et cordialité tous ceux qui viennent à elles, reconnaissant dans l'hôte de passage un signe, un envoyé du Seigneur.

Contact

1 rue du Couvent – 67440 Thal-Marmoutier
Tél. : 03 88 03 12 03 – Fax : 03 88 03 12 08
Courriel : chantdessources@free.fr

Monastère de Sigolsheim
(Haut-Rhin)

À 10 km de Colmar. Ce monastère dans les vignes est tenu par des sœurs clarisses. Accueil réservé aux femmes. Pour une courte halte spirituelle.

Contact

5 rue de l'Oberhof – 68240 Sigolsheim
Tél. : 03 89 78 23 24 – Fax : 03 89 47 11 26
Courriel : clarisses.sigolsheim@free.fr
Site : http://monasteresigolsheim.free.fr

*Claire est son nom,
sa vie est toute claire,
son âme est bien
plus claire encore.*

Thomas de Célano

AQUITAINE

Monastère des clarisses de Nérac
(Lot-et-Garonne)

Les clarisses ont fêté en 2008 leurs six cent cinquante ans de présence à Nérac…

Contact

Le Pin – 47600 Nérac
Tél. : 05 53 65 01 38 – Fax : 05 53 65 06 11
Courriel : clarisses.nerac@wanadoo.fr

Monastère de l'Annonciade
(Lot-et-Garonne)

Au bord du Lot, à la porte d'Agen.

Contact

1 rue Crochepierre – 47300 Villeneuve-sur-Lot
Tél. : 05 53 70 04 33 – Fax : 05 53 70 21 26
Courriel : annonciadevilleneuve@free.fr

BASSE-NORMANDIE

Monastère de l'Annonciade
(Calvados)

Le village est situé en plein cœur de la Normandie. De la maison plantée solidement sur une colline du pays d'Auge, on aperçoit d'un côté la mer distante de quelques kilomètres et, de l'autre, la verdoyante campagne à perte de vue. Une partie du monastère est réservée à l'accueil monastique ; en priorité à des personnes en recherche de vie spirituelle. Une maison normande annexe du monastère permet de recevoir, pour de brefs séjours, ceux qui désirent se joindre à la prière de la communauté et bénéficier du calme et du silence des lieux.

Contact
14160 Brucourt
Tél. : 02 31 24 89 94 – Fax : 02 31 28 70 06
Courriel : brucourt@annonciade.org

Bretagne

Monastère Sainte-Claire de Rennes
(Ile-et-Vilaine)

Contact
4 rue Adolphe-Leray – 35700 Rennes
Tél. : 02 99 50 02 50 – Fax : 02 99 50 30 00
Courriel : osc.rennes@wanadoo.fr

Monastère Sainte-Claire de Nantes
(Loire-Atlantique)

Les clarisses proposent des « week-ends monastiques » de trois jours pour faire une joyeuse expérience de la vie fraternelle, mettre la parole de Dieu au centre de la vie, découvrir Claire et François d'Assise, partager la vie de la communauté, prier et goûter un silence habité par Dieu. Pour les 18-30 ans.

20 rue Molac
BP 51619 – 44016 Nantes Cedex 1
Tél. : 02 40 20 37 36
Courriel : clarisse.soeur@neuf.fr
Site : http://clarisse.soeur.neuf.fr/

Centre

Monastère de l'Annonciade
(Cher)

Dans le Berry.

Contact
115 route de Vouzeron
18230 Saint-Doulchard
Tél. : 02 48 65 57 65 – Fax : 02 48 02 54 49
Courriel : annonciade@diocese-bourges.org

Champagne-Ardenne

Monastère Sainte-Claire
(Haute-Marne)

Contact
5 rue du Four
52310 Roôcourt-la-Côte
Tél. : 03 25 32 93 58 – Fax : 03 25 01 95 09

À méditer

« *Quelle que soit notre vie, quels que soit notre âge, nos choix et nos idées, nous avons tous au plus profond de nous un petit cloître intérieur et caché où veillent la paix du cœur, la joie qui respire et cette pauvreté de Claire qui est l'Évangile à pleines mains pour aujourd'hui.* »
Jean Debruyne

CORSE

Monastère Sainte-Claire de Bastia

Contact

Montée Sainte Claire – 20200 Bastia
Tél. : 04 95 31 59 03 – Fax : 04 95 31 93 61

FRANCHE-COMTÉ

Monastère Sainte-Claire de Besançon
(Doubs)

Au pied de la citadelle. L'accueil, modeste, est vu par les sœurs comme un croisement de routes ouvrant aux dimensions du monde.

Contact

6 rue du Chapitre – 25000 Besançon
Tél. : 03 81 82 10 25
Courriel : clarisses-besancon@wanadoo.fr

ÎLE-DE-FRANCE

La Clarté-Dieu
(Essonne)

À 20 km de Paris, dans un parc de cinq hectares à l'entrée de la vallée de Chevreuse. Le centre spirituel est géré dans l'esprit de François d'Assise : simplicité, fraternité, joie...

Contact

95 rue de Paris – 91400 Orsay
Tél. : 01 69 28 45 71 – Fax : 01 69 28 91 66
Courriel : clarte-dieu@wanadoo.fr
Site : http://www.clarte-dieu.fr

" *Les plus grands événements – ce ne sont pas nos heures les plus bruyantes, mais nos heures les plus silencieuses. Ce n'est pas autour des inventeurs de fracas nouveaux, c'est autour des inventeurs de valeurs nouvelles que gravite le monde : il gravite inaudiblement.* "
Friedrich Nietzsche

Monastère de l'Annonciade
(Val-de-Marne)

À 15 km de Paris, dans le quartier paisible de Grignon, le monastère de l'Annonciade est tout consacré à l'imitation de la Vierge Marie, pour plaire à Dieu.

Contact

38 rue J.-F. Marmontel – 94320 Thiais
Tél.: 01 48 84 75 58 – Fax: 01 48 52 24 98
Courriel: contact@annonciade.org

Les franciscains de Fontenay
(Val-de-Marne)

À 10 km de la porte de Vincennes, à quinze minutes à pied du bois de Vincennes. Dans un grand parc de huit hectares.

Contact

7 rue Louis-Xavier-de-Ricard
94120 Fontenay-sous-Bois
Tél. : 01 48 75 41 83 – Fax : 01 48 75 44 11
Courriel: joseph.banoub@wanadoo.fr
Site : http://perso.wanadoo.fr/franciscains/html/fra_fontenay2.htm

LANGUEDOC-ROUSSILLON

Monastère Sainte-Claire de Nîmes
(Gard)

Les sœurs clarisses accueillent toutes personnes, seules ou en groupe, pour des séjours d'un à huit jours le temps d'une retraite. Lieu propice au ressourcement.

Contact

34 rue de Brunswick – 30000 Nîmes
Tél.: 04 66 26 66 76 – Fax: 04 66 26 86 35

Monastère Sainte-Claire de Perpignan
(Pyrénées-Orientales)

À la périphérie de la ville, dans un couvent datant du IXe siècle.

Contact

107 avenue Maréchal-Joffre
66000 Perpignan
Tél.: 04 68 61 29 54
Fax: 04 68 52 74 89
Courriel: steclaire66@free.fr
Site: http://steclaireperpignan.net/

> " *Consolide, Seigneur, l'ouvrage de nos mains, oui, consolide l'ouvrage de nos mains.* "
>
> Psaume 89

LIMOUSIN

Maison d'accueil Saint-Antoine
(Corrèze)

À deux pas des grottes de saint Antoine, dans une hôtellerie sise dans un grand parc, le lieu accueille toute personne désireuse d'un lieu de repos ou d'un temps fort de recueillement. Pour se ressourcer dans le climat de simplicité franciscain.

Contact

41 avenue Edmond-Michelet
19100 Brive-la-Gaillarde
Tél.: 05 55 24 10 60
Courriel: fratgsa@fratgsa.org
Site : http://fratgsa.org

LORRAINE

Monastère Sainte-Claire de Vandœuvre
(Meurthe-et-Moselle)

Dans la banlieue de Nancy. Pour vivre un temps de retraite, de silence, de réflexion.

Contact
24 rue Sainte-Colette
54500 Vandœuvre-lès-Nancy
Tél. : 03 83 55 42 86
Fax : 03 83 55 21 79
Courriel : clarisses.vandœuvre@libertysurf.fr
Site : http://catholique-nancy.cef.fr/clarisses

Le Rameau de Sion
(Meurthe-et-Moselle)

À 30 km de Nancy, sur une colline inspirée et inspirante. À deux pas d'un sanctuaire dédié à Notre-Dame.

Contact
Ermitage des clarisses
9 rue Notre-Dame
54330 Saxon-Sion
Tél./Fax : 03 83 25 13 42
Courriel : clarisses.sion@wanadoo.fr

MIDI-PYRÉNÉES

Monastère Sainte-Claire de Mur
(Aveyron)

À côté d'Aurillac, à 800 mètres d'altitude, une vue imprenable sur les monts de Cantal et d'Aubrac. Pour partager la vie monastique des clarisses et trouver un nouveau souffle spirituel.

Contact
2 rue de la Berque – 12600 Mur-de-Barrez
Tél. : 05 65 66 00 46 – Fax : 05 65 66 00 90
Courriel : steclaire.mur@wanadoo.fr
Site : http://www.steclairemur.org

Monastère Sainte-Claire de Millau
(Aveyron)

Contact
3 rue Sainte-Claire – 12100 Millau
Tél. : 05 65 60 16 03 – Fax : 05 65 60 78 30
Courriel : clarisses.millau@wanadoo.fr

NORD-PAS-DE-CALAIS

Monastère Sainte-Claire d'Haubourdin
(Nord)

À côté de Lille, au cœur de la ville.

Contact
35 rue Vanderhaghen – 59320 Haubourdin
Tél. : 03 20 38 58 67
Courriel : clarisses.haubourdin@wanadoo.fr
Site : http://pagesperso-orange.fr/clarisses.haubourdin

POITOU-CHARENTES

Monastère Sainte-Claire de Nieul
(Charente-Maritime)

Près de La Rochelle.

Contact
2 avenue de La Rochelle
17137 Nieul-sur-Mer
Tél. : 05 46 37 47 24 – Fax : 05 46 37 42 06

Seigneur, fais de moi un instrument de Ta paix !
Là où il y a la haine, que je mette l'amour ;
là où il y a l'offense, que je mette le pardon ;
là où il y a le doute, que je mette la foi ;
là où il y a le désespoir, que je mette la confiance ;
là où il y a la tristesse, que je mette la joie ;
là où il y a l'obscurité, que je mette la lumière.
Ô Seigneur, que je ne cherche pas tant
à être consolé qu'à consoler,
à être compris qu'à comprendre,
à être aimé qu'à aimer.
Car c'est en se donnant que l'on reçoit,
c'est en oubliant qu'on se retrouve soi-même,
c'est en pardonnant que l'on obtient le pardon,
c'est en mourant que l'on ressuscite à la Vie.
Prière attribuée à saint François d'Assise

PROVENCE-ALPES-CÔTE D'AZUR

Monastère Sainte-Claire de Nice
(Alpes-Maritimes)

Pour femmes. Environnement de silence sur les hauteurs de Nice.

Contact

30 avenue Sainte-Colette
06100 Nice
Tél. : 04 93 81 04 72
Fax : 04 93 81 34 88

Monastère de l'Annonciade de Menton
(Alpes-Maritimes)

Sur les fondations de la chapelle du château de Puypin, berceau de la ville de Menton depuis le xiᵉ siècle.

Contact

2135 corniche André-Tardieu
06500 Menton
Tél. : 04 93 35 76 92
Fax : 04 93 57 23 49
Courriel : menton@annonciade.org

Chalet Frère Soleil
(Hautes-Alpes)

À 1 500 mètres d'altitude, à 17 km de Briançon vers le col du Lautaret, dans l'avant-dernier village de la vallée de la Guisane. La maison est faite pour des groupes qui veulent profiter de la montagne et de l'esprit franciscain. L'association propose en été des semaines avec sorties en montagne et activités en relation avec le spirituel.

Contact

Rue du Canal – Le Casset
05220 Le Monêtier-les-Bains
Tél. : 04 76 48 08 43 (Bertrand de Pommery)
Courriel : freresoleil@online.fr
Site : http://www.chaletfreresoleil.com

Sœurs clarisses de la Verdière
(Vaucluse)

Accueil spirituel pour ceux qui veulent vivre un temps de plus grande proximité avec le Seigneur dans le silence et la prière, à travers un dialogue, une rencontre avec une sœur.

Contact

BP 28 – 84141 Montfavet Cedex
Tél. : 04 90 31 01 55 – Fax : 04 90 32 31 77
Courriel : claire.a.la.verdiere@wanadoo.fr
Site : http://www.clarisses-montfavet.eu

> *" Sans moi, dit le Seigneur, vous ne pourriez rien faire. "*
>
> Jean 15, 5

RHÔNE-ALPES

Monastère des clarisses de Vals-les-Bains
(Ardèche)

Contact

72 faubourg d'Antraigues
07600 Vals-les-Bains
Tél. : 04 75 87 83 40 – Fax : 04 75 87 83 49

Monastère des clarisses de Crest
(Drôme)

À 30 km de Valence. Possibilité d'un petit appartement indépendant avec cuisine. Un grand espace, le Clos Saint-Joseph, est ouvert à tous.

Contact

53 rue des Auberts – 26400 Crest
Tél. : 04 75 25 49 13 – Fax : 04 75 25 28 80
Courriel : crest.clarisse@wanadoo.fr

Monastère Sainte-Claire de Voreppe
(Isère)

Au milieu d'une forêt de mille quatre cents hectares, au pied des massifs de la Chartreuse et du Vercors.

Contact

Monastère des clarisses
94 chemin Sainte-Claire – 38340 Voreppe
Tél. : 04 76 50 26 03 – Fax : 04 76 50 03 44
Courriel : clarisses.voreppe.ab@wanadoo.fr

Padre Pio

« Dans les livres, on cherche Dieu, dans la prière, on le trouve. »

Padre Pio

Ce moine capucin, de son vrai nom Francesco Forgione, a « expérimenté » quasiment tous les phénomènes miraculeux relatés dans les histoires de saints. Né en 1887 à Pietrelcina (Italie), il entre chez les capucins dès l'âge de quinze ans. Dès le noviciat, il fait d'extraordinaires expériences du démon qui le torturent physiquement et l'empêchent de dormir. Ce n'est qu'un début et toute sa vie, comme le curé d'Ars, il doit affronter le diable. En 1915, il reçoit les stigmates de la Passion du Christ. Des foules affluent à son monastère de San Giovanni Rotondo pour se confesser : le père lit dans leur cœur à livre ouvert. Pendant la célébration de la messe, qui dure parfois trois heures, son visage exprime une émotion d'un autre monde. Il verse souvent des flots de larmes ou transpire à grosses gouttes malgré le froid. Les bouleversements spirituels qu'il provoque journellement chez ses visiteurs s'accompagnent parfois de guérisons inexplicables. Il meurt en septembre 1968. Le pape Benoît XVI a déclaré que Padre Pio était l'un de ces hommes que Dieu envoie de temps en temps pour convertir les foules. Il a été canonisé le 16 juin 2002.

Monastère Sainte-Claire de Montbrison
(Loire)

Contact

29 avenue de la Libération
BP 194 – 42604 Montbrison Cedex
Tél. : 04 77 58 13 35 – Fax : 04 77 58 27 25
Courriel : clairemontbrison@aol.com

Adresses en Belgique

PROVINCE DU HAINAULT

Monastère de l'Immaculée

Contact

Quai Taille-Pierres, 26 – B-7500 Tournai
Tél. : 00 32 069 22 64 36

PROVINCE DE LIÈGE

Accueil Saint-François

Blottie au centre d'un splendide parc aux arbres centenaires, la maison est entourée de superbes forêts. La communauté des frères capucins, en collaboration avec des laïcs, accueille pour un temps de réflexion, un temps d'observation, un temps de repos ou encore un temps d'étude, de « blocus ».

Contact

ASBL – Ayrifagne 3
B-4860 Pepinster
Tél. : 00 32 (0) 87 53 91 20
Portable : 00 32 (0) 496 730 780
Fax : 00 32 (0) 87 53 91 21
Courriel : accueil.st.francois@skynet.be
Site : http://users.skynet.be/ayrifagnes

À méditer

« *L'homme humble ne peut nuire. Je parle de cette humilité qui ne veut pas s'élever sur le fragile appui des choses périssables, mais dont la pensée est sincèrement fixée sur ce qui est éternel… *»
Saint Augustin

« *Sache, mon frère bien-aimé, que la courtoisie est une des qualités de Dieu qui donne son soleil et sa pluie aux justes et aux injustes, par courtoisie, et la courtoisie est sœur de la charité, elle éteint la haine et conserve l'amour *».
Saint François d'Assise, *Fioretti*, 37

Province de Namur

Monastère Clarté-Notre-Dame

Contact

Rue des Monastères 41 – B-5020 Malonne
Tél.: 00 32 (0) 81 44 47 40
Fax: 00 32 (0) 81 45 02 67
Courriel: ClarissesMalonne@swing.be
Site: http://www.famille-franciscaine.be

Adresses en Suisse romande

Canton du Jura

Couvent de Montcroix

Communauté de capucins.

Contact

16 route du Vorbourg – CH-2800 Delémont
Tél.: 00 41 (0) 32 422 14 42
Courriel: delemont@capucins.ch

Canton du Valais

Foyer franciscain

Saint-Maurice est un haut lieu spirituel et historique aux portes du Valais. La vocation du foyer est d'accueillir des groupes d'Église dans un esprit œcuménique, ouvert à toutes les confessions, groupes sociaux (écoute centrée sur la personne, conteurs, relations humaines, handicapés, personnes âgées...).

Contact

CH-1890 Saint-Maurice
Tél.: 00 41 (0) 24 486 11 11
Fax: 0041 (0) 24 486 11 69
Courriel: foyer-franciscain@capucins.ch

Fraternité de Sion

Communauté de capucins.

Contact

Avenue Saint-François 18
case postale 2065
CH-1950 Sion 2
Tél.: 00 41 (0) 27 329 06 66
Courriel: sion@capucins.ch

Sœurs franciscaines de Sainte-Marie-des-Anges

Possibilité d'un séjour pour un ressourcement spirituel dans la paix et la contemplation.

Contact

Route de Gravelone 62
CH-1950 Sion
Tél.: 00 41 (0) 27 322 14 63

Canton de Vaud

Monastère Sainte-Claire-La Grand-Part

Contact

13 chemin des Crosettes
CH-1805 Jongny
Tél.: 00 41 (0) 21 921 21 77
Fax: 00 41 (0) 21 921 07 35

Le carmel

❝*Il ne s'agit pas de beaucoup penser mais de beaucoup aimer.*❞

Sainte Thérèse d'Avila

L e carmel – de son véritable nom l'« ordre de la Bienheureuse Vierge Marie du Mont-Carmel » – n'a pas à proprement parler de fondateur. Mais les carmes s'en reconnaissent un : le prophète Élie qui s'était retiré à la recherche de Dieu, solitaire, dans un vallon du mont Carmel en Palestine. Au début du XIIIᵉ siècle, une poignée de frères ermites s'installent dans les grottes de cette montagne, près de la fontaine d'Élie, leur père spirituel, et adoptent la vie de prière et de silence des moines orientaux. Ils reçoivent une règle de vie écrite par saint Albert, le patriarche de Jérusalem. Ce dernier entre peu dans les détails, il va droit à l'essentiel : leur vocation sera « de vivre dans la dépendance de Jésus-Christ et de le servir fidèlement avec un cœur pur ».

Mais la situation politique se dégrade et les attaques des Sarrasins obligent les frères carmes à quitter la Terre sainte. Ils viennent dans les grandes villes d'Europe – en France en particulier, où le roi Saint Louis les prend sous sa protection. Plus de grottes perdues dans la montagne... mais des couvents en pleine ville ! En 1247, le pape Innocent VII transforme leur règle, qui a évolué avec l'exode, en une *Règle* approuvée par l'Église. L'ordre est consacré à la Vierge. La nostalgie du désert marquera à jamais la spiritualité carmélitaine…

Au xvie siècle, la personnalité et la doctrine spirituelle de saint Jean de la Croix et de sainte Thérèse d'Avila sont à l'origine de la réforme du carmel. Ils se rapprochent de la *Règle* primitive et renouvellent dans l'ordre le sens de la prière et de la pauvreté à travers l'humilité d'une vie cachée.

Plus proches de nous, des figures marquantes, comme sainte Thérèse de l'Enfant Jésus (voir encadré p.144), Bienheureuse Élisabeth de la Trinité ou encore sainte Thérèse-Bénédicte de la Croix (Édith Stein) témoignent de l'insertion du carmel dans la vie des hommes…

La vie au carmel est une vie religieuse en communauté, vécue dans un climat de désert. Le climat habituel est celui du silence, plus ou moins rigoureux suivant les moments de la journée. Mais l'appel est clair à ne pas se disperser en paroles inutiles et à faire l'expérience que, dans un silence habité par l'espérance, le Seigneur communique sa force.

Pour en savoir plus sur le carmel :
http://www.carmel.asso.fr c'est le site principal, il donne des informations exhaustives sur les adresses, la spiritualité du carmel et de ses saints.
Pour en savoir sur l'ordre du carmel : **http://www.ocarm.org**

Une retraite au carmel

Le carmel a vocation au retrait du monde. Les carmes et carmélites, s'ils portent toutes les prières qu'on leur confie, reçoivent peu. Contrairement aux bénédictins et aux cisterciens, il n'existe pas de tradition hospitalière. De ce fait, tous les foyers n'accueillent pas. Et surtout, à de rares exceptions, le nombre de chambres disponibles est en général restreint.

On est loin du tourisme spirituel. Ici, il n'y a rien à consommer. Les hôtes sont invités à entrer dans le silence du carmel : « Aimez le silence, l'oraison, car c'est l'essence de la vie du carmel » (Élisabeth de la Trinité). Tout est vécu en silence, même les repas, sauf quand l'hôtellerie est à part. Cela donne une teinte tout à fait particulière aux retraites…

La « petite » Thérèse

Sainte Thérèse de Lisieux est née à Alençon le 2 janvier 1873. Se sentant appelée par le Seigneur, et comme ses sœurs aînées, elle choisit le carmel et se rend à Rome pour demander au pape Léon XIII une permission spéciale pour entrer au carmel… à quinze ans ! Totalement effacée, sa vie discrète ne présente rien d'extraordinaire.

En charge des postulantes et des novices, elle subit très jeune les premiers symptômes de la tuberculose. À vingt-deux ans, elle décide de s'offrir à la miséricorde de Dieu pour le salut des hommes. Elle entre alors dans une nuit spirituelle et une agonie physique qui ne s'achèvera qu'avec sa mort, deux ans plus tard, le 30 septembre 1897.

Un an avant de mourir, à vingt-trois ans, elle écrit : « Ô Jésus, mon Amour… ma vocation, enfin je l'ai trouvée, ma vocation, c'est l'AMOUR !... » Elle trouve alors la paix d'un « navigateur apercevant le phare qui doit le conduire au port ».

Qu'est-ce qu'aimer ? Aimer, c'est faire l'expérience inoubliable que nous n'aimons pas. Pas assez, jamais assez. L'amoureuse Thérèse a compris que lorsqu'elle se sent profondément « pauvre,

> **« C'est la confiance et rien que la confiance qui doit nous conduire à l'Amour. »**
> Sainte Thérèse de Lisieux

tremblante et insuffisante », alors l'Amour infini vient envelopper son cœur de pierre. Pour faire une place à l'amour dans son cœur, elle a saisi qu'il suffisait de s'abaisser. Comme saint Jean de la Croix, elle peut alors s'écrier : « Je suis descendue si bas, si bas… que je pus enfin m'élever si haut, si haut… »
Il n'y a de repos pour Thérèse que dans l'humilité, cette perle précieuse des mystiques. « Il y a pourtant si peu d'âmes qui souhaitent rester ainsi petites… », déplore-t-elle. Et pourtant tout est là. Il ne s'agit pas tant d'acquérir que de perdre, pas tant de s'élever que de s'incliner. Nous sommes toujours trop riches et chargés…
Comme mère Teresa après elle, elle est la sainte des petits et des humbles, de ceux qui ne se sentent pas capables de choses spectaculaires

(grandes actions, pénitences extrêmes, sacrifices…), mais seulement de poser de petits gestes d'amour tous les jours, plongés dans le quotidien tel qu'il est. Elle sait que c'est ainsi que l'on attendrit le cœur de Dieu. Comme d'autres saints, elle a eu l'instinct de comprendre combien il a besoin d'aimé et d'être aimé… Sur la croix, n'a-t-il pas crié : « J'ai soif ! » ?
Pour elle, l'amour, l'amour fou, n'est pas seulement un point à atteindre, comme une terre promise, mais le point de départ ! Dès lors, il n'y a plus de limites à ce désir d'aimer et alors, peu à peu, c'est tout l'être qui est transformé en amour par l'Amour. « Avec des désirs d'aimer immenses, elle passera sa vie à faire des riens », écrivait le père Liagre. C'est sa « petite voie », souvent baptisée la « voie de l'enfance spirituelle ». C'est-à-dire celle de l'abandon et de la confiance aveugle, absolue. « Ce soir, tu seras avec moi au paradis », promet Jésus, peu avant de rendre l'âme, au bon larron… Ensuite ? Ensuite il suffira de se laisser aimer. Croire cela avec Thérèse, comme Thérèse, demande encore et toujours une confiance en Dieu jusqu'à audace.

À écouter :

▌ Pierre Eliane, l'ancien rockeur de Nancy (avec ses amis comme Charlélie Couture), aujourd'hui père carme près de Bordeaux, a enregistré des albums mettant les poésies de sainte Thérèse en musique. Un travail épuré magnifique. (Label Jade)

Dans le silence habité du carmel

> *"Je me suis souvent repenti d'avoir parlé, dit Arsène. De m'être tu, jamais."*
>
> Apophtegme des Pères du désert

La gare de Fontainebleau-Avon, à 60 km seulement de Paris, déverse ce samedi matin son lot de randonneurs. Les conversations vont bon train sur le prix du matériel d'escalade. Après une petite demi-heure de marche avec ma valise à roulettes – je n'ai pas trouvé de taxi –, j'aborde la rue du Père-Jacques qui abrite le couvent des frères carmes. Je passe la petite porte et je reconnais aussitôt l'atmosphère d'*Au revoir les enfants*, le film de Louis Malle. La dernière image du film me revient instantanément : la cour d'école, les élèves assemblés et la Gestapo qui emmène le directeur du petit collège, le père Jacques, pour avoir caché trois enfants juifs et des hommes qui voulaient se soustraire au STO. C'est dans ce couvent que se joua le drame, le 15 janvier 1944. Le père Jacques est mort un an plus tard, après la libération des camps de Mauthausen et de Güsen où il était interné, et a reçu la médaille des Justes décernée par l'État d'Israël quarante ans plus tard, en 1985. Son procès de canonisation est en cours à Rome. « C'est là la vie du prêtre. Oublier tout, quitter tout, même la vie, pour les autres. N'exister que pour les autres, que pour leur faire connaître Jésus et le leur faire aimer », écrivait le père Jacques de Jésus. Le carmel d'Avon a une histoire, une âme et aujourd'hui, les cris des enfants du collège ont été remplacés par les prières silencieuses des retraitants...

Corinne, une laïque qui s'occupe de l'accueil, me mène à ma chambre, récemment refaite. Elle est d'un confort sobre – les toilettes et les douches sont à l'extérieur – mais d'un blanc éclatant et avec une vue imprenable sur les toits du monastère et sur le grand jardin... Mon seul vis-à-vis est le ciel. Tout cela est de bon augure ! Corinne me prévient que la maison d'accueil affiche complet – soixante-cinq lits tout de même – car des congrégations carmélitaines sont ici pour une session de deux jours sur l'une des figures majeures du carmel, sœur Élisabeth de la Trinité. Je suis en bonne compagnie !

Aucun rendez-vous communautaire n'étant prévu avant la messe, à 11h45, je suis libre. « Ici, il y a de nombreux temps de liberté. Pour souffler, lire, prier... On ne vient pas à Avon pour être pris par la main. Cette liberté peut déstabiliser... », avoue le père Denis-Marie Ghesquières, directeur du centre spirituel. Je vais me promener dans le grand jardin du couvent, le ciel se couvre, le décor est somptueux. Avant que la pluie ne tombe, je vais me recueillir sur la tombe du père Jacques, dans le petit cimetière des frères au fond du jardin. Trois dates sur les sobres croix blanches : celle de la naissance, celle des vœux et celle du décès, « naissance au ciel ». Une plaque rappelle : « Du carmel à la montagne qui est le Christ, Notre Dame les a conduits. »

Je profite ensuite de ce que les locaux soient vides – tout le monde est en conférence dans la grande bibliothèque – pour goûter la solitude du petit oratoire rouge… La cloche qui annonce la messe, concélébrée par les huit prêtres de la communauté, sonne. Que la chapelle, moderne et inondée de clarté, est simple et belle ! Et pleine de retraitants ! Ici, on n'entend pas deux ou trois voix qui chantent discrètement faux, c'est toute l'assemblée qui chante avec conviction. Cela change tout ! La qualité du recueillement est palpable… Le père qui fait l'homélie nous parle de l'enfance spirituelle. Je regarde l'assemblée de ces hommes et de ces femmes qui ont tous orienté leur vie vers Dieu. Quelque chose me bouleverse. Je communie à ce qui me dépasse.

À méditer

« Vous le savez, ma mère, j'ai toujours souhaité être une sainte. Mais hélas ! j'ai toujours constaté, lorsque je me suis comparée aux saints, qu'il y a entre eux et moi la même différence qui existe entre une montagne dont le sommet se perd dans les cieux et un grain de sable obscur foulé sous les pieds des passants ; au lieu de me décourager, je me suis dit : le Bon Dieu ne saurait inspirer des désirs irréalisables, je puis donc, malgré ma petitesse, accéder à la sainteté ; me grandir, c'est impossible, je dois me supporter telle que je suis, avec toutes mes imperfections ; mais je veux chercher le moyen d'aller au ciel par une petite voie bien droite, bien courte, une petite voie toute nouvelle. »
Sainte Thérèse de Lisieux

À 12h30, tous – sauf les frères qui prennent le repas ensemble – se dirigent vers la salle à manger. Et là, c'est le monde à l'envers. Normalement, ici, tout baigne dans le silence, repas compris. Les Pères du désert prônent le silence comme le plus sûr chemin pour aller à Dieu. « Le silence, plus que n'importe quoi, détache l'âme d'elle-même », aimait à dire le père Jacques. Mais pendant les sessions, la parole de partage est autorisée entre retraitants. Du coup, tout le monde pépie et je me retrouve « protégée du bruit » dans une salle baptisée « Tea Room » pour pouvoir déjeuner en silence avec Corinne. Je ne peux m'empêcher de lui poser tout de même quelques questions sur les habitudes du lieu. Je m'attendais à un repas un peu spartiate, je suis étonnée : agneau et flageolets ! En fin de repas, comme c'est de coutume dans la plupart des communautés, tout le monde met la main à la pâte pour la vaisselle. Le tri sélectif est de rigueur : tous les déchets organiques sont donnés au cochon et aux animaux d'une ferme voisine.

Avant que le groupe ne réinvestisse la bibliothèque pour les cours de l'après-midi, je m'y faufile et choisis des nourritures spirituelles pour mon séjour. J'ai l'embarras du choix entre la spiritualité du désert et celle des grands saints du carmel. Comme l'emploi du temps le permet, je m'accorde une demi-heure de repos, yeux fermés, à l'heure de la méridienne. Certains frères, paraît-il, font de même. Ils savent, contrairement aux générations d'ascètes qui les ont précédés, qu'à trop faire plier le corps, il risque de se briser…

À mon réveil, la pluie tombe sur Fontainebleau. Le parc du château et la forêt, à deux pas, doivent être heureux d'accueillir « sœur eau ». Moi qui avais prévu de me promener en forêt cet après-midi, je change mon fusil d'épaule. Puisque les frères travaillent tout l'après-midi – l'un met une dernière main à un livre ou reçoit un novice, un autre prépare une conférence, un week-end à thème pour l'été ou reçoit un visiteur en confession ou en accompagnement spirituel –, je décide que je vais faire de même. Le ciel devant ma fenêtre ouverte est noir, la mélodie de la pluie, que j'aime tant, entre dans ma chambre. J'allume ma petite lampe de bureau et j'entreprends la lecture d'un livre sur l'oraison thérésienne que le directeur du centre, le père Denis-Marie Ghesquières, m'a conseillé.

> *Ne te cherche qu'en moi, ne me cherche qu'en toi.*
> Sainte Thérèse d'Avila

La paix habite avec moi. Je me rassemble. Ici, il n'y a rien à « faire ». Toutes les demi-heures, la cloche de la vieille église Saint-Pierre qui jouxte le parc du château retentit. Un excellent « rappel » à l'essentiel. Sur le mur de ma chambre, un tableau : « Dieu se rencontre dans le murmure d'une brise légère. »

De tout l'après-midi, à part le chant de la bruine sur les toits, je n'entends pas un bruit. Immensité du silence. À 18h15, tout le monde se retrouve pour les louanges du soir. Parce que le chant valorise la Parole de Dieu, les Psaumes sont chantés par l'assemblée recueillie. Le chef de chœur entonne le chant et nous répondons en chœur. Magie de l'unisson. La lumière naturelle commence doucement à baisser. Après les vêpres, la soirée se prolonge dans le silence : une heure d'oraison puis le dîner, que je prends cette fois tout à fait en solitaire. Le silence ne fait pas que peur, il fascine et attire… À 20h40, la communauté se rassemble une dernière fois pour les vigiles. À la fin de l'office, les retraitants et les frères, en coule blanche sur leur robe brune, se tournent vers la Vierge pour un *Salve Regina*. Puis, à la nuit tombée, chacun regagne sa chambre. Je pars rencontrer le directeur du centre qui me reçoit gentiment jusque tard. Le temps donné ne compte pas… Je finis ma journée en lisant une petite vie du père Jacques de Jésus dont la vie appelle à la sainteté. « Pourquoi tardes-tu ? Pourquoi diffères-tu ? Puisque tu peux dès maintenant aimer Dieu dans ton cœur…[1] ? » s'écrie Jean de la Croix depuis des siècles.

Mon réveil sonne à 6h30. Je souhaite commencer ce dimanche en oraison à la chapelle avec la communauté. Les rangs des retraitants sont plus clairsemés de bonne heure que le soir. Il y a moins de courageux au petit matin, semble-t-il… Comme la journée s'est achevée avec une prière à la Vierge, le jour se lève avec elle : nous commençons l'oraison par trois *Je vous salue Marie*. Assise sur mon petit banc, je suis les conseils de Thérèse d'Avila, la maîtresse d'oraison du carmel, et regarde le Christ qui m'attend en moi. Plongée vertigineuse. Une heure plus tard, nous chantons les Psaumes pour la louange du matin. Cette fois, nous sommes au complet. Les laudes sont le premier rendez-vous communautaire de la journée et l'on chante avec les oiseaux pour célébrer le jour qui vient. Tout le monde se dirige vers le petit déjeuner.

---

1. Maxime spirituelle 41.

Aujourd'hui dimanche, il y a des croissants et, dans le réfectoire voisin, j'entends les rires des frères. L'austérité se relâche.

J'ai deux heures et demie devant moi avant la messe. Pas question d'arriver en retard, Fontainebleau est une ville catholique pratiquante et la chapelle fait salle comble tous les dimanches. Je me plonge dans le dernier livre choisi hier au hasard à la bibliothèque : *Le Chemin du désert,* d'un prêtre hollandais, Henri J.M. Nouwen[2]. Un vrai bonheur de lire ce livre dans ce lieu. Ici, vie intérieure authentique et langue de bois ne font pas bon ménage. Le prêtre hollandais me « décoiffe » avec son parler vrai : « Nous déclarons à qui veut l'entendre que nous avons besoin de solitude dans notre vie. En fait, ce à quoi nous pensons, c'est à un moment, à un endroit où personne ne viendra nous déranger, où nous pourrons nous livrer à nos pensées, nous apitoyer à loisir sur nous-même, et faire, enfin, ce que bon nous semble. Pour nous, la solitude signifie le plus souvent espace privé. Nous avons acquis la conviction douteuse que nous avons tous droit à cet espace. […]. Mais il y a plus. Nous pensons aussi à la solitude comme à un garage où nous pouvons recharger nos batteries, ou comme à un coin de ring où soigner nos blessures, masser nos muscles et stimuler notre courage. Bref, la solitude est le lieu où nous retrouvons des forces pour poursuivre la compétition permanente de la vie. Ce n'est pas la solitude de saint Jean-Baptiste, de saint Antoine ou de saint Benoît, de Charles de Foucauld. Pour eux

---

2. Le Cerf, 1985.

la solitude n'est pas un lieu de thérapeutique privé. Elle est le lieu de la conversion, le lieu de la mort du moi ancien et de la naissance du nouveau, le lieu de l'émergence de l'homme et de la femme régénérés. » Il a le mérite d'être clair…

Il est temps pour moi de cesser mes lectures, j'ai assez nourri mon intellect. J'arrive en avance et je suis bien inspirée : l'église est remplie comme on n'a plus l'habitude de le voir ! Pendant plus d'une heure, les chants mêlés des frères et de l'assemblée tressent une couronne à la Parole de Dieu et rassemblent les cœurs. Quel bonheur d'entendre des centaines de personnes chanter à l'unisson ! L'alléluia en polyphonie me tire des larmes de l'âme. Je chante à tue-tête, avec l'assemblée, avec les anges, avec Lui, pour Lui. Après vingt-quatre heures dans le silence du carmel, je quitte les lieux sur la joie annoncée !

Sans oraison, le carmel n'est rien

Entretien

Avec le père Denis-Marie Ghesquières, directeur du centre spirituel.

À qui s'adresse le centre spirituel d'Avon et plus globalement le carmel ?

Plusieurs choses me semblent fondamentales. La première, mais cela est également vrai dans les monastères d'autres familles religieuses, c'est que nous apportons, dans la discrétion, le témoignage d'une vie communautaire. C'est absolument fondamental. Notre petite communauté de frères – nous sommes seize – symbolise quelque chose de relationnel. Vivre ensemble, c'est possible ! À Avon, il y a une structure de vie ! Par ailleurs, quatre-vingts pour cent des retraitants viennent ici avec l'envie de rencontrer un frère pour un accompagnement spirituel. Nous sommes toujours disponibles pour écouter ceux qui le souhaitent. Nous avons parfois deux rencontres par jour d'une heure avec eux. Ils viennent avec leurs blessures, pour dire quelque chose de ce qu'ils vivent. Il y a un besoin de guérison spirituelle. L'écoute est essentielle car elle permet à celui qui se confie de s'entendre, de faire un chemin en lui-même. L'accompagnateur est là pour favoriser la parole de l'autre, l'aider à dire son désir. Ce qui est tout sauf simple ! Entre celui qui parle et celui qui écoute se vit quelque chose de l'ordre du mystère, du mystère de la rencontre. Ces moments d'accompagnement spirituel sont les moments les plus forts de ma vie. Pour résumer, je crois que les mots-clés ici sont « silence », « sobriété », « présence » et « disponibilité ».

▌ *Quelle est la relation d'un carme au silence, cette « grande cérémonie » ?*

Le silence est une réalité chrétienne qui ne s'oppose pas à la relation, au dialogue, à l'écoute. Il est au cœur de notre pratique avec l'oraison silencieuse. C'est un choix, un combat. Il y a deux dimensions au silence. Choisir le silence, ce n'est pas se taire, c'est une qualité de présence à Dieu, une disposition intérieure où je me tourne vers le Christ et où j'accueille son regard. Le silence est également en rapport avec l'excès de paroles. On bavarde, on parle pour critiquer, pour se mettre en avant, pour abaisser l'autre... D'une manière trop géné-

rale, nous utilisons la parole pour mal nous situer, que ce soit vis-à-vis de nous, des autres ou de Dieu. Thérèse d'Avila insistait beaucoup sur un point : ne jamais dire du mal de quelqu'un en son absence. Dès lors, on se tait pour ne pas se laisser déraper. La *Règle* du carmel est d'ailleurs claire sur ce point : « Dans le silence et l'espérance sera votre force. » Le silence est un chemin pour mettre sa confiance en Dieu.

▌ *En quoi consiste l'oraison carmélitaine ?*

« Sans oraison, le carmel n'est rien ! » s'écriait le pape Léon XIII. Le chrétien est appelé à inscrire dans sa vie – de manière régulière et gratuite – un temps d'oraison et d'intimité divine où il s'arrête de faire ce qu'il fait, et même le bien qu'il fait, pour s'entretenir seul avec Dieu. Un « commerce d'amitié » où l'on se tient à deux. Sainte Thérèse d'Avila compare l'oraison, sa « colonne tutélaire », à l'entretien du jardin de l'âme : « Celui qui veut s'adonner à l'oraison doit se figurer qu'il entreprend de faire, dans un sol ingrat et couvert de ronces, un jardin dont la beauté charme les yeux du Seigneur. C'est le divin Maître lui-même qui, de sa main, arrache les mauvaises herbes et en met de bonnes à leur place. Notre travail est d'être de bons jardiniers et de faire croître ces plantes. Nous devons les arroser avec le plus grand soin. Les fleurs donneront alors un doux parfum qui attirera le divin Maître et il viendra souvent visiter cette âme, son jardin chéri. » La réformatrice du carmel a présenté la pédagogie de l'oraison dans son *Livre des demeures*[1].

> *Personne n'a pris en vain Jésus pour ami.*
>
> Sainte Thérèse d'Avila

L'oraison est toujours un choix : celui de se laisser rencontrer par celui qui veut nous rencontrer. La première chose est donc de savoir à qui je m'adresse, à qui je m'ouvre. En effet, le fondement de l'oraison, c'est la relation. La méthode peut se « résumer » en trois grandes étapes : être là, être avec, être pour. Être là ; la porte de notre « être-là » est le corps. C'est la porte vers l'intérieur. Nous sommes notre corps, c'est avec lui que nous traduisons notre présence, notre attention. La prière commence par les pieds, pas par la tête ! Être là et le regarder, juste le regarder. Être avec ; prier, c'est être avec Jésus dans un temps de silence prolongé. Pourquoi aller chercher à l'extérieur ce qui ne peut nous combler ? Nous sommes happés par la nostalgie, l'anticipation, l'attachement... Nous voulons conserver le volant de notre vie et tout contrôler. Méditer n'a rien à voir avec de belles pensées pieuses, c'est lâcher prise et se tourner vers le Christ. L'écouter résonner en nous, nous habiter. On ne contrôle plus rien, c'est lui qui mène, qui guide, qui donne ce qu'il est. Il est le moteur de notre existence, pas une roue de secours... Ne mettons pas de limites à ce qu'il peut faire pour nous. Aller en oraison, c'est vouloir être transformé. Si on ne désire rien, ce n'est pas la peine d'y aller ! Être pour ; Jésus et moi ne sommes pas dans un bocal. L'oraison nous ouvre à une qualité de relation. Nous devons apprendre à aimer l'autre comme il est. Tout en sachant que seul Dieu aime le réel comme il est. Alors nous pouvons commencer par nous aimer comme nous sommes puis à accepter que les autres ne soient pas autre chose que ce qu'ils sont... La relation au Christ ouvre à la relation aux autres. Nous sommes ensemble, pas seuls.

À lire :

▌ *L'Oraison*, une histoire d'amitié, Maximilio Herraiz Garcia, Le Cerf, 1995. Le livre de base.

▌ *L'Oraison thérésienne*, Emmanuel Renault et Jean Abiven, Éditions du carmel, 2000. Le classique du genre.

▌ *Les Mains vides*, Conrad de Meester, Le Cerf, 1988. L'un des meilleurs livres d'introduction au message de Thérèse de l'Enfant Jésus.

---

1. *Le Château de l'âme ou le Livre des demeures*, Le Seuil, coll. « Points Sagesse », 1997.

Petite bibliothèque idéale (et subjective)

Livres à lire avant une retraite ou pour la prolonger...

▌ *Dialogues des carmélites*, Georges Bernanos, collection « Livre de Vie », Le Seuil, 1955. Le plus bel exemple d'osmose entre la spiritualité carmélitaine et la littérature française.

▌ *La Nuit et la Flamme*, A.-E. Steinmann, Éditions Saint-Paul, 1982. C'est la meilleure présentation qui se puisse trouver jusqu'à présent. L'ouvrage offre une synthèse très claire de l'histoire du carmel et de sa spiritualité à partir de ses membres les plus illustres.

▌ *Je veux voir Dieu*, Père Marie-Eugène, Éditions du Carmel, 1956. Un best-seller de la spiritualité, vendu à plus de cent mille exemplaires.

▌ Pour ceux qui veulent aller plus loin, le site du carmel propose une bibliothèque raisonnée.

Adresses en France

AQUITAINE

Monastère du Broussey
(Gironde)

Sur la rive droite de la Garonne, dans un petit hameau à l'écart, avec une vue superbe sur les landes. Les retraites individuelles sont vécues comme un temps de désert, avec la possibilité d'un accompagnement individuel. Le séjour se déroule dans le silence, y compris les repas.

Contact
33410 Rions
Tél. : 05 56 62 60 90 – Fax : 05 56 62 60 79
Courriel : accueil.broussey@carmel.asso.fr
Site : www.carmel.asso.fr

*Si vous voulez
mon repos, je veux
par amour me reposer.
Si vous m'ordonnez
de travailler, je veux
mourir en travaillant.
Oui Seigneur,
Que voulez-vous faire
de moi ? Dites-moi
où et comment
et quand.*
Sainte Thérèse d'Avila

AUVERGNE

Monastère Saint-Joseph
(Cantal)

Contact
7 montée des Roches – 15100 Saint-Flour
Tél. : 04 71 60 01 66 – Fax : 04 71 60 93 94

BASSE-NORMANDIE

Carmel de Saint-Sever
(Calvados)

Au cœur d'une forêt domaniale, le carmel offre un espace où chacun peut venir faire halte, apprécier le silence, partager la prière des sœurs.

Contact
L'Hermitage- 14380 Saint-Sever
Tél. : 02 31 66 07 05 – Fax : 02 31 66 07 11
Courriel : carmel.saint-sever@wanadoo.fr
Site : http://www.carmel-saint-sever-calvados.com

Monastère du carmel
(Manche)

Contact
59 boulevard du Luxembourg
50300 Avranches
Tél. : 02 33 58 23 66 – Fax : 02 33 58 77 99
Courriel : carmel.avranches@wanadoo.fr

Carmel
de Saint-Pair-sur-Mer
(Manche)

Saint-Pair-sur-Mer, terre des saints ermites, est aussi une petite cité balnéaire. Le monastère, au sommet de la colline et à 500 mètres de la mer, a quelques chambres d'accueil pour des retraites.

Contact

213 route de Lèzeaux
50380 Saint-Pair-sur-Mer
Tél.: 02 33 50 12 00 – Fax: 02 33 50 08 47
Courriel: saint-pair.carmel@wanadoo.fr
Site: http://www.carmel.asso.fr/Saint-Pair-sur-Mer.html

BOURGOGNE

Carmel de Dijon
(Côte-d'Or)

Le monastère – qui fut celui de sainte Élisabeth de la Trinité, béatifiée en 1984 par Jean-Paul II – a élu refuge sur une colline silencieuse, à 13 km de Dijon. La cellule d'Élisabeth y a été reconstituée et ses souvenirs exposés.

Contact

21160 Flavignerot
Tél.: 03 80 42 92 38 – Fax: 03 80 42 93 84
Courriel: carmel.flavignerot@carmel.asso.fr
Site: http://www.elisabeth-dijon.org

Carmel de la Paix de Mazille
(Saône-et Loire)

C'est *le* lieu pour découvrir le carmel. Le carmel de la Paix est un couvent de sœurs, en Bourgogne, non loin de Taizé. Visible de loin, il couronne une colline. Le maître mot de ce couvent est le silence. Visiteurs et retraitants, totalement séparés des sœurs, sont les bienvenus. L'accueil à Mazille est d'une qualité rare.

L'habit monastique

Le brun est la couleur dominante de l'habit carmélitain. Il est dit qu'en 1245, la Vierge est apparue à saint Simon Stock, supérieur général des carmes. Elle était vêtue de l'habit de l'ordre et tenait dans sa main une étoffe marron. Elle le donna à saint Simon après s'en être revêtue en lui disant : « Ceci est un privilège pour toi et pour tous les carmes. Quiconque mourra en portant cet habit ne souffrira pas le feu éternel… » Cela devint le scapulaire de l'ordre, du latin *scapulae* qui signifie « épaules ». Le scapulaire est une longue bande d'étoffe couvrant les épaules, munie souvent d'un capuchon et descendant jusqu'aux pieds devant et derrière, que les religieux endossent sur leur tunique pour le travail manuel. Il est considéré comme une protection contre les périls spirituels et corporels et comme un signe d'appartenance à l'ordre et à Marie.

Celui qui le porte veut vivre sous la protection de Marie et à son service. De même, les carmes portent également une cape blanche qui indique la pureté et la virginité de Marie. L'ordre du carmel est véritablement un ordre marial…

Carmel de la Paix
Mazille – BP 10 – 71250 Cluny
Tél.: 03 85 50 80 54 ou 03 85 50 81 43
Fax: 03 85 50 83 83

J'ai toujours aimé le désert.
On s'assoit sur une dune
de sable. On ne voit rien.
On n'entend rien.
Et cependant quelque chose
rayonne en silence.
Antoine de Saint-Exupéry

BRETAGNE

Carmel de Montigné
(Ille-et-Vilaine)

À 7 km de Rennes, dans un environnement de verdure.

52132 Vezin-le-Coquet
Tél.: 02 99 59 02 64 – Fax: 02 99 14 69 18
Courriel: carmel.montigne@wanadoo.fr
Site: http://www.carmel.asso.fr/Vezin-Le-Coquet-Montigne-Rennes.html

Monastère du carmel de Vannes
(Morbihan)

35 rue Jean-Gougaud – 56000 Vannes
Tél.: 02 97 63 48 96 – Fax: 02 97 63 86 14
Courriel: carmel.vannes@wanadoo.fr

CENTRE

Carmel de Chartres
(Eure-et-Loir)

39 rue de la Cité – 28300 Champhol
Tél.: 02 37 21 36 46 – Fax: 02 37 36 01 07

CHAMPAGNE-ARDENNE

Carmel de la Fontaine-Olive
(Ardennes)

Au cœur de la forêt ardennaise, le carmel offre un espace ouvert sur la nature où chacun peut venir faire halte, goûter le silence, écouter la Parole et partager la prière des sœurs.

08150 Aubigny-les-Pothées
Tél.: 03 24 35 81 82 – Fax: 03 24 35 25 43
Courriel: carmel.fontaine-olive@carmel.asso.fr

FRANCHE-COMTÉ

Monastère du carmel de Saint-Maur
(Jura)

Le monastère, situé dans un cadre de beauté silencieuse et solitaire, est l'œuvre de l'architecte belge Jean Cosse. Un petit accueil monastique est ouvert aux personnes désireuses de ressourcement spirituel.

39570 Saint-Maur
Tél.: 03 84 44 29 10 – Fax: 03 84 44 29 11
Courriel: carmel.lons.st-maur@carmel.asso.fr
Site: http://eglise.eglisejura.com

> *Par la pratique de leur prière,
> si humble soit-elle, au bénéfice
> de leurs frères de l'extérieur,
> les contemplatifs apportent
> quelque chose :
> ils accroissent le potentiel
> spirituel de l'humanité.*
> **Théodore Monod**

HAUTE-NORMANDIE

Carmel de la Transfiguration
(Seine-Maritime)

Sur les hauteurs du Havre, port ouvert sur le monde entier. La situation géographique du couvent résonne comme un appel à la prière et à la veille… Possibilité pour les retraitants de recevoir une initiation à la prière silencieuse et à la lecture de la Parole de Dieu.

Contact

151 rue Félix-Faure
76620 Le Havre
Tél. : 02 35 46 50 75 – Fax : 02 35 54 34 22
Courriel : carmelduhavre@cegetel.net

ÎLE-DE-FRANCE

Carmel de Frileuse
(Essonne)

Retirées dans un petit hameau à la limite de la Beauce, vingt sœurs accueillent pour des retraites.

Contact

91640 Briis-sous-Forges
Tél. : 01 64 90 70 65 – Fax : 01 64 90 83 31
Courriel : carmel.frileuse@gmail.com

Carmel de l'Incarnation de Clamart
(Hauts-de-Seine)

Situé en lisière de forêt, rénové dans les années 1990, le carmel bénéficie d'un environnement tranquille favorable à sa mission de prière.

Contact

3 rue de l'Est – 92140 Clamart
Tél. : 01 46 44 30 33 – Fax : 01 40 95 79 09
Courriel : carmel.clamart@neuf.fr

Carmes d'Avon
(Seine-et-Marne)

Outre des retraites prêchées, la communauté accueille des retraitants individuels dans un environnement propice à l'intériorité, à deux pas de la forêt de Fontainebleau. Avec son jardin, le cadre paisible et accueillant du couvent invite au silence et à l'intériorité.

▸ *Voir le reportage p. 146.*

Contact

1 rue du Père-Jacques – 77210 Avon
Tél. : 01 60 72 28 45 – Fax : 01 64 23 48 39
Courriel : centre.spirituel.carmes.avon@wanadoo.fr
Site : http://www.centrespirituel-avon.org

Carmel Saint-Joseph
(Val-d'Oise)

Contact

55 rue Pierre-Butin – 95300 Pontoise
Tél. : 01 30 32 35 21 – Fax : 01 30 32 07 54
Courriel : carmel.pontoise@carmel.asso.fr

LANGUEDOC-ROUSSILLON

Couvent des carmes de Montpellier
(Hérault)

Le couvent possède une hôtellerie pour les retraitants permettant de s'immerger dans le cadre priant d'une communauté religieuse. L'accueil Saint-Joseph reçoit uniquement des retraitants qui désirent se ressourcer auprès de la spiritualité carmélitaine. Partageant le silence et les temps de prière de la communauté, ils peuvent rencontrer un frère pour bénéficier d'un accompagnement spirituel.

Contact

10 bis rue Moquin-Tandon – 34000 Montpellier
Tél. : 04 99 23 24 90 – Fax : 04 99 23 24 99
Courriel : montpellier.ocd@carmel.asso.fr

Carmel Saint-Joseph de l'Abbaye de Gellone
(Hérault)

Situé dans l'enceinte de l'abbaye de Gellone (xiie siècle), dans le magnifique site de Saint-Guilhem-le-Désert, l'établissement accueille familles, groupes et individuels. Un accompagnement spirituel à la sensibilité carmélitaine peut être effectué par une sœur. Le principe : méditer la Parole et veiller dans la prière, mais aussi écouter Dieu pour le dire, et le dire pour l'écouter encore.

Contact

2 grand chemin de Gellone
34150 Saint-Guilhem-le-Désert
Tél. : 04 67 57 75 80
Fax : 04 67 57 33 56
Courriel : accueilcsj@wanadoo.fr

À méditer

« *Prends-moi, Seigneur, dans la richesse divine de ton silence, plénitude capable de tout combler en mon âme. Fais taire en moi ce qui n'est pas Toi, ce qui n'est pas ta présence toute pure, toute solitaire, toute paisible. Impose silence à mes désirs, à mes caprices, à mes rêves d'évasion, à la violence de mes passions. Couvre, par ton silence, la voix de mes revendications, de mes plaintes. Imprègne de ton silence ma nature trop impatiente de parler, trop portée à l'action extérieure et bruyante. Impose même silence à ma prière, pour qu'elle soit élan vers Toi. Fais descendre ton silence jusqu'au fond de mon être et fais monter ce silence vers Toi en hommage d'amour !* »

Saint Jean de la Croix

Institut Notre-Dame-de-Vie

> 66 *Voilà le sens de notre vie : chercher Dieu, Le trouver,*
> *prendre contact avec Lui et Le donner aux autres.*
> *Prendre les gens sur notre monture, les panser,*
> *les conduire par la prière, le sacrifice de tout nous-mêmes,*
> *les conduire à Dieu…*
> *Ils avaient faim et soif matériellement,*
> *nous leur avons donné ce qu'il fallait…*
> *Ils avaient faim et soif spirituellement,*
> *nous leur avons donné Dieu.* 99
>
> Père Marie-Eugène

Le centre spirituel Notre-Dame-de-Vie (institut séculier du carmel au rayonnement très important) a été fondé entre les deux guerres par le père Marie-Eugène, haute figure de l'Ordre. Il propose des temps de ressourcement. L'enseignement donné s'enracine dans la spiritualité des saints du carmel. Pour ceux qui souhaitent prendre des temps seul à seul avec Dieu et découvrir des paysages et des sites magnifiques. Pour en savoir plus : http://www.notre-damedevie.org

À lire :

▌ *Je veux voir Dieu*, père Marie-Eugène, Édition du Carmel.

▌ L'Ermitage
(Lot-et-Garonne, Aquitaine)

Contact

304 avenue Joseph-Amouroux
47000 Agen
Tél. : 05 53 66 08 71

▌ Le Pignolet
(Puy-de-Dôme, Auvergne)

Contact

La Baraque – 63870 Orcines
Tél. : 04 73 62 10 22

▌ Abbaye Sainte-Berthe
(Pas-de-Calais, Nord-Pas-de-Calais)

Contact

62770 Blangy-sur-Ternoise
Tél. : 03 21 04 12 30 – Fax : 03 21 47 14 28
Courriel : abbaye.sainteberthe@free.fr

▌ Institut Notre-Dame-de-Vie
(Vaucluse, Provence-Alpes-Côte d'Azur)
Entre Avignon et Carpentras, l'Institut Notre-Dame-de-Vie propose dans un cadre enchanteur de faire découvrir à tout baptisé la spiritualité des saints du carmel (saint Jean de la Croix, sainte Thérèse d'Avila, sainte Thérèse de l'Enfant Jésus).

Contact

84210 Venasque
Tél. : 04 90 66 67 90 – Fax : 04 90 66 11 36
Courriel : notredamedevie@wanadoo.fr

" Au soir, tu seras jugé
sur l'amour, apprends
à aimer Dieu comme
Il désire être aimé. "

Saint Jean de la Croix

La Margelle
(Hérault)

Communauté apostolique et internationale, les religieuses du Sacré-Cœur-de-
Marie ont leur maison mère à La Margelle.
L'accueil et l'accompagnement des retraitants se fait selon une spiritualité marquée
par l'école du cardinal Pierre de Bérulle.
C'est lui qui a introduit en France le carmel et a fondé la congrégation séculière
de l'Oratoire. L'établissement est ouvert
toute l'année pour répondre aux demandes de retraites ou de récollections.

Contact

21 rue Ermengaud – 34500 Béziers
Tél.: 04 67 28 43 10 – Fax: 04 67 09 28 60
Courriel: bern.mc.namara@wanadoo.fr

Centre spirituel
Mont-Thabor
(Pyrénées-Orientales)

Entre mer et montagne, à deux pas de
l'Espagne et au cœur d'un grand parc
favorisant le calme et le silence, la communauté accueille toute personne laïque
et religieuse pour la réflexion et la prière.

Contact

Château du parc Ducup, allée des Chênes
BP 224 – 66002 Perpignan
Tél.: 04 68 68 32 40 – Fax: 04 68 85 44 85

LIMOUSIN

Carmel de Limoges
(Haute-Vienne)

Le carmel est situé, à 7 km de la ville,
dans un ancien château aménagé en
monastère. L'environnement du Mont-
Notre-Dame, son cadre, le parc, les
arbres sont très beaux. Les possibilités
d'accueil pour séjours de retraite sont
limitées mais offertes à celles et ceux qui
cherchent Dieu.

Contact

Carmel du Mont-Notre-Dame
87000 Limoges
Tél.: 05 55 30 22 91 – Fax: 05 55 31 29 04
Courriel: carmel.de.limoges@carmel.asso.fr

" Je ne lui dis rien,
je l'aime. "

Sainte Thérèse de Lisieux

LORRAINE

Monastère du carmel
(Meuse)

Le carmel est situé sur un terrain d'un
hectare dans un quartier pauvre surplombant la ville, à proximité de la campagne
verdunoise. Belle vue sur les collines
avoisinantes et sur la cathédrale depuis
le jardin.

Contact

25 rue Saint-Victor
55100 Verdun
Tél.: 03 29 86 03 97 – Fax: 03 29 86 50 76
Courriel: carmel.verdun@carmel.asso.fr

Carmel de Plappeville
(Moselle)

À la périphérie de Metz.

Contact

82 rue Général-de-Gaulle – 57050 Plappeville
Tél.: 03 87 32 18 38 – Fax: 03 87 32 18 63
Courriel: carmel-metz@wanadoo.fr

*L'inquiétude
est toujours vanité.*
Saint Jean de la Croix

MIDI-PYRÉNÉES

Carmel de Pamiers
(Ariège)

Contact

4 cours Mercadal
09100 Pamiers
Tél.: 05 61 67 25 06 – Fax: 05 61 67 41 13

Carmel de Rodez
(Aveyron)

Contact

24 rue Combarel – 12000 Rodez
Tél./Fax: 05 65 68 27 64

Carmes de Toulouse
(Haute-Garonne)

Dans un vaste couvent du XIXe siècle.

Contact

33 avenue Jean-Rieux – 31500 Toulouse
Tél.: 05 62 47 33 70 – Fax: 05 62 47 33 71
Courriel: carmes.toulouse@carmel.asso.fr

NORD-PAS-DE-CALAIS
Carmes de Lille
(Nord)

Contact

99, rue des Stations – 59800 Lille
Tél.: 03 20 57 39 49 – Fax: 03 20 13 76 87
Courriel: carmes.lille@carmel.asso.fr
Site: http://www.carmel.asso.fr/Couvent-de-Lille.html

PAYS-DE-LOIRE

Centre spirituel
de La Pommeraye
(Maine-et-Loire)

À 30 km d'Angers, dans un cadre de verdure. Le centre est animé par une communauté de sœurs et ouvert à toute personne cherchant un lieu de silence.

Contact

40 rue de la Loire – 49620 La Pommeraye
Tél.: 02 41 22 35 36 – Fax: 02 41 22 35 49

Monastère des carmélites
(Mayenne)

Le monastère est situé en bordure de Laval, surplombant la vallée de la Mayenne. Il perçoit en un coup d'œil l'ensemble de la cité et, au nord, une zone de verdure lui garde un aspect champêtre. Le monastère propose le calme du silence et de la prière à ceux qui s'unissent à la communauté pour les offices aux différentes heures du jour ou pour quelques jours de retraite.

Contact

21 rue du Carmel – 53000 Laval
Tél.: 02 43 53 28 92 – Fax: 02 43 56 75 64
Courriel : carmel.la/ Fal@carmel.asso.fr

> **Le silence n'est pas l'amour,
> mais une précaution de l'amour.**
> Saint Jean de la Croix

PICARDIE

Carmel de Jonquières
(Oise)

À 10 km de Compiègne.

Contact

Chemin du Lainemont – 60680 Jonquières
Tél. : 03 44 37 01 00 – Fax : 03 44 37 31 64
Courriel : communaute-carmel.compiegne@
wanadoo.fr

Carmel du Saint-Esprit
(Somme)

Situé sur la colline Montjoie, en bordure d'Amiens, le carmel assure, depuis quatre siècles, sa mission de veille silencieuse et de prière. Les sœurs sont heureuses de partager le calme de leur petit accueil avec ceux qui viennent s'y ressourcer.

Contact

656 rue Saint-Fuscien – 80090 Amiens
Tél. : 03 22 95 63 16 – Fax : 03 22 89 04 48
Courriel : carmel.amiens@wanadoo.fr

PROVENCE-ALPES-CÔTE D'AZUR

Carmel de Marseille
(Bouches-du-Rhône)

Les bâtiments sont de style méditerranéen moderne, notamment la chapelle en forme de coquille Saint-Jacques, ornée d'un beau vitrail non figuratif. L'accueil est personnel, et non de groupe, pour un temps de ressourcement spirituel. Silence et recueillement.

Contact

Carmel Notre-Dame
81 chemin de l'Oule – 13012 Marseille
Tél. : 04 91 93 59 10 – Fax : 04 91 87 35 87
Courriel : carmel-notre-dame@wanadoo.fr

À méditer

« La solitude, le silence et la prière incessante sont les idées maîtresses de la spiritualité du désert. Cette spiritualité ne nous fait-elle pas fermer les yeux devant les cruelles réalités de notre époque ? Non pas. Au contraire, la solitude est le moyen de ne pas nous laisser façonner par les contraintes de ce monde, mais de laisser le nouvel esprit, l'esprit du Christ, diriger seul notre conduite. Le silence nous empêche d'être asphyxié par notre univers de mots : il nous apprend à proclamer la Parole de Dieu. Enfin, la prière incessante donne à la solitude et au silence tout leur sens »

Henri Nouwen

*Que chacun demeure seul
dans sa cellule,
méditant jour et nuit
la loi du Seigneur
et veillant dans la prière,
à moins qu'il ne soit
légitimement occupé
à autre chose.*
Règle du Mont-Carmel

RHÔNE-ALPES

Carmel Notre-Dame de Surieu
(Isère)

La communauté s'est implantée autour d'une église romane du XIIᵉ siècle située sur un site féodal. De cette colline domi-

nant la vallée du Rhône, la communauté poursuit sa mission de veille assurant la continuité d'une présence contemplative. On peut y séjourner pour un temps de retraite silencieuse et solitaire (ni groupe ni séjour de repos).

Contact

38150 Saint-Romain-de-Surieu
Tél.: 04 74 84 46 69 – Fax: 04 74 84 44 80
Courriel: cte.carmel.surieu@orange.fr

Adresses en Suisse romande

CANTON DE FRIBOURG

Couvent des carmes

Contact

Montrevers, 29
CH-1700 Fribourg
Tél.: 00 41 (0) 26 322 84 91
Fax: 00 41 (0) 26 322 46 78
Courriel: carmes.fribourg@carmel.asso.fr

Carmel du Pâquier

En face du village perché de Gruyère. Admirablement bien situé, un havre face aux Préalpes fribourgeoises.

Contact

CH-1661 Le Pâquier-Monbarry
Tél.: 00 41 (0) 26 912 72 74
Fax: 00 41 (0) 26 912 17 74
Courriel: carmel.lepaquier@bluewin.ch

CANTON DU JURA

Monastère Notre-Dame-de-l'Unité

Au nord de la Suisse, à quelques kilomètres de la frontière avec la France.

Contact

CH-2802 Develier
Tél.: 00 41 (0) 32 422 82 21
Fax: 00 41 (0) 32 422 82 24
Courriel: carmel.develier@carmel.asso.fr
Site: http://www.mocad.ch

Adresses au Luxembourg

Carmel de Luxembourg

L'hôtellerie comporte cinq chambres.

Contact

10 rue Sainte-Thérèse-d'Avila
L-1152 Luxembourg
Tél.: 00 352 431 631 – Fax: 00 352 421 828
Courriel: carmel@pt.lu
Site: www.carmel.cathol.lu

Les jésuites

*“Prends, Seigneur, et reçois toute ma liberté,
ma mémoire, mon intelligence et toute ma volonté,
tout ce que j'ai et tout ce que je possède.
C'est Toi qui m'as tout donné :
à Toi, Seigneur, je le rends.
Tout est à Toi, disposes-en selon ton entière volonté.
Donne-moi seulement de T'aimer.
Et donne-moi ta grâce : elle seule me suffit.”*

Saint Ignace de Loyola

Ignace, le fondateur de l'ordre jésuite, est né au pays basque espagnol en 1491. C'est un militaire croyant qui aime les honneurs et ne s'embarrasse pas trop de morale. Blessé à trente ans, il prend le chemin de la conversion, sa vie bascule. Il sera pèlerin mendiant pendant six ans, avec un seul désir : « aider ». Sa première décision est d'aller à Jérusalem. Il fait d'abord étape un an à Manrèse, en Catalogne, afin d'accorder à Dieu la première place en son cœur. Il notera toutes ses expériences dans un cahier qui deviendra les *Exercices spirituels*. À son retour de Jérusalem, il décide de devenir prêtre. À Paris, il reprend ses études à la base et se lie d'amitié avec ses jeunes compagnons de chambrée, Pierre Favre

et François-Xavier. Ils prient ensemble, parlent des
« choses de Dieu ». Quatre autres compagnons se joi-
gnent à eux. Le 15 août 1534, dans une petite chapelle
de Montmartre, les sept amis s'offrent à Dieu. Leur
groupe s'élargit et se donne pour nom la « Compagnie
de Jésus ». Après un an d'évangélisation – « Allez et
enflammez le monde », prescrit Ignace à ses amis –, ils
sont reçus par le pape Paul III et s'offrent à lui pour
toute mission qu'il voudra bien leur confier. Avant
d'être dispersés, ils décident de se lier en fondant un
ordre religieux. En 1540, le pape reconnaît l'existence
de la nouvelle petite communauté.

Rome 1556. Ignace, épuisé, meurt le 31 juillet. Il est
canonisé le 12 mars 1622 en même temps que l'un
de ses anciens compagnons de chambrée, François-
Xavier, et que Thérèse d'Avila.

La contemplation évangélique pratiquée par les jésuites, à travers les *Exercices spirituels* de saint Ignace de
Loyola, est une façon de prier pour accueillir Dieu tel
qu'il veut se donner dans les évangiles. Ce n'est pas
une réflexion mais une manière d'être avec le Christ.
Pour saint Ignace, « ce n'est pas d'en savoir beaucoup
qui rassasie et satisfait l'âme, mais de sentir et goûter
les choses intérieurement ». On savoure la rencontre,
on se laisse mouvoir, émouvoir : on ne médite pas sur
des pensées, on contemple.

Depuis leurs origines (au xvɪᵉ siècle), les *Exercices* se
font lors d'une retraite guidée (de cinq à trente jours).
L'accompagnateur permet d'objectiver ce qui se passe
dans l'âme du retraitant. Ainsi, les *Exercices* sont « donnés » et « reçus » : quelqu'un y introduit une altérité
parce qu'il en connaît les règles. Ils sont transmis,

sans improvisation, de façon vivante. Ce ne sont pas des textes faits pour être lus : les *Exercices spirituels* sont le livre du maître qui guide celui qui se confie à lui. À charge pour ceux qui les auront expérimentés d'en avoir par la suite une lecture profitable et éclairante. Il ne s'agit pas tant de suivre une « méthode » que de se laisser mouvoir par l'action du Saint Esprit et le don de la grâce. C'est un effort spirituel, pas un effort moral.

> *Tant que tu es silencieux,*
> *Sa parole est ta parole.*
>
> Diwân

Outre les jésuites, la spiritualité ignacienne est notamment relayée par les laïcs des Communautés Vie chrétienne (CVX) et par des congrégations religieuses féminines comme, par exemple, les sœurs du Cénacle, les sœurs auxiliatrices, les xavières, les religieuses du Sacré-Cœur…

Pour en savoir plus :
www.jésuites.com et **www.ndweb.org**

À lire

▌ *Ignace de Loyola, pèlerin de l'absolu*, J. Ignacio Tellechea Idigoras, Nouvelle Cité, 1995.

▌ « L'écoute, un travail intérieur », *Revue Christus*, hors-série n° 198, 1997.

Une retraite chez les jésuites

On ne vient pas ici pour la beauté des liturgies, mais pour la qualité de l'accompagnement et des enseignements : on repart de chez les jésuites avec des outils pour mieux discerner dans sa vie ce qui vient de soi, de Dieu ou des tentations mortifères qui nous habitent… Dans les retraites ou dans les sessions, les personnes sont invitées à vivre une expérience, à la relire, à mettre des mots dessus, plutôt qu'à recevoir de longs enseignements. Pour aider chacun à se situer en vérité devant Dieu, un accompagnement personnel est souvent proposé, dans le respect du cheminement et de la liberté de chacun. Le parcours peut durer de un à trente jours.

Aussi utile dans une période de doutes que pour confirmer ses choix. Alternance de moments d'échange et de recueillement.

À méditer

« *De même que la promenade, la marche et la course sont des exercices physiques, de même on appelle "exercices spirituels" toute manière de préparer et de disposer son âme, pour écarter de soi tous les attachements désordonnés, puis, quand on les a écartés, chercher et trouver la volonté divine dans la disposition de sa vie, pour le bien de son âme.* »
Saint Ignace de Loyola

Deux jours de « repères pour décider »

J'étais attendue à 19 heures. Prise dans les embouteillages du vendredi, j'arrive au centre spirituel Manrèse, au sud de Paris, avec plus d'une demi-heure de retard. J'attrape donc le dîner en route, gênée : j'ai compris que dans tous les lieux de retraite où je passe, le temps est le maître de maison... J'ai à peine le temps de m'installer dans ma chambre – visiblement refaite à neuf depuis peu – avant de rejoindre, à 20h30, les participants de la session « Des repères pour décider ». Sur le site Internet, j'avais été intriguée et intéressée par la présentation de ce week-end : « Face à l'indécision, comment réagir ? Une session pour y voir plus clair et oser avancer dans la confiance en soi et en Dieu. L'alternance de temps d'enseignement, de partage et de prière permettra d'approfondir ensemble nos décisions passées et à venir, en vue d'unifier leurs dimensions humaine et spirituelle. » On dit que Charles de Foucauld, qui avait du mal à prendre des décisions, décida ici, à Clamart, au cours d'une retraite, d'entrer à l'abbaye cistercienne de Notre-Dame-des-Neiges...

Le père Arnaud de Rolland, sémillant Breton et directeur du centre depuis cinq ans, accompagné de Michèle Vallée, une laïque, accueille les quatorze participants. « Ici, on vit essentiellement en silence, mais il y a une différence entre la session et la retraite. La retraite, qui est une démarche de prière personnelle à l'écoute de la Parole de Dieu, se vit dans un silence total. Vous avez choisi la session. Elle s'appuie surtout sur une relecture de votre expérience et sur une alternance de temps d'enseignement et de partage en groupe. La parole y circule donc. Mais en dehors des lieux dédiés à l'accueil et au temps de partage, nous vous demandons de respecter le silence des lieux. Vous pouvez en profiter pour donner des vacances à vos téléphones portables. » Un à un, nous nous présentons. Les motivations et les parcours sont très différents. Une femme, après six ans de vie en Chine, « cale » depuis son retour. Elle a besoin de repères, elle sait ce qu'elle ne veut plus et n'arrive pas à identifier ce qu'elle veut ; une autre, au chômage, se pose la question de la réorientation de sa vie et de ses valeurs ; un couple, préparé au mariage à Manrèse il y a trente ans, s'est vu offrir comme cadeau pour ses noces de perle une session pour se préparer... à la retraite ; un jeune couple d'amoureux vient ici pour apprendre à mettre la foi au centre de sa relation ; une jeune femme vient ici dans un besoin « urgent » d'être entourée de gens de foi.

Puisque Manrèse est un haut lieu de la pratique des *Exercices* de saint Ignace, on ne tourne pas longtemps autour du pot. Le père de Rolland nous propose de commencer par ce qu'il appelle un « exercice de plage », c'est-à-dire un questionnaire autour de la décision. On se croirait presque dans un test du

> *Demande la grâce*
> *pour les petites choses*
> *et tu la trouveras*
> *pour accomplir, croire*
> *et espérer les plus grandes.*
> Pierre Favre

magazine *Psychologies*. « Décider, c'est faire confiance à d'autres », « Décider, c'est s'opposer », « Décider, c'est mourir un peu »... Nous sommes invités à chercher les propositions avec lesquelles nous sommes en accord et en désaccord. Notre groupe vote à l'unanimité pour « Décider, c'est se risquer ». Nous sommes également tous d'accord pour exclure la phrase « Décider, c'est maîtriser tous les paramètres ». On a sauté dans le bain sans s'en rendre compte !

« Dans cette question de la décision, c'est toute notre histoire et toute notre affectivité qui sont en jeu, avec l'ensemble des représentations que l'on s'en fait. Nous avons besoin de clarifier notre position sur ce sujet. Pour cela, nous allons retenir la même dynamique que celle des *Exercices spirituels* : dans la tradition ignacienne, on ne s'ancre pas sur la transmission de savoirs mais sur une expérience. Sentir et goûter les choses intérieurement est central », explique le père de Rolland.

Pour que nous ayons une direction dès le début du voyage, il nous donne d'emblée l'organisation du week-end, qui sera une alternance de topos, de temps d'appropriation, de temps de partage en petits groupes, de temps d'exercices en grand groupe, des temps personnels de relecture de telle phase de sa vie et des temps de prière. Avec un tel rythme, on ne devrait pas flotter dans un temps trop grand pour nous ! « Nous mettrons l'accent sur la dimension spirituelle des situations et leurs enjeux, en nous situant, bien évidemment, dans une perspective chrétienne. Ces deux jours apporteront, non pas un temps miraculeux de résolution des questions, mais un éclairage sur la question de la décision et du discernement. Ne soyez pas pressés, prenez le temps d'un pas. Chacun sa mesure », précise-t-il.

Rendez-vous nous est donné demain matin pour le petit déjeuner, servi en libre-service entre 7h30 et 9 heures. Le programme me semble un peu chargé à première vue… Avant de m'endormir, je feuillette la vie mouvementée du Basque Ignace. Mes yeux se ferment vite, la semaine a été saturée et le week-end ne sera visiblement pas de tout repos.

À 8 heures, je gagne la salle à manger. Le petit déjeuner étant pris en commun avec les autres retraitants de la maison, le silence nous est imposé. Un fond musical nous réveille en douceur. Dans un casier avec le numéro de notre chambre, une serviette en tissu nous attend. Délicate attention. Une heure plus tard, nous nous retrouvons à la chapelle pour chanter les laudes. La communauté des six jésuites nous entoure. Le centre, qui accueille plus de trois mille personnes par an, fonctionne autour d'eux, avec l'aide de religieuses et de laïques.

À 9h30, réunis en arc de cercle dans une grande salle de réunion, la question de la décision revient à la une. « On retrouve un leitmotiv dans la Bible : "Israël, souviens-toi". La fonction de la mémoire est très importante. Nous sommes les héritiers de notre passé, de ses joies et de ses douleurs. Nous avons accumulé beaucoup d'expériences sans toujours nous arrêter pour en tirer profit. C'est ainsi que nous sommes façonnés par les décisions que nous avons prises et plus ou moins assumées. Ce matin, nous allons reparcourir

avec Dieu l'histoire de nos décisions en traçant un
"arbre des bifurcations". Nous avons pris des décisions
professionnelles, affectives, religieuses qui ont eu des
conséquences dans notre vie. À chaque fois, c'est notre être tout entier qui s'y est trouvé impliqué. Nous
allons les lister. Puis nous chercherons à prendre une
certaine distance par rapport à nos actes : suis-je quelqu'un qui décide seul ou en m'ouvrant à d'autres, à
Dieu ? À tout à l'heure. »

Je m'installe dans la bibliothèque. Me voilà partie pour
une heure à revoir les décisions de ma vie. Celles
qui ont évidemment compté. Celles qui ne « paient
pas de mine », mais qui ont eu de vraies incidences.
Celles qui ont plus ou moins été imposées. L'exercice me bouleverse. Je vois à certaines heures de ma
vie une grande solitude, mes difficultés récurrentes à
aller vers l'autre pour qu'il m'accompagne dans mon
choix, je vois aussi la peur de se tromper, je vois
l'irréversible de certaines décisions. Ai-je été fidèle à
moi-même et à mon histoire en prenant tel virage ? Je
me souviens, à tel moment, de prières pour demander
un conseil, à tel autre, d'un sentiment de toute-puissance, « moi, moi, moi » étant le seul moteur… Par la
grande verrière, j'aperçois un écureuil qui prend un
bain de soleil. Cela me fait penser à mon chat qui
est à l'ombre d'un châtaignier. Le temps qui nous est
accordé passe comme un météore… Les questions que
cet arbre des décisions pose me paraissent profondes
et inépuisables…

Nous nous retrouvons en deux petits groupes, pour
partager dans une sphère plus intime. Le sujet l'exige.
Dans le petit salon Mériba, sous l'œil attentif d'Arnaud

de Rolland, chacun expose aux six autres, en toute pudeur et en toute confidentialité, ce qu'il a découvert dans cette relecture de sa vie. Les expériences des uns éclairent celles des autres… Avec une sincérité et une confiance étonnantes, chacun ouvre son cœur, partage ses limites et ses prises de conscience. On voit comment tel questionnement immobilise, tel autre pousse en arrière ou en avant. « Pensez aux effets de vos questionnements, ils ne sont pas tous bons ! Certains nous tendent, d'autres nous stressent ou nous mettent en joie. Demandez-vous toujours quel oui sous-tend votre décision. Le oui que vous posez est-il le vôtre ? » souligne le père de Rolland. Je suis une fois de plus emballée par la beauté de la cordée humaine…

L'eucharistie est célébrée à midi. L'Évangile du jour, un texte de Luc, me touche énormément : « Car ce que dit la bouche, c'est ce qui déborde du cœur » (Luc 6, 45). Ce travail de relecture de vie ouvre vraiment le cœur… Nous allons ensuite déjeuner tous ensemble. Les retraitants en *Exercices spirituels* étant dans une salle à part midi et soir, nous pouvons poursuivre la conversation à table…

Après le repas, ceux qui le souhaitent peuvent faire une petite sieste ou aller se promener dans la forêt de Meudon attenante au jardin du centre spirituel. À 15 heures, c'est à nouveau en deux petits groupes que nous nous retrouvons, mais cette fois pour un temps de prière. À partir d'un texte d'une journée-type de Jésus, nous entrons dans une prière guidée. Cela permet à Michèle Vallée de nous montrer concrètement la façon dont Jésus prend des décisions en toute

> *Je crois que si je contemple,*
> *ce n'est pas pour échapper au Réel,*
> *mais bien plutôt*
> *pour ne rien perdre de lui.*
>
> Marcel Lecomte

liberté. Les élèves sont encore loin du maître, mais un chemin est tracé !... Nous enchaînons d'ailleurs tout naturellement l'oraison avec un topo sur l'enracinement humain de nos décisions.

« Notre existence est jalonnée de carrefours où il y a à laisser mûrir ou à prendre des décisions. Certaines peuvent engager toute une vie. Petites ou grandes, toutes nos décisions s'originent dans notre liberté et notre responsabilité. Et si Dieu est quelque part, c'est là, au cœur de nos actes libres... » Pendant une heure, Michèle Vallée nous explique ce qu'est l'acte de décider, à quoi il nous confronte et comment user de notre liberté pour nous déterminer... Pour elle, il ne fait pas de doute que décider est un rendez-vous spirituel au cœur de notre humanité. « On est toujours transformé par une décision lorsqu'elle

> *Personne ne fait davantage que celui qui ne fait qu'une seule chose.*
>
> Ignace de Loyola

est prise selon l'Esprit de Dieu. Elle est toujours créatrice, féconde. Comme le dit Michel Rondet, "si Dieu a bien un désir pour nous, c'est d'abord celui de nous voir porter du fruit". La bonne décision est une grâce à demander. Elle est le fruit d'un discernement, d'un tri. Et si nous nous trompons, Dieu reste présent, il nous rejoint sur nos fausses routes. »

Le père de Rolland s'amuse : « Vous n'êtes pas là, pendant deux jours, pour ajouter des couches de notes et de savoirs les uns sur les autres. Prenez une demi-heure pour "laisser descendre" ce que vous avez reçu aujourd'hui et creusez un ou deux aspects qui vous ont touchés personnellement. » Ce n'est pas une demi-

heure qui me semble nécessaire mais deux heures !
Je vais m'asseoir dans le jardin, derrière le petit chalet
de jardinage. Je noircis les pages de mon cahier de
sillons sur lesquels j'ai envie de revenir plus tard...
Relire sa vie sous l'angle des décisions est un travail surprenant. J'aperçois pour la première fois des
ombres que je ne connaissais pas...

Après le dîner – très animé, par deux sessionnistes qui
découvrent qu'ils ont l'un et l'autre retrouvé le chemin
de leur baptême en passant par l'Inde –, nous sommes réunis pour un forum. Cela nous permet, pendant une bonne heure, de poser des questions aux
animateurs, notamment autour de la question « Dieu
a-t-il pour nous une volonté particulière ? ». De fait,
quand on est chrétien, cette question peut nous aider
ou au contraire polluer la sphère de nos décisions...
La qualité des échanges est dense, la parole qui circule n'est pas « bavarde » mais vraie. Pourtant, autant
je sens, dans certains regards brillants, que la journée
a été féconde et qu'elle ouvre une belle dynamique,
autant certains retraitants me semblent déstabilisés par
tout ce qui est dit ici depuis hier. Le rythme de la
session est soutenu, les temps de pause et de silence
sont parfois courts pour « digérer » ce qui remonte à
la surface...

Une phrase du père de Rolland pendant le forum me
frappe : « Vous devez envisager une décision comme
une réponse et non comme un acte premier. » Autrement dit, ne te place pas à l'origine, reçois la vie, ce
qu'elle t'envoie et veut te dire, reconnais-la et, à partir
de là, décide-toi... Je gagne ma chambre et m'écroule
sans demander mon reste...

Dimanche, 9 heures. Il fait un temps extraordinaire. En deux groupes, dans les oratoires Saint-Paul et Buisson ardent, nous sommes initiés au dialogue contemplatif, un temps de prière associé à un texte biblique. Nous entrons dans un émouvant cœur à cœur avec le texte de l'infirme de la piscine de Bethesda, à qui Jésus intime : « Lève-toi, prends ton lit et marche » (Jean 5, 1-6). L'infirme c'est moi, c'est vous... Le texte me *parle*. « Il n'y a pas de discernement sans la parole de l'autre,

Mettre en route sa propre liberté

Entretien

Avec Arnaud de Rolland, directeur du centre spirituel.

▌ *À qui s'adresse une retraite ou une session chez les jésuites ?*
Nos propositions ne sont pas d'abord des propositions de dynamique de groupe. On vient chez nous pour vivre une expérience personnelle (de Dieu, de relecture de sa vie...) où la dimension de solitude sera non négligeable. Même si nous proposons l'eucharistie, nous privilégions l'expérience personnelle de la prière. Quelqu'un qui souhaite venir dans un lieu de repos pour avoir le soutien d'une communauté ne vient pas d'abord ici. On sollicite son désir, on se met en route... C'est un lieu exigeant. La moyenne d'âge des retraitants et sessionnistes est de quarante-six ans. Ce sont majoritairement des chrétiens, plutôt des pratiquants. Les gens qui viennent vers nous ont souvent une question forte et ils ont besoin d'un éclairage pour prendre une décision qui aura des conséquences. Il faut un vrai désir pour monter la colline de Manrèse, affronter le silence... et les jésuites ! Nous rencontrons deux grands types d'attente : « Aidez-nous à décider » et « Apprenez-nous à prier ». Les *Exercices spirituels* sont le lieu de rencontre de ces deux demandes. Les deux poumons sont ainsi « prier avec la Parole de Dieu » et « prier en relisant sa vie ». La retraite met plus l'accent sur le premier, la session est davantage tournée vers le second. Pour Ignace, c'est au cœur de l'expérience de la rencontre, d'un autre ou de Dieu, que je vais découvrir mon désir fondamental et pouvoir m'engager.

de Dieu. C'est dans une dimension relationnelle que j'apprends à me découvrir », souligne Arnaud de Rolland. Je voudrais partir deux heures dans la forêt avec le texte pour continuer notre conversation… À défaut, je prends le petit quart d'heure accordé pour marcher dans le jardin et aller voir la statue du Christ les bras ouverts. Un chemin de confiance s'ouvre très lentement. Le rythme ne faiblit pas : nous nous retrouvons à 10 heures pour un topo sur le discernement.

▌ *Qu'est-ce qu'un « exercice spirituel » ?*
Un athlète fait quotidiennement des exercices d'échauffement corporels pour s'assouplir, corriger ce qui est raide et améliorer ses performances. Comme un musicien, tout au long de sa vie, fait ses gammes. C'est au départ contraignant, parfois difficile, puis, progressivement, il va trouver une liberté à l'intérieur même de l'exercice. Même après trente ans de pratique, cet athlète aura toujours besoin de revenir à cet exercice de base. Il se passe exactement la même chose avec un exercice spirituel. Mettre en route sa propre liberté, en choisissant un lieu pour prier, une position, un texte, tout cela a une dimension d'exercice, d'effort. Mais il faut être convaincu que c'est dans cette démarche qu'une liberté va se trouver, qu'un progrès va pouvoir avoir lieu, qu'une souplesse va être acquise et de mauvaises habitudes corrigées. Chez les jésuites, un exercice est toujours accompagné et il n'est jamais à prendre comme tel.
Se lancer dans les *Exercices*, c'est aussi accepter la répétition. Il s'agit moins d'ajouter du contenu, du « nouveau », que de creuser une expérience. Prenons une métaphore : au musée du Louvre, parmi cent cinquante tableaux d'une aile, un tout petit tableau de la Nativité de Rembrandt me touche. Lors de ma prochaine visite, j'irai directement vers lui. Je n'ai pas la moindre garantie de ressentir la même chose que précédemment. Mais j'irai tout de même car j'y ai trouvé du goût. Je verrai si ce goût se creuse ou s'éteint…

Nous voilà au cœur de la tradition ignacienne. Qui nous dit que nous vivons des alternances de moments d'ouverture et de repli, de moments de joie, de paix, de confiance mais aussi de doute, de trouble, de brouillard... Ces mouvements intérieurs n'étant pas neutres spirituellement, tout l'enjeu du discernement – et tout l'art de la pédagogie des *Exercices* – est là : y prêter attention et en tirer profit. « Dans la foi, nous croyons que Dieu nous parle, non pas avec des idées mais à travers notre cœur, notre "château intérieur". Qu'il y laisse sa trace et qu'on peut apprendre à la

Petite bibliothèque idéale (et subjective)

Livres à lire avant une retraite ou pour la prolonger...

Le père Arnaud de Rolland, directeur du centre spirituel de Manrèse, à Clamart, conseille de ne rien lire avant d'aller en retraite. « Pour que le savoir soit fructueux, il ne doit pas précéder l'expérience de prière. En effet, le savoir ne portera ses fruits que s'il s'appuie sur une expérience. Un savoir préalable nous fait croire que l'on a compris ; or, sans expérience, ce savoir est trompeur. Par contre, en fin de retraite ou de session, on propose des livres à ceux qui souhaitent prolonger l'expérience et faire un pas supplémentaire. »

On peut néanmoins conseiller trois hors-séries de la revue *Vie chrétienne* :

▮ Hors-série n° 464 : « La décision de vivre », de Marie-Claire Berthelin.

▮ Hors-série n° 480 : « Discerner. Que se passe-t-il en nous ? »

▮ Supplément n° 523 : « Libre pour se décider. La manière d'Ignace de Loyola ».

reconnaître », insiste le père de Rolland. Ainsi, saint Ignace donne des règles pour sentir et reconnaître les diverses motions qui se produisent dans l'âme et savoir entendre la voix de Celui qui fait des projets pour nous. Pendant une heure, j'écoute avec attention les astuces d'Ignace pour repérer ce qui m'ouvre ou me replie, les conditions et attitudes qui m'aident et celles qui, au contraire, m'enfoncent dans le brouillard et la désolation. « Une bonne décision est aimantée du côté de la vie… Et pour vérifier si elle vient bien de Dieu, elle m'ouvre sur les autres. » Autant d'outils pour prendre ses décisions aujourd'hui et demain…

Après l'eucharistie et le déjeuner, nous nous retrouvons autour de quelques questions : « Qu'est-ce qui est clair désormais pour moi ? Qu'est-ce qui a bougé ? Sur quoi, dans les prochaines semaines, puis-je déjà faire un petit pas, prendre une microdécision ? » Je passe une demi-heure allongée sur l'herbe pour relire mes notes, souligner ce que j'ai ressenti, ce qui m'a donné de l'élan, mise en mouvement… Nous nous retrouvons une dernière fois dans la grande salle et chacun choisit un point, une

Un polar très spirituel...

Une douzaine de retraitants s'est retirée du monde pour vivre les *Exercices spirituels* de saint Ignace. Ils sont enfermés pour une semaine dans un château reconverti en citadelle spirituelle. La retraite démarre comme d'habitude avant de basculer subitement dans le drame. Un des participants aux huit jours est retrouvé assassiné. L'enquête policière commence. Yves Horeau, bon connaisseur du monde des retraites spirituelles, mène avec assurance son premier roman policier en terres saintes. *Une retraite pas très spirituelle ou l'Ombre du figuier*, Yves Horeau, Éd. Alain Bargain, 1998.

question qu'il a envie d'offrir au groupe. C'est notre corbeille de fruits du week-end... L'un dit : « Je me souviens que j'ai une Bible que je peux ouvrir », une autre « Le Christ me colle à la peau » ; ou une autre encore : « Je décide de prendre des vacances en couple, cela fait trop longtemps que cela ne nous est pas arrivé » ! Les décisions spirituelles ne sont pas toujours, au premier abord, celles que l'on croit et c'est une bonne nouvelle à répandre !

« Dieu nous laisse du temps, mais on n'a pas le temps de ne pas avancer. Invente avec ton Dieu l'avenir qu'il te donne », conclut le père de Rolland. Il n'y a plus qu'à faire confiance. Se faire confiance. Et ouvrir grand les oreilles du cœur...

Adresses en France

AQUITAINE

Centre Notre-Dame de Temniac
(Dordogne)

À 2,5 km à vol d'oiseau de la ville de Sarlat, le coteau de Temniac domine la ville de 150 mètres. De ce belvédère, la vue se porte vers le midi dans la direction de Domme jusqu'aux falaises de la Dordogne et, par-delà, jusqu'au Quercy. Ce centre au cœur du Périgord offre un espace spirituel à toute personne en quête de racines et d'unité intérieure, d'une parole sur Dieu et sur l'homme. Pour prendre en compte les différentes quêtes contemporaines, le centre est également un lieu d'études des différentes traditions spirituelles et d'expérience du dialogue interreligieux : on y apprend à se connaître, à respecter l'autre, chercher ensemble et entrer en dialogue.

Contact
24200 Sarlat
Tél.: 05 53 59 44 96
Fax: 05 53 59 41 12
Courriel: cnd.temniac@wanadoo.fr
Site: http://www.temniac.org

La vraie vie est ici.
André Breton

BRETAGNE

Penboc'h
(Morbihan)

À 8 km de Vannes, dans un site exceptionnel au bord du golfe du Morbihan. Le centre spirituel accueille ses hôtes en quête de recueillement, le temps d'un week-end, de quelques jours, d'une semaine... Le centre organise également des retraites à thèmes originales comme « Prier et naviguer. Au souffle de l'Esprit et du vent », pour tous ceux qui veulent risquer une aventure marine et spirituelle, ou encore « Prier avec les sens ».

Contact
20 chemin de Penboc'h - 56610 Arradon
Tél.: 02 97 44 00 19 – Fax: 02 97 44 08 81
Courriel: accueil@penboch.fr
Site: http://penboch.fr

ÎLE-DE-FRANCE

Centre spirituel Manrèse
(Hauts-de-Seine)

Dans un espace de liberté, de silence et de paix, Manrèse propose une expérience de prière et de réflexion selon la tradition d'Ignace de Loyola. Le jardin donne directement sur la forêt de Meudon. Pour ceux qui souhaitent faire l'expérience vivifiante d'un pèlerinage intérieur.
▷ *Voir le reportage p. 173.*

Contact
92140 Clamart
Tél.: 01 45 29 98 60 – Fax: 01 46 45 03 13.
Courriel: accueil@manrese.com
Site: http://www.manrese.com

LANGUEDOC-ROUSSILLON

Espace Manrèse
(Hérault)

La communauté offre un accompagnement personnel à la demande du retraitant. La retraite dans la vie courante est une « singularité » de l'espace Manrèse. En effet, tout en restant chez soi, il est possible de vivre une retraite selon les *Exercices*.

Contact

23 rue de la Garenne – 34000 Montpellier
Tél.: 04 67 04 38 60 – Fax: 04 67 04 38 76
Courriel: yves.baratte@jesuites.com

MIDI-PYRÉNÉES

Centre spirituel du grand Sud-Ouest
(Haute-Garonne)

Ce centre ignacien Coteaux Païs propose des retraites à thème, retraites courtes ou encore des haltes spirituelles. L'originalité de ce réseau est de ne pas avoir de lieu propre, mais de se déplacer dans le Sud-Ouest pour répondre à la demande. Dix antennes locales – de Montauban à Rodez, de Castres à Lourdes – permettent aussi de faire une retraite près de chez soi tout en continuant à travailler.

Contact

85 rue Lucien-Cassagne
31500 Toulouse
Tél.: 05 62 71 65 30
Fax: 05 62 71 65 39
Courriel: secretariat@coteaux-pais.net
Site: http://coteaux-pais.net

NORD-PAS-DE-CALAIS

Centre spirituel du Hautmont
(Nord)

Situé au cœur de la métropole lilloise, dans un domaine de sept hectares propice au ressourcement, à la prière et au recueillement, le centre, animé par une communauté de laïcs sous la responsabilité de la communauté CVX, accueille des groupes et des personnes seules pour des retraites s'inspirant de la pédagogie et de la spiritualité de saint Ignace. Le centre accueille également les personnes seules désirant se recueillir, prendre du recul, discerner en vue d'une décision, faire une halte ou une retraite en bénéficiant d'un accompagnement.

Contact

31 rue Mirabeau
BP 10019 – 59420 Mouvaux
Tél.: 03 20 26 09 61 – Fax: 03 20 11 26 59
Courriel: contact@hautmont.org
Site: http://www.hautmont.org

PROVENCE-ALPES-CÔTE D'AZUR

Centre La Baume-lès-Aix
(Bouches-du-Rhône)

Le centre spirituel est l'un des plus réputés de la région d'Aix-Marseille. Le décor est enchanteur : une bastide du XVIIe siècle prolongée par des bâtiments plus modernes, dans un splendide parc de douze hectares. On y propose les *Exercices* avec accompagnement personnel mais aussi deux ermitages pour ceux qui souhaitent effectuer une retraite individuelle. La communauté organise également des « week-ends désert ».

*" Âme du Christ
sanctifie-moi ;
Corps du Christ, sauve-moi ;
Sang du Christ, enivre-moi ;
Eau du côté du Christ, lave-moi ;
Passion du Christ, fortifie-moi ;
Ô bon Jésus, exauce-moi ;
Dans tes blessures, cache-moi ;
Ne permets pas
que je sois séparé de toi ;
De l'ennemi, défends-moi ;
À ma mort, appelle-moi ;
Ordonne-moi de venir à toi,
Pour qu'avec les saints je te loue
Dans les siècles des siècles.
Amen. "*

Saint Ignace de Loyola

Contact

Chemin de la Blaque
13090 Aix-en-Provence
Tél. : 04 42 16 10 30 – Fax : 04 42 26 88 67
Courriel : la.baume@wanadoo.fr
Site : www.labaumeaix.com

RHÔNE-ALPES

Saint-Hughes de Biviers
(Isère)

Le centre Saint-Hugues est un centre spirituel ignacien CVX. Il propose de multiples retraites, haltes spirituelles, week-ends pour couples, familles ou équipes, séjours solitaires. On y trouve la convivialité d'un accueil familial. À 500 mètres d'altitude, dans un parc de douze hectares, le centre est merveilleusement situé, sous la falaise du Saint-Eynard et face à la chaîne de Belledonne.

Contact

Chemin de Billerey
38330 Biviers
Tél. : 04 76 90 35 97
Fax : 04 76 90 35 78
Site : http://www.st-hugues-de-biviers.org

Communauté du Cénacle

> « *Se livrer est, au fond, une certaine façon de jouer sa vie.*
> *Car ma vie n'est pas jouée d'avance. [...] L'être ne se donne*
> *et ne se reçoit que dans la plus impitoyable des déprises*
> *et cette loi de la réalité est bonheur. Jouer sa vie :*
> *tout autant faire la mise que s'adonner à l'activité de la vie*
> *avec la vigilance vivante devant l'incertain palpitant,*
> *la souplesse dans les orientations, l'élaboration créatrice,*
> *la justesse, la liberté et le sérieux attentif du jeu.* »
>
> Ghislaine Pauquet, sœur du Cénacle

Les sœurs de la congrégation du Cénacle – la communauté a été fondée au XIXe siècle par sainte Thérèse Couderc – proposent, outre des retraites organisées tout au long de l'année, des séjours individuels avec, pour ceux qui le souhaitent, un accompagnement personnel dans la dynamique des *Exercices* de saint Ignace de Loyola. Pour vivre dans un autre cadre et se risquer à une première expérience de prière, renouer avec l'Église, reprendre souffle, relancer sa marche. Les sœurs offrent également la possibilité d'un accompagnement dans la vie pour renouveler son regard. Site : **http://ndcenacle.free.fr**

Contact
68 avenue de Paris – 78000 Versailles
Tél. : 01 39 50 21 56
Courriel : cenacle.versailles@wanadoo.fr
Site : http://ndcenacle.free.fr

Cénacle de Raismes
(Nord, Nord-Pas-de-Calais)
Près de Valenciennes. La maison, ouverte à toutes les spiritualités, a élu refuge dans un parc de cinq hectares à proximité d'une forêt domaniale.

Contact
114 rue Léopold-Dusart
BP 17 – 59590 Raismes
Tél. : 03 27 38 07 70 – Fax : 03 27 38 07 79
Courriel : cenacleraismes@nordnet.fr

Notre-Dame-du-Cénacle
(Yvelines, Île-de-France)
Situé en pleine ville, mais dans un grand parc, le cénacle de Versailles accueille des groupes et des personnes individuelles désirant vivre un temps de réflexion, de prière, d'échange.

Cénacle de La Louvesc
(Ardèche, Rhône-Alpes)
Situé à 1 080 mètres dans un village de Haute-Ardèche, au flanc des monts du Vivarais, sur un col, au carrefour des voies antiques dans un merveilleux cadre de forêt.

Contact

14 rue de la Fontaine
07520 La Louvesc
Tél. : 04 75 67 83 01
Courriel : cenacle.lalouvesc@wanadoo.fr
Site : http://ndcenacle.free.fr

▌ Le Mas de Sablières

(Ardèche, Rhône-Alpes)
La maison du Mas de Sablières est
la maison natale de la fondatrice du
Cénacle. Elle y est née en 1805. C'est
une vieille maison de pierres au milieu
d'un pays de fortes collines couver-
tes de genêts et de bruyères. Dans ce
lieu se réunissent chaque année des
familles, des jeunes et tous ceux qui
désirent faire une expérience de vie
conviviale, simple et ouverte vers une
recherche du Seigneur.

Contact

S'adresser à la communauté de Paris
(Provincialat) :
Tél. : 01 42 23 00 50 – Fax : 01 42 57 14 29
Courriel : ndc.montmartre@laposte.net

▌ Notre Dame du Cénacle

(Rhône, Rhône-Alpes)
Dans un parc, sur la colline de Fourvière.

Contact

3 place de Fourvière – 69005 Lyon
Tél. : 04 78 25 13 16 – Fax : 04 72 57 75 59
Courriel : cenaclyon@tiscali.fr

▌ Le Châtelard

(Rhône, Rhône-Alpes)
Situé à 10 km de Lyon. Retraites individuelles et collectives, *Exercices* et chemin spirituels, de contenus et de durées
variables, adaptés à des demandes individuelles ou collectives. Pour s'aérer
l'esprit dans l'immense parc, faire
silence dans les nombreux oratoires,
être guidé par un père jésuite pour faire
le point ou laisser résonner la Bible en
son for intérieur et repartir en paix.

Contact

Route du Bruissin- 69340 Francheville
Tél. : 04 72 16 22 33 – Fax : 04 72 16 22 22
Courriel : sj.chatelard@wanadoo.fr
Site : www.chatelard-sj.org

Adresses en Belgique

PROVINCE DE NAMUR

Centre spirituel La Pairelle

À 5 km de Namur. Espace de prière, de
ressourcement et de réflexion dans la
spiritualité ignacienne pour « trouver Dieu
en toute chose », La Pairelle est animé
par une équipe constituée de jésuites,
de religieuses et de nombreux laïcs. Le
centre propose des retraites ignaciennes
et des haltes spirituelles de trois jours et
des « journées oasis » pour se ressourcer
dans le silence. En bordure des arbres,
devant la prairie, à proximité du centre,
une ancienne caravane est aménagée en
ermitage.

Contact

Rue Marcel-Lecomte 25 – B-5100 Wepion
Tél. accueil : 00 32 (0) 81 46 81 11
Secrétariat : 00 32 (0) 81 46 81 45 (du lundi
au vendredi, de 9h à 12h)
Courriel : centre.spirituel@lapairelle.be
Site : www.lapairelle.be

Les chartreux et les disciples de saint Bruno

" Embrasser la vie cachée ne nous fait pas déserter la famille humaine...
L'union à Dieu, si elle est vraie, ne nous ferme pas sur nous-mêmes, mais ouvre au contraire notre esprit et dilate notre cœur jusqu'à embraser le monde entier... Séparés de tous, nous sommes unis à tous ; et ainsi c'est au nom de tous que nous nous tenons en présence du Dieu vivant. "

Statuts de l'ordre des Chartreux

L'ordre des Chartreux fut fondé il y a plus de neuf siècles par Bruno de Cologne, au creux d'un massif montagneux et sauvage des Alpes françaises. Bruno est né à Cologne autour de 1030. Il part faire ses études en France, à Reims, l'une des facultés les plus célèbres d'Occident. En 1056, il est nommé écolâtre, c'est-à-dire maître général de l'université. « Maître Bruno » garde sa chaire une vingtaine d'années. Pourtant, il ressent le désir d'une vie plus totalement donnée à Dieu seul.

Autour de la cinquantaine, il rompt brutalement avec une existence au service extérieur de l'Église. Après un essai de vie érémitique de courte durée, il vient dans la région de Grenoble : l'évêque, le futur saint Hugues, suite à un songe, lui offre un lieu solitaire et sévère dans les montagnes. Au mois de juin 1084, l'évêque lui-même conduit Bruno et six compagnons dans la vallée sauvage de la Chartreuse qui donnera à l'ordre son nom. Ils y installent leur ermitage. Ils ont une existence consacrée à la contemplation du visage du Christ, montant une « garde sainte et persévérante, dans l'attente du retour de leur Maître pour Lui ouvrir dès qu'Il frappera ».

Après six ans de plénitude, Bruno est appelé par un de ses anciens élèves devenu pape, Urbain II. Ce dernier lui assure qu'il protégera l'ermitage cartusien pendant son absence. Dans une disponibilité totale à l'Esprit, Bruno obéit et devient conseiller du pape à Rome. Il n'abandonne pas pour autant son rêve de vie érémitique au « désert ». Moins d'un an plus tard, la cour pontificale s'exile sous des pressions antipapistes. Bruno suit l'exode mais part ensuite établir un nouvel ermitage dans les forêts de Calabre, dans le sud de l'Italie, avec quelques nouveaux compagnons. Par lettres, il resta en contact avec ses frères de la Chartreuse. Il vit en Italie jusqu'au 6 octobre 1101. Ce jour-là, le patriarche des solitaires quitte les « ombres fugitives du siècle » pour rejoindre définitivement les « biens éternels ».

Ainsi, comme Jésus délaissait les foules et gravissait la montagne pour prier, les chartreux ont fait le choix d'une spiritualité d'exception, où l'on quitte tout pour ne plus penser qu'à Dieu. Moines contemplatifs, ils ont enfoui leur vie, consacrée à la « connaissance savoureuse » de Dieu, dans le silence et dans la solitude. « Si quelqu'un ne renonce pas à tout ce qu'il possède, il ne peut être mon disciple », disait le Christ.

La solitude des chartreux n'est pas totale. Elle s'équi-

▌Symbole des chartreux

Symbole de l'ordre, les sept étoiles représentent Bruno et ses six premiers compagnons. Sa devise ? « *Stat crux dum volvitur orbis* », « Roulent les mondes, la Croix demeure » ou « La croix reste stable tandis que le monde change. »

libre par une part de vie communautaire, le matin lors de l'eucharistie, en fin de journée pour les vêpres et lors de longues veillées nocturnes. Le dimanche, les frères prennent un repas en commun, toujours en silence, et une récréation ; le lundi ils partent en promenade, occasion de rencontres fraternelles et de délassement au contact d'une nature sauvage.

La maison mère de l'ordre, la Grande Chartreuse, se situe près de l'emplacement, rude, spectaculaire et coupé du monde, de l'ermitage primitif de saint Bruno.

En France, les moines et les moniales sont retirés dans cinq maisons, éloignées des villes et inaccessibles au public (hormis les candidats éventuels à la vie cartusienne). Leur spiritualité effraie et fascine. Peut-être parce que chaque homme, chaque femme, porte en

Pour en savoir plus sur les chartreux :
http://www.chartreux.org

lui, en elle, une part qui pressent que le monde n'est pas notre patrie, une part qui sait que la vie intérieure ne peut se passer de radicalité et d'ascèse…

Une seule maison, confiée à des laïcs, est ouverte depuis 2003 aux retraitants.

La solitude cartusienne

La solitude cartusienne est vécue à trois niveaux :

La séparation du monde

Elle est réalisée par la clôture. Les moines sont isolés de tout ce qui peut les distraire de Dieu. Ils ne sortent du monastère que pour le « spaciement » (promenade hebdomadaire). Ils ne reçoivent pas de visites – à l'exception de la famille la plus proche, une à deux fois par an – et n'exercent aucun apostolat à l'extérieur. Ils n'ont ni radio, ni télévision, ni journaux dans le monastère. C'est le prieur qui reçoit les nouvelles et transmet aux moines ce qu'ils ne doivent pas ignorer. Ainsi se trouvent réunies les conditions nécessaires pour que se développe le silence intérieur qui permet à l'âme de rester attentive à la présence de Dieu.

La garde de la cellule

La cellule est un ermitage aménagé pour assurer au chartreux une solitude aussi complète que possible, tout en lui procurant les né-cessités de la vie. Chaque cellule consiste en un pavillon à étage entouré d'un jardinet, où le moine demeure seul la plus grande partie de la journée, pendant toute sa vie. C'est à cause de la solitude que chacune des maisons est appelée « désert » ou « ermitage ».

La solitude intérieure (ou la solitude du cœur)

La clôture et la garde de la cellule n'assurent qu'une solitude extérieure. Ce n'est là qu'un premier pas qui cherche à favoriser la solitude intérieure, ou « pureté du cœur » : tenir son esprit éloigné de tout ce qui n'est pas Dieu ou ne conduit pas à Dieu. Aussi longtemps que le moine discute avec son moi, ses sensibilités, ses pensées inutiles, ses désirs irréels, il n'est pas encore centré sur Dieu. C'est ici qu'il fait l'expérience de sa fragilité et de la puissance de l'Esprit et qu'il apprend peu à peu « l'habitude de l'écoute tranquille du cœur qui permet à Dieu d'y pénétrer par tous les chemins et tous les accès » (*Statuts* 4.2).

Une semaine dans le désert des chartreux

*"La vie et le monde tel que nous le connaissons
sont gravement malades.
Si j'étais médecin et que l'on me demandait
mon avis sur les hommes, je répondrais :
"Du silence ! Prescrivez-leur du silence !"*

Sören Kierkegaard

La chartreuse de Sélignac, dans le Revermont (Ain), tout en restant une maison de l'ordre et directement liée à la Grande Chartreuse, a été confiée depuis quelques années à des laïcs qui y vivent et y accueillent des hôtes en petit nombre. Une grande première en neuf siècles, une expérience unique au monde ! L'information ne m'avait pas échappé, mais je ne me sentais pas prête pour cette radicalité de la solitude et du silence. Le projet de ce livre des lieux de retraite m'a donné l'élan et le courage qui me manquaient : la réclusion volontaire du monde des chartreux n'est-elle pas une sorte de « retraite absolue » à laquelle il fallait rendre hommage ?

Les chartreux répondent à un appel au désert, comme avant eux les Hébreux dans le désert du Sinaï ou le Christ, qui y inaugura sa vie publique et s'y retira fréquemment. Cet appel, mystérieux et total, me fascine depuis longtemps : ma première – inoubliable – retraite, à l'âge de vingt ans, n'était-elle pas dans un ermitage chez des sœurs disciples de saint Bruno près de Nemours ? Je tapai à la porte de la chartreuse de Sélignac – par courrier – et je fus acceptée, sous réserve de rester une semaine et de participer aux offices quotidiens de la communauté. Les membres sont peu nombreux et la présence de chacun pèse de tout son poids. Le lieu exige un engagement.

Quelle joie je ressentis tout d'abord ! Quelques semaines plus tard, à la veille du départ, je ne trouvais plus qu'appréhension… Il faut dire que le séjour, si on vit réellement comme les moines, s'annonce spartiate ! Ici, pas de distractions : on reste en cellule, sorte de « minidésert », quasiment toute la journée. « Avance en eaux profondes », invite le Christ…

Je suis accueillie à la gare de Villeversure par Jérôme, l'avenant gardien bénévole. Il me dépose à l'accueil, juste après l'impressionnant tilleul de six cents ans dont l'ombre protège la lourde porte d'entrée du monastère. La plaque est claire : « La chartreuse ne se visite pas ». De plus, contrairement à la plupart des monastères, on ne trouve pas non plus d'horaires des offices pour les pratiquants de la région ou les touristes spirituels. De fait, la prise de distance des chartreux vis-à-vis du monde extérieur est assez radicale (voir encadré sur la solitude cartusienne). Un monastère avec une communauté quasi invisible et quelques mètres carrés pour soi.

Mais le plus dur – je m'y suis vite frottée – n'est pas tant la rupture d'avec le monde que la prise de distance intérieure, en cellule. Le désert est ici, pas ailleurs. À Sélignac, on ne « joue » pas aux moines, mais la garde de la cellule, voie royale cartusienne, est conseillée : cette clôture extérieure protège la seule clôture qui ait du sens, celle du cœur...

Marika Thomas, permanente et responsable de l'accueil à Sélignac, avec son époux Bertrand, me fait visiter les lieux – un vrai labyrinthe – et me conduit sans tarder à la cellule qui sera le lieu privilégié de mon séjour. J'entre dans une sorte de deux-pièces. L'entrée, la pièce de l'*Ave Maria*, est un sas entre le monde – c'est-à-dire le cloître ! – et l'intimité de la

À méditer

« *Les paroles que nous ne disons pas deviennent des prières. C'est là notre force et nous ne pouvons faire quelque bien que par ce grand moyen du silence. Nous parlons à Dieu de ceux auxquels nous ne parlons pas. Il faut demander à Dieu la grâce de nous trouver au lieu de nous fuir. Se trouver, se fuir, ce ne sont que des formules. Voilà ce qu'elles signifient et dans quelle vérité plus profonde qu'elles-mêmes elles s'accordent. Il y a en nous l'objet de nos aspirations. Il y est vraiment ; il y est de façon personnelle et vivante ; il y est comme un frère, un ami, un père. Il s'y donne intimement et continuellement. Il est notre être vrai, la part de nous-mêmes qui n'est pas emportée à chaque instant par le flux des choses, ce qu'il y a d'immuable et d'éternel. Se trouver, c'est le trouver en soi. Cette découverte est l'œuvre de la foi aimante. [...] "Si quelqu'un m'aime, il observe mes commandements : et alors nous viendrons en lui et Nous ferons en lui notre demeure." Voilà où il faut nous enfuir, et où il faut nous trouver : dans la demeure de notre âme où réside Dieu.* »
Dom Augustin Guillerand

cellule. Une statue de la Vierge à l'Enfant y trône et l'hôte, comme le moine, est invité à réciter la salutation angélique quand il arrive de l'extérieur. Chaque jour, à midi, l'*Angélus* sonne. Chacun, dans le secret de sa cellule, tourne son cœur vers Marie, modèle des contemplatifs, et lui présente un hymne avant de psalmodier l'office du milieu du jour : le monastère des solitaires se change en une immense église.

On pénètre ensuite dans la pièce principale, le *cubiculum* (la chambre). C'est la pièce à vivre et l'on n'y manque de rien… sauf du superflu. Pour la vie spirituelle et intellectuelle : un oratoire, un petit bureau et une quinzaine de livres sur la spiritualité cartusienne sur une cheminée. Pour la vie du corps : un lit-armoire en bois, un espace lavabo sommaire avec une armoire de toilette (et un miroir), un petit espace réfectoire pour prendre les repas en solitaire et un poêle à bois pour se chauffer l'hiver – avec un détecteur de monoxyde de carbone au mur ! Chacun a aussi un atelier pour le travail manuel – notamment pour couper les stères de bois quand le froid tombe à moins 20°C – et un petit jardin – pour y faire pousser des framboises ou des fraises par exemple (les chartreux ne pouvant se battre sur tous les fronts semblent ne pas se laisser abattre côté cuisine…). Voilà leur « nid » pour la vie. Le mien pour la semaine. Aussi simple que ça, aussi dépouillé que ça. Une semaine à vivre là, à lire, écrire, étudier, prier, manger, dormir là… La garde de la cellule est « très difficile parce que c'est très simple, et que nous sommes très compliqués. Aussi le moyen d'y arriver est-il de se simplifier », écrit un initié, Dom Guillerand.

L'occupation fondamentale de l'habitant de la cellule, c'est le Seigneur. Chacun va à sa rencontre comme il l'entend, comme il peut. Comme le dit un chartreux, « il y a plus de différence entre les âmes qu'entre les visages, et Dieu ne parle pas à tous de la même façon. La liberté de la vie solitaire permet à chacun de laisser sa relation à Dieu prendre la forme que lui suggère une écoute attentive de l'Esprit[1] »… La solitude de la cellule est la « terre sainte », rappellent les *Statuts* de l'ordre. Ici, on se dépouille de l'éphémère pour se tourner vers l'essentiel. Le moine n'en sort que pour trois offices par jour. Solitaire mais solidaire, il y intercède pour les vivants et les morts et pour le salut du monde entier. Tous les autres offices sont dits en solitude. De même, le repas lui est livré dans un guichet à l'entrée de sa cellule. Les autres sorties (visites au prieur, au directeur spirituel, à la bibliothèque, etc.), le moine les regroupe pour être le moins souvent possible hors de son ermitage.

Pour les hôtes, le régime a été adapté. Ainsi des repas. Chaque jour, nous dirigeons nos pas vers la salle des portoirs où le repas est servi en self-service. Chacun remplit son « portoir » – une sorte de caisse en bois à deux niveaux, avec toute la vaisselle nécessaire – puis s'en retourne manger seul chez lui, face à la fenêtre ouverte sur la nature et sur le ciel (à Sélignac, on l'aperçoit absolument de partout). On fait sa vaisselle en ramenant son portoir. Puis on revient à nouveau à sa cellule, au centre, à l'Éternel.

---

1. *La Grande Chartreuse, par un chartreux*, Éd. AAVC, 1930.

the offices, les règles sont sensiblement les
mêmes que pour les moines mais ont également été
adoucies. La longue veillée nocturne, qui dure deux
à trois heures chez les chartreux au milieu de la nuit,
a été remplacée par une veillée d'une heure, à 21h30.
L'obscurité y est rapidement totale aussi. Les veilleurs
sont à leur poste, sur les remparts. Prier à quinze ou
vingt dans la nuit la plus complète est une expérience
décapante…

Marika m'explique que je peux aller me promener
si je le souhaite. Cent quatre-vingts hectares de forêt
entourent la chartreuse. Nous ne sommes pas censés
sortir faire des randonnées pédestres, mais il n'est pas
rare que les retraitants en éprouvent le besoin... Les

La chartreuse, « reine des liqueurs »

En 1605, le maréchal d'Estrées remet aux moines de la chartreuse de Vauvert, à Paris, un manuscrit révélant la formule d'un élixir naturel de longue vie dont nul ne sait l'origine.

La formule est complexe, les moines isolés et la commercialisation donc longtemps limitée. La Révolution française disperse les moines. Ces derniers rejoignent le monastère de la Grande Chartreuse en 1816 et récupèrent la précieuse recette aux cent trente plantes. La formule est adaptée pour produire une liqueur plus douce et moins alcoolisée, la « chartreuse jaune, 40° ». À la fin du XIXe siècle, la chartreuse jaune était connue comme « la plus grande liqueur du monde », et la « reine des liqueurs ».

En 1848, des officiers de l'armée des Alpes, cantonnés près du monastère, firent le serment de faire connaître la liqueur dans le monde entier. La mission est désormais accomplie. Sa formule, élaborée à partir d'un grimoire du XVIe siècle, reste encore un mystère...

moines eux-mêmes n'ont-ils pas une promenade hebdomadaire ? Si le climat en cellule devient trop pénible
– les tête-à-tête avec soi-même ne sont pas toujours
faciles –, on peut aller prendre l'air dans le jardin intérieur de la clôture ou
dans le jardin du cloître.
Ainsi, au centre du grand
cloître, le cimetière de
l'ancienne communauté
invite à la méditation :
de même que, de leur
vivant, les moines n'ap-

> *Les âmes que Dieu occupe
> entièrement n'ont rien à dire,
> car leur regard intérieur
> dit tout et contient tout
> ce qu'elles voudraient dire.*
>
> Dom Innocent Le Masson

posent pas leurs signatures au bas d'une publication,
ils sont, dans leur dernière demeure, enterrés à même
la terre sous des croix de bois sans prénom, sans date,
poignantes. L'enfouissement jusqu'au bout...

Celui qui vient pour la première fois peut être vite
déstabilisé au début (ou au milieu, ou à la fin !) : on
n'est pas habitué à passer dix-huit à vingt-deux heures
par jour en un même lieu. Encore moins à se centrer
sur l'essentiel ! « Nous portons tous en nous un appel
au silence et à la solitude, mais, dans notre monde,
tout est organisé pour que nous ne puissions pas y
avoir accès. Les images sont partout et le bruit nous
poursuit jusque dans les magasins où nous faisons
nos courses. C'est tout un monde qui est étouffé. Ici,
en chartreuse, on découvre tout simplement que l'on
a une vie intérieure. Et qu'elle peut être un lieu de
rencontre », me dit Marika. Pourtant, dans un premier
temps, il est difficile de ne pas céder à l'ennui, à la
monotonie du rythme, à l'unité vertigineuse de lieu.

Le romantisme du désert ne tient pas la route de la confrontation au réel... Jean-Paul II l'a rappelé aux chartreux : « L'important n'est pas ce que vous faites mais bien ce que vous êtes[2] »... Le problème est peut-être justement là : en n'ayant aucune activité pour me distraire, aucun dérivatif possible si ce n'est les lectures cartusiennes – on s'en lasse au bout de quelques heures... –, je panique, je ne sais plus qui je suis.

Je suis envahie de pensées du dehors, de pensées pas toujours nobles. Avoir soudain tout le temps devant soi. Mais avant d'avoir un tête-à-tête avec Dieu, on l'a plus sûrement avec soi... Étrange dépouillement... Quand on parle de l'« enfouissement » des contemplatifs, je crois que l'on ne parle pas seulement de leur réclusion volontaire, on parle aussi de leur descente en terre intérieure... Quel être suis-je en vérité ? À quoi ressemble ma vie intérieure ? Suis-je habitée de vide ou de Dieu ? « Le solitaire apprend ainsi, jour après jour, à peupler sa solitude par la prière qui lentement se développe en lui, dans la peine qui le dépouille comme dans la joie qui le comble. Solitude et prière s'ajustent dès lors l'une à l'autre. À la fin, elles sont parfaitement accordées. La solitude est devenue le décor familier de la prière, dans laquelle aridité et consolation se succèdent et même se com-

> *Presque tous les secrets les plus élevés et les plus profonds ont été révélés aux serviteurs de Dieu, non point dans le tumulte des foules, mais alors qu'ils se trouvaient seuls.*
> Guigues Ier

2. Jean-Paul II au R.P. Dom André Poisson, 14 mai 1984.

pénètrent, jusqu'à ce que la prière finisse par habiter la solitude, et que la solitude finisse par porter la prière, comme le sein maternel porte son fruit », écrivait Guillaume de saint Thierry[3], cistercien et auteur mystique du xiie siècle.

Je m'installe à mon oratoire face au crucifix. Je me tais, mais le silence, qui est amour, ne m'habite pas, je le sens comme jamais. Je ne tiens pas en place. Le premier jour, je lis avec frénésie. Au bureau, sur mon lit. J'alterne. Je lis pour anesthésier ma peur du vide. Le second jour, je lis, j'écris et dors beaucoup. L'envie de dormir est irrépressible. Une pluie fine tombe sur la cour d'honneur. Je flotte dans ce vêtement de silence où je me reflète comme dans une glace. La fuite de soi-même est si bien organisée à l'extérieur que j'ai perdu l'habitude de me regarder dans les yeux. Dans le cœur. Le Christ au-dessus de mon agenouilloir me regarde, il m'attend. Je vais bien finir par arrêter de tortiller de l'âme...

À l'impossible, nul n'est tenu : sur les conseils de Marika, j'opte le troisième jour pour une activité manuelle. Il faut que je retombe sur terre. Tous les matins à 9 heures, après l'office des laudes, Michaël, un salarié de la communauté, donne du travail à ceux qui le souhaitent – couper du bois, nettoyer les haies, enlever les toiles d'araignée. Pour ma part, je vais en cuisine aider Marie-Pierre, une agricultrice de la région qui cuisine tous les jours pour la communauté et ses hôtes. On prépare les repas ensemble, cela me fait du bien. Retour dans ma cellule. Avec constance,

---

3. *Lettre d'or*, I, 11.

tout au long de la journée, je prends et reprends ma chaise, je prends et reprends mon face-à-face avec la croix. La paix monte parfois, une relation silencieuse, toute de douceur, s'installe. Mais ne dure pas...
Dans l'après-midi, je vais passer un balai en chamoisine dans l'église. Les boiseries attirent la poussière... L'activité physique m'apaise. Je sens qu'un

À méditer

« *Le silence ne se fabrique pas. Lorsqu'on arrive devant le Seigneur avec l'esprit rempli d'images, l'activité intérieure encore en mouvement, les émotions toutes vibrantes, on se rend compte que l'on a besoin de silence ; la tentation est grande alors de faire le silence. Comme s'il s'agissait de revêtir un vêtement de silence, de jeter sur tout ce bruissement intérieur une chape qui le camouflerait ou l'étoufferait. Cela n'est pas faire silence. C'est camoufler le bruit ou plutôt l'enfermer en nous-mêmes, de telle sorte qu'il y demeure toujours prêt à réapparaître à la première occasion. Il n'y a pas à créer le silence, il n'y a pas à l'introduire en nous. Il y est déjà et il s'agit tout simplement de le laisser revenir en surface de lui-même, de sorte qu'il élimine par sa seule présence tous les bruits importuns qui nous ont envahis. [...] L'oraison ne consiste-t-elle pas souvent simplement à revenir progressivement au vrai silence ? Non point en faisant quelque chose, en s'imposant un carcan quelconque, mais au contraire en laissant peu à peu se décomposer d'elle-même toute notre activité sous la poussée intérieure du vrai silence qui reprend peu à peu ses droits.* »
Paroles de chartreux

étau se relâche. Enfermée dans ma cellule les deux premiers jours, j'ai voulu jouer au « superhéros » et j'ai eu tort. On peut garder le cœur ouvert en coupant des carottes en petits dés, en préparant des flans ou en caressant le bois doré avec une serpillière imbibée d'O-Cedar... Le soleil explose sur la forêt, les rouges-gorges dansent dans le jardin. Miracle, pour la première fois,

> *Une seule chose est nécessaire : la solitude. La grande solitude intérieure. Aller en soi-même et ne rencontrer pendant des heures personne, c'est à cela qu'il faut parvenir. Être seul, comme l'enfant est seul...*
>
> Rainer Maria Rilke

lorsque je retrouve ma cellule, je m'y sens accueillie, je ne m'y sens plus seule. À partir de là, une angoisse me quitte. Remplacée par une confiance. Jusqu'à mon départ, et même quand je n'y ressentirai plus rien, la cellule ne m'effraiera plus. J'ai peut-être compris quelque chose de la clôture du cœur et de son abandon...

Hormis un temps d'accompagnement spirituel possible, que les membres de la communauté proposent à ceux qui le souhaitent, les moments de partage se concentrent aux offices dans l'église. En communion avec la prière universelle de l'Église, j'élève le monde et les visages qui sont dans mon cœur.

Ici encore, comme en cellule, face à face dans nos stalles, nous observons de nombreux et très beaux temps de silence. Les temps de prière, les âmes se rejoignent... Les offices sont d'une grande sobriété et d'une grande lenteur « afin de donner à tous les participants la possibilité d'intérioriser et de personnaliser au maximum les gestes et les paroles en vue d'un culte divin qui mérite son nom », souligne le père Marcellin, prieur de la Grande Chartreuse.

Les dix-huit mètres de hauteur de plafond offrent une acoustique sans pareille à nos voix qui cherchent à s'élever. La lenteur et la simplicité extrêmes des offices dégagent une grande, très grande douceur. Une douceur qui peu à peu enveloppe tout le reste de la journée. Une douceur que je retrouve, dans un appa-

Petite bibliothèque idéale (et subjective)

Livres à lire avant une retraite ou pour la prolonger...

▌ *Amour et Silence*, Le Seuil, 1998. Best-seller de la spiritualité cartusienne du xxe siècle, livre de vie.

▌ *Paroles de chartreux*, « Collection cartusienne », Éd. AAVC, 1986. L'ouvrage regroupe une trentaine d'articles qui abordent les traits essentiels de la vie cartusienne.

▌ *Silence cartusien*, Dom Augustin Guillerand, Éd. AAVC, 1971. Un classique des « amants de la solitude ».

▌ *Le Regard intérieur*, André Gozier, Éd. AAVC, 1991.

▌ *Des étincelles sur la neige. Premiers Frères chartreux*, textes choisis et présentés par Philippe Baud, Le Cerf, 1999.

▌ *100 Prières de chartreux*, Éd. Salvator, 2006, rééd. Albin Michel, 2009.

rent paradoxe, sur le visage du crucifix de ma cellule et même, étonnée, au bout de quelques jours… en moi.

Le silence et moi avons fini de nous flairer, je crois que nous commençons à nous apprécier…

« La spiritualité cartusienne est belle et sévère, comme je m'y attendais. Mystérieuse aussi pour nous autres laïcs vivant dans le monde. […] Le silence et l'air qu'on y respire sont l'élément dont on vit, car dans le silence on trouve Dieu, mieux encore :

À voir

Le Grand Silence. Documentaire de Philippe Gröning de 162 minutes sur le monastère de la Grande Chartreuse. DVD. Ventura Film. « Un film sur la Grande Chartreuse est un voyage dans un monde différent. Que représente le temps pour quelqu'un qui sait qu'il ne quittera plus jamais l'enceinte du monastère ni sa cellule? Qu'est la vie quotidienne, une prière dans un monde où tout n'est que répétition mais où pourtant chacun avance dans son propre temps ? Qu'est-ce qu'une prière ? Un monastère? Et surtout, qu'est-ce qu'un être vivant ? »

dans le silence, c'est Dieu qui nous parle et nous trouve. Il nous parle en silence comme on parle en français, ou en allemand. Le silence est sa langue », écrivait Julien Green[4].

Marika a raison : il faut prendre le temps d'apprivoiser le désert. Je n'ai pas appris à parler le silence, mais je me suis abandonnée à cette langue étrangère aux vibrations si intimes. Je n'ai pas non plus découvert de grandes choses que je ne connaissais pas. J'ai simplement retrouvé un chemin, celui des heures et des petits gestes élémentaires, suffisants. Sélignac est un royaume de la simplicité.

4. *L'Expatrié. Journal 1984-1990*, Le Seuil, 1990.

La cellule enseigne tout

Entretien

Avec Marika Thomas, permanente de la maison.

▌ *Qui vient taper à votre porte ?*

Depuis juillet 2003, plus de cinq cent cinquante personnes ont séjourné avec nous, elles viennent de France et du monde entier. Seuls trois retraitants en sept ans sont partis au bout de vingt-quatre heures. Nous recevons en particulier beaucoup de jeunes et cela nous réjouit. Ils viennent au désert car ils cherchent. Certains ont moins de trente ans et gagnent déjà très bien leur vie, mais ils ne savent pas où ils vont : « Qu'est-ce que j'ai envie de faire, vraiment, de ma vie ? » Ils n'ont pas envie de se laisser avaler par un engrenage, ils ont envie de choisir.

Plus tard, la question reste la même : « Toutes ces années sont désormais derrière moi, qu'ai-je envie de faire du temps qu'il me reste, qu'ai-je envie de *vivre* ? » Les gens ont besoin de reprendre pied dans leur vie.

▌ *À qui s'adresse un séjour à la chartreuse ?*

Qui porte en lui cette part de silence et de solitude porte Dieu. Or, chaque homme, chaque femme, ontologiquement, la porte en lui depuis l'obscurité du ventre de sa mère jusqu'à son dernier souffle : nous expirerons totalement seuls. C'est précisément cette part de

solitude que l'on doit apprivoiser toute notre vie car c'est ainsi, pas autrement, que l'on devient homme en vérité. C'est là, et pas sur des dogmes, que l'on peut se retrouver. Ceux qui cherchent à contacter cette part d'eux-mêmes, qui n'est autre que leur vie intérieure, ont toute leur place ici.

Il n'y a pas de spiritualité cartusienne. Il y a juste une façon de vivre à la lumière de l'Évangile. À l'intérieur de sa cellule, chacun est d'une immense liberté. En chartreuse, on ne joue pas les « athlètes de Dieu ». On entre simplement dans un rythme régulier. Tout ce que l'on fait, c'est apprivoiser progressivement le silence et prendre le temps de faire les choses consciemment, en Dieu. Toute personne qui a une quête humaine et spirituelle, quelle qu'elle soit, est la bienvenue. Il n'est pas forcément nécessaire d'avoir déjà une première expérience de retraite ailleurs. Le seul préalable est d'avoir un certain équilibre psychique : la garde de la cellule renvoie à une solitude parfois très forte que tout le monde ne peut pas se permettre d'affronter. Cela étant posé, nous demandons à nos hôtes de jouer le jeu du silence dans toutes les parties de la maison : nous sommes un lieu de vie avant d'être un lieu d'accueil. Il est impératif de respecter cela. Nous proposons un accompagnement à ceux qui ont besoin d'échanger.

Enfin, outre un séjour minimum de huit jours, nous exigeons une participation aux offices, mais pas à l'eucharistie : chanter les Psaumes est proprement humain tandis que l'eucharistie est proprement chrétienne.

▌ *La « garde de la cellule » fait peur...*

Les Pères du désert le disaient déjà : « Assieds-toi dans ta cellule et elle t'enseignera tout. » On a peur du face-à-face avec soi-même et l'on a en partie raison : dans la cellule, il n'y a personne pour nous applaudir ou nous siffler. Les masques tombent, on est en vérité face à soi-même. Dans le monde, quand on a un coup de blues, on écoute une musique, on regarde un DVD ou on va prendre un pot avec des amis. Dans la cellule, à droite, à gauche, le mur est toujours aussi blanc... Cela fait peur, mais cette angoisse disparaît quand on sait que la stabilité et la fidélité indéfectibles de Dieu sont là ! Dans ce qui va mal dans ma vie, dans ce qui me blesse ou me fait honte, Dieu me rejoint et partage.

▌ *Le séjour chez vous doit être d'au moins huit jours. Pourquoi ?*

Ailleurs, la plupart des lieux accueillent les retraitants pour une semaine maximum. Ici, on s'engage au silence mais aussi sur une durée. Le silence ne s'apprivoise ni sur un claquement de doigts ni si l'on se sent de passage. Nombreux sont d'ailleurs ceux qui viennent pour trois semaines, un mois. À moins de huit jours, le silence, le calme de la solitude, une prière plus posée, l'enseignement de la cellule, n'ont pas le temps de s'installer. On met au moment à comprendre ce qu'il se passe en soi, il y a un temps de « décapage ». On entre dans un autre rapport au temps, à la liberté intérieure, aux choses simples. On n'engouffre pas un plat raffiné à toute allure, on prend le temps de le déguster.

Une semaine est le temps minimum pour s'approprier la maison. Car venir en chartreuse, c'est être complètement dedans. Pour les offices, par exemple, nos hôtes ne sont pas à part, derrière le sanctuaire, comme dans les autres communautés monastiques, ils sont invités sur les stalles avec nous, responsables avec nous du chant, de la prière, de la qualité du silence qui règne. Le temps d'un séjour, ils appartiennent vraiment à la communauté. Or, tous ceux qui viennent ici participent à la vie de la maison. Le travail effectué par chacun est capital. Ceux qui arrachent les mauvaises herbes d'un jardin où le suivant bêchera et sèmera, ceux qui rentrent le bois pour l'hiver des suivants... On travaille simplement les uns avec les autres, les uns pour les autres.

Parole de retraitant

« *J'avais vingt et un ans, mais cela faisait un moment que j'avais envie de prendre un temps de retraite. À cet âge, contrairement à ce que l'on pense, on a déjà eu le temps de prendre et de se perdre dans pas mal de directions. Je zigzaguais. En particulier, j'avais fréquenté un certain nombre d'Églises du milieu protestant évangélique. Ma vision du christianisme était assez fondamentaliste. Je vivais dans les concepts et les dogmes qui étaient très importants pour moi. J'évoluais sans m'en rendre compte dans un cercle radical. Lorsque la question du salut s'est posée dans nos débats, la réponse était sans appel : ceux qui croient seront sauvés, les autres pas. Une petite voix m'a susurré que cela n'était pas très chrétien. Je me sentais dans une impasse... Parallèlement, à travers des lectures, j'ai découvert l'existence des quakers[1] et j'ai rejoint un groupe. Dans nos assemblées silencieuses, avec des croyances très diverses, nous nous retrouvions à l'écoute de Dieu. J'étais de plus en plus en contradiction avec les conditionnements qui étaient les miens. L'envie de retraite est devenue un besoin. J'ai recherché un lieu de silence, sobre et dépouillé et, par le biais d'Internet, j'ai découvert l'ordre des Chartreux, que je ne connaissais pas.*

Un été, je me suis retiré une semaine à la chartreuse de Sélignac pour une vraie coupure d'avec ma vie de tous les jours. J'ai été accompagné par Bertrand, un laïc. Il m'a doucement aidé, à partir de lectures très simples, à "faire le tri" et à m'interroger sur ma relation au Christ. J'étais trop intellectuel, il m'a amené à "redescendre", et à vivre ma foi dans une relation plus authentique. Je me suis progressivement ouvert à une foi plus universelle. La retraite a été un vrai déclic. Un chemin s'est ouvert devant moi, c'est celui sur lequel je marche depuis. Je suis revenu très

---

1. Société religieuse dissidente de l'Église anglicane. Leur croyance est personnelle. Ils se relient au Christ intérieur.

**NON IN SOLO PANE VIVIT HOMO,
SED IN OMNI VERBO DEI**

*vite à Sélignac. Le chantier avait besoin d'être approfondi. J'ai
aujourd'hui vingt-trois ans, j'entre dans ma quatrième retraite
à la chartreuse. L'accompagnement de Bertrand m'est de plus en
plus précieux. Je viens de vivre un an dans une communauté de
l'Arche. Je passais régulièrement quelques jours à Sélignac pour
faire le point, cela était nécessaire à mon équilibre.*

*Aujourd'hui, ma foi est devenue plus vivante, c'est une quête
plus ouverte sur la différence, sur la tolérance, plus centrée sur
une communion spirituelle qui dépasse les mots. Je n'ai pas
perdu pour autant ma curiosité à fréquenter d'autres lieux.
Je viens notamment de m'accorder trois jours au carmel No-
tre- Dame de Surieu[2], en Isère. Mais Sélignac reste mon refuge,
je m'y retrouve avec moi-même et avec mon Dieu, j'essaie d'y
grandir. J'ai trouvé là-bas une petite communauté authentiquement évangélique à mes yeux, au message fondamentalement
chrétien, respectueuse vis-à-vis de l'Église, mais aussi critique
quant à ses dérives potentielles. Enfin, et surtout, c'est un lieu
empreint de simplicité. Oui, la simplicité est l'une des plus belles
qualités de ce lieu et de ses habitants. »*

Pierre

---

2. Voir l'adresse p. 167.

Adresses en France

MIDI-PYRÉNÉES

Les ermitages Notre-Dame-de-la-Résurrection
(Tarn-et-Garonne)

Près de Montauban, Notre-Dame-de-la-Résurrection propose des retraites spirituelles, dans le silence d'un ermitage, selon la tradition des Pères du désert. La nature environnante des bois du Rouergue en fait un espace de silence et de solitude propice au recueillement. Rattachées aux Fraternités monastiques de Jérusalem, deux sœurs ermites et un prêtre à la retraite vivent en permanence sur les lieux. Les ermitages sont réservés exclusivement à des priants qui s'engagent à vivre une démarche spirituelle. La durée des séjours est variable selon le cheminement spirituel des retraitants.

Contact

Notre-Dame-de-la-Résurrection
Loygue par Puylagarde
82160 Caylus
Tél. : 05 63 65 77 36 (de 8 h à 9 h)

Madonna's House
Maison de la Madone

Ni tout à fait *starets* ni tout à fait ermite, un homme, une femme – un *poustinik* – se retirait dans une cabane, aux abords d'un village, pour une durée indéfinie. Alors sa demeure, sa *poustinia* (son « désert ») devenait pour tous le lieu où la terre et le ciel se rencontrent.
Poustinia est un mot russe qui signifie « désert ». Désormais, dans les Madonna's House, communauté catholique d'Ontario fondée par Catherine Doherty en 1947, ce mot signifie une pièce, ou une cabane, peu meublée, où on va pour prier et jeûner dans le silence et la solitude. On vient « faire une *poustinia* ».
Dans la *poustinia*, on lit la Bible et l'on se nourrit de pain et de thé. Cependant, « personne ne peut vous dire quoi faire en *poustinia*, disait Catherine. Vous êtes là avec Dieu et Il vous parle au cœur ».
On vit la *poustinia* seul, en principe, pour la première fois, pour un temps n'excédant pas vingt-quatre heures. On reçoit une chambre ou un ermitage et on est laissé à soi-même, dans la liberté des enfants de Dieu. Les permanents peuvent offrir le repas. Il est possible d'échanger – ce qui est toujours bon après avoir vécu en *poustinia*.
On peut dans certains lieux vivre la *poustinia* en couple ou en famille.
On trouve des lieux au Canada, aux États-Unis, etc. En Europe, il n'y a pour l'heure de *poustinias* qu'en Belgique.
Voir leur site :
http://www.poustinia.info/

À lire :
▌ *Poustinia ou le Désert au cœur des villes*, Catherine de Hueck Doherty, Le Cerf, 1980.

Ermites de saint Bruno
(Tarn-et-Garonne)

Dix ermitages sont dispersés dans un bois du Rouergue, autour d'une petite construction de deux pièces pour la prière commune et les rencontres fraternelles. Ils ne reçoivent que les candidats à la vie d'ermite.

Contact

82160 Parisot
Tél. : 05 63 24 04 53
Site : http://www.megaphone.org/ermites-saint-bruno

> *Ils montent une garde sainte et persévérante dans l'attente du retour de leur Maître pour Lui ouvrir dès qu'Il frappera.*
>
> Saint Bruno

Les ermites des autres religions

▌ À l'origine, le moine bouddhiste était un ascète errant, n'ayant d'autre toit que le feuillage des arbres, vêtu de haillons et ne mangeant qu'une seule fois par jour, avant midi, la nourriture mendiée. Pendant la saison des pluies, les moines demeuraient par petits groupes, habitant quelques huttes. Ils se distinguaient cependant de la plupart des autres religieux en s'abstenant de toute pratique recherchant la douleur, jugée nuisible à la progression sur la voie du salut par le Bouddha. Aujourd'hui encore, certains moines, les ascètes « forestiers » (*aranyaka*), ont volontairement choisi la rude existence des premiers disciples du Bouddha. Dans un dénuement presque total, retirés dans des endroits écartés, ils se livrent aux méditations et autres exercices psychophysiologiques. Beaucoup d'entre eux ne passent là que quelques années, ou même quelques mois, avant de regagner leur monastère.

▌ Dans l'Inde brahmanique, les ermites forestiers et les moines errants ont entièrement renoncé à la société religieuse séculière. Les ermites forestiers, accompagnés ou non de leur femme, méditent en silence, font vœu de chasteté et s'imposent d'extrêmes austérités. Ils reçoivent, à l'occasion, des hôtes. À l'inverse, les moines errants, les « renonçants », sont sans attaches, indifférents au monde. Tenant d'une main leur bâton, de l'autre leur bol à aumônes, ils ne couchent pas plus de trois nuits dans le même endroit (sauf à la saison des pluies). Les renonçants, généralement appelés *sâdhu* (saint), se comptent par millions.

Rhône-Alpes

Chartreuse de Sélignac
(Ain)

La chartreuse de Sélignac, encore appelée « du Val-Saint-Martin », fut fondée en
1202, au milieu d'une forêt de cent quatre-vingts hectares. En 2001, les derniers
moines quittèrent la maison. Cependant,
l'ordre, désirant conserver cette chartreuse afin d'y voir se poursuivre une présence
contemplative dans le silence et la solitude,
a confié les lieux à quelques laïcs, eux-mêmes désireux de s'approcher de la vie et
de la spiritualité de saint Bruno. L'ensemble du rythme de la vie de cette maison se
rapproche autant que possible de celui de
la vie en chartreuse.

▷ *Voir le reportage p. 197-209.*

▷ *Voir le reportage p. 197-209.*

Contact
Maison Saint-Bruno
01250 Simandre-sur-Suran
Tél. et Fax: 04 74 51 79 20
Courriel : chartreusedeselignac@selignac.org
Site : http://www.selignac.org

> « *Un brin de silence
qui vibre à peine, et qui
déjà s'en va. Dieu.* »
>
> Sylvie Germain

Adresses en Belgique

Province
du Brabant wallon

La Colline de Pénuel

Aux abords de la cité (trente minutes de
Bruxelles et cinq minutes de Louvain-la-
Neuve) et pourtant à l'écart, en pleine
nature, la colline de Pénuel est un lieu de
silence, un havre de paix. Toute personne
qui le désire peut faire la demande de
passer ici un tel temps en solitude, dans
la confiance que tout arrêter permet de
retrouver l'essentiel. Annexés à la chapelle, plusieurs lieux sont à la disposition
des hôtes. Des pavillons (les uns en bois,
d'autres en dur) sont également dissémi-
nés sur le terrain, qui est géré en partie
comme une réserve naturelle.

Contact
Rue de Nil 55 – B-1435 Mont-Saint-Guibert
Tél.: 00 32 (0) 10 65 94 24
Courriel : info@penuel.be
Site : www.penuel.be

▌ L'office de nuit

La pratique de la prière nocturne,
veillée divine, est apprise de Jésus
lui-même et est particulièrement chère au solitaire. Cela correspond à une
demande de Jésus à un moment
crucial de sa vie : « Ne pouvez-vous
pas veiller une heure avec moi ? »
Le chartreux monte une « garde sainte et persévérante dans l'attente du
retour de son Maître, pour Lui ouvrir
dès qu'Il arrivera », comme le disent
les *Statuts*. Vers minuit, la cloche
appelle les moines à sortir de leur
sommeil pour chanter les merveilles
de Dieu et recevoir sa Parole. L'office
de nuit dure entre deux et trois heures (davantage les jours de grandes
fêtes). Les frères sont portés et sou-
tenus par le silence et l'obscurité qui
enveloppent la nature…

PROVINCE DE LUXEMBOURG

Maison Notre-Dame

Dans le couvent de Resteigne à la frontière des Ardennes. La maison accueille ceux qui veulent vivre la *poustinia* (temps de désert, jeûne et prière).

Contact

Rue du Couvent 95 – B-6927 Resteigne
Tél.: 00 32 (0) 84 32 13 18
Courriel: belgium@madonnahouse.org

PROVINCE DE NAMUR

La Bergerie de la forêt

La chapelle forestière et une *poustinia* invitent le pèlerin à un temps de recueillement et à une réflexion sur son devenir.

Contact

52 Allée des Chevreuils – B-5600 Philippeville
Tél.: 00 32 (0) 71 668775
Fax: 00 32 (0) 71 669 308

Découvrir l'immensité de l'amour.
Statuts 35.1

Adresses en Suisse romande

CANTON DE FRIBOURG

Chartreuse de la Valsainte

Le canton de Fribourg abrite la dernière communauté de moines chartreux de Suisse, sur le territoire de Cerniat (Gruyère).

Contact

CH-1654 Cerniat
Tél.: 00 41 (0) 26 927 11 37
Fax: 00 41 (0) 26 927 20 81

À méditer

« *N'introduis rien avec toi en cellule qui ne soit saint. Repousse tout dehors avant d'entrer en cellule, afin de t'y recueillir en entrant, non pas tant dans la solitude du corps que dans celle du cœur… Si tu veux progresser, tu dois t'abstraire tout entier de ce qui n'est pas nécessaire, te tourner tout entier vers Dieu, chercher attentivement en tout quelle est sa volonté… Abstrais ton cœur des investigations inutiles et, par de bonnes aspirations, stabilise-le en Dieu ; adhère à Lui seul par l'union de la volonté et de l'amour, dans le silence du cœur et des lèvres… »*
Jean-Juste Lansperge

Frères et Sœurs de Bethléem

Dans des lieux souvent confidentiels, ces communautés contemplatives (trente-cinq à travers le monde) vivent en solitude d'amour comme leur père spirituel, saint Bruno. Hors de la clôture, elles offrent la possibilité à des retraitants de se retirer quelques jours dans un ermitage individuel et, dans le silence, de vivre une retraite en solitude (y compris les repas), tout en participant à la liturgie de la communauté. Ici, on vient se cacher pour plonger en Dieu, rien de moins.

BOURGOGNE

■ **Monastère du Val-d'Adoration**
(Saône-et-Loire)

Contact

Le Val-Saint-Benoît – 71360 Épinac
Tél. : 03 85 82 04 32 – Fax : 03 85 82 90 61

BRETAGNE

■ **Notre-Dame-de-la-Croix-Vivifiante**
(Côtes-d'Armor)
Fondée en 1137, en pleine forêt de Penthièvre et au creux de minuscules vallées. Les trente moniales de la fraternité des petites sœurs de Bethléem, recluses dans l'ancienne abbaye cistercienne de Boquen, vivent seules et retirées du monde extérieur. Elles reçoivent, dans une maison d'hospitalité à l'extérieur de la clôture, pour un séjour dans le silence et la solitude. Un havre de recueillement.

Contact

22640 Plénée-Jugo
Tél. : 02 96 30 22 36 – Fax : 02 96 30 20 58

ÎLE-DE-FRANCE

■ **Monastère Notre-Dame-de-Bethléem**
(Seine-et-Marne)
Cachées au cœur d'une vaste forêt, comme dans le massif de la Chartreuse, les petites sœurs de Bethléem offrent des ermitages de solitude. En dehors des offices et de la messe, les lieux sont baignés de silence. Une expérience inoubliable.

Contact

Route de Poligny – 77140 Nemours
Tél. : 01 64 28 13 75

MIDI-PYRÉNÉES

■ **Sœurs de Bethléem**
(Hautes-Pyrénées)

Contact

Peyras – 65270 Saint-Pé-de-Bigorre

PROVENCE-ALPES-CÔTE D'AZUR

■ **Monastère Notre-Dame-du-Torrent-de-Vie**
(Var)
À 500 m de l'abbaye du Thoronet, dans un site sauvage du Var, les sœurs de Bethléem vivent un appel à « demeurer au désert », c'est-à-dire à demeurer « loin des habitations des hommes ».

83340 Le Thoronet
Tél. : 04 94 85 92 05
Site : http://www.diocese-frejus-toulon.com/
Monastere-Notre-Dame-du-torrent-de.html

RHÔNE-ALPES

▌ **Monastère Notre-Dame-de-la-Gloire-Dieu**
(Haute-Savoie)
Dans la vallée verte.

Les Monts-Voirons – 74420 Boëge
Tél. : 04 50 39 14 01

▌ **Monastère de Bethléem**
(Isère)
Dans la solitude du massif de la Chartreuse, dans la « maison haute », les moines demeurent cachés en Christ loin des regards. Ils accueillent néanmoins dans la « maison basse », en dehors de la clôture, ceux qui frappent à leur porte : pour ceux qui souhaitent partager quelques jours un temps de silence plus radical, ils proposent des ermitages de solitude.

Currière-en-Chartreuse
38380 Saint-Laurent-du-Pont
Tél. : 04 76 55 40 55 – Fax : 04 76 55 29 50

Quelle musique, le silence !
Jean Anouilh

Autres communautés catholiques

"Avance en eaux profondes."

Luc 5, 4

Les communautés catholiques qui vivent l'Évangile et cherchent à en témoigner sont nombreuses et variées. Une diversité qui est une chance pour le pèlerin.

S'y mêlent souvent laïcs, prêtres, religieux et religieuses, ce qui donne un côté coloré et une sève particulière aux retraites...

Le renouveau charismatique

Le renouveau charismatique est un courant spirituel chrétien qui appelle à témoigner de la grâce de la Pentecôte. Il comprend une mosaïque de communautés nouvelles (de quelques dizaines à quelques milliers de membres) qui proposent un projet de vie proche de la vie religieuse et rassemblent couples et célibataires, adultes et enfants. Elles insistent sur la grâce de l'Effusion de l'Esprit. Grâce qui donne de retrouver un Dieu proche, aimant et agissant qui transforme la vie au quotidien.

> *Mais ce que tu aimes voir, ce sont ces visages qui travaillent et qui ont soif.*
> Rainer Maria Rilke

Communauté de l'Emmanuel

La communauté catholique de l'Emmanuel est la plus importante des communautés charismatiques de l'Hexagone – on parle presque d'une Église dans l'Église. La plupart de ses quatre mille membres sont des laïcs qui ont une activité professionnelle dans le monde. Elle anime de nombreuses activités : sessions d'été au sanctuaire de Paray-le-Monial (la communauté y est basée et accueille chaque année plus de trois cent mille personnes dont vingt-cinq mille en été), écoles pour couples (Amour et Vérité), journées de retraite pour les hommes, week-ends pour parents seuls, sessions pour les célibataires...

Pour en savoir plus : www.emmanuel.info
et http://www.sanctuaires-paray.com

Communauté Le Verbe de Vie

Cette communauté nouvelle, issue du renouveau charismatique, regroupe en son sein des membres appartenant à différents états de vie – célibataires, couples, familles, consacré(e)s, clercs –, appelés à vivre une même spiritualité dans une fraternité à la fois simple et profonde. Tout au long de l'année, elle propose des retraites en silence, des récollections, des sessions...

Pour en savoir plus : http://www.leverbedevie.net

Communauté des Béatitudes

Cette communauté est l'une des plus importantes communautés du renouveau charismatique catholique. Elle propose de nombreuses retraites et des accompagnements psychospirituels. Certains de ses membres sont aujourd'hui controversés et même en butte à des démêlés judiciaires. Cela discrédite malheureusement l'ensemble de la communauté. C'est la raison pour laquelle nous regrettons de ne pas pouvoir donner d'adresses.

Adresses

COMMUNAUTÉ DE L'EMMANUEL

Maison d'accueil de Chezelles
(Indre-et-Loire, Centre)

Au cœur de la Touraine, dans un château du xviiie siècle avec un grand parc, la communauté accueille tous ceux qui souhaitent suivre retraites ou week-ends spirituels, toute l'année, dans le silence et l'adoration. Possibilité d'y venir également à titre individuel pour une halte de solitude.

Contact
6 place de la Mairie
37220 Chezelles
Tél.: 02 47 58 52 01 – Fax : 02 47 58 53 97
Courriel: amisdechezelles@wanadoo.fr
Site: www.maisondechezelles.fr

COMMUNAUTÉ LE VERBE DE VIE

Maison La Retraite Saint-Louis-Marie
(Morbihan, Bretagne)

Contact
Entre Lorient et Rennes.
56120 Josselin
Tél.: 02 97 22 21 92 – Fax: 02 97 22 36 08
Courriel: josselin@leverbedevie.net

Abbaye Notre-Dame de-Vive-Fontaine
(Marne, Champagne-Ardenne)

Contact
51270 Andecy
Tél.: 03 26 52 80 30 – Fax: 03 26 52 36 77
Courriel: andecy@leverbedevie.net

Abbaye Saint-Étienne
(Corrèze, Limousin)

Contact
19190 Aubazine
Tél.: 05 55 84 61 12 – Fax : 05 55 84 60 08
Courriel: aubazine@leverbedevie.net

La Valette
(Var, Provence-Alpes-Côte d'Azur)

Contact
2 rue de l'Horloge
83160 La Valette-du-Var
Tél.: 08 71 40 17 63 – Fax: 04 94 23 11 01
Courriel: lavalette@leverbedevie.net

Notre-Dame de Fichermont
(Province du Brabant wallon, Belgique)

Contact
Rue de la Croix 21A – B-1410 Waterloo
Tél.: 00 32 (02) 384 23 38
Fax: 00 32 (02) 387 28 38
Courriel: fichermont@leverbedevie.net

Maison Saint-Dominique
(Canton de Fribourg, Suisse)

Contact
Chemin de Gottrau 1 – CH-1783 Pensier
Tél.: 00 41 (0) 26 684 26 58
Fax: 00 41 (0) 26 684 25 26
Courriel: pensier@leverbedevie.net

La Maison de Lazare
(Hauts-de-Seine, Île-de-France)

Lieu symbolique qui ne ressemble à aucun autre, la Maison de Lazare évite d'être trop spirituelle en associant la science médicale et psychanalytique et trop réaliste en intégrant la dimension spirituelle : elle se penche à la fois sur le corps, le moi et la personne. La maison de Lazare a trois portes : une pour les cabinets médicaux, une pour les cabinets des psychothérapeutes, la troisième pour les accueils spirituels. Si les médecins et les psychothérapeutes sont réunis dans cette maison en raison de leur foi, c'est au nom de leur compétence qu'ils reçoivent dans leur cabinet. Ici, c'est l'homme, tout l'homme, qui est soigné, relevé. Et si les entrées sont différenciées, c'est pour distinguer, non pour séparer. Chacun, le plus souvent inconsciemment, a entendu Jésus l'appeler par son nom et lui dire d'une voix forte : « Lazare, viens ici, dehors ! » Aux Lazare contemporains qui crient au secours du fond de leur tombeau, les charismatiques de la maison de Lazare, solidement ancrés dans la tradition ignacienne, proposent l'expérience de la guérison spirituelle. L'accueil, qui est ponctuel, est assuré par une petite centaine de personnes qui se relaient pour assurer environ cinq accueils par semaine tout au long de l'année, d'octobre à juin. Ils ont presque tous reçu une formation d'au moins deux années au discernement spirituel ignacien et sont, pour la plupart, familiers de la grâce du renouveau charismatique. Les personnes sont reçues pendant deux ou trois heures. La Maison de Lazare n'est pas un lieu de retraite, elle ne propose pas de sessions de guérison.

`Contact`

Pour demander un accueil à la Maison de Lazare, téléphoner personnellement au : 01 46 45 01 45 - Permanences téléphoniques (hors vacances scolaires) : les mardis et mercredis de 13h à 18h et le vendredi de 13h à 16h.
105 avenue du Général-de-Gaulle
92130 Issy-les-Moulineaux
Site : http://www.maisondelazare.com

Autres lieux où se vivent des accueils spirituels semblables à ceux de la Maison de Lazare

La « Belle Porte », Montpellier
(Hérault, Languedoc-Roussillon)

`Contact`

Tél. : 04 67 70 27 36
Courriel : labelleporte@wanadoo.fr

Communauté Notre-Dame-de-l'Abbaye
(Sarthe, Pays-de-Loire)

`Contact`

72510 Château-l'Hermitage
Tél. : 02 43 46 38 61

« Espérer »
(Isère, Rhône-Alpes)

`Contact`

17 rue Voltaire – 38000 Grenoble
Tél. : 04 76 41 19 13
Site : http://esperer-cathisere.cef.fr
Courriel : esperer@diocese-grenoble-vienne.fr

À lire :

▌ *La Maison de Lazare. Vie spirituelle et guérison*, Brigitte-Violaine Aufauvre, Geneviève Constant r.s.c.j. et Étienne Garin s.j., Desclée de Brouwer, 1999.

Les chanoines réguliers de Prémontré

« L'amour est le poids qui m'entraîne. »

Saint Augustin

L es prémontrés suivent la *Règle de vie* de saint Augustin (354-430), réanimée en 1120 dans une forêt sauvage à Prémontré (Aisne) par saint Norbert. Ils vivent en communauté tout en se livrant à un ministère extérieur (curés, aumôniers d'hôpitaux ou de prisons, professeur de théologie, etc.). Les chanoines de Prémontré portent un bel habit blanc : « Je sais une chose, disait saint Norbert, c'est que les anges témoins de la résurrection sont apparus vêtus de blanc. » Les monastères de Prémontré sont perçus comme des havres, des lieux où l'on peut poser le fardeau un instant, respirer, être écouté aussi.

À lire

▮ *Petite Vie de saint Norbert*, Dominique-Marie Dauzet, DDB, 1995.

Adresses en France

BASSE-NORMANDIE

Abbaye Saint-Martin de Mondaye
(Calvados)

Tapis au cœur du bocage normand, dans de remarquables bâtiments conventuels du XIIIe siècle, reconstruits au XVIIIe siècle, les chanoines se consacrent à la prière. Dans un magnifique cadre de verdure de la campagne normande, l'abbaye accueille volontiers des hôtes, hors clôture, pour des retraites, des sessions ou de simples séjours de repos ou de révisions d'examens. Respect du silence demandé.

Contact
14250 Juaye-Mondaye
Tél.: 02 31 92 58 11 – Fax: 02 31 92 08 05
Courriel: hotelier@mondaye.com
Site: http://www.mondaye.com

MIDI-PYRÉNÉES

Prieuré Notre-Dame des Neiges
(Hautes-Pyrénées)

Aux portes de Tarbes, à vingt minutes de Lourdes. Pour ceux qui souhaitent partager la vie de la communauté. La quasi-totalité des chambres, orientées plein sud, s'ouvre sur une vue magnifique des Pyrénées. L'hôtellerie du monastère permet d'accueillir groupes, familles ou individuels (en pension, demi-pension ou autogestion).

Contact
12, rue de la Châtaigneraie
65310 Tarbes-Laloubère
Tél.: 05 62 51 80 60 / Fax: 05 62 56 97 49
Courriel: nd.des.neiges@mondaye.com

PROVENCE-ALPES-CÔTE D'AZUR

Abbaye Saint-Michel de Frigolet
(Bouches-du-Rhône)

À 17 km d'Avignon. Blotti au cœur de la Montagnette, ce monastère doit son nom aux innombrables touffes de thym dont sont parsemées les collines. Les frères se consacrent particulièrement à l'accueil de tous ceux qui recherchent le silence, le repos, la prière ou l'étude.

Contact
13150 Tarascon
Tél.: 04 90 95 70 07 / Fax: 04 90 90 79 23
Courriel: abbaye@frigolet.com
Site: www.frigolet.com

Prieuré Sainte-Anne de Bonlieu
(Drôme, Rhône-Alpes)

Au pied du Vercors et des Préalpes, tout proche de l'Ardèche et de ses gorges. Il est possible de rencontrer un frère et d'être accompagné. Il est aussi possible de se promener simplement dans le parc du monastère, le long du Roubion !

Contact
26160 Bonlieu-sur-Roubion
Tél.: 04 75 53 92 23 – Fax: 04 75 53 86 50
Courriel: sainte-anne.de.bonlieu@mondaye.com

Adresses en Belgique

PROVINCE DE NAMUR
Abbaye de Leffe

Contact

Place de l'Abbaye 1 – B-5500 Dinant
Tél. : 00 32 (0) 82 22 23 77
Fax. : 00 32 (0) 82 21 37 28
Courriel : communaute@abbayedeleffe.be
Site : http://www.abbaye-de-leffe.be

Adresses
en Suisse romande

CANTON DU VALAIS
Hospice
Le Grand-Saint-Bernard

Situé en haute montagne (2 473 mètres),
à la frontière italo-suisse. Les portes sont
ouvertes depuis plus de mille ans à toute
personne désireuse d'un lieu de détente,
de ressourcement spirituel et d'un nouvel
élan pour la vie.

Contact

CH-1946 Bourg-Saint-Pierre
Tél. : 00 41 (0) 27 787 12 36
Fax : 00 41 (0) 27 787 11 07
Premiers contacts par téléphone,
de 10h à 11h30 ou de 16h à 17h30.
Courriel : hospicestbernard@gsbernard.ch
Site : http://www.gsbernard.ch

Hospice du Simplon

La maison est orientée vers l'hospitalité.
Elle accueille notamment les passants
pauvres et les étudiants durant leurs
vacances…

Contact

CH-3907 Simplon Dorf
Tél. : 00 41 (0) 27 979 13 22
Fax : 00 41 (0) 27 979 14 79
Site : http://www.gsbernard.ch

Les foyers de charité de Marthe Robin

Les foyers de charité sont nés d'une initiative de Marthe Robin. Morte depuis trente ans, elle n'a pourtant jamais été aussi présente à travers les retraites organisées par les foyers, qui se veulent des « foyers de lumière, de charité et d'amour » pour aider à découvrir l'amour de Dieu-Trinité. « Comme mon Père m'a aimé, moi aussi je vous ai aimés. Demeurez dans mon amour », invite le Christ.

> *Nous ne prions pas, nous sommes priés.*
> Maître Eckhart

Les foyers sont des communautés de baptisés, hommes et femmes, qui mettent en commun leurs biens matériels, intellectuels et spirituels, et vivent dans le même esprit leur engagement, pour réaliser avec Marie comme Mère la famille de Dieu sur la Terre.

Pour en savoir plus : **www.foyer-de-charite.com**

Marthe Robin : une vie brisée et donnée

Marthe Robin est née le 13 mars 1902 à Châteauneuf-de-Galaure (Drôme). Ses parents sont de modestes paysans. En 1918, atteinte d'une maladie foudroyante, elle passe vingt-sept mois dans le coma. Pendant dix ans, espoirs de guérison et rechutes désespérantes se

succèdent. En 1921, Marthe éprouve un bouleverse-
ment mystique sur lequel elle restera toute sa vie très
discrète. En 1927, totalement immobilisée, elle est sans
perspective d'avenir. Elle vit recluse dans la chambre
de la ferme familiale. « La souffrance est l'école incom-
parable du véritable Amour », dit-elle. Elle comprend
que ses souffrances, vécues avec Dieu et offertes, peuvent être fécondes. Elle restera, pendant plus de cinquante ans alitée en permanence, sans dormir, sans
boire et ne se nourrissant que de l'eucharistie.

En 1930, elle reçoit les stigmates : chaque vendredi,
jusqu'à sa mort, elle revivra la Passion du Christ. En
1936, elle invite de « la part de Dieu » le père Finet à
fonder un « foyer de charité, de lumière et d'amour »
pour accueillir des retraites spirituelles.

Jusqu'à sa mort, le 6 février 1981, Marthe Robin reçoit
dans sa petite chambre de la ferme de La Plaine, plongée dans l'obscurité, des dizaines de milliers de visiteurs.
Près de sept mille personnes assistent à ses funérailles.
Une enquête en vue de sa béatification est ouverte.

À lire

▎ *Le Secret de Marthe Robin*, Jacques Ravanel, Presses de la Renaissance, 2008.
▎ *Vie de Marthe Robin*, Bernard
Peyrous, Editions de l'Emmanuel-
Éditions Foyer de charité, 2006.
▎ *Marthe Robin. Le voyage immobile*, Jean-Jacques Antier, Perrin,
1991.

Une retraite en foyer de charité

Les foyers de charité proposent de suivre des retraites de
trois jours – pour se laisser
approcher par Dieu – et des
« retraites fondamentales » de
six jours. Cette dernière est le
« joyau » des foyers de charité.

Ces retraites vécues dans le silence, même pendant les repas, sont ouvertes à tous. Elles s'adressent à tous ceux qui éprouvent le besoin de progresser dans leur vie de foi. Des haltes spirituelles d'une journée ou d'un week-end sont aussi possibles pour refaire ses forces entre les retraites, se donner un temps de recueillement.

Les retraites se déroulent entièrement en silence, ce qui favorise une expérience d'intériorité. Au cours d'une journée, trois enseignements d'environ trois quarts d'heure sont proposés. Ils alternent avec des temps de réflexion et de méditation personnelles des temps libres, la messe, des veillées de prière commune, des petits temps de services. Une retraite dans un foyer de charité est une rencontre avec soi-même, avec Dieu, avec des frères, une rencontre qui transforme…

Il est possible de rencontrer un prêtre ou un membre de la communauté pour partager une joie, une souffrance, un projet, une question.

À méditer

« *Si le monde désaxé court à la dérive, c'est en grande partie parce qu'il y a trop de mouvement, pas assez de prières, trop d'action et pas assez d'adoration, trop d'œuvres et pas assez de vie intérieure. Toutes les œuvres extérieures, toutes les activités ne sont efficaces que dans la mesure où Dieu en est l'animateur. Une âme ne donne que du trop-plein d'elle-même* ».
Marthe Robin

Adresses en France

ALSACE

Le domaine de Windeck
(Bas-Rhin)

Au pied du mont Sainte-Odile, entre Sélestat et Strasbourg. Dans une maison du XVIIIe siècle. En bordure d'un grand parc (dix hectares), historique et protégé, de style anglais, aménagé dans le goût romantique avec des essences provenant du monde entier : séquoias d'Amérique, ptérocaryas du Caucase, tulipiers de Virginie, ginkgos de Chine…

Contact

51 rue Principale – 67530 Ottrott
Tél. : 03 88 48 14 00 – Fax: 03 88 48 11 95
Courriel: ottrott@foyer-de-charite.com
Site : http://www.foyer-ottrott.com

Je te cherchai dehors, mon Dieu, et Tu étais dedans.
Saint Augustin

AQUITAINE

Notre-Dame de Lacépède
(Lot-et-Garonne)

À 6 km d'Agen sur les collines dominant la vallée de la Garonne.

Contact

47450 Colayrac-Saint-Cirq
Tél. : 05 53 66 86 05
Courriel: lacepede@foyer.fr
Site: http://lacepede.foyer.fr

BRETAGNE

Foyer de charité de Tressaint
(Côtes-d'Armor)

Dans un vieux manoir breton du XIVe siècle, en surplomb de la vallée de la Rance. Croyants ou incroyants, chercheurs de Dieu et de vérité sont invités.

Contact

BP 54145- 22104 Dinan Cedex
Tél. : 02 96 85 86 00 – Fax: 02 96 85 03 56
Courriel: foyerdecharite@tressaint.com
Site: http://www.tressaint.com
Un DVD, *N'oubliez pas l'amour*, présente le foyer de Tressaint. En vente sur le site.

CHAMPAGNE-ARDENNE

Foyer de charité de Baye
(Marne)

Au cœur de la Champagne, à 125 km de Paris, dans le château de Baye.

Contact

4 Grande-Rue – 51270 Baye
Tél. : 03 26 52 80 80 – Fax: 03 26 52 72 15
Courriel: baye@foyer-de-charite.com
Site : http://pagesperso-orange.fr/foyer.de.charite.baye

ÎLE-DE-FRANCE

Les Sources
(Seine-et-Marne)

Situé dans un parc de deux hectares.

Contact

10 rue Sommeville – 77380 Combs-la-Ville
Tél. : 01 60 60 20 62 – Fax: 01 60 34 07 48
Courriel: combslaville@foyer.fr
Site: http://combs.foyer.fr

Foyer de charité de la Part-Dieu
(Yvelines)

Situé dans un enclos forestier sur les hauteurs dominant la vallée de la Seine. La Part-Dieu a été voulu dès ses débuts comme un centre de retraites spirituelles avec une forte dimension contemplative.

Contact

108 rue de Villiers - 78300 Poissy
Tél.: 01 39 65 12 00 – Fax: 01 30 74 71 65
Courriel: foyer.lapartdieu.poissy@wanadoo.fr
Site: http://www.foyer-la-part-dieu-poissy.com

NORD-PAS-DE-CALAIS

Foyer de charité de Courset
(Pas-de-Calais)

Outre les retraites traditionnelles, ce foyer accueille les enfants (à partir de quatre ans) avec leur famille pour une retraite à leur mesure.

Contact

19 rue de Sacriquier – 62240 Courset
Tél.: 03 21 91 62 52 – Fax: 03 21 83 87 13
Courriel: contact@foyer-courset.fr
Site: http://www.foyer-courset.fr

Un bâtiment fait de main d'homme pour honorer le service de Dieu[1]

« La première impression du retraitant qui franchit le seuil des portes d'une maison va déterminer pour lui ce qui se vit "derrière les murs" de la maison. L'ensemble des constructions et aménagements doit aussi pouvoir convenir à ceux-là mêmes qui arrivent fatigués, ou tendus du fait de la décision qu'ils viennent de prendre, ou encore un peu nerveux sur l'idée de passer quelques jours dans le silence avec d'autres personnes. Comment créer un climat d'accueil chaleureux, détendu pour le retraitant qui arrive ? En accentuant le sentiment d'ouverture […] Comment créer l'"ambiance retraite" pour le retraitant qui est entré, s'est installé et commence son temps de retraite ? En favorisant les conditions d'un recueillement silencieux, d'un dépouillement fait de pauvreté et de chaleur… Il est bon que le retraitant ait le sentiment de prendre possession de sa chambre dans le dépouillement progressif qui l'attend en retraite.

Cette simplification ne se réalise que dans le silence, un silence auquel le retraitant aspire ou qu'il redoute peut-être mais qui lui est salutaire de toute façon tant pour le repos du corps que pour la paix de l'âme. […] L'architecture est liturgie. Elle est mouvements, gestes, orientations. La matière est une sorte de sacrement : le pain, le vin, la pierre, la lumière… L'architecture doit être le premier sermon du retraitant. »

---

1. Au sujet de l'architecture du foyer de Poissy. Texte extrait de leur site Internet, reproduit avec leur aimable autorisation.

PROVENCE-ALPES-CÔTE D'AZUR

Foyer de charité Maria Mater
(Alpes-Maritimes)

À côté de Nice, dans un très beau cadre, un accueil simple et chaleureux, une vie fraternelle partagée avec la communauté pour prendre du recul, méditer, prier, être à l'écoute de la Parole de Dieu.

Contact

BP 17 – 06330 Roquefort-les-Pins
Tél.: 04 92 60 30 00
Fax : 04 92 60 30 01
Courriel: accueil@mariamater.org
Site: http://www.mariamater.org

Foyer de charité de Sufferchoix
(Bouches-du-Rhône)

Dans la banlieue de Marseille. Situé en pleine campagne provençale, à 25 km d'Aix-en-Provence, le centre est construit sur une colline d'où la vue s'étend sur les chaînes du Luberon, de Sainte-Victoire, de la Sainte-Baume et de l'Étoile. Autour de la maison, une vaste étendue de pinède et de garrigue offre de nombreux sentiers pour la promenade ou la détente, dans un calme absolu. Les trois piliers de la maison ? Détente, culture et vie spirituelle. Avec des temps de silence.

Contact

BP 63 – 13410 Lambesc
Tél.: 04 42 57 14 86
Fax.: 04 42 57 10 70
Courriel: sufferchoix@foyer.fr
Site: http://sufferchoix.foyer.fr

RHÔNE-ALPES

Foyer de Châteauneuf-de-Galaure
(Drôme)

Ce foyer est le premier à avoir été ouvert. Il accueille chaque année plus de deux mille cinq cents personnes venues faire une retraite d'une semaine.

Contact

85 rue Geoffroy-de-Moirans
BP 11 – 26330 Châteauneuf-de-Galaure
Tél.: 04 75 68 79 00
Fax: 04 75 68 66 91
Courriel: foyer.de.charite@fdc-chateauneuf.com

La Flatière
(Haute-Savoie)

Ce centre de ressourcement spirituel et humain face au Mont-Blanc, à 1 400 mètres d'altitude dans la vallée de Chamonix, est l'un des plus fréquentés de France : il accueille chaque année près de dix mille personnes ! La montagne favorise, par temps clair, la contemplation et la réflexion. Dans ce cadre de silence et de beauté sont accueillies, pour des retraites spirituelles d'une semaine, des personnes adultes de tous âges, de toutes conditions sociales et intellectuelles, croyantes ou non, mais habitées par un désir de discerner les choix importants de leur vie et par une aspiration d'approfondissement de leur foi en Dieu. Au sujet de la Flatière, Marthe Robin avait prophétisé : « Cette œuvre sera le refuge des grandes détresses humaines qui viendront y puiser la consolation et l'espérance. »

943 route de la Flatière
74310 Les Houches
Tél. : 04 50 55 50 13 – Fax : 04 50 54 59 11
Courriel : retraite.flatiere@wanadoo.fr
Site : http://flatiere.asso.fr

Foyer de Tarentaise
(Savoie)

Au sommet du hameau de Grand-Naves
à 1 350 mètres d'altitude. Vue très belle
et largement ouverte : au midi sur la
chaîne de la Lauzière, le col de la Madeleine et le parc de la Vanoise et ailleurs
sur les forêts et les alpages adossés
au massif du Beaufortain. Promenades
nombreuses et variées. Grand calme et
silence propices au recueillement.

73260 Naves
Tél. : 04 79 22 91 02
Courriel : naves@foyer-de-charite.com
Site : http://pagesperso-orange.fr/foyer.de.charite.
de.tarentaise

Adresses en Belgique

PROVINCE DE LIÈGE

Le Foyer de Spa Nivezé

Situé à l'orée d'une magnifique région
boisée. Douze hectares de parc invitent
à la détente et à la prière dans un calme
absolu.

Avenue Peltzer-de-Clermont 7
B-4900 Spa (Nivezé)
Tél. : 00 32 (0) 87 79 30 90
Fax : 00 32 (0) 87 77 56 69
Courriel : foyerspa@gmx.net
Site : http://www.foyerspa.be

Adresses en Suisse romande

CANTON DE VAUD

Foyer Dents du Midi

Bex est une charmante petite bourgade
sise au pied des montagnes, dans un
écrin de verdure, à quelques kilomètres
des rives du lac Léman… Le foyer Dents
du Midi est un ancien hôtel transformé
en 1970 en espace de ressourcement
spirituel.

Route de Gryon 22 – CH-1880 Bex
Tél. : 00 41 (0) 24 463 22 22
Courriel : info@foyer-dents-du-midi.ch
Site : http://www.foyer-dents-du-midi.ch

Adresses au Luxembourg

4 rue Lemire
L-1927 Luxembourg
Tél. : 00 352 45 22 01
Courriel : Luxembourg@foyer-de-charite.com

Fraternité monastique de Jérusalem

De fondation récente (1975), cette communauté vit l'expérience monastique au cœur même des grandes villes. La vie de ses membres s'inscrit dans un cadre de silence et de prière, ordonné à la recherche du seul nécessaire : Dieu. En cela elle est monastique. Le charisme des fraternités est de porter la ville dans leur prière et leur prière dans la ville... Aucune clôture murale ne les isole donc. Les fraternités suivent *Le Livre de vie* de leur fondateur, le père Pierre-Marie Delfieu, « tracé spirituel » balisant la vie des frères et des sœurs. Hommes et femmes, tout en unissant leur voix à la liturgie et dans certaines activités, vivent dans des lieux séparés et ont des statuts autonomes. L'expression « fraternité » plutôt que « monastère » a été retenue pour marquer la relation de vie simple et fraternelle qui unit ses membres.

La communauté de Vézelay peut offrir un hébergement pour quelques jours. Elle propose de plus, au cours de l'année, des semaines plus encadrées (« semaines monastiques » ou « semaines de prière ») qui permettent de partager un temps leur vie. Au Mont-Saint-Michel, des retraites sont également possibles. Ne traitant pas des adresses sur les lieux de pèlerinage, vous êtes invité à consulter leur site.

Pour en savoir plus : **http://jérusalem.cef.fr**

Adresses en France

*Venez vous reposer
un peu.*
Marc 6, 31

ALSACE

Maison
Saint-Jean-Baptiste
(Bas-Rhin)

Contact

13 quai Saint-Jean – 67000 Strasbourg
Tél : 03 88 23 02 33
Courriel : jerusalem.strasbourg@free.fr

CENTRE

Magdala
(Loir-et-Cher)

En Sologne.

Contact

Cedex 241F – 41300 La Ferté-Imbault
Tél. : 02 54 96 22 73 – Fax : 02 54 96 17 61
Courriel : magdala@jerusalem.cef.fr

À lire

▌ *Jérusalem, livre de vie*, père
Pierre-Marie Delfieux, Le Cerf,
2000.

À méditer

« *En choisissant de prier au cœur des villes, tu veux signifier que
ta vie est au cœur de Dieu. Tu n'as pas épousé le monachisme
citadin au titre de la solidarité, de l'apostolat ou même du témoignage, mais d'abord pour contempler Dieu gratuitement et
incessamment, dans sa plus belle image qui est, avant la solitude, la montagne, le désert ou le Temple, la cité des hommes,
visages du Visage de Dieu et reflets de l'Icône du Christ. Moine
et moniale de Jérusalem, tu es au cœur de la Ville-Dieu.* »
Père Pierre-Marie Delfieu

Communautés
de Saint Jean

La congrégation de Saint Jean est une communauté religieuse créée dans les années 1970 par un dominicain, le père Marie-Dominique Philippe. Licencié en philosophie et docteur en théologie, il consacre sa vie à la recherche de la vérité. Il enseigne en France, au Saulchoir, puis en Suisse, à l'université de Fribourg. En marge de son enseignement, le père « Marie-Do » donne des conférences de philosophie et de théologie dans des milieux très divers (chefs d'entreprise, psychanalystes, médecins, renouveau charismatique, artistes).

En 1975, à la demande de quelques étudiants français, il fonde, tout en restant dominicain, la communauté des frères de Saint Jean et, quelques années plus tard, celle des sœurs contemplatives, puis celle des sœurs apostoliques. Il conduit cette nouvelle communauté qui connaît rapidement une croissance et une extension internationale importantes. Le 30 juin 2006, il fête ses soixante-dix ans de sacerdoce à Ars. Un mois plus tard, à la suite d'un accident vasculaire cérébral, le père Philippe perd l'usage de la parole. Le frère prêcheur demeure alors dans un grand silence. Il meurt le 26 août 2006.

Les frères et les sœurs de Saint Jean veulent mettre au centre de leur vie la recherche de vérité dans un travail philosophique et théologique. Ils ont également une vie d'adoration et de contemplation.

Pour en savoir plus : **http://www.stjean.com**

Quelques adresses en France

AUVERGNE

Prieuré Saint-Pierre-et-Saint-Paul
(Allier), (frères)

L'église Saint-Pierre-et-Saint-Paul de Souvigny a été fondée en 915 par les abbés de Cluny. La maison Saint-Odilon, rattachée depuis peu au prieuré, reçoit pour des haltes spirituelles. Les repas sont pris en silence avec les frères.

Contact

Place Aristide-Briand – 03210 Souvigny
Tél. : 04 70 43 60 51 – Fax : 04 70 43 64 80
Courriel : souvigny@stjean.com

Le Prieuré
(Allier), (frères)

Tout au long de l'année, il est possible de venir au prieuré pour un temps de ressourcement et de retraite. Avant les examens, le prieuré est un lieu propice aux révisions intensives et aux temps de prière pour confier les examens au Seigneur !

Contact

03260 Saint-Germain-des-Fossés
Tél. : 04 70 59 55 80 – Fax : 04 70 59 55 89
Courriel : saint.germain@stjean.com

Prieuré Sainte-Thérèse
(Cantal), (sœurs)

Entre Aurillac et Clermont-Ferrand. Au cœur de la haute Auvergne, le prieuré propose des activités de prière, de formation spirituelle et philosophique ainsi que des moments de détente (marche en montagne, VTT, « ski-prière »).

Contact

8 avenue de l'Ermitage – 15300 Murat
Tél./Fax : 04 71 20 19 69
Courriel : hotellerie.murat@stjean.com
Site : http://www.stjean-murat.com

BOURGOGNE

Prieuré Notre-Dame de Rimont
(Saône-et-Loire)

Ce prieuré est la maison mère de la congrégation des frères de Saint-Jean. Un accueil individuel ou en groupe est proposé, avec possibilité d'un accompagnement spirituel mais aussi des activités : retraites, sessions de formation (philosophique, théologique) ou encore des week-ends (spirituels, pour fiancés).

Contact

71390 Fley-Rimont
Tél. : 03 85 98 18 98 – Fax : 03 85 98 11 54
Courriel : rimont@stjean.com
Pour joindre les sœurs :
Tél./Fax : 03 85 49 29 24

CORSE

Couvent Saint-Dominique de Corbara
(frères)

Les frères accueillent des personnes et des groupes. Venir ici, c'est être accueilli au cœur de leur vie, à leur table comme dans leur chapelle... Les retraites sont vécues dans un climat de silence. Pour faire l'expérience d'une vie en communauté, où se croisent le silence et la prière du cloître, la réflexion personnelle, et la beauté d'un cadre naturel magnifique où Dieu est présent...

Contact

20220 L'Île-Rousse
Tél. : 04 95 60 06 73 – Fax : 04 95 60 09 08
Courriel : hotellerie.de.corbara@wanadoo.fr
Site : http://www.couvent-de-corbara.com

PICARDIE

Notre-Dame-de-Cana
(Oise), (frères)

À côté de Beauvais, le prieuré se trouve en pleine campagne, à côté d'un petit village. Il se compose d'une hôtellerie située dans l'ancien château et d'un couvent. Les retraites sont vécues en silence. Des allées serpentent autour d'un parc de huit hectares offrant la possibilité de s'isoler, de se promener, de se recueillir. Deux ermitages sont disponibles dans le parc à 200 mètres du prieuré et permettent un véritable temps en solitude.

Contact

3 rue du Château- 60390 Troussures
Tél. : 03 44 47 86 05 – Fax : 03 44 47 54 17
Courriel : stjean.troussures@wanadoo.fr
Site : http://www.troussures.stjean.com

Frères de Saint Jean
(Oise), (frères)

Contact

3 rue Charles-Weber – 60350 Attichy
Tél. : 03 44 42 11 72
Courriel : attichy@stjean.com

PROVENCE-ALPES-CÔTE D'AZUR

Les Chabannes (Prieuré du désert)
(Hautes-Alpes), (frères)

Contact

05150 Montmorin
Tél./Fax : 04 92 66 00 29

RHÔNE-ALPES

Prieuré Saint-Joseph
(Loire)

Contact

42590 Saint-Jodard
Tél. : 04 77 63 43 33
Courriel : hotestjodard@stjean.com

Sainte-Marthe
(Loire), (sœurs)

Contact

42590 Saint-Jodard
Tél. : 04 77 63 40 31
Fax : 04 77 63 42 31
Courriel : srs-stjean-sjo@orange.fr

Maison Saint-Joseph
(Rhône), (frères)

Contact

69840 Cenves
Tél. : 04 74 04 66 40
Fax : 04 74 04 64 27

Adresses en Belgique

Province de Liège

Regina Pacis
(frères)

Accueil à la maison Nazareth ou à la maison Cana tout au long de l'année, dans une prairie.

Contact

Rue de la Sapinière 50 – B-4141 Banneux
Tél.: 00 32 (0) 43 60 01 27
Fax: 00 32 (0) 43 60 01 29
Courriel: freres.stjean-banneux@skynet.be
Site: http://bdelacroix.free.fr/stjean/general.htm

Notre-Dame de la Fagne
(sœurs)

Contact

Rue de la Sapinière 26 – B-4141 Banneux
Tél./Fax: 00 32 (0) 43 83 67 78
Courriel: nddelafagne@banneux-nd.be

Province de Luxembourg

Notre-Dame-de-la-Paix
(frères)

Dans un ancien couvent dominicain.

Contact

Rue des Dominicains, 15 – B-6800 Libramont
Tél.: 00 32 (0) 61 32 50 70
Courriel: frjean@stjean-libramont.be
Site: http://www.stjean-libramont.be

Adresses en Suisse romande

Prieuré Saint Jean

Contact

Frères: 23 rue des Voisins – CH-1205 Genève
Tél.: 00 41 (0) 22 708 10 00
Fax: 00 41 (0) 22 708 10 01
Courriel: stjean@stfrancois-ge.ch
Sœurs: 30, rue de Candolle – CH-1205 Genève
Tél./Fax: 00 41 (0) 22 329 21 85

À méditer

« Celui qui a soif se réjouit de boire, mais il ne s'attriste pas de ne pouvoir épuiser la source. Que la source apaise ta soif, sans que ta soif épuise la source. Si ta soif est étanchée sans que la source soit tarie, tu pourras y boire à nouveau, chaque fois que tu auras soif. Si au contraire, en te rassasiant, tu épuisais la source, ta victoire deviendrait ton malheur. Rends grâce pour ce que tu as reçu et ne regrette pas ce qui demeure inutilisé. Ce que tu as pris et emporté est ta part ; mais ce qui reste est aussi ton héritage. »
Saint Ephrem

La spiritualité visitandine

❝La foi est un rayon du Ciel, qui nous fait voir Dieu en toutes choses et toutes choses en Dieu.❞

Saint François de Sales

Sainte Jeanne de Chantal et son ami, l'évêque saint François de Sales, sont à l'origine, au XVIIᵉ siècle, de l'ordre de la Visitation, composé de femmes veuves, âgées ou de santé précaire. Leurs monastères accueillent des femmes en grande difficulté. Les sœurs ont reçu une formation psychologique pour l'accompagnement.

La spiritualité visitandine, et plus largement salésienne, consiste à renoncer à soi-même ! C'est un effort quotidien, auquel chacun peut adhérer parce que chacun peut aller à son rythme… C'est faire extraordinairement toutes les choses ordinaires de la vie, mettre de la sainteté dans toutes les tâches communes de notre vie, offrir à Dieu toute chose, même les plus petites, et s'offrir soi-même en toute humilité à Dieu…

Pour les sœurs visitandines, la sainteté consiste dans la perfection de la charité. Un amour de l'autre tel qu'il est, dans sa différence, un esprit profondément « humaniste », soucieux de justice sociale et proche des réalités familiales.

Adresses en France

> *Celui qui ne rend
> pas silencieux
> n'est pas épris.*

Sören Kierkegaard

AQUITAINE

Monastère
de la Visitation d'Orthez
(Pyrénées-Atlantiques)

Au pied des Pyrénées.

Contact

Sault de Navailles
64300 Orthez
Tél. : 05 59 67 52 31

AUVERGNE

Monastère de la Visitation
de Moulins
(Allier)

L'un des premiers monastères de l'ordre.
La ville héberge un musée consacré au
patrimoine artistique, culturel et historique
de l'ordre de la Visitation.

Contact

65 rue des Tanneries – 03000 Moulins
Tél. : 04 70 44 27 43 – Fax : 04 70 44 50 81
Courriel : visitation.moulins@wanadoo.fr
Site : http://moulins.visitation.free.fr

Monastère de la Visitation
de Saint-Flour
(Cantal)

Installé sur les orgues basaltiques depuis le
début du XVIIe siècle, le monastère jouit d'un
cadre exceptionnel, au calme tout en étant
à quelques minutes à pied du centre-ville.

Contact

Rue du Docteur-Mallet – 15107 Saint-Flour
Tél. : 04 71 60 07 82 – Fax : 04 71 60 43 97
Site : http://www.lavisitation.fr

BASSE-NORMANDIE

Monastère de la Visitation
de Sainte-Marie de Caen
(Calvados)

Dans la « ville aux cent clochers ».

Contact

3 rue de l'Abbatiale – 14000 Caen
Tél. : 02 31 86 19 40 – Fax : 02 31 50 05 75
Courriel : monasterevisitation.caen@laposte.net

BOURGOGNE

Monastère de la Visitation
de Nevers
(Nièvre)

En bordure de Loire. La chapelle, ados-
sée au roc de la falaise, est une grange
aménagée laissant apparaître la roche naturelle. Accueil uniquement des femmes.

Contact

49 route des Saulaies – 58000 Nevers
Tél. : 03 86 57 37 40 – Fax : 03 86 57 25 98
Courriel : visitation.nevers@orange.fr
Site : http://moulins.visitation.free.fr

CHAMPAGNE-ARDENNE

Monastère de la Visitation de Troyes
(Aube)

Contact
75 avenue Brossolette – 10000 Troyes
Tél.: 03 25 73 23 48 – Fax: 03 25 41 04 20

LORRAINE

Monastère de la Visitation de Scy-Chazelles
(Meurthe-et-Moselle)

Contact
9 rue de Moulins – 57160 Scy-Chazelles
Tél.: 03 87 60 56 01 – Fax: 03 87 60 31 68
Courriel: visitation.scy-chazelles@nerim.fr

NORD-PAS-DE-CALAIS

Monastère de la Visitation de Lille
(Nord)

Contact
27 rue Négrier (ancien Mouvaux) – 59000 Lille
Tél.: 03 20 31 84 41 – Fax: 03 20 31 87 56
Courriel: visitationlille@nordnet.fr

PAYS-DE-LA-LOIRE

Monastère de la Visitation
(Vendée)

Contact
36 rue Abbé-Pierre-Arnaud
85000 La Roche-sur-Yon
Tél.: 02 51 37 10 13 – Fax: 02 51 36 87 56
Courriel: monastère.visitation85@wanadoo.fr

Monastère de la Visitation de Nantes
(Loire-Atlantique)

Contact
8 rue Maréchal-Joffre
44000 Nantes
Tél.: 02 40 74 15 78 – Fax: 02 40 93 31 91

PICARDIE

Monastère de la Visitation d'Amiens
(Somme)

Contact
384 rue Saint-Fuscien
80090 Amiens
Tél.: 03 22 95 32 37

PROVENCE-ALPES-CÔTE D'AZUR

Monastère de la Visitation de Tarascon
(Bouches-du-Rhône)

Contact
1 boulevard Desanat – 13150 Tarascon
Tél.: 04 90 91 04 40 – Fax: 04 90 91 36 58
Courriel: visitation-de-tarascon@orange.fr

Monastère de la Visitation de Sorgues
(Vaucluse)

Contact
Route de Carpentras
84700 Sorgues
Tél./Fax: 04 90 83 31 14
Courriel: visitation84@wanadoo.fr

Rhône-Alpes

Monastère de la Visitation d'Annecy
(Haute-Savoie)

Les moniales reçoivent en clôture les femmes qui le désirent. Ce monastère est le centre de tous les monastères visitandins.

Contact

11 avenue du Monastère-de-la-Visitation
74000 Annecy
Courriel: visitation.annecy@wanadoo.fr
Site: http://visitationdannecy.free.fr

Monastère de la Visitation de Thonon-les-Bains
(Haute-Savoie)

Contact

Marclaz – 74200 Thonon-les-Bains
Tél.: 04 50 70 34 46 – Fax: 04 50 70 65 57
Courriel: visitation.marclaz@wanadoo.fr

Monastère de la Visitation de Voiron
(Isère)

Sur les hauteurs de Voiron. Vue imprenable sur les massifs de la Chartreuse et du Vercors. Un havre haut perché.

Contact

Monastère de la Visitation
Notre-Dame-du-May
38500 Voiron
Tél.: 04 76 05 26 29

Adresses en Suisse romande

Canton de Fribourg
Monastère de la Visitation

Contact

16 rue de Morat – CH-1700 Fribourg
Tél.: 00 41 (0) 26 347 23 40
Fax: 00 41 (0) 26 347 23 49

À méditer

« *Seigneur, Bonté souveraine,*
Je m'abandonne entre Tes bras,
dans les joies et dans les peines.
Conduis-moi où il Te plaira,
Je ne regarderai pas le chemin à suivre,
Je ne regarderai que Toi,
ma Providence, ma Force, mon Rempart (...). »
Prière de sainte Jeanne de Chantal

Famille spirituelle
de Charles de Foucauld

*66Fraternité, j'ai choisi ce nom
qui indique que je suis leur frère
et le frère de tous les humains,
sans exception ni distinction.99*

Frère Charles de Foucauld

Charles de Foucauld (1858-1916) est le « frère universel » qui crie la Bonne Nouvelle par toute sa vie. Dans son sillage, sa famille spirituelle invite à méditer indéfiniment l'Évangile, à y contempler Jésus afin de l'imiter, au cœur des masses aussi bien qu'au cœur du désert. « Mon Dieu, si Vous existez, faites que je Vous connaisse », avait-il crié…

Pour en savoir plus : **www.charlesdefoucauld.org**

À lire

▌*Charles de Foucauld, explorateur au Maroc, ermite au Sahara*, René Bazin, Nouvelle Cité, 2003.

Adresses en France

Fraternité séculière

La fraternité séculière organise chaque année au cours de l'été un certain nombre de retraites dans des lieux divers. La journée-type d'une retraite : prière du matin, un ou deux exposés, un temps d'échange par petits groupes et de grands temps de silence. Chaque petit groupe assure à son tour un des services nécessaires à la vie commune.

Les renseignements (par date et par lieu géographique) figurent sur la page Internet **www.charlesdefoucauld.org** dans « Nouvelles générales ». Sinon, s'adresser à Nelly Delporte : ndelporte@orange.fr.

Il existe un lieu d'accueil disponible toute l'année, pour douze personnes (à **Plouezec, Côtes-d'Armor, Bretagne**)

Contact

Joseph Drouin
59 rue des Vignes-Blanches
95280 Jouy-le-Moutier
Tél. : 01 30 30 57 40
Portable : 06 86 89 75 55
Courriel : joseph.drouin@wanadoo.fr

Petites sœurs de l'Évangile
(Hautes-Pyrénées, Midi-Pyrénées)

Fraternité en altitude pour la prière ou le repos.

Contact

65170 Azet
Tél. : 05 62 39 40 41

> *Recevoir tout humain comme un frère bien-aimé.*
>
> Charles de Foucauld

Petits frères de l'Évangile
(Bouches-du-Rhône, Provence-Alpes Côte d'Azur)

Maison d'accueil familial située à 30 km au nord d'Aix-en-Provence. La beauté des paysages, le silence des lieux, les couleurs de Provence invitent à la méditation et au recueillement. Il s'agit d'un accueil convivial dans la simplicité. La maison dispose de six chambres et de trois caravanes. À plusieurs reprises dans l'année, les petits frères organisent des retraites d'une semaine, autour de la spiritualité du père de Foucauld. Ermitages aussi.

Contact

Fraternité « Les Adrets »
Route de Sainte-Anne
13640 La Roque-d'Anthéron
Tél. : 04 42 50 59 89
Courriel : fpe.laroque@free.fr

Voir aussi les petites sœurs de Nazareth et de l'Unité à Notre-Dame-des-Neiges (p. 227). Elles accueillent toute l'année des retraitants.

Une douzaine de retraites, autour de la spiritualité Charles de Foucauld, sont par ailleurs organisées de façon pérenne, chaque année, en différents lieux de l'Hexagone. Voir sur leur site.

Divers catholiques

Il existe une constellation de familles spirituelles qui accueillent des retraitants. Ces communautés sont de plus en plus souvent en relation avec des laïcs. Les adresses qui suivent ne sont pas exhaustives.

Adresses en France

ALSACE

Les sœurs
du Très Saint Sauveur
(Bas-Rhin)

À 50 km de Strasbourg. Cette congrégation cherche à faire connaître et à témoigner de la tendresse et de la miséricorde de Dieu, particulièrement à ceux qui sont traversés par la souffrance. Le château d'Oberbronn, village des Vosges du Nord, est la maison mère des sœurs du Très Saint Sauveur. Dans un cadre verdoyant et calme, les sœurs accueillent toute l'année des personnes seules ou en groupe.

Contact

2 rue Principale – 67110 Oberbronn
Tél. : 03 88 80 84 50 – Fax : 03 88 80 84 60
Courriel : accueil@soeurs-stsauveur.fr
Site : http://www.soeurs-stsauveur.org

AQUITAINE

Monastère
de la Sainte Famille
(Gironde)

Entre Bordeaux et Toulouse. Cette famille spirituelle – qui regroupe des religieuses de vie apostolique, des religieuses de vie contemplative, des laïques consacrées, des célibataires, des gens mariés, des jeunes, des prêtres – entend témoigner que « la communion est possible ». Le cœur de leur vie ? À l'exemple de Jésus, Marie et Joseph, n'aimer, ne chercher, ne vouloir que Dieu seul en toutes choses. Le monastère est situé dans un cadre magnifique, en bordure des landes girondines, au milieu des vignobles et des pins.

Contact

La Solitude
29 bis route de la Solitude – 33650 Martillac
Tél. : 05 56 72 72 55 – Fax : 05 56 72 77 37
Courriel : solitude.sc@saintefamille.fr
Site : http://www.saintefamille.fr

*Mais il y a la mer
et qui l'épuisera ?*

Eschyle

AUVERGNE

Centre spirituel
de la Pomarède
(Cantal)

La famille du Cœur de Dieu cherche à « être sur terre le Cœur de Dieu ». Une conviction fait vivre cette communauté de laïcs rassemblée autour d'un prêtre : Dieu nous aime. La communauté accueille tous les hommes comme Jésus les accueille : avec amour, comme des frères, attentives à leurs besoins, dans un profond respect de leur personne et sans faire de différence entre eux à cause de leur race, de leur culture, de leurs opinions ou de leur religion. Les retraites sont en silence et durent six jours.

Contact

15230 Paulhenc
Tél. : 04 71 23 61 61 – Fax : 04 71 23 61 60
Courriel : pomarede15@wanadoo.fr
Site : http://la-pomarede.cef.fr

BOURGOGNE

Centre Sophie Barat
(Yonne)

Entre les coteaux de vigne et le canal de l'Yonne, aux portes de la Bourgogne, le centre spirituel est animé par des religieuses du Sacré-Cœur dans ce qui fut la maison de leur fondatrice. Une halte de quelques heures à quelques jours, pour prendre le temps de se poser, prier, réfléchir, se ressourcer, travailler. Un espace de calme et de silence ouvert sur des jardins. Le parc est une suite de petits jardins fleuris, qui présente des rosiers, un ancien potager des chartreux, un verger, un jardin, des buis et quelques arbres remarquables…

Contact

11 rue Davier – 89300 Joigny
Tél. : 03 86 92 16 40 – Fax : 03 86 92 16 49
Courriel : centre-sophie-barat@wanadoo.fr
Site : http://centre.barat.free.fr

Parole de retraitante

« *C'est un lieu de retraite atypique, étonnant. J'ai beaucoup apprécié la convivialité de cette maison, qui est aussi le lieu de vie d'une communauté accueillante et chaleureuse. [...] La présence de la fondatrice est sensible, presque palpable, dans cette maison qui fut la sienne. J'ai pour ma part beaucoup apprécié de pouvoir prier dans sa propre chambre, dans le lieu qui fut celui où elle se recueillit si souvent. Une belle expérience de la communion des saints ! La grande chapelle est aussi particulièrement priante et le jardin offre un espace de détente ma foi fort agréable. Là encore, pas de grand parc, mais un jardin cloisonné en petits espaces intimes, auxquels les murs de pierre et les arbres fruitiers donnent un charme unique. Il y a toujours un coin où se glisser, un nouveau recoin à découvrir et une grande paix à goûter en ce lieu. Une autre particularité de cette maison est qu'elle est située au cœur de la ville : je n'ai donc pas eu le sentiment de vivre de coupure avec le monde ni d'isolement, et pourtant, l'expérience spirituelle n'en a pas été moins forte ni moins riche, bien au contraire !* »
Laure

BRETAGNE

Abbaye de Saint-Jacut
(Côtes-d'Armor)

Cette propriété de la congrégation des sœurs de l'Immaculée de Saint-Méen-le-Grand est gérée par une communauté de religieuses et une équipe de laïcs. Avec sa mer d'émeraude et ses senteurs marines, le front de sa digue et, dans un proche horizon, le profil bienveillant de l'île aux Ebihens. Tous les étés, elle accueille de nombreuses familles (quatre-vingt-quinze chambres). Locaux adaptés aux personnes handicapées. Pour individuels, familles, groupes et séminaires.

Contact

BP 1- 22750 Saint-Jacut-de-la-Mer
Tél.: 02 96 27 71 19 – Fax: 02 96 27 79 45
Site: http://www.abbaye-st-jacut.com

La Roche-du-Theil
(Ille-et-Vilaine)

Un centre spirituel breton dans l'esprit de saint Jean Eudes, situé dans un parc de bois et de landes de soixante hectares, sur une colline rocheuse qui domine les marais de l'Oust. L'équipe d'animation, composée de pères eudistes, de religieuses et de laïcs, accueille toute personne et tout groupe en quête d'un sens à donner à sa vie et désireux de prier et de réfléchir pour quelques jours de silence et de retraite.

Contact

BP 30328
35603 Redon Cedex
Tél.: 02 99 71 11 46 – Fax: 02 99 71 65 12
Courriel: cjmlaroche@wanadoo.fr
Site: http://www.eudistes-france-afrique.org/roche.htm

> *Faites tout*
> *ce qu'il vous dira.*
>
> Jean 2, 5

Maison d'accueil Créac'h Balbé
(Finistère)

À 25 km de Brest. Elle est animée par une communauté de filles du Saint-Esprit dans un cadre de verdure et de recueillement et ouverte à toute personne désirant trouver un espace de silence, une possibilité de prière personnelle, communautaire, d'accompagnement dans leur recherche.

Contact

29800 Saint-Urbain
Tél.: 02 98 25 00 43 – Fax: 02 98 25 07 11
Courriel: creach.balbe@wanadoo.fr

Centre spirituel Ti Mamm Doué
(Morbihan)

Ti Mamm Doué est un centre spirituel situé en plein cœur du Morbihan. Son cadre, une belle nature environnante et un parc de quinze hectares, permet à ceux qui y séjournent de rencontrer Dieu dans le silence, de goûter la détente du corps et la paix de l'esprit. Le centre spirituel est animé par une communauté de sœurs Saint-Joseph de Cluny et par une équipe de prêtres, religieux et laïcs.

Contact

Beauregard – 56480 Cleguerec
Tél.: 02 97 38 06 84 – Fax: 02 97 38 10 16
Courriel: ti.mammdoue@wanadoo.fr
Site: http://timammdoue.org

CHAMPAGNE-ARDENNE

Ermitage Saint-Walfroy
(Ardennes)

L'ermitage Saint-Walfroy accueille toute l'année groupes et individuels pour temps de repos, de retraite et de détente. Situé au cœur des Ardennes, son cadre de nature et de silence offre l'occasion d'un vrai ressourcement. Propriété partiellement boisée de plus de six hectares.

Contact

Route de Saint-Walfroy
08370 Margut
Tél. : 03 24 22 67 31
Fax : 03 24 22 15 94
Courriel : saint.walfroy@wanadoo.fr
Site : http://catholique-reims.cef.fr/st-walfroy.htm

*Je les rendrai heureux
dans ma maison
de prière,
Je ferai bon accueil,
sur mon autel,
à leurs holocaustes
et à leurs sacrifices,
car ma maison
s'appellera
Maison de prière
pour tous les peuples.*
Isaïe 56, 7

ÎLE-DE-FRANCE

Maison d'accueil Notre-Dame de l'Ouÿe
(Essonne)

Dans le cadre d'un ancien prieuré grandmontain, à 50 km au sud de Paris, en plein cœur de la forêt, la communauté des ursulines offre un climat de calme et de silence propice à la prière, à la contemplation, à la réflexion. Possibilité de rencontrer une sœur pour un accompagnement spirituel, mais aussi de demander un accompagnement spirituel en ligne !

Contact

91410 Les Granges-le-Roi
Tél. : 01 64 59 70 51 ou 06 20 37 13 90
Courriel : ursulines@ndouye
Site : http://ursulines-ur.cef.fr/Les-Granges-le-Roi

La Maison du couple Massabielle
(Val-d'Oise)

Ouvert à tous les couples mariés. Située à la lisière de la forêt de Montmorency, dans un magnifique parc vallonné, elle offre détente, solitude et recueillement. Elle est animée par les équipes Notre-Dame (*Voir p. 254*).

Contact

1 rue Auguste-Rey
95390 Saint-Prix
Tél. : 01 34 16 09 10 – Fax : 01 39 59 75 07
Courriel : massabielle-end@wanadoo.fr
Site : http://www.equipes-notre-dame.com/fls/massabielle.htm

PICARDIE
Abbaye d'Ourscamp
(Oise)

C'est la maison mère des Serviteurs de Jésus et de Marie. Cette congrégation a été fondée dans les années 1920 par un prêtre étonnant, l'abbé Jean-Édouard Lamy, très attaché à Marie. L'abbaye est nichée au cœur d'un grand parc et accueille des retraitants. En particulier, des générations d'étudiants se sont succédé ici pour y trouver du silence et un cadre propice à la révision des examens.

Contact

60138 Chiry-Ourscamp
Tél.: 03 44 75 72 00
Site: www.abbaye-ourscamp.org

POITOU-CHARENTES

Abbaye de Bassac
(Charente)

Dans un cadre de verdure longeant la Charente, au milieu d'un parc de deux hectares et demi, cette ancienne abbaye bénédictine, aujourd'hui maison mère des frères missionnaires de sainte Thérèse, est propice à la sérénité. Au cœur du vignoble cognaçais.

Contact

Frères missionnaires de sainte Thérèse
16120 Bassac
Tél.: 05 45 81 94 22
Fax: 05 45 81 98 41
Courriel: abbayedebassac@aol.com
Site: http://www.abbayebassac.com

PROVENCE-ALPES-CÔTE D'AZUR

La Pourraque
(Vaucluse)

La Pourraque est un domaine tenu par les sœurs xavières, dans les collines de Provence, entre Manosque et Aix-en-Provence. Elles accueillent toute l'année avec des temps particulièrement forts l'été. Un lieu de calme et de silence, en pleine nature, avec un horizon large, favorisant la réflexion, la prière, la contemplation.

Contact

84120 Beaumont-de-Pertuis
Tél.: 04 90 08 01 29
Courriel: xavieres.lapourraque@club-internet.fr
Site: http://xavieres.cef.fr/lapourraque/index.html

Adresses en Belgique

PROVINCE DU HAINAUT

Le Caillou blanc

La communauté des ursulines accueille pour des retraites spirituelles en silence ouvertes à tous.

Contact

Avenue du Tir 14
B-7000 Mons
Tél.: 00 32 (0) 65 31 70 31
Fax: 00 32 (0) 65 31 26 37
Site: http://ursulines-ur.cef.fr/Mons-Belgique

Retraites pour les couples

▌Maison Cana

Cette association de la communauté du Chemin neuf organise depuis 1980 des sessions d'accompagnement des couples sur le thème : « Prenez du temps pour votre couple ». Près de vingt mille couples dans plus de quarante pays ont vécu une session Cana, session qu'on ne fait qu'une seule fois dans sa vie. Occasion unique pour les couples de se rencontrer, de faire le point, de renouer le dialogue et de retrouver leur unité.

En France, des centaines de couples venant de tous les horizons – et aussi de toutes confessions – viennent tous les ans se ressourcer aux sessions Cana. Il existe de nombreuses adresses en France. Pour les couples qui veulent prendre le temps de se parler ou ont besoin de vivre une étape de pardon ou de guérison.

Contact
Les Pothières
1230 chemin de la Fontaine
69480 Anse
Tél. : 04 74 67 28 06 (sauf mardi)
Fax : 04 74 67 20 96
Courriel : canafrance@chemin-neuf.org
Site : www.cana.org

▌Équipes Notre-Dame International

Mouvement de spiritualité conjugale qui a pour but d'aider les couples à vivre au quotidien le sacrement du mariage.

Les équipes sont composées de six ou sept couples de chrétiens mariés et d'un conseiller spirituel. Elles se réunissent de façon mensuelle. Chaque couple se retrouve par ailleurs pour une retraite annuelle.

Contact
49 rue de la Glacière – 75013 Paris
Tél : 01 43 31 96 21 – Fax : 01 45 35 47 12
Courriel : end-international@wanadoo.fr
Site : www.equipes-notre-dame.com

▌Familles nouvelles

Issue du mouvement des Focolari de Chiara Lubich, Familles nouvelles travaille à mettre en valeur une nouvelle façon d'être en famille. Les week-ends « Débuter la vie à deux » sont ainsi, par exemple, destinés à ceux qui veulent comprendre l'amour qui les unit, à ceux qui envisagent le mariage ou à ceux qui hésitent encore : un week-end de réflexion, de préparation ou de discernement.

Contact
Site : http://pagesperso-orange.fr/focolari/Famille/Index.html

▌Fondacio

Ressourcement à deux dans la communauté. Une session spirituelle de quatre à sept jours est proposée l'été aux couples (avec accueil des enfants possible). Trois lieux : à Saint-Pierre-en-Chartreuse près de Grenoble, à Viviers en Ardèche et dans le Centre nature de Borzée au sud des Ardennes belges.

Contact
23 rue de l'Ermitage – 78000 Versailles
Tél. : 01 30 83 03 60
Site : http://www.fondacio.org

Les jésuites

Ils organisent à travers toute la France de nombreux week-ends de retraite thématique pour les couples : « Vivre à deux et continuer », « Parcours : être heureux », « Quand les enfants quittent la maison », « Séparés, divorcés », « Se redire OUI en Dieu »... En suivant le parcours des *Exercices spirituels* de saint Ignace.

Contact
Pour les lieux et les dates :
Site : http : //www.jesuites.com/

Fraternité franciscaine de Tibériade

En Belgique, dans la province de Namur, la fraternité franciscaine de Tibériade accueille les fiancés et les jeunes foyers

Contact
Rue du Charnet 20
B-5580 Lavaux-Sainte-Anne
Tél./Fax : 00 32 (0) 84 38 71 91
Site : www.tiberiade.be

Mais aussi...

• **L'abbaye de Hautecombe** : le Chemin neuf au bord du lac du Bourget ;
• **La Flatière** : un foyer de charité en face du mont Blanc ;
• **La communauté des Béatitudes** : au cœur de la Sologne ;
• **Penboc'h** : un centre spirituel jésuite dans un site exceptionnel au bord du golfe du Morbihan ;
• **Tigery** : un lieu d'accueil du Chemin neuf près de Paris ;
• **La maison du couple** à Massabielle : centre de spiritualité conjugale et de retraites animé par les équipes Notre-Dame ;
• **La Part Dieu** : un foyer de charité tout près de Paris ;
• **L'abbaye de Sablonceaux** : le Chemin neuf dans le Saintonge ;
• **La Roche du Theil** : un centre spirituel breton dans l'esprit de saint Jean Eudes ;
• **Centre spirituel des frères carmes** : dans un très bel environnement à Avon, un lieu d'initiation et de ressourcement spirituels ;
• **Le prieuré Saint-Benoît** : sur la butte Montmartre, des bénédictines proches du Sacré-Cœur ;
• **Centre Manrèse** : pour des temps de prière et de discernement à l'école de saint Ignace de Loyola en région parisienne (trente week-ends couple par an !) ;
• **L'abbaye d'Ourscamp** : des week-ends organisés par les serviteurs de Jésus et Marie.

Les orthodoxes

« Trouve la paix en ton âme
et des milliers autour de toi trouveront la paix. »

Saint Séraphin de Sarov

L a spiritualité des orthodoxes est celle des Pères
du désert. Ils portent un intérêt tout particulier
à l'hésychasme, « prière du cœur » et voie spirituelle.
Tout acte (jeûne, prière, travail, cuisine, jardinage…) est
considéré comme un exercice sur le chemin spirituel.
La Divine Liturgie fait la part belle aux cinq sens.

Trois jours de prière du cœur

> *« Prier pour les hommes veut dire :*
> *donner son propre cœur »*
> Archimandrite Sophrony

J'ai longtemps cru que pour pratiquer la méditation il fallait aller chercher du côté de l'Orient et que les chrétiens n'avaient pas de tradition d'assise. C'était oublier un peu vite que Jésus et après lui les Pères de l'Église viennent d'Orient, mais aussi méconnaître l'une des perles précieuses de l'Église primitive, la prière du cœur. Peut-être le secret est-il gardé pour n'être offert qu'aux cœurs qui appellent en vérité...

Il y a quinze ans, jeune femme en souffrance et baptisée en révolte, j'avais pris le large avec l'institution catholique romaine et m'étais tournée vers la méditation vipassana (voir reportage p. 356-369). Ce n'était pas tant le bouddhisme qui m'attirait que la pratique. Cela transforma mon regard spirituel.

Au bout de plusieurs années, c'est pourtant en un instant fulgurant que je sentis que j'arrivais au bout de l'expérience : un soir d'hiver, pendant un stage dans la campagne près d'Auxerre, je compris que cette méditation sur les sensations manquait de quelque chose qui m'était subitement vital, une Présence. Je ne pouvais plus, ne voulais plus méditer sur un corps inhabité ! Mon cri était simple : je voulais conserver l'assise, mais je voulais retrouver Jésus. Je me suis alors souvenue d'un livre bleu très marquant que j'avais lu en sortant de l'adolescence, *Les Prophètes d'aujourd'hui*[1]. Les époux Cartier y parlaient avec enthousiasme de Béthanie, une communauté orthodoxe qui proposait une méditation chrétienne. Ma route passait désormais par là.

Quelques mois plus tard, je suivais une session « Prière de Jésus, prière du cœur » avec le père Alphonse Goettmann et son épouse Rachel. Ma vie intérieure fut littéralement retournée : avec leur communauté, je me réconciliai avec la foi, entrai dans une relation vivante au Christ et appris l'art de spiritualiser l'ordinaire des jours. Huit ans après, alors que la prière du cœur est relation, je suis (re)devenue une pratiquante tiède. Comme le dit le père Alphonse, « si nous avons une face, c'est pour un face-à-face ». J'ai alors éprouvé le besoin de revenir à la source pour retrouver mon élan. « Que ton oui soit oui, que ton non soit non » (Matthieu, 5, 37).

19h45. Nous sommes une petite vingtaine, un peu intimidés, à nous retrouver dans la salle à manger sous l'icône de l'enfant prodigue. « Seigneur, bénis ce repas, ceux qui l'ont préparé, ceux qui vont le partager, sois notre hôte. » D'emblée Rachel inscrit la session « Prière du cœur » dans un temps à vivre en conscience : « Réglons nos montres pour avoir la même heure. Le temps est sacré, le mien et celui de mon frère. Je vous demande par ailleurs, pendant ces trois jours,

---

1. Jean-Pierre et Rachel Cartier, Albin Michel, coll. « Espaces libres », 1992.

d'être les serviteurs les uns des autres. Nous mettrons la table et ferons la vaisselle ensemble. Rien ne nous est dû. Aussi, tout ce que nous ferons, nous essaierons de le faire dans la reconnaissance pour ce qui est donné… » Ici, chaque geste est une occasion de bénir parce que tout, absolument tout, habité par la prière de Jésus, devient buisson ardent. À 21 heures, nous avons rendez-vous dans la salle de méditation.

L'icône : une contemplation en couleur

Celui qui se retire dans un monastère orthodoxe vit dans la familiarité des icônes partout présentes, dans la chapelle, les chambres, les salles communes. Vendue aux enchères, collectionnée, exposée dans les musées et sujet d'expositions, l'icône est en vogue. Mais est-ce que l'on ne la regarde pas sans la voir ? Témoin d'une aventure spirituelle et artistique, l'icône n'est pas une œuvre d'art mais une image initiatique, une écriture « en couleur du Nom de Dieu ». Comme l'écrit le père Zénon, l'un des plus grands iconographes russes, « nous ne nous trouvons pas devant un symbole ou une idole plate mais devant Dieu en personne ». Parce qu'elle exprime une vérité révélée, celle de l'Incarnation, la première place de l'icône, art liturgique par excellence, est dans l'église. Ainsi, elle est indissociable de son « milieu naturel », celui de la liturgie de l'Église orthodoxe. Pour un chrétien orthodoxe, il faut non seulement *dire* la vérité mais la *montrer* pour l'expérimenter.

Dans une église, tout est symbole : de l'autel tourné vers l'Orient aux formes géométriques, du dynamisme des offices jusqu'à la montée des encens. Présence divine dans la création, l'icône est une *anticipation du ciel sur la terre*. Dès lors, la beauté n'est pas une fin en soi : bien au contraire l'icône est appelée à réorienter notre regard vers Dieu. Elle ne doit pas être seulement belle, elle doit avant tout être vraie pour permettre à celui qui la contemple de faire un véritable chemin de conversion… De fait, nous sommes progressivement modelés par ce que nous contemplons. À nos

« Vous n'êtes pas accueillis par Rachel et Alphonse mais par quatre mille ans de tradition. Nous ne sommes pas des gourous ou des maîtres. Le seul maître ici est l'Esprit Saint. De même, nous ne sommes pas des individus assis les uns à côté des autres, nous sommes une cordée humaine. Nous venons prendre notre place dans la lignée de ceux qui méditent le Saint Nom. Si vous êtes là, c'est parce que vous avez été précédés : chacun par votre pré-nom, vous êtes désiré, aimé et

yeux imbibés d'images du monde, l'icône propose la purification. Elle fait tomber les écailles qui nous font prendre ce monde pour l'unique réalité. Les personnages sont presque toujours peints de face ou de trois quarts : ils communiquent leur état intérieur, celui de la prière, ils témoignent de la sainteté de l'homme archétypal. La sainteté se diffuse...

On ne regarde pas une icône, on apprend à se laisser regarder par elle... De même que Dieu « nous a aimés le premier », l'icône nous regarde la première, faisant surgir une présence personnelle. Pour le prince Eugène Troubetzkoï, « l'attitude que nous avons envers l'icône ne peut être la même qu'envers une œuvre d'art : devant l'icône, on se tient comme en présence d'une personne de haut rang, il serait impertinent de parler le pre-

mier... Mieux vaut se tenir debout et attendre patiemment qu'elle veuille s'entretenir avec nous[1] ». L'icône se contemple et s'entend dans le silence du face-à-face.

À lire :
Deux classiques incontournables, malheureusement épuisés :
▌ *La Théologie de l'icône dans l'Église orthodoxe*, Léonide Ouspensky, Le Cerf, 1980.
▌ *L'Art de l'icône. Théologie de la beauté*, Paul Evdokimov, Desclée de Brouwer, 1970.

▌ *L'Icône, fenêtre sur l'absolu*, Michel Quenot, Le Cerf/Fides, coll. « Bref », 1987. Du même auteur, *De l'icône au festin nuptial*, Éd. Saint-Augustin, 1999.

1. *Trois Études sur l'icône*, YMCA Press/L'Œil, 1980.

appelé. Toutes les traditions répètent le Nom de Dieu jusqu'à ce que la prière nous habite. Entrer dans la prière de Jésus ce n'est pas dire des mots, c'est devenir prière, c'est, jour et nuit, être blotti, fondu, en elle. Nous allons nous plonger dans le Nom avec notre corps car, lorsque Dieu a voulu rencontrer l'homme, Il a pris un corps. Jésus nous invite à l'expérience, pas à des cours de théologie ! À Béthanie, nous considérons que le corps est temple et chemin et que la Prière de Jésus est la prière des prières », introduit le père Alphonse. À Béthanie, le chemin tracé est clair et exigeant : on ne vient pas nourrir ses connaissances mais sa pratique !

> *Dieu ne vous accordera jamais rien si vous ne travaillez pas de toutes vos forces ; cette loi ne connaît pas d'exception.*
>
> Théophane le Reclus

Le lendemain, à 6h45, à l'instar des monastères où nous sommes réveillés par la cloche ou le gong, c'est le violon de Guy-Antoine, un fidèle des lieux, qui nous tire des bras de Morphée. Matin après matin, comme dans un rêve qui se prolonge, avec son archer, il jouera Gershwin, Purcell ou Telemann, il ouvrira nos oreilles comme nous y invite inlassablement la Bible. « *Chema Israël* », « Écoute, Israël » (Deutéronome 6). L'écoute est l'attitude fondamentale du disciple qui pose une oreille sur l'instant afin d'y recevoir la volonté divine et de l'accomplir. Une demi-heure plus tard, comme dans tous les monastères chrétiens du monde, nous ouvrirons nos lèvres avec le chant des laudes. « On ne pratique pas des rituels en dehors de la vie. Tout notre

Silouane et l'amour des ennemis

Grande figure de l'Église orthodoxe, Silouane l'Athonite est considéré comme « le moine le plus authentique du xxe siècle » et comme l'un des plus grands saints de son siècle. Après de longues années d'épreuves spirituelles, le *starets* Silouane acquiert une grande humilité et l'*hesychia*, c'est-à-dire la paix intérieure. Il prie et pleure pour le monde entier comme pour lui-même et il vit au plus haut degré l'amour des ennemis. Le Seigneur n'a-t-il pas commandé : « Aimez vos ennemis, bénissez ceux qui vous maudissent, priez pour ceux qui vous diffament… » (Luc 6, 27b-28) ? N'a-t-il pas dit également : « Je ne suis pas venu pour perdre les hommes, mais pour les sauver. » (Luc 9, 54-56) ? Sur ses bourreaux, le crucifié n'a-t-il pas appelé le pardon du Père, parce qu'ils « ne savent pas ce qu'ils font » (Luc 23, 34) ? Toute sa vie de moine, Silouane a insisté sur le fait qu'il faut forcer son cœur à aimer son prochain, même quand il nous a humiliés. Rendre l'amour pour la haine, répondre au mal par le bien semble impossible ? C'est compter sans l'intervention divine : « Le Seigneur, voyant ta bonne intention, t'aidera en tout et il t'apprendra l'amour des ennemis », insistait-il. Autrement dit, il suffit de faire le premier pas…

« Si tu ne les aimes pas, au moins ne les rabroue pas et ne les maudis pas ; et cela sera déjà un progrès », écrivait-il. Silouane avait de la « compassion même pour les démons, car ils se sont détachés du bien »… Selon lui, avoir l'amour des ennemis est un des traits spécifiques des disciples du Christ et signe de façon la plus sûre la présence véritable de l'Esprit divin. Le père Alphonse Goettmann ajoute que nos contrariétés du jour sont aussi à prendre pour des ennemis. Dans ces conditions, aimer ses ennemis c'est quitter le rapport de force et entrer dans l'adhésion à ce qui est. Une journée sans contrariété est une journée perdue car la contrariété nous provoque, nous met au travail comme une femme qui accouche. C'est la possibilité d'un passage. Aimer ses ennemis, bénir ce qui vient…

Décédé en 1938 sur la sainte montagne de l'Athos, le saint *starets* a été canonisé par le patriarcat de Constantinople en 1987.

À lire :

▌ *Prier 15 jours avec Silouane*, Nouvelle Cité, 2002.

▌ *Starets Silouane, moine du mont Athos : Vie, doctrine, écrits*, Archimandrite Sophrony, Éditions Présence, 1996.

▌ *Écrits spirituels*, Silouane, Éd. Bellefontaine, 1994.

être doit devenir liturgique, célébration… », nous précise Rachel. La chapelle est entièrement recouverte de fresques. Nous sommes dans une antichambre du ciel…

Le corps et le cœur encore emplis des Psaumes, nous regagnons la salle de méditation où le père Alphonse nous initie à l'humble posture de la prière du cœur sur le petit banc de méditation. Être là, dans l'immobilité. C'est dans un silence palpable que nous nous dirigeons ensuite vers les tables du petit déjeuner. Les confitures viennent des arbres fruitiers du jardin et sont confectionnées, dans la prière, par les moniales. Je cède à la tentation de la troisième tartine… Après la vaisselle, nous nous répartissons par équipe, ici pour ciseler du basilic, là pour éplucher des pommes de terre, équeuter des haricots… J'essaie de rester centrée, à l'inverse de ma vie si souvent dispersée. « Emportez la prière de Jésus partout avec vous. Prenez l'habitude de revenir à elle sans cesse. La verticale qui est en nous, l'Esprit, peut se dire dans n'importe quel chantier extérieur », nous explique Rachel. Cette ruche en cuisine est aussi l'occasion de faire connaissance, de rire ou de partager quelques confidences sur notre vie intérieure. Cela change des conversations mondaines…

À 9h30 précises, nous nous retrouvons dans la salle de méditation avec Carole, une permanente de la communauté depuis trente ans. Elle nous initiera tous les matins à la sagesse du corps pour se préparer à accueillir la Présence, pour lui faire offrande de notre propre corps. Nous dénouons nos tensions, des pieds à la tête, pour inscrire le Nom dans un corps libéré et ouvert, conscient de notre double polarité, ancrés à la fois en terre et en ciel. Le chemin commence

 Priez sans cesse. ”

Première Épître aux Thessaloniciens 5, 17

dans cette conscience…Nous finissons la séance en traçant avec nos doigts une couronne sur notre tête. Je regarde les autres sessionnistes, je les trouve royaux !

C'est ainsi qu'à 10 heures, le père Alphonse récupère des retraitants au corps léger ! L'heure de l'enseignement a sonné. Cette alternance harmonieuse entre la

La prière du cœur, perle précieuse orthodoxe

La prière de Jésus, aussi appelée « prière du cœur », fait partie intégrante de la tradition spirituelle hésychaste (du grec *hesychia* : « silence, paix de l'union avec Dieu »). Son origine remonte aux Pères du désert (ascètes chrétiens des premiers siècles de l'Église) des IVe et Ve siècles. Certains y voient la « perle précieuse », la colonne vertébrale de la spiritualité orthodoxe. Prière-respiration, on a souvent dit d'elle qu'elle était la contrepartie chrétienne du yoga, replacée dans un contexte biblique. Elle s'est répandue hors des monastères grâce à un ouvrage, *La Philocalie* (littéralement « amour de la beauté »), publié en 1782 par un moine grec, Nicodème l'Hagiorite, et a été découverte par un large public grâce aux *Récits du pèlerin russe*, un petit livre anonyme paru à Kazan, en Russie, au XIXe siècle : « Cette prière me rendait si heureux que je ne pensais pas qu'on pût l'être plus sur terre… Ce bonheur illuminait mon âme et le monde extérieur » (*Récits du pèlerin russe*).

La forme extérieure de la prière du cœur est simple à l'extrême et accessible à tous, sous réserve d'être baptisé et d'y être initié par un guide spirituel. Elle peut se pratiquer à toutes sortes de degrés de conscience et d'intensité, d'une façon non systématique : la prière de Jésus est parfaitement adaptée à l'homme contemporain qui n'a « plus le temps de prier » car, dès que l'on y est initié, on peut la vivre n'importe où et face à n'importe quelle situation. Elle consiste à répéter inlassablement le Saint Nom de Jésus sur le rythme respiratoire naturel. Le Nom, ici comme dans toutes les religions, est l'expression de la Présence. Connaître quelqu'un

sagesse du corps, la parole transmise par les Pères de l'Église, l'assise silencieuse et les offices est l'une des forces du lieu. Tout au long de la journée, nous sommes nourris corps, âme et esprit. Parole et expérience ne cessent de s'entremêler, de se rejoindre dans une étreinte amoureuse. C'est l'homme tout entier qui est appelé à être sauvé.

par son nom, c'est le connaître intimement.

« Seigneur, Jésus-Christ, Fils de Dieu, aie pitié de moi pécheur. » Un cri d'amour, un cri de détresse. Il ne s'agit pas de répéter mécaniquement le Nom de Jésus mais de s'en nourrir comme d'un aliment. Les chrétiens orientaux considèrent que la manducation du Nom porte un germe de vie. Parce que « le Nom de Jésus est un parfum qui se répand » (Cantique des cantiques 1, 4), la prière de Jésus épouse le rythme respiratoire. On « colle » ainsi sa respiration sur le nom de Jésus. Ainsi, l'esprit s'apaise et trouve le repos, il prie avec le corps et s'incarne. Esprit et corps retrouvent leur unité originelle. Peu à peu, avec une pratique assidue, la prière de Jésus devient la prière du cœur : le cœur prie et respire la prière de Jésus. À un moment,

d'elle-même, la prière bascule en une « prière perpétuelle ». C'est même sa vocation.

À lire :

▌ *Les Récits du pèlerin russe.* Traduit par Jean Laloy, coll. « Points Sagesse », Le Seuil. Également chez Albin Michel, commentés par Gleb Porovsky, trad. des commentaires de l'anglais par Gabriel Veyret, 2007. Le meilleur livre pour commencer à réciter la prière du cœur.

▌ *La Petite Philocalie de la prière du cœur*, traduit et présenté par Jean Gouillard, Le Seuil, coll. « Points Sagesse », 1979.

▌ *Prière de Jésus, prière du cœur*, Alphonse et Rachel Goettmann, Albin Michel, coll. « Espaces libres », 1994. Pour entrer dans la profondeur de la prière, pas à pas.

Pour le premier jour, le père Alphonse n'y va pas par quatre chemins. Il nous pose la parabole de la source et du ruisseau. « Contrairement à ce que l'on a tendance à penser, la source n'est pas dans la montagne,

À méditer

« *Il faut mener la guerre la plus dure*
la guerre contre soi-même.
Il faut arriver à se désarmer.
J'ai mené cette guerre pendant des années,
elle a été difficile.
Mais maintenant, je suis désarmé... et heureux.

Je suis désarmé de la volonté d'avoir raison à tout prix,
de me justifier à tout prix jusqu'à disqualifier les autres.
Je ne cherche plus à imposer mes idées, mes projets.
J'accueille et je partage.
J'écoute et je témoigne humblement de ce qui m'habite.

Voilà pourquoi je n'ai plus peur.
Quand on se désarme comme cela on n'a plus peur...
on a confiance.
Confiance en celui qui fait et veut toutes choses nouvelles.

Quand on se désarme comme cela,
on découvre à quel point on est aimé
et à quel point cet amour nous rend forts
pour ce temps toujours renouvelé qu'est la vie. »

Patriarche Athenagoras

elle est constamment dans le ruisseau. Contemplant le ruisseau, je contemple la source. Ils sont l'un dans l'autre, sans confusion, comme le feu est dans le fer. Qu'advient-il d'un ruisseau qui voudrait prendre son indépendance par rapport à la source ? Cela devient une eau croupie, une eau morte. Ainsi en est-il de nous qui, dans notre volonté farouche d'indépendance, avons voulu nous séparer de Dieu. En rompant avec la source, nous avons brisé un lien ontologique. Si nous sommes là, en session, c'est parce que nous sommes des mares à canards, parce que l'Être hurle en nous le lien perdu. Ayant mis Dieu à l'extérieur, nous Le prions à l'extérieur. C'est un Dieu lointain, exilé derrière les nuages, un Dieu moral qui n'exauce pas les prières que je Lui adresse. C'est normal, ce Dieu-là n'existe pas ! Nous allons prendre le chemin du Dieu véritable, dans Lequel nous baignons, un Dieu qui, loin d'être un gendarme qui compte les péchés, respecte notre liberté à l'infini et est fou d'amour pour l'homme. Nous allons Le rejoindre à l'intérieur, au noyau de notre être, dans notre cœur. La prière de Jésus est un forage vers notre intériorité perdue. » Pour les sessionnistes qui viennent du bouddhisme – et ils sont plusieurs – ou qui, baptisés, ne pratiquent plus depuis des années, le discours est direct !

À 11 heures, nous rejoignons Rachel dans la salle de méditation. Sur mes lèvres, qui ont prononcé tant d'insanités, qui ont retenu tant de mots d'amour, je pose le Saint Nom. Il sera le chemin de ma transformation, de ma transfiguration. Pendant une heure, ensemble, nous manduquons la prière de Jésus à haute voix. Dans l'étape suivante, demain, nous la visualiserons. « Goûtez et voyez », propose le Christ à ses disciples. Enfin, le troisième jour, nous la grefferons sur le souffle. Jour après jour, heure après heure, à force de répéter le Saint Nom et de chercher à entrer en synergie avec la grâce, je sens l'Esprit se mettre en route, le Verbe devenir chair en moi. « Un jour, le cœur de l'homme, le ciel dans l'homme, s'ouvre… », promet le père Alphonse. Il poursuit : « L'homme est en devenir, comme le gland est la promesse du chêne. Prendre le chemin, c'est prendre les moyens de devenir homme. Sinon, nous restons une réalité psychobiologique, nous mourons sans être nés, sans avoir vu le jour. » Cela « décape » mais, après tout, c'est bien la croyante convenue et tiède que je suis venue déposer ici…

Après le déjeuner, break jusqu'à 15 heures. Ce n'est pas du luxe. Entre le réveil matinal et tout ce que nous avons déjà reçu ce matin, je sens que je dois faire reposer mes sensations et mes pensées qui débordent. Comme le disait Karl Graf Dürckheim, dont le père Alphonse a été un disciple pendant vingt ans, « si vous ne voulez pas pratiquer sans cesse, ce n'est pas la peine de commencer ». « L'amateurisme ne mène nulle part. On n'obtient rien sans régularité », commente le père Alphonse. Je sens que la décision à prendre va engager tout mon être et cela m'effraie. Je pose la prière de Jésus sur mes lèvres et je plonge dans une sieste réparatrice. À mon réveil, je marche jusqu'au petit étang avant d'aller prier quelques minutes dans l'ermitage en contrebas.

On redémarre l'après-midi en douceur, à nouveau avec le corps. À Béthanie, on ne perd jamais contact avec lui. On libère nos organes, on lâche nos peurs, nos angoisses, nos colères, nos refus de pardonner, de donner… Ce travail d'harmonisation et de relaxation est primordial : nous nous libérons ainsi progressivement de tout ce qui nous empêche de devenir prière. Nous lui faisons de la place… Puis, allongés, le corps enfin prêt à accueillir la prière de Jésus, on pose le Saint Nom sur nos pieds, nos mains, nos entrailles, notre gorge, notre visage. « Il n'est rien où l'on ne puisse, où l'on ne doive poser le Nom », nous dit Rachel. La prière s'inscrit sur ma peau, dans ma peau… Comme un « sceau sur mon cœur », dit le Cantique des Cantiques. Ainsi, les mots de la prière ne seront bientôt plus des mots, ils seront incorporés à tout mon corps, inscrits dans la moindre de mes cellules.

Le père Alphonse nous invite ensuite à prendre la posture sur notre petit banc. Je m'incline en appelant le Saint Esprit avant de rejoindre les mystères du souffle, au plus intime de moi-même. J'inspire le souffle de Dieu qui se donne, il me suscite à la vie. Chaque inspiration est une visitation… J'expire, je laisse circuler l'haleine divine en moi, je me donne, je m'abandonne. Dans cette réciprocité se trouve la vie. J'épouse la respiration de l'intérieur… Nous prenons le temps de quelques questions/réponses avant de prendre une petite demi-heure pour goûter. « Notre seul travail est de nous ouvrir à l'inouï de la Présence qui nous habite. Et la seule manière de s'ouvrir, c'est de sentir. » De fait, la journée est de plus en plus dense, comme si, peu à peu, je prenais conscience de la Présence tapie derrière chaque instant, chaque parole, chaque geste. Je pressens qu'il en va de ma responsabilité de ne plus l'ignorer…

À 16h45, un nouvel enseignement nous est offert. « Si le Christ est ma chair, mon sang et mon souffle, je n'ai pas besoin de religion, j'ai juste besoin de *sentir*. On sait que Dieu existe par expérience. Si j'écoute, l'Esprit m'enseigne. Chacun est prophète et peut recevoir ce que l'Esprit lui souffle à chaque instant. » Le père Alphonse nous introduit, parole après parole, à la prière du cœur. « Seigneur Jésus, Fils de Dieu, aie pitié de moi pécheur. » Demain et après-demain, il cherchera ses résonances dans la Bible ou dans les écrits des Pères du désert. Redonner leur poids aux

Petite bibliothèque idéale (et subjective)

Livres à lire avant une retraite ou pour la prolonger…

▌ *La vérité vous rendra libre, entretiens d'Oliver Clément avec le patriarche œcuménique Bartholomée Ier*, Marabout, 1996.

▌ *Sagesse et pratiques du christianisme*, Alphonse et Rachel Goettmann, Presses de la Renaissance, 1995.

▌ *Dieu est vivant. Catéchèse pour les familles*, Le Cerf, 1998.

▌ *Approches de Dieu dans la voie orthodoxe*, Kallistos Ware, Le Sel de la terre/Le Cerf, 2004.

▌ *Sources, les mystiques chrétiens des origines*, Olivier Clément, Stock, 1992.

▌ *L'Orthodoxie, l'Église des 7 conciles*. Kallistos Ware, Le Sel de la terre/ Le Cerf, 2002.

mots, redonner sa profondeur à chaque instant vécu. À 18 heures, nous quittons la Parole pour rejoindre l'expérience. Sur le banc, en cercle autour de l'icône du Christ, nous nous inclinons… et prenons la direction de l'unique nécessaire. « Chaque respiration fait du souffle le porteur du Nom qui fait croître l'homme de l'image vers la ressemblance. Chaque inspir est une montée vers la lumière, chaque expir une descente dans les profondeurs. Vous allez vous éveiller à votre propre mystère. La prière de Jésus opère des miracles. En particulier, posée sur les autres, elle transfigure nos relations. Au lieu de rester dans un petit regard qui ne voit que l'extériorité et qui juge, on perce la carapace des choses, notre regard est transfiguré, l'invisible devient visible », nous rappelle le père Alphonse.

Les vêpres sonnent. Je chante en chœur, je chante en cœur. Chanter, c'est chercher à s'accorder au chant du monde. « Nous devons retrouver notre nature profonde qui est jubilation. Chanter n'est pas différent de méditer. Partout où l'on incante, la Parole se dit », commente Rachel. Le dîner est servi. Demain, nous célébrerons l'Assomption de la Vierge. Quelle belle coïncidence ! Rachel conclut la journée : « La meilleure façon de dire la prière de Jésus, c'est de demander à Marie de la dire

À écouter

Le premier CD des hymnes byzantins du mont Athos
Les moines du monastère de Saint-Antoine-le-Grand, dans le Vercors, directement rattachés au monastère de Simonos Petra du mont Athos, en ont traduit les chants byzantins. Jusqu'à ce jour, aucun des hymnes du mont Athos n'avait été enregistré et commercialisé. Ils sont disponibles chez Virgin.

en nous. L'assise contemplative est une attitude typiquement mariale, en coupe. Demandons-lui d'être la mère de notre prière »…

Nous nous séparons en silence, pour que la prière puisse faire son chemin dans notre cœur. Demain, Guy-Antoine ouvrira nos oreilles avec des mélodies klezmer d'Europe centrale. Une nouvelle journée commence : me voici Seigneur, je viens faire ta volonté…

« Est moine celui qui n'a de regards que pour Dieu seul, de désirs pour Dieu seul, d'application qu'à Dieu seul et qui, en paix avec Dieu, devient cause de paix pour les autres. »
Saint Théodore Studite

Le silence n'est pas vide,
c'est une Présence

Entretien

Avec Pascal Sauvage, membre de la communauté depuis vingt-cinq ans.

▌ *Qui frappe à votre porte ?*

Les gens qui viennent ici sont souvent issus de la tradition chrétienne mais, par l'ouverture de Béthanie à l'enseignement de Graf Dürckheim, ce sont souvent des gens qui ont été attirés par l'Extrême-Orient. Ici comme ailleurs, nous constatons que la demande a évolué. Il y a vingt-cinq ans, les gens avaient une recherche clairement spirituelle. Aujourd'hui, ils ne frappent plus nécessairement à la porte pour cela mais d'abord pour résoudre un mal-être quotidien. De ce fait, nous n'apportons pas tout à fait les mêmes réponses qu'hier. C'est ainsi que nous avons ajouté des sessions plus proches des préoccupations immédiates des gens, sur « Le pardon », « La mort » ou encore « Le hara[1] »...

▌ *Quelle place accordez-vous au silence et quel rôle lui attribuez-vous ?*

Nous tenons compte de la difficulté que certains peuvent avoir avec le silence. Tout le monde n'est pas prêt à en faire l'expérience ! Nous avons des sessions avec un silence formel qui s'adressent à des personnes souhaitant entrer dans le silence total pendant deux ou trois jours. C'est souvent accompagné de jeûne, et la focalisation se fait entièrement sur la Parole de Dieu. C'est l'occasion d'apprendre que le silence n'est pas vide, que c'est une présence. On la découvre par étapes... En dehors de cela, la plupart de ceux qui viennent en session à Béthanie sont des commençants. Nous considérons que celles et ceux qui font l'expérience de la profondeur ne doivent pas être « agressés » par le silence et qu'ils ont besoin d'un sas pour pouvoir partager, notamment au moment des repas.

---

1. « Le *hara*, un centre vital », voir p. 396.

Parole de retraitante |

« *J'ai effectué ma première retraite à trente-deux ans, à un moment où je traversais une grave crise de couple. Je suis allée une semaine au monastère cistercien de Belval, dans le Pas-de-Calais. J'étais baptisée, mais j'avais tout rejeté à l'adolescence. J'allais tellement mal que j'avais besoin de prendre de la distance. Une sœur du monastère m'a proposé d'avoir un échange. En mon for intérieur, je pensais : "Il n'y a que moi qui peux m'aider !" J'étais en analyse, je pensais dur comme fer qu'on pouvait s'en sortir par un travail sur soi. J'assistais aux offices. Incompréhensiblement, cela me touchait énormément. J'allais à l'église avant l'heure. Je voyais arriver les sœurs dans leur robe de bure blanche et je pensais : "Ces femmes peuvent vivre sans homme." J'ai eu très peu d'échanges avec elles, je les observais. Je ne connaissais rien aux heures monastiques, je découvrais leur rythme. À mon retour, la rupture a été inévitable et j'ai fait une dépression pendant deux ans. J'ai aussi commencé à avoir des lectures spirituelles. Finalement, a posteriori, je pense que c'est cette séparation qui m'a ouverte au chemin. Chez mon ostéopathe, il y avait un dépliant sur un centre spirituel orthodoxe, Béthanie en Lorraine. Cela parlait de halte au désert, de silence. Cela a attiré mon attention car je recherchais depuis longtemps un lieu où vivre le silence. J'ai mis cinq ans à me décider. J'avais peur du côté chrétien. Pour moi, être chrétien, cela signifiait être dogmatique, prêcheur et "béni-oui-oui". Ma famille pratiquait un peu "pour la forme", j'étais révoltée par cette tradition sans ferveur, sans vécu. Arrivée à Béthanie, cela a été un vrai choc intérieur ! Les fondateurs, le père Alphonse Goettmann et son épouse Rachel, parlaient de Jésus à tout bout de champ ! J'ai néanmoins pu "entendre" quelque chose dans mes profondeurs, mais j'aurais aimé une spiritualité "moins Christ" ! Quoi qu'il en soit, étrangement, j'ai senti que j'avais trouvé un lieu juste pour moi. Je*

*sentais des personnes dont le dire et le faire étaient en accord :
ils enseignent ce qu'ils vivent. Je pouvais enfin me permettre de
me poser et d'ouvrir ma recherche spirituelle. On a partagé la
semaine dans le silence et nous n'avons parlé entre retraitants
que le dernier jour. Il n'y avait pas de bavardages, on échan-
geait sur l'essentiel, c'est si rare... Pour autant, à mon retour,
pas grand-chose ne bougeait véritablement dans ma vie, même
si, tout doucement, je pouvais commencer à me dire croyante.*

*Je suis revenue à Béthanie un an plus tard, toujours pour la session
de "Halte au désert". Depuis, j'ai élargi l'horizon des sessions auxquelles je participe. Je suis également allée suivre plusieurs stages
avec Annick de Souzenelle au centre orthodoxe Sainte-Croix (Dordogne) pendant quatre jours. C'est un très beau lieu, avec un beau
soleil du Sud. On m'a conseillé de suivre une session "Agapè" avec
la communauté des Béatitudes : on refait la trajectoire de sa vie
sous le regard et l'amour du Christ, en cellule, seuls. C'est un travail de réconciliation très costaud ! J'ai été un peu dérangée par le
côté charismatique, mais j'ai fait en sorte que cela n'entrave pas le
travail très intéressant qu'ils proposent, notamment sur le pardon.
C'est là-bas que je me suis dit : "Je suis catholique, j'appartiens à
une famille énorme, très diversifiée." Quel chemin ! Cet été, je vais
enfin oser aller à Jérusalem, la terre sacrée, avec la communauté
de Béthanie. C'est le père Alphonse et Rachel qui m'ont fait naître à
ma vie intérieure. Quel cadeau de faire ce voyage avec eux !*

*Mes différentes expériences m'ont transformée. J'ai rencontré le
père dominicain Philippe Maillard et sa communauté dans un
quartier populaire de Lille, où je vis. C'est le quart-monde qui
vient taper à sa porte ! J'y ai progressivement fait ma place, j'y
vais plusieurs fois par mois. Philippe a accepté de devenir mon
père spirituel. C'est un vrai père d'amour pour moi... »*

Florence

Adresses en France

*Allez donc
aux carrefours
d'où partent les chemins
et convoquez à la noce
tous ceux
que vous trouverez…
afin que ma maison
soit remplie.*
Matthieu 22, 9

Il existe un petit guide des monastères orthodoxes de France, réalisé par Hiéromoine Samuel, du monastère de la Théotokos et de Saint-Martin de Cantauque. On peut se le procurer auprès du monastère de Cantauque – 11250 Villebazy.

AQUITAINE

Sainte-Croix
(Dordogne)

En pleine nature, dans un paysage de vignes et de vallons. Le site est exceptionnel (trente hectares de bois) et favorise ainsi le repos et la prière. Une communauté de familles vit au rythme de la prière quotidienne dans l'esprit du partage et de l'accueil de l'instant présent.

Contact

24240 Monestier
Tél.: 05 53 63 37 70 – Fax: 05 53 61 31 05
Courriel: centresaintecroix@tiscali.fr
Site: http://www.centresaintecroix.net

Monastère de la Transfiguration
(Dordogne)

À 20 km de Brive. Le monastère, dépendance féminine du monastère de Simonos Petra situé au mont Athos (Grèce), est installé sur le terrain d'une ancienne ferme. Les bâtiments sont restaurés petit à petit, et transformés en bâtiments monastiques.

Contact

La Vasserie – 24120 Terrasson-Lavilledieu
Tél./Fax: 05 53 50 23 94
Courriel: pere.elie@tiscali.fr

BOURGOGNE

Monastère de Bussy
(Yonne)

En Champagne, dans le village. Premier monastère orthodoxe en France (1946). Les chants sont en slavon.

Contact

Monastère Notre-Dame de Toute Protection
11 rue de la Forêt – 89400 Bussy-en-Othe
Tél.: 03 86 91 93 52

BRETAGNE

Monastère Sainte-Présence
(Morbihan)

Le monastère est une terre d'accueil et de paix ouverte à tous les hommes dans le respect de la tradition et des convictions de chacun. De nombreuses personnes y viennent pour une simple visite, pour chercher un conseil spirituel ou faire une retraite de quelques jours. Une maison d'accueil, l'Oasis Saint-Joseph, héberge les retraitants. La divine liturgie est célébrée quotidiennement ainsi que les offices monastiques.

Contact

Le Bois-Juhel – 56130 Saint-Dolay
Tél.: 02 99 90 11 01
Réservation pour l'Oasis Saint-Joseph:
Tél.: 06 84 71 33 69
Courriel: oasis-st-joseph@eoc-coc.org
Site: http://www.orthodoxie-celtique.net

CENTRE

Monastère Saint-Michel-et-Saint-Martin
(Indre-et-Loire)

Entre Tours et Poitiers, en pleine campagne. Chant en français sur ton grégorien. En face de l'ancien monastère du XIe siècle.

Contact

37120 Luze
Tél.: 02 47 58 34 48
Site: http://www.eglise-orthodoxe.eu/abbaye_saint_michel_martin.htm

LANGUEDOC-ROUSSILLON

Monastère de la Théotokos et de Saint-Martin
(Aude)

À 30 km de Carcassonne. Établi sur le domaine forestier des hautes Corbières, ce monastère relève de l'église orthodoxe roumaine. Il accueille les hommes qui cherchent le silence et le recueillement, au cœur d'un vaste domaine agricole et forestier de cent cinquante hectares. La communauté célèbre ses offices en fran-

çais et chante selon la psaltique grecque. Les principales activités sont l'hospitalité, l'organisation de sessions d'initiation à l'iconographie, à la psaltique et à l'hébreu biblique, à la ciselure sur bois, à la restauration d'icônes anciennes, à la sculpture et à l'apiculture.

Contact

Domaine de la Cantauque – 11250 Villebazy
Tél.: 04 68 31 69 61 – Fax: 04 68 31 69 60
Courriel: monacant@club-internet.fr
Site: http://www.monastere-cantauque.com

▌ Andreï Roublev

Andreï Roublev (1360 ou 1370-1430), moine canonisé par l'Église orthodoxe russe en 1988, est considéré comme le plus grand iconographe russe. « Successeur » de Théophane le Grec, lequel avouait vouloir traduire dans sa peinture « la beauté spirituelle que discernaient ses yeux spirituels », il fut disciple de saint Serge de Radonège.

Parmi ses icônes les plus célèbres, on note celles de l'archange Michel, de saint Paul et du Sauveur. Mais son chef-d'œuvre est incontestablement l'icône dite « de la Trinité de l'Ancien Testament ». Elle représente la visite que trois anges messagers firent à Abraham sous le chêne de Mambré (Genèse, 18, 1-8). Exposée à la galerie Tretiakov de Moscou, cette icône est devenue le « modèle parfait » donné à tous les iconographes de l'école russe. Andreï Roublev a fait l'objet du film culte inoubliable de Tarkovski, *Andreï Roublev*, 1969 (édité par MK2).

Monastère de Cantauque
(Aude)

Pour les femmes. C'est le pendant féminin du monastère de la Théotokos.

Contact

Domaine de la Cantauque – 11250 Villebazy
Tél.: 04 68 31 02 10 – Fax: 04 68 31 69 60
Site: http://www.monastere-cantauque.com

Monastère de Solan
(Gard)

Entre Orange et Uzès. Dépendance féminine en France du mont Athos, la liturgie est chantée en français selon la tradition du mont Athos.
Sur un domaine de quatre-vingts hectares, le monastère a comme particularité d'être une exploitation fruitière et vinicole cultivée en biologie à laquelle Pierre Rabhi apporte son soutien.

Contact

Monastère de la Protection-de-la-Mère-de-Dieu
30330 La Bastide-d'Engras
Tél.: 04 66 82 94 25
(les mardi-jeudi-samedi de 13 h à 15 h)
Fax: 04 66 82 99 08
Site: http://www.monasteredesolan.com

Monastère Saint-Nicolas
(Hérault)

À 60 km de Béziers. Sous la juridiction du patriarcat œcuménique de Constantinople, le monastère Saint-Nicolas est installé depuis 1965 en pleine campagne près des sources de l'Orb. Selon l'usage de la tradition monastique orthodoxe, le monastère ne reçoit que des hommes. Une certaine motivation spirituelle est demandée, avec un respect du rythme communautaire et une assistance minimale aux offices du soir et aux liturgies des dimanches et des jours de fêtes.

Contact

La Dalmerie – 34260 Le Bousquet-d'Orb
Tél.: 04 67 23 41 10 – Fax: 04 67 23 44 83
Courriel: st.nicolas@dalmerie.com
Site: http://www.dalmerie.com

Skyte Sainte-Foy
(Lozère)

Dans les Cévennes en pleine campagne. Chant en français sur des tons slaves. Fondé par le frère Jean, aujourd'hui Père Guérasime.

Contact

48160 Saint-Julien-des-Points
Tél.: 04 66 45 42 93
Site: http://photo-frerejean.com

LORRAINE

Béthanie
(Moselle)

Dans le site forestier du parc régional de Lorraine, en pleine nature, suivant la tradition des Pères de l'Église, ce centre de rencontres spirituelles accueille sans exclusivité tous les chercheurs de Dieu, croyants, agnostiques ou athées, pratiquants ou non, pauvres et riches, jeunes et vieux... Les enseignements, issus de la tradition des Pères de l'Église, sont également inspirés de l'enseignement de K. G. Dürckheim.
▸ *Voir reportage p. 258-274.*

Contact

Prieuré Notre-Dame-et-Saint-Thiébault
57680 Gorze
Tél.: 03 87 52 02 28 – Fax: 03 87 69 91 79
Courriel: centre.bethanie@wanadoo.fr
Site: http://www.centre-bethanie.org

« *À tout moment
la vie abonde, ruisselle,
irrigue ce quotidien
auquel nous ne savons
pas nous arrêter.
C'est du plus ordinaire
que filtre l'eau
de la source.* »

Charles Juliet

français, ou bien encore dans le cadre d'une retraite ou d'une session d'enseignement...

Le monastère Saint-Michel offre un espace de prière, de silence, de louanges au cœur de la garrigue varoise...

Contact
1909 route de Lorgues
Flayosc par 83510 Lorgues
Tél. : 04 94 73 75 75
Fax : 04 94 84 34 88
Site : http://www.eof.fr/mon_michel.htm

PAYS-DE-LOIRE

Monastère Saint-Silouane
(Sarthe)

Près du Mans en pleine campagne. Chant en français sur des tons slaves.

Contact
72440 Saint-Mars-de-Locquenay
Tél. : 02 43 35 95 12
Site : http://www.monastere-saint-silouane.eu

PROVENCE-ALPES-CÔTE D'AZUR

Monastère Saint-Michel du Var
(Var)

S'arrêter une heure, une journée, une semaine, pour retrouver le rythme, le sens, le centre de notre vie au cours d'une marche silencieuse dans la nature, au cœur de l'un des offices monastiques chantés a cappella, en polyphonie et en

Des catholiques organisent aussi des sessions de prière du cœur : Talitha Koum

« *Talitha Koum !* » Ces mots n'ont rien d'une formule magique ou ésotérique, ils reprennent ceux que prononce Jésus dans l'évangile de Marc en ressuscitant une petite fille : « Éveille-toi ! »

Vous trouvez que la vie va trop vite ? Vous souhaitez trouver l'union du corps et de l'âme ? Talitha Koum est un mouvement spirituel à la recherche de la paix intérieure, animé par le père Patrick Gourier. L'association organise des marches méditatives, des sessions pour « retrouver son souffle »...

Contact
Maison diocésaine
10 rue de la Trinité
86034 Poitiers Cedex
Tél. : 05 49 60 32 53
Site : http://www.talithakoum.asso.fr

Rhône-Alpes

Monastère de Saint-Antoine-le-Grand
(Drôme)

Le monastère est situé à la lisière du Vercors, dans l'admirable vallée de Combe-Laval, au pied de hautes falaises rocheuses qui s'élèvent à plus de 1 000 mètres. Le monastère est guidé par l'archimandrite Placide Deseille. Des hommes et des femmes de toute origine y viennent pour participer à un office, pour demander un conseil spirituel, ou simplement pour se pénétrer de l'atmosphère de paix et de beauté qui enveloppe les lieux. Le monastère rayonne surtout par la prière des moines pour le monde. Huit chambres au village.

Contact

Font-de-Laval
26190 Saint-Laurent-en-Royans
Tél.: 04 75 47 72 02 – Fax: 04 75 47 50 69

Adresse en Belgique

Église orthodoxe

Contact

Avenue Charbo – B-1030 Bruxelles
Tél.: 00 32 (0) 27 36 52 78
Fax: 00 32 (0) 27 35 32 64
Courriel: Eglise.Orthodoxe@belgacom.net

Parole de retraitant

« J'ai fait quelques retraites dans des monastères, qui m'ont permis de me ressourcer et de me recharger spirituellement pour quelques semaines. Malheureusement, de retour au quotidien, je me retrouve rapidement happé et reviennent vite les vieilles habitudes d'une vie terne. Le seul endroit qui fut pour moi l'objet d'une transformation réelle et radicale fut Béthanie, de par l'enseignement qu'ils transmettent issu des premiers Pères du désert dont ils sont les continuateurs. Ces enseignements m'ont permis de vivre tout moment de mon existence positif ou négatif, même les plus triviaux ou anodins, comme source de transformation. La prière du cœur pratiquée chez les orthodoxes permet en quelque sorte d'emporter son Église avec soi et de sacraliser tout moment de son existence. La retraite spirituelle n'est alors pas une simple parenthèse mais une impulsion vers la "vraie Vie". »
Casim

Les protestants

*"L'Écriture sainte ne contient pas,
comme les gens le pensent, des paroles à lire ;
elle ne contient que des paroles à vivre,
qui ne nous sont pas données pour spéculer
ou pour fantasmer, mais pour vivre et pour agir."*
Luther

S i les protestants n'ont pas de nombreux lieux de retraite en France, ils œuvrent en revanche d'une façon très dynamique à la rencontre entre religions. Ils mettent en avant la Parole qui unit, la Parole qui guérit. Ils interviennent très concrètement dans le champ du social et de l'aide à autrui, qu'il s'agisse de fondations pour les personnes handicapées, d'associations pour l'aide aux femmes battues, etc.

Les lieux d'accueil sont naturellement plus nombreux en Suisse, berceau du protestantisme réformé.

Adresses en France

" *Si tu veux prier, va dans la crypte de ton cœur.* "
Matthieu 6, 6

ALSACE

Centre communautaire du Hohrodberg
(Bas-Rhin)

Cette communauté de sœurs se consacre à la prière et à l'accueil. Retraites individuelles et en groupes.

Contact

68140 Munster
Tél. : 03 89 77 38 82

LANGUEDOC-ROUSSILLON

Centre chrétien de Gagnières
(Gard)

Ce centre protestant a pour vocation d'offrir aux œuvres et associations qui travaillent aux mêmes buts une infrastructure permettant l'organisation de rassemblements et de retraites.
Il est doté de plusieurs bâtiments avec chambres et salles de réunions, chapiteaux, d'un restaurant, d'un camping. Des rassemblements protestants aux camps artistiques, en passant par sessions, retraites ou week-ends à thèmes.

Contact

Le Martine
30160 Gagnières
Tél. : 04 66 25 02 67 – Fax : 04 66 25 19 27
Courriel : contact@centrechretien-gagnieres.org
Site : http://www.centrechretien-gagnieres.org

À méditer

« *Or tout est bon à vivre, rien n'est médiocre et tout doit être aimé ; même la banalité, parce qu'elle n'existe pas, même l'effort, parce qu'il faut qu'il existe, même les alarmes que nous nous imposons, pour des bénéfices tardifs ou grevés d'incertitude. Notre corps et notre esprit sont à l'œuvre et peinent, mais l'espérance éclaire nos pas mieux qu'elle ne le fait encore de l'horizon. L'avenir, connais pas : nos projets ont déjà commencé, nos promesses ébauchent déjà les figures définitives. C'est tout de suite ou jamais* ».
France Queré

La fraternité des veilleurs

C'est en 1923 qu'encouragé par son fils, le naturaliste Théodore Monod, le pasteur Wilfred Monod fonde la fraternité spirituelle des veilleurs. Elle regroupe des chrétiens, majoritairement protestants, qui ne vivent pas ensemble, mais se soutiennent dans leur vie spirituelle en s'engageant à suivre une règle très simple. La règle des veilleurs comporte trois engagements essentiels :

▌ avoir trois moments de recueillement chaque jour, matin, midi et soir ;

▌ marquer plus spécialement le vendredi par un « hommage au crucifié ». Cette « consécration du vendredi » peut prendre un tour pratique : aide matérielle ou spirituelle, visite, lettre, jeûne… ;

▌ participer au culte du dimanche dans sa communauté locale, ou, en cas d'impossibilité, écoute de la radio ou de la télévision.

Les veilleurs se retrouvent une fois par trimestre, font des retraites… Actuellement le prieur est Daniel Bourguet, un ermite, fait extrêmement rare dans le protestantisme.

PROVENCE-ALPES-CÔTE D'AZUR

Communauté de Pomeyrol
(Bouches-du-Rhône)

Pomeyrol est le lieu où on vient se ressaisir, trouver le calme nécessaire à certains travaux intellectuels ou à l'orientation d'une vie. Pomeyrol voit croître d'année en année le nombre des retraitants, croyants de toutes confessions ou libres-penseurs, y compris des laïcs et religieux catholiques et orthodoxes. La communauté des sœurs de Pomeyrol organise retraites spirituelles, individuelles et collectives, mais aussi des semaines de silence. Quelques jours de silence et de prière en pleine montagne, au rythme des offices quotidiens.

Contact

13103 Saint-Étienne-du-Grès
Tél. : 04 90 49 18 88 – Fax : 04 90 49 10 76
Courriel : info @ pomeyrol.com
Site : http://www.pomeyrol.com/

RHÔNE-ALPES

Communauté du Moûtier Saint-Voy
(Loire)

Au cœur du plateau de la Haute-Loire, Le Moûtier Saint-Voy est un lieu où s'exprime la quête inlassable de Dieu, dans la prière, le silence et le travail. La communauté ouvre sa prière et son accueil à toute personne souhaitant vivre une démarche de retraite spirituelle, soit dans la petite maison d'accueil, soit en ermitage. C'est le lieu de référence pour les membres du tiers-ordre de la communauté des diaconesses.

Contact

La Costette
42520 Le Mazet-Saint-Voy
Tél. : 04 71 65 05 45
Courriel : sœursmoutier@free.fr
Site : http://www.diaconesses-reuilly.fr/moutier.html

Voir également les **Diaconesses de Reuilly** (dont dépend Le Moûtier Saint-Voy).

Contact

10 rue Porte-de-Buc – 78000 Versailles
Tél. : 01 39 24 18 80
Site : http://www.diaconeses-reuilly.fr

Adresses en Suisse romande

CANTON DE BERNE

Centre de Sornetan

Situé dans un magnifique cadre naturel, dans le Jura bernois, à 843 mètres d'altitude, il dépend de l'Église réformée et a notamment pour mission d'être un lieu d'accueil et de dialogue.

Contact

CH-2716 Sornetan
Tél. : 00 41 (0) 32 484 95 35
Fax : 00 41 (0) 32 484 95 36
Courriel : info@centredesornetan.ch
Site : www.centredesornetan.ch

CANTON DE VAUD

Diaconesses de Saint-Loup

Là-haut, taillée dans le roc, une grotte domine le plateau de Saint-Loup. Autrefois, elle servait de demeure à un ermite. Désormais, depuis plus de cent soixante ans, la communauté des diaconesses de Saint-Loup y exerce un ministère d'accueil, de prière, de compassion et d'enseignement. Elle accueille en séjour pour vivre une guérison, une libération ou un temps de retraite, de repos, de vacances avec ou sans accompagnement. On peut y venir seul, en couple, en famille ou en équipe.

Contact

La Montagne de prière
CH-1318 Pompaples
Tél. : 00 41 (0) 21 866 52 06
Fax : 00 41 (0) 21 866 52 60
Courriel : diaconesses.mont.prière@saint-loup.ch
Site : www.saint-loup.ch

Petite bibliothèque idéale (et subjective)

Livres à lire avant une retraite ou pour la prolonger…

D'une façon générale, les livres de la collection « Je crois » (éditions Olivetan) sont à recommander. En particulier ceux de Daniel Bourguet : *La Méditation de la Bible*, *Approche du Notre-Père*, *Les Béatitudes*, *Prions les Psaumes*, *Sur un chemin de spiritualité*.

Lytta Basset, la théologienne qui fait salle comble

On connaît Lytta Basset, théologienne et pasteure, pour sa parole libre de chrétienne au discours dépoussiéré. La théologienne a en effet publié des livres marquants et souvent primés : *La Joie imprenable*, *Guérir du malheur*[1] ou *Au-delà du pardon : savoir tourner la page*[2]. Elle prend aussi régulièrement la parole devant des auditoires les plus hétérogènes, en Europe et au Canada. Lorsqu'elle y affronte de plein fouet les poncifs sur la culpabilité, elle fait d'ailleurs salle comble…

Son succès n'est pas usurpé : elle écrit et parle avec la vérité de son histoire, elle paie de sa chair le souffle qu'elle transmet. Ainsi, l'expérience, transformée, d'une « enfance massacrée » par un terrible secret, l'a amenée ces dix dernières années à partager ce qu'elle avait compris du mal subi et du pardon. Au printemps 2007, elle confiait dans *Ce lien qui ne meurt jamais*[3] ce qui fut pour elle une explosion atomique : le 11 mai 2001, son fils aîné Samuel se jetait d'une tour à l'âge de vingt-quatre ans. « Aucun livre ne m'a autant coûté », avoue la mère « désenfantée ». Elle livre son champ dévasté et le long et étonnant chemin qui fut le sien pour reprendre pied dans le monde des vivants.

La parole de Lytta Basset est une traversée, celle d'une femme qui cherche à entrer dès ici-bas dans la Vie[4].

1. Ces deux ouvrages sont publiés en poche chez Albin Michel.
2. Presses de la Renaissance.
3. Albin Michel, 2007.
4. Pour connaître le programme de ses conférences : http://www.unine.ch/theol/enseign/Basset1-presentation.

Romainmôtier

La fraternité En Dieu te fie accueille pour partager une vie fraternelle en petit groupe, pour participer à la prière et à la recherche du silence, pour rencontrer et partager avec une sœur.

Contact

Fraternité En Dieu te fie
1323 Romainmôtier
Tél./Fax : 00 (0) 41 24 453 15 08
Courriel : amathys@bluewin.ch

Crêt-Bérard

Au sommet d'une colline de berger. Calme, sérénité, écoute, disponibilité, ces quelques mots sont le reflet de la vie inspirée du lieu.

Contact

La Maison de l'église et du pays
Case postale 27 – CH-1070 Puidoux
Tél. : 00 41 (0) 21 946 03 60
Fax : 00 41 (0) 21 946 03 78
Courriel : info@cret-berard.ch
Site : www.cret-berard.ch

Œcuménisme

“Eh bien! Cher homme,
En quoi cela peut-il te nuire
De permettre à Dieu d'être Dieu en toi ?
Sors entièrement de toi pour Dieu
et Dieu sortira entièrement de Lui pour toi.”

Maître Eckhart, *Sermon 5b*

L'œcuménisme, tel qu'il est aujourd'hui entendu, désigne les efforts faits ici et là pour redonner à la famille chrétienne divisée une unité profonde et visible. Jésus n'enseignait-il pas que la communion des chrétiens devait être un signe de réconciliation universelle par lui ?... Pour autant, les résultats les plus visibles sont relativement récents et sont étroitement liés au concile Vatican II. Ainsi, la traduction œcuménique de la Bible, commune aux diverses confessions, chrétiennes, est un texte majeur qui n'a que vingt ans ! Plus récemment, les textes, comme d'ailleurs les gestes de Jean-Paul II en faveur de l'œcuménisme sont fort nombreux. Quoi qu'il en soit, l'aventure est désormais en marche avec de beaux exemples de lieux ouverts.

Adresses en France

BOURGOGNE

Communauté de Taizé
(Saône-et-Loire)

Accueillir a toujours représenté une part essentielle de la vie à Taizé, haut lieu de l'œcuménisme en France sur une colline bourguignonne. Tout au long de l'année, des jeunes – et des moins jeunes – assoiffés de prière de toutes confessions viennent de tous les pays d'Europe et d'autres continents participer à des rencontres centrées sur vie intérieure et la solidarité humaine. Ils allument des petites bougies et leurs chants, en boucle, s'élèvent dans toutes les langues dans la pénombre de l'oratoire… D'un dimanche à l'autre, chacun est invité à entrer dans le rythme d'une vie commune pendant une semaine : se rassembler avec les frères trois fois par jour pour la prière, se joindre à des personnes d'autres pays pour les rencontres, les repas, des discussions en petits groupes, et divers travaux.
Une maison isolée accueille également ceux qui souhaitent faire une retraite plus au calme et passer la semaine en silence. Possibilité d'entretiens personnels avec un frère ou une sœur.
« Un monastère est une petite source », avait dit Jean-Paul II de passage à Taizé…

▌ **À lire avant d'y aller ou au retour :**
Histoire de Taizé, Jean-Claude Escaffit et Moïz Rasiwala, Le Seuil, 2008.

Contact

71250 Taizé
Tél. : 03 85 50 30 01
Courriel : rencontres@taize.fr
Site en vingt-six langues : http://www.taize.fr

ÎLE-DE-FRANCE

La maison de Tobie
(Val-de-Marne)

D'inspiration chrétienne et œcuménique, la maison de Tobie est une association qui offre la possibilité de vivre des moments de silence et d'intériorité dans un contexte chrétien. Elle s'est créée en 1989 sous l'impulsion du frère Benoît Billot, bénédictin du prieuré Saint-Benoît à Étiolles. Benoît Billot a travaillé avec K.G. Dürckeim et les époux Gœttmann. Il a voyagé en Asie et participe au Dialogue interreligieux monastique. La maison de Tobie rassemble des hommes et des femmes qui s'avancent – comme le jeune Tobie de la Bible – sur une voie tout en la cherchant encore… De nombreuses activités sont proposées : zazen, prière du cœur, peinture, calligraphie, tai-chi, yoga… Les moyens sont simples : silence, souffle, postures, gestes, symbolique, études…, mais enracinés dans les grandes traditions, et mis en œuvre dans un climat d'écoute, de compréhension, de dialogue et d'ouverture.

Contact

8 avenue Léon-Gourdault
94600 Choisy-le-Roi
Tél. : 01 45 46 57 19 (rép.)
Site : www.lamaisondetobie.com

Le Forum
(Paris)

D'inspiration chrétienne et œcuménique, le Forum est un centre culturel intégré dans une communauté mariste parisienne qui se veut un lieu de rencontre possible entre expérience chrétienne et nouvelles quêtes spirituelles. Un lieu enraciné dans un passé, sans être enfermé par lui.

Contact

102 bis-104 rue de Vaugirard
75006 Paris
Tél. : 01 45 44 01 87 – Fax : 01 45 44 80 75
Courriel : forum104@wanadoo.fr
Site : www.forum104.org

Centre Assise
(Val-d'Oise)

Dans le Vexin, à quarante-cinq minutes de Paris. Lieu de cheminement, de rencontres, de silence, qui repose sur trois piliers : spiritualité chrétienne, méditation zen et thérapies initiatiques de Dürckheim (comme l'argile, le dessin méditatif, le travail à partir de mythes ou de contes ou encore l'écriture ou le chant). Le centre Assise propose un travail intérieur qui engage toute la personne pour lui faire découvrir sa profondeur, ombre et lumière, pour lui apprendre à mieux se connaître, pour l'aider à se construire et à s'unifier, pour mieux vivre en harmonie avec soi-même et les autres et donner sens à sa vie. Sessions intensives de plusieurs jours l'été.

Contact

29-31 rue Guesnier – 95420 Saint-Gervais
Tél. : 01 34 67 00 39 – Fax : 01 34 67 25 32
Courriel : centre.assise@wanadoo.fr
Site : http://assise.free.fr

Esprit d'Assise, descends sur nous !

Le 27 octobre 1986, sur une colline en la cité d'Assise en Italie, le pape Jean-Paul II conviait à un rassemblement inédit non seulement les chrétiens de diverses confessions, mais aussi des représentants des différentes religions, et lançait un appel d'une audace prophétique à la concorde entre croyants. « Toute prière authentique, disait-il, est suscitée par l'Esprit Saint qui est mystérieusement présent dans le cœur de tout homme. » S'y associèrent de nombreux chefs d'État. Plusieurs pays en guerre, en réponse à un appel du pape, marquèrent l'intérêt qu'ils portaient à cette rencontre par une trêve des armes.

Cette initiative, qui fut l'un des actes les plus marquants de son pontificat, eut un large écho dans l'opinion publique : elle constitua un message vibrant en faveur de la paix et donna un souffle nouveau au dialogue interreligieux. « [...] Il n'y a pas de paix sans un amour passionné de la paix. Il n'y a pas de paix sans une volonté farouche de réaliser la paix. La paix attend ses prophètes. [...] La paix attend ses bâtisseurs. [...] La paix est un chantier ouvert à tous et pas seulement aux spécialistes, savants et stratèges. La paix est une responsabilité universelle : elle passe par mille petits actes de la vie quotidienne. Par leur manière journalière de vivre avec les autres, les hommes font leur choix pour ou contre la paix », concluait Jean-Paul II sur l'esplanade devant la basilique Saint-François.

Rhône-Alpes

Communauté de Caulmont
(Ardèche)

Caulmont, communion œcuménique de chrétiens catholiques et protestants au milieu des sapins et à un quart d'heure du splendide lac de Devesset. Depuis le 30 septembre 2007, suite à un incendie, l'accueil est transféré de la Normandie à l'Ardèche. L' « accueil en liberté », de la simple chambre d'hôte touristique à la retraite spirituelle, est ouvert à tous ceux qui cherchent un lieu d'accueil fraternel. Entre mille et mille cinq cents personnes,

La communauté du Chemin neuf

La communauté du Chemin neuf est une communauté catholique à vocation œcuménique, dans laquelle sont engagés des membres de différentes Églises (catholiques, protestants, anglicans, luthériens, évangéliques, orthodoxes), chacun gardant son identité confessionnelle et restant en lien avec sa propre Église. De spiritualité ignacienne, elle organise des retraites de réconciliation avec son histoire. Ce cheminement de guérison intérieure est destiné à des personnes vivant des difficultés de santé physique, psychique, spirituelle. Un accompagnement solide. Ses autres points forts ? Les couples et les jeunes.
Pour en savoir plus :
http://chemin-neuf.org

> *Celui qui prie est un être qui a un pôle. Ce pôle invisible et caché tire le croyant en avant. Ce croyant souvent chemine à tâtons, mais le but vers lequel il regarde l'emplit et l'entraîne. Peu à peu, il découvre qu'il est créé pour être habité par un Autre que lui-même.*
> Frère Roger

Adresses en France

• **Abbaye de Sablonceaux**
(Charente-Maritime, Poitou-Charentes)
Joyau au cœur de la Saintonge romane. Entre Royan, Saintes et Rochefort, dans la campagne et au bord des marais. Pour contempler les merveilles de l'architecture romane et gothique et celle de la nature. L'abbaye accueille pour un temps de dé-

de toutes les nationalités, viennent chaque année pour une journée, un week-
end, un séjour.

Contact

Les Sapins – 07320 Devesset
Tél.: 04 75 30 82 79
Courriel: accueil@caulmont.com
Site: http://www.caulmont.com

> *Le cœur de la paix,*
> *c'est la paix du cœur.*
>
> Jean-Paul II

sert, pour un temps de ressourcement,
pour une retraite individuellement accompagnée ou pour un temps de travail
personnel.

Contact

17600 Sablonceaux
Tél.: 05 46 94 41 62
Courriel: sablonceaux@chemin-neuf.org

• Abbaye Notre-Dame des Dombles
(Ain, Rhône-Alpes)

Contact

01330 Le Plantay
Tél.: 04 74 98 14 40 – Fax: 04 74 98 16 70
Courriel: nddombles@chemin-neuf.org

• Abbaye de Hautecombe
(Savoie, Rhône-Alpes)
Superbement accrochée au bord du lac
du Bourget, face à Aix-les-Bains, l'abbaye
de Hautecombe fut fondée dans la première moitié du XIIe siècle par les moines
de Cîteaux. Ainsi se sont succédé des
moines cisterciens puis bénédictins,
conférant à ce lieu un grand rayonnement
spirituel. Aujourd'hui, la communauté du
Chemin neuf accueille des retraitants,
en été seulement. Depuis 1993, chaque

première semaine d'août rassemble ainsi
plus de deux mille jeunes, venus d'une
trentaine de pays pour prier et partager
autour du thème « Construire la civilisa-
tion de l'Amour ». Une construction qui
passe par la musique et, notamment, par
la chorale œcuménique internationale du
Chemin neuf née à l'occasion des JMJ
1997. Cet ensemble de trois cent cinquante jeunes répète pendant l'année
dans différentes villes et se retrouve à
Hautecombe pour travailler un répertoire de negro spirituals et de musique
sacrée.

Contact

73310 Saint-Pierre-de-Curtille
Tél.: 04 79 54 58 80 – Fax: 04 79 54 29 94
Courriel: ccn.hautecombe@wanadoo.fr
Site: http://www.chemin-neuf.org/hautecombe

Adresses en Belgique

• Communauté du Chemin neuf
(Province du Brabant wallon)

Contact

Rue P.-Broodcoorens, 46 – B-1310 La Hulpe
Tél.: 00 32 (0) 26 53 70 39
Fax: 00 32 (0) 26 52 16 20
Courriel: lahulpe@chemin-neuf.be

Adresse en Suisse romande

Canton de Neuchâtel

Communauté de Grandchamp

À 10 km de Neuchâtel. La communauté – une soixantaine de sœurs venant des différentes Églises de la Réforme – a adopté la règle et l'office de Taizé, base de la vie commune et liturgique. Elles proposent des retraites spirituelles toute l'année. Elles ne vivent pas dans un monastère mais dans les chalets d'un hameau paisible. Pour ceux qui ont soif de silence, de prière, de communion et qui désirent un temps d'arrêt, une écoute et un accompagnement dans votre recherche. Le lac de Neuchâtel est à vingt minutes à pied. Des marches de prière silencieuse de trois jours, en montagne, sont également organisées ou encore « Jeûne et prière », « Introduction à la prière silencieuse »…

Contact

Grandchamp 4 – CH-2015 Areuse
Tél. : 00 41 (0) 32 842 24 92
Fax : 00 41 (0) 32 842 24 74
Courriel : accueil@grandchamp.org
Site : http://www.grandchamp.org

Parole de retraitant

« J'aime le côté interreligieux du centre Assise. Ici on médite assis dans la chapelle ou dans le zendo au-dessus, sur un zafu. On y associe de thérapies issues de Dürckheim, et plus particulièrement l'art. Le parcours atypique de Jacques Breton, le prêtre fondateur des lieux, un peu "en dehors des rails" m'a beaucoup plu. Là-bas on peut dire : "Je ne crois pas en Dieu." Le lieu allie la spiritualité, la nature – le domaine est superbe – et la création. Financièrement, cela compte aussi, c'est raisonnable. Je suis conquise. »

Céline

▌ À lire : *Vers la Lumière, expérience chrétienne et bouddhisme zen*, Jacques Breton, Bayard, 1997.

> **Ce qui compte, ce n'est pas une œuvre, c'est la trajectoire de l'esprit durant la totalité de la vie.**
>
> Joan Miró

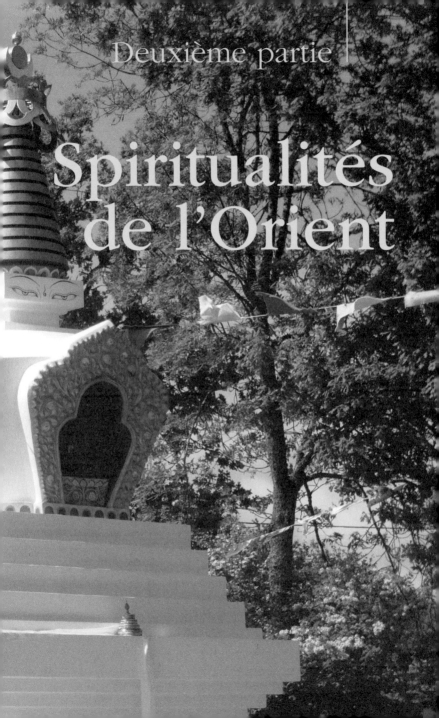

Deuxième partie

Spiritualités
de l'Orient

> *« Près de la chandelle,*
> *Une pivoine en silence. »*
> Morikawa Kyoroku

P armi les spiritualités de l'Orient, le bouddhisme est de loin la plus représentée en France, où c'est aujourd'hui la quatrième religion. Si cinq millions de Français se disent proches du bouddhisme, les pratiquants de l'Hexagone seraient autour de six cent mille (dont cent cinquante mille Français). À la fois religion, philosophie, « voie » et mode de vie, le bouddhisme s'étend sur près de deux mille cinq cents ans, depuis son origine en Inde jusqu'à son arrivée en Occident dans les années 1950.

Les centres bouddhistes accueillent des personnes de tous les horizons spirituels et culturels. En particulier, les initiations à différentes techniques de méditation tout comme les stages qui traitent de la thématique des émotions ont une résonance qui dépasse les appartenances religieuses des uns et des autres.

Le bouddhisme tibétain est le plus populaire auprès des médias occidentaux comme du grand public – mais la France accueille également des écoles vietnamiennes, coréennes, japonaises, birmanes…

Il existe aujourd'hui, en France, une centaine de centres tibétains et autant de dojos zen.

Quelle que soit l'école, d'une manière générale, il est demandé aux retraitants, pendant leur retraite, de respecter les cinq préceptes du bouddhisme :

• s'efforcer de ne pas nuire aux êtres vivants ni retirer la vie ;

• s'efforcer de ne pas prendre ce qui n'est pas donné ;

• s'efforcer de ne pas avoir une conduite sexuelle incorrecte, plus généralement, de garder la maîtrise des sens (le mental faisant aussi partie des sens) ;

• s'efforcer de ne pas user de paroles fausses ou mensongères ;

• s'efforcer de ne pas ingérer tout produit intoxicant diminuant la maîtrise de soi et la prise de conscience (alcool, drogues, tabac).

La prise de refuge

On ne devient pas bouddhiste par la naissance, comme c'est le cas pour le judaïsme, ou par le baptême, comme dans le christianisme, mais par un engagement solennel. On appelle cette « profession de foi » la « prise de refuge dans les Trois Joyaux » : le Bouddha, l'exemple à suivre, le Dharma, le chemin à emprunter, et la Sangha, la communauté des êtres qui assurent la transmission. Elle n'a de sens que si l'on s'applique, par la suite, à mettre en pratique l'enseignement du Bouddha.

La prise de refuge est généralement formulée au sein d'une cérémonie, publique ou privée, en présence d'un maître. Elle est très simple et consiste à répéter trois fois :

« Je prends refuge dans le Bouddha
Je prends refuge dans le Dharma
Je prends refuge dans la Sangha. »

Ce n'est pas une déclaration solennelle qui engage à vie celui qui la prononce ; elle est d'ailleurs souvent reformulée, parfois même plusieurs fois par jour. La récitation de la formule traditionnelle est aussi considérée, dans certaines pratiques de méditation, comme un moyen de fixer l'esprit et de renforcer la motivation du pratiquant. Elle devient alors une pratique à part entière, une façon de se souvenir du sens que l'on souhaite donner à sa vie...

> *Arrête.*
> *Reste tranquille.*
> *Reste silencieux.*
> *Les méditants sont faits pour être vus*
> *Pas pour être entendus.*
> *Chut...*
> *Calme tous les sens.*
> *Laisse tout tranquille.*
> *Lâche prise et laisse venir.*
> *Détends-toi.*
> *Il s'agit d'être*
> *Pas de faire.*
> *Ne fais rien.*
> *Contente-toi d'être,*
> *L'espace d'un instant.*
> *Le silence est d'or.*
> *Régale-toi.*

Lama Surya Das

Petite bibliothèque idéale
(et subjective)

Livres à lire avant une retraite ou pour la prolonger...

▌ *Le Bouddhisme expliqué à mes filles*, Denis Gira, Le Seuil, 2000. Pourquoi faire compliqué quand on peut faire simple ?

▌ *Dictionnaire encyclopédique du bouddhisme*, Philippe Cornu, Le Seuil, 2001. Un incontournable.

▌ *ABC du bouddhisme*, Fabrice Midal, Grancher, 2008. Un livre d'initiation très personnel.

▌ *Le Dalaï lama parle de Jésus*, J'ai Lu, 2000. Une perspective bouddhiste sur les enseignements de Jésus. Pour renouveler le regard...

▌ *Le Mythe de la liberté et la voie de la méditation*, Chögyam Trungpa, Le Seuil, coll. « Points Sagesse », 1979.

▌ *Après l'extase, la lessive*, Jack Kornfield, La Table ronde, 2001. Un bijou !

Le bouddhisme
tibétain

*“Au début, l'activité de l'esprit ressemble
à une cascade tumultueuse,
Ensuite, elle coule,
mouvant comme les flots du Gange,
Finalement, son eau est comme le fils
rencontrant la mère.”*

Tilopa

Le bouddhisme le plus connu en Europe, et notamment en France, vient du Tibet. Le bouddhisme tibétain est le conservatoire d'un grand nombre d'écoles bouddhiques, aussi bien le bouddhisme ancien que celui du grand véhicule qui met l'accent sur la voie héroïque de la grande compassion ou que celui du tantra ou vajrayana (le chemin alchimique et symbolique). L'un des génies du bouddhisme tibétain est de mettre l'accent, avec une très grande insistance, sur la compassion – comme en témoigne l'exemple du dalaï-lama. Le pratiquant lie à sa pratique de la méditation le souci que tous les êtres soient heureux et libres de la souffrance. Le bouddhisme tibétain est un bouddhisme tantrique et, en tant que tel, il considère que les émotions sont

Pour un bouddhisme occidental

« Ne pouvons-nous pas imaginer une forme individuée du Dharma s'appuyant sur de petites communautés indépendantes d'amitié spirituelle ? Ne pouvons-nous pas envisager un bouddhisme ancré dans notre existence, thérapeutique, démocratique, imaginatif, anarchique et agnostique pour l'Occident ? » écrit le

> *Pratiquer la Voie
> du Bouddha,
> c'est se connaître soi-même.
> Se connaître soi-même,
> c'est s'oublier soi-même.
> S'oublier soi-même,
> c'est être en unité
> avec toutes les existences.*
> **Dôgen Zenji**

Britannique Stephen Batchelor de la nouvelle génération des bouddhismes occidentaux. Il pose une question centrale : celle de l'acculturation du bouddhisme en Occident. Deux enseignants français de moins de cinquante ans, Éric Rommeluère, bouddhiste zen, et Fabrice Midal, bouddhiste tibétain, chacun à leur manière, y apportent une réponse originale.

Éric Rommeluère pratique le zen depuis trente ans et anime l'association Un zen occidental, un espace de pratique, d'initiation et d'approfondissement du zen ouvert à tous. L'accent est y mis sur une compréhension profonde du bouddhisme, sur la pratique de la méditation et le travail intérieur. La mise en perspective des cultures et des traditions y est recherchée. Des groupes de pratique existent à Paris et à Cannes.
Fabrice Midal est docteur en philosophie et pratique depuis vingt ans. Il tente d'établir un bouddhisme pour l'Occident à travers son association Prajna & Philia, dans laquelle il ose le dialogue entre la méditation, la philosophie et la poésie. Pour une rencontre féconde entre le Dharma et l'Occident.

▷ *Voir l'entretien p. 306-308.*

Contact

• **Un zen occidental**
55 rue de l'Abbé-Carton – 75014 Paris.
Tél. : 01 40 44 53 94.
Courriel : info@zen-occidental.net
Voir son blog « J'ai deux koans à vous dire » (http://zen.viabloga.com)

• **Voir le site de Fabrice Midal
pour les dates de ses séminaires et soirées**
3 rue Aubriot – 75004 Paris
Tél. : 06 11 05 68 63
(Marie-Laurence Cattoire)
Courriel : fmidal@club-internet.fr
Site : http://www.fabrice-midal.org

À lire :

▌ *Les bouddhas naissent dans le feu*, Éric Rommeluère, Le Seuil, 2007.
▌ *Quel bouddhisme pour l'Occident ?*, Fabrice Midal, Le Seuil, 2006.

sources de sagesse. C'est pour cela que les temples tibétains sont d'une grande richesse colorée et emplis de nombreux symboles. Ils montrent qu'il ne faut craindre aucun aspect de la réalité ni de nous-mêmes.

Certains se sentiront très attirés par cette approche du bouddhisme, souvent chaleureuse et vivante, d'autres seront gênés par des rituels complexes et l'attitude parfois un peu trop dévotionnelle qui entoure la relation au maître, nommé « gourou ».

Des centres grand public existent, d'autres s'adressent davantage à des pratiquants ou à des personnes qui ont pris refuge dans le Bouddha. La demande spirituelle et l'engagement pouvant évoluer au fil des années, nous proposons les différents lieux. Le bouddhisme tibétain est riche de quatre écoles présentes en France (kagyupa, nyingmapa mais aussi sakyapa, plus contemplative, ou enfin guélougpa, plus intellectuelle). Chaque centre a ses propres spécificités et sa singularité.

La beauté, un espace
où la spiritualité peut se transmettre

Entretien

Outre ses cours mensuels à Paris, Fabrice Midal propose des week-ends de pratique à Paris ou à Genève, mais aussi des séminaires de huit ou dix jours au château des Célestins en Ardèche ou encore au centre Vajradhara-Ling dans l'Orne.

▌ *Vous enseignez le message de Bouddha ou la méditation ? Ou les deux sont-ils indissociables?*

Le bouddhisme a pénétré en Occident par la pratique de la méditation, nous présentant sa dimension la plus intérieure, la plus spirituelle. Cela est vrai pour toutes les formes de bouddhisme, aussi bien le theravada, que le bouddhisme zen ou tibétain. Or, en Asie, la pratique de la méditation n'est pas aussi centrale, elle est le plus souvent réservée à une minorité. Pour ma part, j'enseigne la méditation dans un environnement non religieux, mais en m'an-crant dans une tradition. Le terme de « méditation » devient de plus en plus flou et donne lieu à de nombreuses et graves incompréhensions dont la plus importante est d'en faire un simple outil pour se calmer ! J'estime que la méditation, en permettant, avant toute théorie, tout dogme, toute croyance, d'accéder à une expérience d'ouverture, de présence, d'amour, ouvre un chemin pour l'homme d'aujourd'hui.

▌ *Quelle est votre filiation ?*

Tout ce que je transmets vient de Chögyam Trungpa (1939-1987) sans lequel je ne serais sans doute pas devenu bouddhiste[1]. Ce maître tibétain a été une des figures les plus controversées, choquantes, provocantes et inspirantes du bouddhisme du xxe siècle. C'est le premier maître à être venu en Angleterre et à avoir étudié à Oxford. Il y a reçu une nouvelle éducation et est entré dans un dialogue avec l'Occident avec une intelligence et une radicalité prophétiques. Même si j'ai étudié avec de nombreux autres maîtres tibétains qui m'ont donné de précieux enseignements, tout l'engagement de ma vie est d'essayer de transmettre et de perpétuer la vision de Chögyam Trungpa.

▌ *Lors des retraites que vous guidez, vous faites dialoguer, de façon inédite et surprenante, le bouddhisme avec la philosophie et la poésie. Pourquoi ?*

Je me souviens d'un soir où j'avais été suivre l'enseignement d'un maître tibétain. En rentrant chez moi, j'avais posé un morceau de Schubert sur ma platine. Cette musique m'avait touché en profondeur et m'avait mis en contact avec une dimension d'intériorité, bien plus que le discours conve-

---

1. Fabrice Midal est d'origine juive.

nu, presque mécanique, du maître tibétain. De la même façon, lorsque j'enseigne, je me rends compte que citer des poètes peut parler aux cœurs d'une façon souvent plus directe qu'un discours bouddhiste théorique.

> " *Il est très difficile d'être un être humain si l'on n'a pas de rapport au monde poétique... Que font les artistes ? Ils entendent le monde vrai. Partout où il y a œuvre d'art, le monde apparaît et nous accueille.* "
>
> Fabrice Midal

Pour ce qui est du dialogue avec la philosophie, paradoxalement, il me semble qu'il nous libère d'un rapport trop intellectuel au monde. Depuis Socrate, elle interroge le monde sans savoir à l'avance ce qu'elle regarde. Nous avons besoin de garder ce mode d'interrogation, cette capacité à se remettre en question qui est l'une des dignités de l'Occident.

Concrètement, ce dialogue à trois voix se traduit comment dans votre enseignement ?

Par des séminaires que j'espère le plus vivants possible ! J'invite aussi bien des philosophes qui nous bousculent qu'un ensemble de musique ancienne ; on se penche sur les vers de Rainer Maria Rilke comme sur la figure d'Orphée. On y apprend aussi à chanter en trouvant des rythmes et des consonances ancrés dans la beauté de la si belle langue française... Comme mon maître Chögyam Trungpa, je reste convaincu que la beauté est le seul espace où la spiritualité peut se transmettre. « La réalité ne se révèle qu'éclairée par un rayon poétique. Tout est sommeil autour de nous », disait Georges Braque.

Une journée-type en session avec vous ?

Mon ancrage dans une approche laïque est crucial. De ce fait, l'emploi du temps des retraites que j'anime n'est pas du tout semblable à celui, plus drastique, d'un monastère. Ainsi, nous commençons le matin à 9 heures et le silence n'est pas imposé. Une grande partie de la journée – quatre à cinq heures – est consacrée à la pratique de la méditation, libre ou guidée selon les moments. Ce n'est pas si courant dans le bouddhisme tibétain. Un

temps de questions/réponses est prévu le matin et je dirige un enseignement chaque soir. Chacun de mes séminaires a un thème (« Le plein amour », « Entrer dans la confiance, « La poésie tout de suite ! », etc.). Une fois par an, j'anime également un séminaire en dialogue avec des philosophes. L'une de mes premières missions est de transmettre une pratique de la méditation de la manière la plus simple mais la plus rigoureuse possible, libérée de tout contexte culturel, japonais ou tibétain, sans aucun engagement institutionnel. On a souvent l'un sans l'autre, c'est-à-dire un enseignement ouvert mais flou, ou, à l'inverse, un enseignement rigoureux mais engagé dans des aspects cultu-rels qui nous sont totalement étrangers et qui nous déplacent du travail que nous avons à faire.

▌ *Quel conseil donneriez-vous à quelqu'un qui hésite encore à franchir le pas de sa première retraite ?*
Il faut hésiter longtemps avant de choisir une voie. Il faut bien examiner les choses. On ne confie pas son être à n'importe qui en allant n'importe où ! Sans une rencontre vivante et une transmission réelle, il est impossible d'être en chemin. Rien n'est pire en ce domaine que les bricoleurs de spiritualité… Le chemin spirituel consiste en un abandon, un dépassement. C'est une aventure, pas un massage ou une tisane !

Adresses en France

*« Ma religion
est très simple.
Ma religion
est la bonté. »*

Dalaï lama

AQUITAINE

En Dordogne, sur les hauteurs de la côte de Jor, en surplomb de la vallée de la Vézère, on relève une concentration inhabituelle de drapeaux, de moulins à prières et de pagodes. Voici les deux principaux :

Dhagpô Kagyu Ling
(Dordogne)

« Dhagpô Kagyu Ling sera un lieu où l'on pourra étudier, assimiler et mettre en pratique l'enseignement profond du Bouddha, des paroles pures prononcées pour le bienfait de tous les êtres. Je forme le souhait que quiconque vienne ici puisse utiliser cette opportunité exceptionnelle pour réaliser un bonheur à la fois immédiat et ultime. »

16e Gyalwa Karmapa

Cette stupéfiante ambassade spirituelle bhoutanaise est le principal centre européen de préservation et de diffusion de la tradition bouddhiste kagyupa, une des quatre lignées spirituelles venues du Tibet. Dhagpô Kagyu Ling (DKL) se situe au cœur du Périgord noir dans le triangle formé par Sarlat, Périgueux et Brive. La vallée de la Vézère qui abrite le centre est appelée la « vallée de l'homme » ; on y trouve les grands sites préhistoriques tels que Lascaux et Les Eyzies-de-Tayac.

Le centre est bâti dans un environnement fait de vallons et de forêts propices aux enseignements et à la méditation et propose à tous – débutants ou déjà familiers de la méditation – des enseignements et des méditations, des retraites guidées, des rencontres avec de grands maîtres, des stages d'étude de la philosophie bouddhiste, des réflexions sur l'accompagnement des personnes en deuil ou en fin de vie, sur l'éducation… Les pratiques sont en tibétain et les enseignements généralement traduits en français et en anglais.

Tous les ans, le 15 août, une journée portes ouvertes est proposée et remporte un grand succès.

Contact

DKL lieu-dit « Landrevie »
24920 Saint-Léon-sur-Vézère
Tél. : 05 53 50 70 75 – Fax : 05 53 50 80 54
Courriel : accueil@dhagpo-kagyu.org
Site : http://www.dhagpo-kagyu.org/france/index.htm

Centre d'études de Chanteloube
(Dordogne)

Sur la côte de Jor. La perspective de Chanteloube, un centre sérieux, solide et peu enclin à une communication grand public, est davantage celle d'un travail en profondeur que celle d'un accueil large et permanent. Depuis vingt ans, les plus grands lamas de toutes les lignées, y compris Sa Sainteté le dalaï-lama, y ont transmis les enseignements du Bouddha.

Contact

La Bicanderie – 24290 Saint-Léon-sur-Vézère
Tél. : 05 53 50 75 24 – Fax : 05 53 51 02 44
Courriel : chanteloube@wanadoo.fr
Site : http://pagesperso-orange.fr/chanteloube

AUVERGNE

Ermitage Yogi Ling
(Allier)

L'ermitage propose des stages d'un week-end et des retraites d'une à plusieurs semaines pour débutants comme pour les personnes qui souhaitent approfondir les tantras et les yogas. L'ermitage se trouve dans le bocage bourbonnais, dans un lieu calme et accueillant.

Contact

La Galerie – 03160 Ygrande
Courriel : yogiling@yogi-ling.net
Site : http://www.yogi-ling.net

La grande retraite : trois ans, trois mois et trois jours

La retraite spirituelle implique de se retirer du monde, non pour s'en détourner, mais pour créer les conditions optimales afin de recevoir et pratiquer un enseignement. Le principe de la retraite annuelle et collective, qui date du temps du Bouddha, a été conservé jusqu'à nos jours dans toutes les traditions bouddhistes.

C'est ainsi qu'au Tibet s'est tardivement constituée la « grande retraite » traditionnelle de trois ans, trois mois et trois jours, soit mille cent quatre-vingt-dix jours de méditation ! L'objectif d'une retraite intensive est de revenir dans le monde « rafraîchi » et « réinspiré », en ayant développé les qualités de paix, de clarté qui sont naturellement présentes dans notre esprit, et en ayant approfondi la capacité naturelle de notre cœur à l'empathie et à la compassion.

Ainsi, en Auvergne, à Dhagpô Kundreul Ling, les pratiques débutent à 4h30 et s'achèvent à 23 heures. Discipline et recueillement sont primordiaux. Les retraitants sont logés dans des ermitages non mixtes, à deux kilomètres les uns des autres. Le cœur du travail s'effectue dans la solitude de la cellule où chacun pratique, assis en tailleur, la méditation de façon intensive : douze heures chaque jour, par session de trois heures, dans une caisse en bois des moins confortables, pudiquement appelée « siège de méditation », qui évite aux énergies de se disperser.

On croit, à tort, que toutes les retraites sont silencieuses. Or, chez les bouddhistes, le travail en solitaire alterne avec le travail de groupe, appelé « méditation dans l'action ». L'objectif est de développer une attitude spirituelle dans la vie quotidienne.

Les premières semaines, chacun s'adonne aux trois mille prosternations quotidiennes jusqu'à atteindre les fameuses cent onze mille cent onze grandes prosternations à l'issue du séjour. La paix s'installe peu à peu, au rythme des exercices et de l'approfondissement intérieur. Près d'un méditant sur trois « récidive » et retourne faire une seconde retraite...

Dhagpô Kundreul Ling
(Puy-de-Dôme)

Situé face à la chaîne des monts d'Auvergne, dans la région des Combrailles, ce centre se trouve à une cinquantaine de kilomètres au nord-ouest de Clermont-Ferrand. Cette ancienne propriété d'Arnaud Desjardins est, depuis 1983, le siège européen de la lignée Karma Kagyu. Il y a des lieux à rebondissements ! Ce centre est l'ensemble le plus important d'ermitages monastiques et de centres de retraite d'Europe. Le temple est saisissant : cinq cents mètres carrés au sol sur trois niveaux. « Quand on entre dans un temple, on doit avoir les larmes aux yeux », écrivait Lama Guendune Rinpoché, son fondateur…

Pour pouvoir y accomplir une retraite individuelle de courte durée (une semaine au moins), la personne doit être engagée sur la voie bouddhiste. Elle doit avoir pris refuge et avoir acquis une base de compréhension du Dharma. Il est nécessaire qu'elle ait créé un lien particulier avec un lama qui la suit dans sa pratique.

Contact

Kundreul Ling – Le Bost
63640 Biollet
Tél. : 04 73 52 24 34
Fax : 04 73 52 24 36
Courriel : ktl@dhagpo-kagyu.org
Site : http://www.dhagpo-kundreul.org/fr

Kalou Rinpoché, le Milarepa des temps modernes

Kalou Rinpoché est né en 1904 au Tibet oriental. D'après la tradition, sa naissance fut accompagnée de signes merveilleux : des flocons de neige en forme de fleurs tombèrent sur le toit de la maison et l'on vit dans le ciel une multitude d'arcs-en-ciel…

Il fut ordonné moine à treize ans. À partir de vingt-cinq ans, il passa douze années en retraite solitaire, sur lesquelles il resta toujours très secret. Âgé de quarante ans, il entreprit divers voyages dans des lieux saints, visitant les monastères des différentes lignées à travers tout le Tibet. Kalou Rinpoché quitta le Tibet en 1957 et partit au Bhoutan où il devint le maître de la famille royale.

Il reprit ses voyages. En Inde, où on lui confia un monastère, il établit très vite un centre pour organiser des retraites de trois ans. Les premiers disciples occidentaux arrivèrent. Kalou Rinpoché fit son premier voyage en Occident en 1971. En 1976, il vint créer un centre de retraites, à Plaige, en France. Il n'existait alors en Occident aucun lieu de pratique intensive. À partir de 1980, il ne cessa plus de voyager dans le monde entier, créant plus de soixante-dix centres du Dharma ainsi que vingt centres de retraite, et faisant édifier une vingtaine de stupas.

Il mourut le 10 mai 1989, à l'âge de quatre-vingt-cinq ans.

> *Le rôle d'un centre est de semer chez le plus grand nombre d'êtres, une graine qui mûrira sous la forme de l'éveil.*

Guendune Rinpoché

BASSE-NORMANDIE Congrégation Dachang Vajradhara-Ling
(Orne)

Dans le bocage normand, près de Vimoutiers dans une propriété de trois hectares. En août 2008, le dalaï-lama est venu bénir le temple pour la Paix, appelé à devenir l'un des plus hauts lieux de transmission du bouddhisme en France.

Des cellules sont mises à disposition pour des retraites individuelles, libres ou guidées par un lama.

Contact

Domaine du château d'Osmont
61120 Aubry-le-Panthou
Tél. : 02 33 39 00 44
Courriel : contact@vajradharaling.org
Site : http://www.vajradharaling.org

BOURGOGNE

Centre Dachang Kagyu Ling, temple des mille Bouddhas
(Saône-et-Loire)

À 35 km d'Autun. Toutes les personnes qui désirent prendre contact avec la tradition bouddhique pour suivre un cheminement déjà commencé, ou qui, simplement, souhaitent trouver un peu de paix ou de calme de l'esprit sont les

À méditer

« *Le* Sutra du Lotus *raconte l'histoire d'un homme pauvre qui se rend chez son ami d'enfance qui, lui, est très riche. Ce dernier, voyant sa détresse, glisse une pierre précieuse de grande valeur dans la robe de son ami, à son insu pour ne pas l'indisposer. De nombreuses années plus tard, il le rencontre à nouveau, toujours aussi pauvre. Étonné, notre homme tâte le revers de son vêtement et trouve la pierre qu'il n'avait, pendant toutes ces années, pas découverte. Nous ressemblons à ce mendiant qui transporte sans le savoir un joyau.* »

Fabrice Midal

▌ Qu'est-ce qu'un *sutra* ?

Le terme *sutra* désigne le « fil », et par extension, « le fait de coudre ». La parole de Bouddha, dans sa continuité, fait texte. Elle est *sutra*.

bienvenues à Kagyu Ling, au cœur du Morvan. On y trouve le premier grand temple bouddhiste d'Europe (il peut contenir jusqu'à huit cents personnes). On peut se joindre à la communauté fondée par Kalou Rinpoché (voir encadré) que l'on soit bouddhiste ou non, qu'il y ait des sessions ou non. Les maisonnettes de retraite et les chambres de l'institut Marpa permettent à quiconque de se retirer du monde quelque temps pour étudier, réfléchir, méditer ou tout simplement se reposer. Depuis sa fondation, le centre organise des stages d'initiation à la méditation. Il convient de parler le moins possible et de garder le corps et l'esprit au calme.

Contact

Château de Plaige – 71320 La Boulaye
Tél. : 03 85 79 62 53 – Fax : 03 85 79 62 56
Site : http://www.mille-bouddhas.com

ÎLE-DE-FRANCE

Institut bouddhique Kagyu-Dzong
(Paris)

En bordure du lac Daumesnil dans le bois de Vincennes, la Pagode abrite différentes communautés bouddhistes, dont l'institut Kagyu-Dzong. Bâtiment à l'architecture remarquable, il s'agit d'un pavillon de l'Exposition coloniale de 1931 qui a été restauré.

Contact

Pagode du bois de Vincennes
Route de la Ceinture-du-Lac
75012 Paris
Tél. : 01 40 04 98 06
Courriel : contact@kagyu-dzong.org
Site : http://www.kagyu-dzong.com

Institut Ganden Ling
(Seine-et-Marne)

Pratiquants qui souhaitent approfondir leur engagement dans la pratique spirituelle et sont soucieux d'établir entre eux des liens d'entraide renforcés. Retraites le week-end, destinées aux pratiquants disposant

▌ *Le Livre tibétain de la vie et de la mort*

Ce classique de la littérature spirituelle, paru en 1993, a été traduit en vingt-neuf langues et vendu à plus de deux millions d'exemplaires dans cinquante-six pays. Sogyal Rinpoché présente de façon claire la vision de la vie et de la mort telle que nous la propose la tradition tibétaine. Il montre que dans la mort, comme dans la vie, l'espoir existe et qu'il est possible à chacun de transcender sa peur pour découvrir ce qui, en lui, survit et ne change pas. Il propose des pratiques simples mais puissantes que chacun peut accomplir afin de transformer sa vie, de se préparer à la mort et d'aider les mourants. Ce livre est aussi une introduction à la pratique de la méditation, ainsi qu'aux notions de renaissance et de *karma*.

Paru aux éditions de La Table ronde, existe également en poche, LGF.

de peu de temps libre, ainsi qu'aux débutants, bouddhistes ou non, qui souhaitent découvrir les enseignements dispensés par le Vénérable Dagpo Rinpoché.

Contact

Chemin de la Passerelle
77250 Veneux-les-Sablons
Tél.: 01 64 31 14 82
Fax: 01 64 70 69 60
Site: http://gandenling.free.fr/fr/index.html

LANGUEDOC-ROUSSILLON

Kagyu Yi-Ong Tcheu Ling
(Gard)

Au sommet d'une colline, cerné par de somptueux paysages qui surplombent la vallée de la Vis, le mas des Molières – abrite depuis 1991 le centre de retraite. Il peut accueillir toute l'année des retraites libres avec accompagnement spirituel. L'été, l'activité s'intensifie avec les retraites estivales : dans la sérénité de la campagne, cinq retraites différentes s'enchaînent, au son des cigales et des criquets, loin de l'agitation de la ville...

Contact

Mas des Molières
30440 Saint-Laurent-le-Minier
Tél.: 04 67 73 81 33
Courriel: krtl@wanadoo.fr
Site: http://www.krtl-kyotl.org

Kagyu Rintchen Tcheu Ling
(Hérault)

L'un des premiers centres bouddhistes à avoir été établi en France. Il offre un programme régulier de pratiques de méditation, de séjours d'étude et de retraites, dans un beau temple tibétain de style traditionnel.

▌ L'éveil

L' « éveil » est l'instant où l'homme prend conscience de l'ouverture qu'il est lui-même – à l'image de l'ensemble de l'univers – et qui permet de comprendre la vraie nature de toute chose. Il en existe différents degrés. Hors de l'expérience de l'éveil, point de bouddhisme.

Contact

2468 route de Mende – 34090 Montpellier
Tél.: 04 67 52 56 58 – Fax: 04 67 52 93 72
Courriel: krtl@wanadoo.fr
Site: http://www.krtl-kyotl.org

Lérab Ling
(Hérault)

Situé sur le plateau de l'Escandorgue, dans les causses du Larzac, Lérab Ling, fondé par Sogyal Rinpoché, est le principal centre de retraite de Rigpa. C'est l'un des plus grands centres bouddhistes en France. Depuis son ouverture en 1992, Lérab Ling a été béni par la visite de nombreux grands maîtres de la tradition bouddhiste tibétaine, notamment par Sa Sainteté le dalaï-lama en 2000 et 2008. Somptueuse propriété de cent quarante hectares avec de nombreux jardins de méditation. Ouvert à toutes les traditions de la sagesse bouddhiste, Lérab Ling accueille chaque année des centaines de personnes du monde entier

Contact

L'Engayresque – 34650 Roqueredonde
Tél.: 04 67 88 46 00 – Fax: 04 67 88 46 01
Courriel: lerabling@rigpa.org
Site: http://www.lerabling.org

MIDI-PYRÉNÉES

Institut Vajra Yogini
(Tarn)

Dans les collines tarnaises. Le cadre paradisiaque du château d'En Clausade, avec son vaste parc, favorise la détente et la concentration. Les week-ends d'enseignements sont des séminaires brefs et intensifs avec périodes d'enseignement, sessions de méditation et de questions-réponses, du vendredi soir ou du samedi matin au dimanche après-midi.

Contact
Château d'En Clausade – 81500 Marzens
Tél.: 05 63 58 17 22
Courriel: institut.vajra.yogini@wanadoo.fr
Site: http://www.institutvajrayogini.fr

PAYS-DE-LOIRE

Centre de retraite Kalachakra
(Sarthe)

Ce centre propose la pratique de la méditation et la transmission de la philosophie bouddhiste dans la tradition tibétaine. Il est installé dans une grande ferme sur un hectare et demi de terre dans l'environnement paisible et harmonieux des collines sarthoises. Le centre de retraite est destiné aussi bien aux débutants qu'aux étudiants plus expérimentés. Des retraites de groupes sont organisées chaque mois, pour un long week-end, une semaine ou même un mois. Des retraites individuelles sont également possibles.

Contact
Les Hautes Grouas
72110 Saint-Cosmes-en-Vairais
Tél.: 01 40 05 02 22
(c'est le numéro du centre parisien)
Site: http://www.centre-kalachakra.com

> *On ne peut découvrir de nouvelles contrées sans consentir à perdre le rivage de vue pendant très longtemps.*
> André Gide

À méditer

> « *Apprendre à méditer est le plus grand don que vous puissiez vous accorder dans cette vie. En effet, seule la méditation vous permettra de partir à la découverte de votre vraie nature et de trouver ainsi la stabilité et l'assurance nécessaires pour vivre bien, et mourir bien. La méditation est la route qui mène vers l'éveil.* »
> Sogyal Rinpoché

Tchoukchenling
(Hautes-Alpes)

À 25 km de Gap, au sud du parc national des Écrins. Un lieu de retraite dans un environnement de montagne exceptionnel, à 1 350 mètres d'altitude.

Contact

Les Blancs-Chantaussel
05500 Saint-Julien-en-Champsaur
Tél. : 04 92 50 76 29
Courriel : thouktchenling@free.fr
Site : http://thouktchenling.free.fr

RHÔNE-ALPES

Centre Montchardon
(Isère)

Le centre est implanté à 800 mètres d'altitude, entre Grenoble et Valence, sur les contreforts du massif du Vercors d'où il domine la vallée de l'Isère. Il est plutôt tourné vers la pratique et les retraites. On peut y séjourner à tout moment et aménager son temps en fonction des activités proposées et de sa disponibilité, pour une journée, un week-end, une semaine ou plus, pour suivre un enseignement, un stage ou faire une retraite. Priorité est donnée à la pratique du bouddhisme, mais, sous réserve de places disponibles, il est aussi possible de venir quelques jours en séjour libre. Le centre organise des sessions de méditation toute l'année, durant les week-ends (pour les débutants), les congés et les vacances (pour les pratiquants plus avancés).

Contact

38160 Izeron
Tél. : 04 76 38 33 13
Fax : 04 76 38 41 91
Courriel : accueil@montchardon.org
Site : http://www.montchardon.org

Sogyal Rinpoché

Né dans le Tibet oriental en 1947, Sogyal Rinpoché fut reconnu tout de suite comme une incarnation de Terton Sogyal, l'un des plus maîtres spirituels du XXe siècle.

En 1971, il passa quelques mois à Cambridge, où il étudia les religions comparées. Il étudia ensuite avec de nombreux maîtres, de toutes les écoles du bouddhisme tibétain.

Il enseigne le bouddhisme en Occident depuis trente ans et circule entre l'Europe, l'Amérique, l'Australie et l'Asie. Il est l'auteur, avec Patrick Gaffney, du très célèbre *Livre tibétain de la vie et de la mort*, inspiré du *Bardo Thödol*. Il a fondé Rigpa, réseau international de centres bouddhistes dont il est le conseiller spirituel. L'organisation comprend cent six centres ou lieux de rencontre répartis dans vingt-trois pays. Il a également créé le temple bouddhique de Compassion et de Sagesse de Lérab Ling près de Lodève.

▌ Pour connaître les dates des week-ends et des semaines avec lui en France, contacter : rigpafrance@free.fr ou 01 46 39 01 02.

Institut Karma Ling
(Savoie)

Dans la vallée du Bens à 800 mètres d'altitude, dans la chaîne de Belledonne. Un havre de recueillement et de contemplation dans l'ancienne chartreuse de Saint-Hugon. Sa Sainteté le dalaï-lama est venue à deux reprises. De nombreux programmes existent. Les débutants peuvent opter pour une session d'introduction d'un week-end – une découverte théorique et pratique des points fondamentaux de la tradition du Bouddha – ou pour un séjour « Découverte et ressourcement ». De nombreux chemins de promenade pour goûter au cadre naturel de la forêt alpine du site d'Avalon.

Contact

Domaine d'Avalon
Hameau de Saint-Hugon – 73110 Arvillard
Tél.: 04 79 25 78 00 – Fax: 04 78 25 78 08
Courriel: accueil@karmaling.org
Site: http://www.rimay.net

Adresses en Belgique

Province de Liège

Institut Yeunten Ling

Dans un parc de treize hectares, l'Institut Yeunten Ling est l'un des plus grands centres de Dharma d'Europe. Sa vocation est d'être un centre de stages intensifs, résidentiels et de retraite. L'été, on y propose notamment des retraites d'initiation à la méditation ou des retraites intensives de yoga tibétain. Yeunten Ling jouit d'un cadre paisible et isolé. Le bâtiment abrite deux temples et offre des facilités de logement pour un grand nombre de visiteurs.

Contact

Château du Fond-l'Évêque
Promenade Saint-Jean-l'Agneau 4
B-4500 Huy
Tél.: 00 32 (0) 85 27 11 88
Fax: 00 32 (0) 85 27 11 99
Courriel: yeunten-ling@tibinst.org
Site: http://www.institut-tibetain.org

Adresses en Suisse romande

Canton de Vaud

Rabten Choeling

Plusieurs séminaires répartis sur un week-end sont organisés en cours d'année, sur des thèmes issus de la philosophie et de la méditation bouddhiste.

Contact

Centre tibétain
CH-1801 Le Mont-Pèlerin
Tél.: 00 41 (0) 21 921 36 00
Courriel: info@rabten.ch
Site: http://www.rabten.eu

Petite bibliothèque idéale (et subjective)

Livres à lire avant une retraite ou pour la prolonger...

▌ *La Voie du Bouddha*, Kalou Rinpoché, Le Seuil, coll. « Points Sagesse », 2000.

▌ *Voyage sans fin*, Chögyam Trungpa, Le Seuil, coll. « Points Sagesse », 1998.

▌ *Mahamoudra*, Lama Guendune, Lattès, Pocket, 1997.

Le bouddhisme zen

> **Le zazen d'une seule personne en un seul instant s'harmonise avec tous les êtres et se répercute à travers tous les temps.**
>
> Maître Dôgen

L'esprit d'éveil du bouddhisme, basé sur le silence et la posture, est importé de Chine au Japon par maître Dôgen au XIIe siècle et deviendra le zen (transcription du chinois *Ch'an*) de la tradition soto. Le zen se propose de voir le monde tel qu'il est, avec un esprit exempt de tout sentiment et de toute pensée conceptuelle. Il n'y a rien à chercher, rien à obtenir. Pour les pratiquants, le zen n'est rien d'autre que le retour à l'état normal de l'esprit et du corps : une expérience de l'éternel présent et une prise de conscience de l'interdépendance de tous les êtres vivants. L'attitude intérieure ne consiste ni à réfléchir à quelque chose ni à cesser toute activité intellectuelle. Entre les deux se situe un comportement, le *munen muso*, « sans idées ni pensées ».

Le zen est un éveil du corps au silence. Ce n'est pas une pratique solitaire. Les méditants pratiquent plutôt dans un *dojo* (littéralement « salle de la Voie », grande salle où est pratiqué le zen) ou un temple, sous la direction d'un maître. Toutefois, les maîtres du zen ne cessent de répéter qu'il n'est nul besoin d'un lieu particulier pour pratiquer : « Ton propre cœur, là est la salle d'exercice »,

> *Marcher jusqu'au lieu où tarit la source et attendre, assis, que se lèvent les nuages.*
>
> Wang Wei

disait Dôgen Zenji. Prenant la posture, ils se configurent au Bouddha. Enfin, la relation maître-disciple est très étroite. En effet, le *satori*, la grande expérience, n'est transmis ni par des paroles ni par l'écriture, mais *i shin den shin* : « de cœur à cœur, d'esprit à esprit ». Les outils proposés pour forger sa réalisation diffèrent d'une école à l'autre : le zen soto met le zazen au centre de la pratique, le zen rinzaï inclut aussi la pratique du koan.

Selon la tradition, le *chan* a été introduit en Chine en 520 par le moine bouddhiste indien Bodhidharma : le zen rinzaï a été amené au Japon en 1191 par le moine bouddhiste Eisai et le zen soto en 1227 par le moine bouddhiste Dôgen, après avoir reçu la transmission de son maître chinois.

▌ Le *satori*

Le *satori* est l'« illumination », l'« Éveil ». C'est le stade ultime de la méditation bouddhique. Pour les bouddhistes, toute créature possède dès l'origine la nature de bouddha. Le satori, c'est en faire l'expérience immédiate, dans son sens le plus profond.

Zen soto

« Renoncer, ce n'est pas rejeter les choses du monde mais accepter qu'elles s'en aillent. »

Maître Suzuki

Taisen Deshimaru Roshi, moine japonais disciple et successeur de maître Kodo Sawaki, est arrivé à Paris en 1967 et a répandu le bouddhisme zen en Europe où il a enseigné jusqu'à sa mort en 1982, à l'âge de soixante-huit ans. Il est considéré aujourd'hui comme celui qui a transmis cette pratique en Occident. Nommé premier responsable de l'école soto pour l'Europe et l'Afrique, celui que l'on nommait le « Bodhidharma des temps modernes » créa la Gendronnière, à la limite de la Sologne, à une quinzaine de kilomètres au sud-ouest de Blois. Il y repose.

L'école zen soto met le *zazen* – être simplement assis sans intention particulière – au centre de sa pratique. Selon elle, il est possible d'atteindre l'Éveil en une seule vie.

Vingt-quatre heures (presque) zen

Être zen est bien une qualité qui me fait défaut…
Mais est-ce une raison pour ne pas essayer de m'en
approcher, au moins sur la pointe des pieds ? Ce
serait l'occasion de me rendre au temple zen de la
Gendronnière que l'on m'a tant vanté. Outre la beauté
et la sérénité des lieux, qui séduisent depuis 1979 les
adeptes du zen, le « château de la non-peur » est le
premier grand dojo d'Occident et le plus grand centre
de pratique du zazen d'Europe (deux mille personnes
sont accueillies chaque année).

N'étant ni engagée dans la voie du bouddhisme ni
prête à faire un *sesshin* (session intensive) avec six
heures de méditation par jour, j'opte pour une formule
« douce », celle du « *samu* fleurs ». Un *samu* désigne
une activité au service de la communauté, une forme
de travail méditatif. Autrement dit, tous ceux qui souhaitent offrir leur énergie et leur temps sont les bienvenus. Cuisine, ménage, potager, travaux manuels,
etc., les occasions sont nombreuses de donner un
coup de main et de participer à la vie du temple. Ici,
on considère même que le samu est aussi important
que le zazen car sans samu – c'est-à-dire sans repas
servi, sans dojo encensé et fleuri, sans chambre prépa-
rée pour recevoir… il n'y a pas de pratique possible.
Passer une journée de samu fleurs – semer des graines
et planter des fleurs afin que la Gendronnière soit
fleurie dedans et dehors – me semble une entrée en

matière poétique pour un premier contact avec le zen. J'aime cette idée de participer à la féerie du printemps, de croire que la nature a un petit peu « besoin » de nous... Seuls deux zazens par jour – une heure et demie chacun – sont proposés aux visiteurs. Comme initiation, cela me suffira. La radicalité de cette pratique, le dos droit comme un I face à un mur, m'effraie un peu. Cette forme de méditation me semble un peu trop « virile »... « Zazen est simplement s'asseoir, ouvrir complètement son cœur et son esprit, se concentrer seulement sur la réalité », invite maître Nyojo au xiiie siècle... Plus simple à dire qu'à vivre.

J'arrive dans l'après-midi et suis invitée à profiter du parc et du silence. Le samu ne commence que le lendemain. Rendez-vous m'est donné pour l'apéritif cinq heures plus tard. Je flotte dans ce temps ouvert, offert, je n'en ai tellement pas l'habitude... J'en profite pour partir à la découverte timide des lieux, en ne m'éloignant pas trop du splendide château (en d'autres temps, il aurait appartenu à la famille d'Éric Tabarly). L'espace est immense – quatre-vingts hectares de forêt domaniale, de landes et trois étangs ! L'agitation parisienne tombe d'un coup. Reste l'autre, celle du « dictateur », mon mental. Je suis à l'endroit idoine pour essayer de le mater...

Je ne croise pas âme qui vive sinon des oiseaux et des fleurs, ici sauvages, là plus domestiquées. Disséminées dans le parc, des petites lanternes japonaises dorment à l'ombre d'impressionnants arbres centenaires qui semblent tendre les bras. Les ombres tutélaires de Deshimaru et de Shakyamuni planent... Le soir, un apéritif est servi aux premiers arrivants. Le dîner est frugal – salade et pommes de terre en robe de chambre – mais une carafe de vin trône tout de même. Nous sommes une trentaine, essentiellement des habitués…

À 6 h 20, le lendemain matin, je quitte ma chambre – spartiate mais où je suis en solo – et je rejoins mes compagnons pour mon premier zazen. Je ressens une certaine appréhension. Comment ne pas avoir de crampes dans une position pareille ? La brume enveloppe le parc, le jour qui se lève chante le printemps. Des hommes et des femmes en claquettes et vêtus de kimonos noirs aux larges manches se pressent comme dans un film muet. Les tissus bruissent dans le silence. Entrer dans le dojo, c'est entrer dans un espace sacré. On se déchausse à l'extérieur et, entrant, on s'incline, les mains jointes, en *gassho*. Pour saluer le Bouddha et les membres de la communauté qui vont pratiquer. On entre du pied gauche afin d'y introduire le cœur avant le reste…

Chacun prend place. À gauche, les femmes ; à droite, les hommes. Sur mon *zafu* (coussin rond), je m'applique à prendre la posture, apparemment assez simple : assise jambes croisées, le dos droit, la respiration calme, le corps et l'esprit unifiés, « sans esprit d'obtention ». Autrement dit, on n'attend absolument rien de zazen. C'est un acte totalement gratuit. « L'esprit religieux est celui qui ne se fixe sur rien. Quand on

▌ Le *zafu*

Le *zafu*, petit coussin rond, épais et dur, permet une assise correcte. Il redresse la colonne vertébrale et facilite l'équilibre tout en gardant les genoux en contact avec le sol. De plus, en dégageant l'abdomen, il facilite la respiration abdominale. Un adage zen rappelle : « Il te faudra un jour mourir sur le coussin. » Il s'agit ici non de mort physique mais de mort de l'ego.

fait zazen, on actualise un acte religieux », souligne Hughes Naas, le responsable du lieu. Je suis immobile comme une montagne.

Les portes du dojo restent ouvertes. La nature est invitée. On n'entend plus que le pépiement des oiseaux. Au bout de quarante minutes environ – un peu trop pour moi… –, nous nous levons pour une méditation marchée – *kinhin* – de dix minutes. Lentement, en conscience, nous marchons et tournons dans le dojo dans le sens des aiguilles d'une montre. Un pas après l'autre. Inspiration, expiration. Pause. Cela permet de se dégourdir les jambes sans interrompre le calme et la concentration de zazen. C'est le zen dans le mouvement. Puis nous reprenons notre posture pour quarante minutes. Les crampes craintes sont au rendez-vous, je suis obligée de déplier mes jambes. Dans la pureté du silence, le bruit que je fais me semble un

> *Une fleur éclôt et le monde se lève.*
> Hannyatara

sacrilège. Ici, on ne déborde pas. Comme prévue, je suis rouillée, mais il paraît que c'est temporaire : avec la pratique, la relation à la douleur, au monde, à soi-même, change. « Pratique et éveil font un », disait maître Dôgen.

La voix de l'enseignante – on parle de *godo* – claque : « On ne s'agite pas pendant zazen ! » Je le prends pour moi. J'ai tort. Mes pensées s'évadent hors du dojo, mon mental commence à s'ébrouer. Pas facile à amadouer ! Une voix perce le silence. « *Vous êtes dans la salle des arbres secs* »… La godo partage avec nous les enseignements de maître Dôgen. Quelques phrases, pas plus. On ne nourrit pas le mental…

Un gong sourd fouette l'espace. La terre vibre sous moi, en moi.

Le zazen est fini. Après un dernier salut à Bouddha, toujours en silence et d'un pas rapide, notre petit groupe se dirige vers le grand dojo – l'été, il peut accueillir jusqu'à quatre cents personnes – pour une brève cérémonie. Nous sommes accueillis par des odeurs d'encens et de cire à bois. Je suis surprise : nous chantons les sutras dans une langue qui m'est totalement inconnue. Les vibrations graves des voix me transpercent. Je ne comprends rien, mais ma peau, elle, n'a pas l'air indifférente... En effet, si les enseignements sont traduits en plusieurs langues, les rituels sont en japonais, en sanskrit ou en ancien chinois. Certes, on ne comprend rien à ce que l'on entend ou récite. Mais l'idée n'est pas tant de faire « exotique » que de faire taire le bavardage du mental... Sans mots compréhensibles pour « s'agripper », il bat de l'aile... « Le fait de chanter ensemble la même chose, quelle que soit notre nationalité, des sons et des paroles répétés depuis des millénaires par des grands maîtres est une expérience très forte », commente Hughes Naas. Il est vrai que les chants des sutras dans le grand dojo – voix, métal, bois se répondent – valent le détour. Pour ceux qui ont envie d'entrer dans le sens des textes, des traductions sont à disposition.

Nous quittons le grand dojo et nous nous dirigeons vers la tombe de Deshimaru pour y déposer un bâton d'encens en hommage. Puis nous nous retrouvons, toujours dans le plus grand silence, pour le petit déjeuner et la soupe de riz ritualisée. Chacun est venu avec ses bols de bois, comme des moines errants. On

« À force de frapper le gong en bois pour
marquer les différentes heures de pratique
de la journée, c'est l'éclatement.
Il en est de même pour soi : à force de faire
zazen, à un moment donné, on fait le jour. »
Alain Sillard

chante un sutra de reconnaissance pour la nourriture qui nous est offerte et on la partage symboliquement avec tous les êtres vivants. Chaque geste est fait lentement, dans un certain ordre. On dirait une cérémonie du thé… Le rituel accompli, les langues se délient enfin. Beaucoup de participants sont des fidèles des lieux. « À mon âge, il faut choisir une voie. Je pense l'avoir trouvée ici. J'aime pratiquer dans ce site merveilleux, dans la proximité de ces vieux arbres que j'aime tant », me dit Marie-Christine, une Parisienne à la retraite qui vient régulièrement. Lorsque son fils lui demande : « Vous riez aussi de temps en temps ? », cela l'amuse : « Après l'immobilité de zazen, la vie reprend toujours. On a une image austère du zen. Alors qu'il y a un vrai grain de folie ! » Une autre m'avoue : « J'ai pratiqué trois ans avant de prendre refuge. Je venais du taoïsme. Étant de culture française, sans la pratique, cela n'aurait eu aucun sens. » Aujourd'hui, cette femme à la vie professionnelle très stressante passe toutes ses vacances en retraites, dont quatre à cinq ici, à la Gendronnière. Elle poursuit : « Mon compagnon est athée. Son chemin, c'est la philosophie. Chacun son chemin. Ce qui prime, c'est la pratique. » D'autres, moins nombreux, viennent comme moi pour la première fois. « Je pratique zazen tous les matins depuis deux ans. Je ne peux plus commencer autrement ma journée. Je viens ici pour la première fois car il est très difficile de se dégager du temps. Pour "sentir l'atmosphère" des lieux, j'ai choisi le samu fleurs. »

« La vie commence le jour où l'on commence un jardin », dit joliment un proverbe chinois… Justement. Malgré la pluie qui nous nargue un petit moment, il

est l'heure de cueillir les épinards et les radis pour
ce soir, d'arracher les mauvaises herbes pour planter
les premiers glaïeuls de la saison et d'ôter les feuilles
mortes pour préparer des semailles... Et là, surprise, je
me trouve à trier une plate-bande de fleurs avec Katia
Robel, godo de la retraite et pratiquante depuis...
trente-huit ans ! Si j'ai vu de nombreuses communautés faire appel aux bonnes volontés – le service fait,
partout, partie de l'ascèse –, il est rare que les diri-
geants des lieux soient accroupis avec nous... Deux
heures plus tard, la cloche du rassemblement pour le
déjeuner tinte. Il n'est nul besoin de montre ici...

Après le repas, je me porte volontaire pour faire la
vaisselle avec un jeune homme installé à la Gendron-

Comment se comporter à la Gendronnière, quand on ne connaît pas encore les règles ?

À la Gendronnière, il y a des (tas de) règles à respecter. Le matin et le soir, vous
entendrez passer les « claquettes ». Les
claquettes indiquent le début et la fin de
la journée du temple. Le matin, on ne
doit pas faire de bruit, ou aller prendre
sa douche avant les claquettes. Le soir,
on ne doit plus faire de bruit après les
claquettes. Les heures des zazen, des
repas, des activités sont fixées et il faut
les respecter, ne pas arriver au dernier
moment ou en retard. Il y a bien sûr
aussi des règles dans le dojo.

Le but est que tout se déroule au
moment voulu et dans la plus grande
harmonie. Le mot d'ordre, que l'on soit
débutant ou ancien, c'est suivre. Tout
se résume à suivre. Le but de toutes
ces règles, c'est en fait d'abandonner
toutes ses petites habitudes. On ne se
pose pas de questions, on suit. En cas
de doutes, c'est le godo que l'on suit,
c'est lui le chef d'orchestre.
Il n'y a pas d'attachement non plus à
la règle, qui n'est pas un système ri-
gide. Si le godo décide de changer la
règle, on le suit. Tout cela est destiné à
rompre avec les habitudes de son ego
et à apprendre à s'harmoniser avec le
groupe. On doit suivre les règles, mais
les règles changent, ce qui oblige à être
attentif à l'instant présent.

nière pour un mois. Il vient réviser son examen final d'école de commerce. Avant de devenir… moine errant. « Tout le monde ressent un vide existentiel. Je constate que personne n'arrive à le combler, pas même avec l'amour ! J'ai trouvé une réponse dans le zen, j'y reste », m'explique-t-il naturellement.

L'après-midi, chacun reprend son samu. Les uns préparent le repas du soir ou gèrent le ramassage des ordures avec le nouveau prestataire, d'autres se juchent sur un tracteur pour aller à l'autre bout du domaine ou se penchent sur leur parterre de fleurs…

En fin de journée, tout le monde se rejoint pour un dernier zazen. Les oiseaux se racontent leur journée, notre mental revit la sienne… La lumière du jour descend, l'atmosphère se couvre d'un voile apaisant, mais j'ai du mal à plonger dans le silence intérieur. Il me semble que, face à ce mur, je me vois comme dans un miroir. Je suis agitée, instable et en même temps je me sens dans une sorte de communion avec la communauté en zazen. S'asseoir en harmonie avec les autres êtres vivants est une sensation forte…

La personne qui me ramène gentiment à la gare après le dîner me demande mes coordonnées : « J'ai compris que vous étiez chrétienne. Une de mes amies catholique est très attirée par le zen et, malgré plusieurs tentatives ici ou là, elle n'arrive pas à accrocher. Je vous ai entendu parler de l'abbaye de Maredsous où des moines bénédictions pratiquent zazen. Y a-t-il d'autres lieux où l'on pratique un zen œcuménique ? Cela m'intéresserait de pouvoir lui donner une adresse. » Encore et toujours cette si belle chose commune à tant de pratiquants : l'envie de partager…

Être attentif à l'instant

Entretien

Avec Hughes Naas, responsable du centre.

▌ *À qui s'adresse le temple de la Gendronnière ? Et plus largement, à qui s'adresse le zen ?*

Autrefois, il me semble que les personnes qui venaient étaient plus folles, plus libres. Je sens une chape de morosité, une vraie demande d'aller mieux, de trouver un lieu pour poser les soucis. Or, on ne vient pas dans un temple zen pour régler ses problèmes ni pour être assisté mais pour pratiquer la Voie et offrir sa pratique à l'humanité. Pour autant, les personnes un peu « déboussolées », mal « structurées », se trouvent assez bien ici car un cadre est posé, des règles sont imposées, un rythme est proposé. Qui peut venir ici ? Tout le monde mais il est souhaitable d'avoir une première expérience du zazen car cela peut être assez désorientant pour une première fois.

Se retirer dans le cadre naturel de la Gendronnière – et donc se dégager des contraintes sociales – permet de se consacrer uniquement à être attentif dans l'instant. Tout est mis en place pour que l'on puisse pratiquer au moins deux fois par jour matin et soir. Des activités sont proposées dans la journée. Dans chaque geste, tout au long de la journée, nous essayons de conserver cette attention à l'instant. C'est le premier facteur d'éveil. C'est ainsi, par exemple, que pendant les repas, nous nous concentrons sur ce que nous mangeons.

Maître Deshimaru nous a transmis la pratique du zazen tel qu'il est pratiqué depuis le Bouddha. Pour lui, tout est là, dans la posture de zazen. Zazen est le secret du zen. Pour nous, les rituels sont complémentaires. Pendant un sesshin, le rythme est plus intensif : nous pratiquons entre six et sept heures par jour. Je conseille à ceux qui n'ont jamais pratiqué zazen de faire une première expérience dans un dojo près de chez eux avant de faire des kilomètres vers la Gendronnière. Pendant les sesshins, l'atmosphère est assez silencieuse, même si ce n'est pas obligatoire. D'une façon générale, nous considérons que parler c'est avoir le mental qui s'agite.

Enfin, il faut savoir que pendant les périodes où il n'y a rien de particulier, ceux qui souhaitent simplement se reposer et profiter du cadre sont les bienvenus. On peut venir aider au potager ou venir apprendre à faire le pain (nous en fabriquons tout de même quatre tonnes par an !)... Le temple a sans cesse besoin d'attentions...

Pour obtenir la liste complète des temples et dojos de l'Association Zen internationale fondée par Deshimaru : **http://www.zen-azi. org**

Adresses en France

ALSACE

Temple Kosan-ryumonji
(Bas-Rhin)

Fondé en 1999, le temple est situé dans le parc naturel des Vosges du Nord. Des sesshins réunissent de cinquante à quatre-vingts personnes pour des périodes allant de trois à dix jours. Elles rassemblent des participants venus de toute l'Europe et particulièrement de France et d'Allemagne. Des retraites sont organisées chaque mois.

Contact

7 rue du Château-d'Eau
67340 Weiterswiller
Tél. : 03 88 89 26 02 – Fax: 03 88 89 21 08
Courriel : info@kosanryumonji.org
Site : http://www.kosanryumonji.org

▌ Le bâton d'éveil

Kyosaku veut dire « bâton d'éveil ». C'est un objet de grande importance (il n'y a pas d'objet sacré au sens propre du terme dans le zen). Il est placé sur l'autel et manipulé avec respect.
Parfois, dans le silence de la salle, retentit un claquement sec : le *kyosaku* se donne sur l'épaule droite, puis sur l'épaule gauche. Il frappe une zone précise, riche en points d'acupuncture, remet l'énergie en mouvement et rafraîchit la concentration. Donné et reçu avec respect, il sert à ramener le pratiquant à la tension juste du corps et de l'esprit.

> *L'obscurité de l'ombre*
> *des pins dépend*
> *de la clarté de la lune.*
>
> Kodo Sawaki

AQUITAINE

Monastère Kanshoji
(Dordogne)

Situé en Dordogne, au cœur du parc naturel Périgord-Limousin. Le responsable du monastère, le moine Jean-Pierre Faure, a été disciple de maître Taisen Deshimaru. Le temple surplombe un beau lac, entouré de forêts. Ce lieu est idéal, par la tranquillité et la beauté de la nature, à la pratique de la Voie. Il est possible de venir quelques jours ou quelques mois découvrir l'enseignement du Bouddha, suivre la pratique des moines ou simplement faire une retraite.

Contact

24450 La Coquille
Tél. : 05 53 52 06 35 – Fax : 05 53 62 38 61
Courriel : kanshoji@wanadoo.fr
Site : www.kanshoji.org

BOURGOGNE

Temple de Komyo-In
(Yonne)

Le bouddhisme shingon appartient à la tradition du bouddhisme ésotérique. Cette école est beaucoup moins connue en Occident que le zen. Elle utilise des rituels de prière et des pratiques de méditation associées à des techniques de *mantra* (travail sur le son) et de visualisation, qui visent à transmuter la confusion en sagesse. Daniel Billaud, médecin français, et son épouse japonaise sont ordonnés religieux du shingon depuis 1975. Ils enseignent cette tradition japonaise dans un petit temple en Bourgogne.

Contact

Montagne – 89350 Villeneuve-les-Genêts
Tél. : 03 86 45 45 79
Courriel : komyoin@free.fr
Site : http://thmodin.club.fr/index.html

> *Le monde entier est inclus en nous-mêmes. Nous, nous-mêmes, sommes le temps.*
>
> Dôgen Zenji

CENTRE

Temple de la Gendronnière
(Loir-et-Cher)

La Gendronnière est un domaine de quatre-vingts hectares dans la forêt, à la limite de la Sologne. Situé en pleine nature au milieu d'un parc verdoyant, c'est un lieu idéal pour la pratique de zazen. C'est le principal dojo soto d'Occident pour l'enseignement du Bouddha, fondé par maître Taisen Deshimaru. Pour pratiquants récents ou de longue date. Accueil aussi des groupes indépendants (yoga, etc.) en pension complète.

▷ *Voir le reportage p. 322-330.*

Contact

41120 Valaire
Tél. : 02 54 44 04 86 ou 02 54 44 03 44
Courriel : lagendronniere@club-internet.fr
Site : http://www.zen-azi.org

La tradition des retraites d'été

La tradition des retraites d'été trouve son origine au temps du Bouddha où, pendant les trois mois de mousson, tous les disciples se retrouvaient autour de Shakyamuni pour pratiquer ensemble, à l'écart de l'agitation et des préoccupations du monde. Depuis, cette tradition s'est perpétuée et les sessions d'été sont l'occasion pour les pratiquants anciens et débutants, de toutes nationalités et de milieux différents, de se retirer dans la tranquillité, de couper avec la vie agitée et bruyante du monde social, et de se rassembler pour approfondir ensemble la Voie du Bouddha. Comment se déroulent les retraites d'été ?

Plusieurs sessions sont proposées tous les étés à la Gendronnière. À part la première, chacune dure neuf jours. L'organisation est parfaitement huilée : cinq jours de préparation, faisant alterner quatre heures de zazen par jour, des enseignements oraux (en français) et des activités variées (calligraphie, massage, arts martiaux, arrangement floral…) ; un jour de repos ; deux jours et demi de sesshin (avec six heures de zazen par jour).

Rhône-Alpes

La Demeure sans limites
(Ardèche)

Ouvert sur le haut plateau ardéchois par Joshin Bachoux Sensei, La Demeure sans limites est à la fois temple zen soto et centre de retraite. Le premier village est à une heure de marche. Écureuils, daims, renards, parfois même un ours égaré sont les seuls voisins…
Ce lieu offre l'opportunité de revenir à soi-même, non pour se couper du monde mais pour permettre d'être davantage présent à la réalité, à la vie elle-même. Le temple est ouvert environ neuf mois par an et notamment aux périodes fériées. Le temple est situé à une altitude de 1 000 mètres. Premier week-end de chaque mois : retraite silencieuse du samedi matin au dimanche après-midi. Les nuits de pleine lune : soirée de zazen jusqu'à minuit.

« À savoir : ici, les saisons sont directes, presque brutales : l'été, il fait chaud, l'hiver, il fait froid, et ce fait si naturel nous paraît étrange, habitués comme nous le sommes à l'écran du confort ! Pas de téléphone, pas d'électricité, peu de chauffage, et souvent l'hiver, plus d'eau. Ce n'est pas un retour à un mythique « bon vieux temps « mais l'occasion d'expérimenter directement les choses « banales « dont nous nous servons tous les jours sans y prêter attention : quand on porte l'eau, alors on connaît le vrai goût de l'eau : quand on porte le bois, alors on connaît le vrai goût de la chaleur. Pour quelques jours, ne plus se servir des choses, mais engager son corps dans toutes les activités de la vie quotidienne. »

Contact

Riou-la-Selle – 07320 Saint-Agrève
Tél. : 04 75 30 13 62
Courriel: lademeuresanslimites@larbredeleveil.org
Site : http://www.larbredeleveil.org/lademeure

Adresses en Suisse romande

Canton de Genève

Hosenji

Anciennement appelé « prieuré du Sermon sur la montagne », ce lieu, rebaptisé en 2008, est ouvert à tous les courants zen de l'école soto, comme à tous ceux qui désirent pratiquer la méditation bouddhique.

Contact

Quai du Cheval-Blanc, 15
CH-1227 Genève Les Acacias
Tel. : 00 41 (0) 79 449 48 19
Courriel : qe_info@zen-geneve.ch
Site : http://www.zen-geneve.ch

Zen rinzaï

Cette branche du zen s'est développée en Chine au IXe siècle et a été introduite au Japon par le maître Eisai au début du XIIe siècle. Le zen rinzaï utilise le *koan* (petite phrase paradoxale destinée à ouvrir l'esprit, sorte d'aphorisme spirituel) de façon systématique : il doit être pratiqué sans interruption, jour et nuit. Il est utilisé comme objet de méditation pour déclencher l'éveil.

Le zen rinzaï n'est enseigné en France que dans un seul centre, celui de la Falaise Verte.

À méditer

« *Une légende poétique, et hautement symbolique, nous dit qu'une fleur de lotus poussait sous chaque pas du Bouddha lorsqu'il était enfant. De même, nous sommes appelés à laisser une trace de notre passage en ce monde. Laquelle ? Quelles empreintes nos pas déposent-ils ? Le dessin d'un chemin d'harmonie ou de chaos ? Une voie droite ou sinueuse ? Quel parfum se dégage dans notre sillage ?* »
Jean-Luc Leguay

Adresses en France

RHÔNE-ALPES

La Falaise verte
(Ardèche)

À une demi-heure de Valence, au cœur des collines rudes de l'Ardèche, sur une propriété de vingt hectares en bordure de la rivière. Tout au long de l'année, les sesshins fournissent l'opportunité de pratiquer zazen. Mais il est également possible de séjourner au centre dans le cadre d'une retraite ou d'une résidence. On ne vient pas ici pour recevoir des enseignements sur le bouddhisme.

Contact
La Riaille – 07800 Saint-Laurent-du-Pape
Tél. : 04 75 85 10 39
Courriel : falaise-verte@wanadoo.fr
Site : http://www.falaiseverte.org

> *Frappe le ciel et écoute le bruit.*
>
> Koan zen

Zen œcuménique

On peut pratiquer le zen dans un contexte œcuménique. Pour une spiritualité du dialogue.

• **Couvent des dominicains**
Contact
41 bd de la Victoire – 67000 Strasbourg
Tél. : 03 88 21 24 12

• **Assise, centre de cheminement**
Contact
29-31 rue de Guesnier – 95420 Saint-Gervais
Tél. : 01 34 67 00 39
ou 40 rue Quimcampoix – 75004 Paris
Tél. : 01 42 72 88 44

• **Mont Thabor, le Forum**
Contact
102-104 rue de Vaugirard – 75006 Paris
Tél. : 01 45 44 01 87

• **La maison de Tobie**
▶ *Voir p. 290.*

Contact
8, avenue Léon-Gourdault
94600 Choisy-le-Roi
Tél. : 01 48 53 50 81

• **Abbaye bénédictine de Maredsous**
Près de Namur en Belgique. Stage avec Roland Rech tous les étés.

• Voir également le **centre Dürckheim** à Mirmande. (▶ *Voir p. 400*)

À lire :

▌ *Zen et christianisme*, Evelyn de Smedt, Albin Michel, coll. « Spiritualités vivantes », 1990.

▌ *Le Zen et la Bible*, K. Kadowaki., sj , Albin Michel, coll. « Spiritualités vivantes », 1998.

▌ *Méditation zen et prière chrétienne*, Père Lassalle, sj., Albin Michel, coll. « Spiritualités vivantes », 1994.

« *J'ai perdu cette petite chose
qu'on appelle "moi"
et je suis devenu
le monde immense.* »
Muso Soseki

À méditer

« *J'attendais un train par un chaud après-midi. Le quai était désert et le paysage assoupi. Tout était silencieux. Le train avait du retard, et j'attendais sans attendre, très détendu et vide de toute pensée. Soudain un coq chanta, et ce son insolite me rendit conscient de mon silence. Ce n'était pas le silence objectif dont j'étais conscient, comme cela arrive souvent quand on se trouve dans un endroit tranquille et qu'un bruit soudain met en relief le silence environnant. Non, je fus projeté dans mon propre silence.* »

Jean Klein

Petite bibliothèque idéale (et subjective)

Livres à lire avant une retraite ou pour la prolonger…

▌ *Le Bol et le Bâton, 120 contes zen racontés par Maître Deshimaru*, Albin Michel, coll. « Spiritualités vivantes », 1997.

▌ *Essais sur le bouddhisme zen*, D.T. Suzuki, Albin Michel, coll. « Spiritualités vivantes », 2003.

▌ *Le Zen dans l'art chevaleresque du tir à l'arc*, Eugène Herrigel, Dervy, 1970.

▌ *L'Art du kôan zen*, Taikan Jyoji, Albin Michel, coll. « Spiritualités vivantes », 2001.

Zen vietnamien

« Soyez libre là où vous êtes. »
Thich Nhat Hanh

Mondialement reconnu pour son engagement en faveur de la paix au Vietnam, Thich Nhat Hanh s'est vu interdire le retour dans son pays d'origine et vit depuis vingt-cinq ans en France, où il a fondé, en 1982, le village des Pruniers, centre de pratique international. Le nom du lieu vient de la plantation de mille deux cent cinquante pruniers (plus de la moitié ont été offerts par des enfants) dont la production (six tonnes) est vendue au bénéfice des enfants victimes de la faim dans le monde. Avec deux implantations en Europe seulement (Dordogne et Île-de-France), l'école de l'Inter-Être reçoit des foules...
L'objectif de Thich Nhat Hanh est de redonner de la profondeur et de la poésie à la vie quotidienne. Ainsi, la pratique au village des Pruniers a pour but d'aider à intégrer la « pleine conscience » dans toutes les activités de la vie de chaque jour, c'est-à-dire à pratiquer l'instant présent tout au long de la journée, pendant que l'on mange, travaille, marche, lave la vaisselle, parle, écoute ou déguste une tasse de thé ensemble. « Respirer, sourire à la vie »... Une méthode simple qui transforme la vie.

Un dimanche de pleine conscience

La plupart du temps, les lieux d'accueil spirituel sont situés dans de beaux cadres naturels, ici dans la Drôme, là en région Provence-Alpes-Côte d'Azur, en Isère ou en Bretagne. Les Parisiens, une fois n'est pas coutume, ne sont pas si gâtés. Aussi, lorsque j'ai découvert la maison de l'Inspir, à vingt minutes de Paris en RER, et que j'ai décidé d'aller y expérimenter un dimanche de pleine conscience dans le sillage de l'enseignement du moine vietnamien Thich Nhat Hanh, j'ai tout de suite eu trois recrues ! L'une aime bien m'accompagner lorsque je vais dans des lieux où l'on n'impose pas de croyance, la seconde est en quête depuis des années, la troisième, qui se dit agnostique, faisait son premier pas dans un lieu de retraite. Je leur explique en deux mots ce que je sais de cette pratique bouddhiste ancestrale que *thây* (maître) Thich Nhat Hanh a remis « à la mode » en en faisant un point phare de son enseignement. Il s'agit « tout simplement » d'être attentif au moment présent pour en apprécier toute la plénitude. Le centre a ouvert en février 2008 pour ceux qui souhaitent pratiquer plus près de chez eux. Comme le veut la tradition bouddhique, aucun prix n'est fixé. Une boîte en carton accueille discrètement les donations.

Je téléphone à la maison de l'Inspir, celle du « souffle doux », comme la nomme Thich Nhat Hanh, deux jours avant notre venue pour connaître les détails logistiques. Une femme, sœur Élizabeth, m'explique que l'espace est ouvert à tous et qu'il est seulement demandé d'apporter quelque chose pour le repas – sans viande ni poisson. « Imaginez que vous soyez chez vous en train de préparer des mets que vous aimez particulièrement. Par la fenêtre, vous apercevez

Les quatorze préceptes de l'ordre de l'Inter-Être

1. Ne pas faire de quelque doctrine, théorie ou idéologie que ce soit une idolâtrie. Les systèmes de pensée bouddhistes doivent seulement être considérés comme des guides pour la pratique et non comme la vérité absolue.

2. Ne pas penser que son savoir actuel est immuable. Être prêt à apprendre pendant toute sa vie et à observer la vie en soi-même et dans le monde.

3. Ne pas contraindre les autres, y compris les enfants, à adopter nos points de vue. Respecter la liberté d'opinion de chacun.

4. Ne pas éviter le contact avec la souffrance ni fermer les yeux devant elle. Venir en aide à ceux qui souffrent.

5. Ne pas accumuler de biens, quand des millions d'êtres humains souffrent de la faim. Mener une vie simple et partager ses ressources avec ceux qui en ont besoin.

6. Ne conserver jamais de colère ou de haine en soi. Apprendre à regarder tous les êtres avec compassion.

7. Ne pas se perdre en se laissant aller à la dispersion.

8. Ne pas prononcer de paroles capables de semer la discorde. S'efforcer de résoudre tous les conflits.

9. Ne pas mentir, ne pas critiquer ou condamner.

10. Ne pas utiliser la communauté religieuse à des fins personnelles.

11. Ne pas exercer de profession qui puisse nuire aux autres.

12. Ne pas tuer, ne pas laisser les autres tuer. Préserver la vie et la paix.

13. Respecter le bien des autres.

14. Apprendre à respecter son corps et à préserver ses énergies vitales.

cinq frères avec un bol. Vous décidez de les inviter. C'est dans cet esprit que l'on partagera le repas tous ensemble. Avec des plats préparés avec amour par les uns et par les autres. » Bouddha enseigna un jour ces paroles célèbres : « Si tu savais ce que je sais, ce que j'ai appris sur le don, tu ne laisserais pas passer un seul repas sans le partager. » On dit qu'il s'arrêtait à toutes les portes, celles des riches comme celles des pauvres, pour permettre à chacun de faire un geste...

Mes amies et moi nous retrouvons à neuf heures à la gare de Noisy-le-Grand. Une demi-heure de marche et un petit café au comptoir plus tard, nous arrivons dans un quartier résidentiel vert et calme. La maison de l'Inspir, entourée d'un grand jardin, est cachée dans une petite allée qui mène à la Marne. D'une fenêtre, avec un immense sourire, un homme nous fait signe d'entrer directement par le garage ouvert, de quitter nos chaussures, de déposer la nourriture dans la cuisine au premier étage et de les rejoindre. Voilà un accueil informel, un peu « comme à la maison »...

> *Ne méditez pas.*
> *Soyez en méditation.*
>
> Bouddha

Dans la cuisine, c'est l'effervescence. Une affichette attire mon regard : « Liste des choses à faire dans la joie ». Je ne le sens pas comme un ordre mais comme un appel... Je sens que l'on ne va pas manquer de nourritures terrestres ! Je note la présence de nombreux Asiatiques. Voilà qui est aussi un bon signe... Nous entrons un peu timidement dans la grande salle de réunion. Nous sommes accueillies par de grands sourires. L'une de mes amies m'a confié plus tard :

« C'est assez étonnant, au bout d'une heure là-bas, j'avais envie de sourire tout le temps ! » En effet, à la maison de l'Inspir, c'est contagieux... L'ambiance qui y règne est assez familiale. Une petite fille dessine avec application avec un jeune moine, un bébé de quelques mois gazouille dans son berceau entouré de ses parents, les gens s'entretiennent doucement. Peu à peu, chacun prend place sur un *zafu* (coussin de méditation rond), en cercle autour d'un vase avec deux lys. Le décor est simple : un petit autel très sobre avec deux orchidées blanches et sur le mur, des calligraphies offertes par Thich Nhat Hanh : « Moment présent, moment merveilleux », « Joyeusement ensemble ». Le ton est donné.

Le dernier dimanche de chaque mois, la communauté vietnamophone vient pratiquer une journée de pleine conscience. Des personnes ne cessent d'arriver et il faut réorganiser la pièce. Nous sommes environ trente-cinq. Visiblement, nous sommes plus nombreux que d'habitude. Quand tout le monde est bien installé, sœur Élizabeth « invite » la cloche (ici, on ne la sonne pas, on l'invite !) avec un poème de Thây :

> « Corps et esprit
> En parfaite harmonie
> Je vous envoie mon cœur
> Avec le son de cette cloche
> Qu'il pénètre profondément dans l'univers
> Éveillant les êtres à la vie. »

C'est le signal : il est temps de revenir vers soi-même. Sœur Élizabeth prend la parole : « C'est un

« *Inspirant, je sais que la colère existe.*
Expirant, je sais que la colère est en moi.
Inspirant, je sais que ma colère est désagréable.
Expirant, je sais que ce sentiment va disparaître.
Inspirant, je suis calme.
Expirant, je me sens assez fort
pour prendre soin de cette colère. »
Thich Nhat Hanh

grand bonheur de vous voir ici rassemblés de tous les horizons. Je vois des Vietnamiens, Coréens, Japonais, Chinois, Américains, Français, des Antillais, des Rwandais... Vous avez tous les âges. Nous atteignons l'idéal de Thây : que toutes les cultures puissent s'asseoir et être joyeuses ensemble. Il a œuvré toute sa vie en voyageant dans tous les continents. Nous inter-sommes », répète souvent Thây au cours de ses enseignements. C'est pourquoi notre attention à l'autre doit être constante. C'est un idéal difficilement atteignable car nos perceptions de l'autre, par déformation interne, sont erronées, nous transformons ce qu'il dit, ce qu'il pense. En pratiquant la méditation de la pleine conscience, c'est-à-dire en apprenant à nous arrêter sur l'instant présent, à entrer dans l'écoute profonde de tout ce qui se passe en nous et autour de nous, une autre communication devient progressivement possible, plus légère, plus joyeuse. On apprend à regarder les qualités de l'autre, des situations. » Le frère Phap Tâp complète : « La pratique ne se limite pas à une journée de retraite. La pratique, c'est chaque jour. Il n'y a pas des journées avec conscience et des journées sans ! Il ne s'agit pas, comme je l'ai longtemps fait, de pratiquer très bien mais seulement de temps en temps ! » avoue-t-il dans un lumineux sourire. À cet instant, une clochette retentit dans le lointain pour nous ramener à la pleine conscience. Tout le monde s'arrête : le frère ne parle plus, celui qui écrit laisse son

> *Les deux mains frappées l'une contre l'autre forment un son. Mais quel est le son d'une main ?*
>
> Koan zen

stylo en suspension, celui qui se grattait interrompt son geste. Chaque instant se suffit à lui-même et est unique. Quelques secondes plus tard, le son s'éteint. Le frère reprend naturellement son propos : « La pleine conscience doit devenir permanente. Il faut pour cela entrer dans une vigilance attentive, c'est-à-dire détendue, sans tension. Cela élargit notre compréhension de nous-mêmes et du monde. Le travail quotidien polit

Paroles de retraitants

« C'est un lieu très accessible. On s'y sent de suite chez soi. On y est bien accueilli et, étrangement, pas par des paroles mais par des sourires ! C'est très communicatif… En tant que débutante, j'ai été très sensible aussi au fait qu'on nous a toujours expliqué à l'avance le programme qui allait suivre. Cela rassure quand on vient pour la première fois. » Charlotte

« Contrairement à ceux qui méditent une heure par semaine ou à des moments particuliers, à la maison de l'Inspir, on nous apprend la méditation dans le quotidien de la vie. Et cela change absolument tout. C'est la méditation dans la vie, pas en plus de la vie. » Michel

« Au-delà des "courbettes" qui étaient un peu trop nombreuses à mon goût, les choses sont étonnamment naturelles. On sent que leur parole n'est pas censurée. Il y a une vraie tolérance de l'autre, c'est très rare. Ils partagent sincèrement leurs expériences, même les pièges dans lesquels ils sont tombés. C'est particulièrement enrichissant. » Catherine

nos déformations internes. C'est peut-être pour cela que nous avons le crâne poli ! » s'amuse-t-il en passant sa main sur son crâne rasé.

Un partage sous forme de questions/réponses est proposé. Je me lance : « Vous vous inclinez les mains jointes les uns devant les autres ? Pourquoi et devant quoi vous inclinez-vous ? Nos mains jointes ont la forme d'une fleur de lotus pas encore éclos. S'incliner est pour nous un geste de respect pour l'autre. De respect pour l'être éveillé à venir qu'il porte en lui, de respect de la sagesse des ancêtres présents dans son cœur. C'est devant cette beauté que nous nous inclinons. » Le frère Phap Tâp poursuit : « C'est comme si nous offrions symboliquement une fleur de lotus au Bouddha qui est en l'autre. On reconnaît aussi que l'on a la même pratique. C'est très fort et très beau. » Les doigts se lèvent et les moines et moniales qui le souhaitent répondent à nos questions. Ils abordent un point sur la méditation marchée – que nous allons pratiquer avant le repas – ou un autre autour de l'entraînement à la pleine conscience…

Nous allons justement pouvoir passer à la pratique : rendez-vous est donné devant la maison pour une méditation marchée. « Être attentif à chaque pas est une porte de libération. La méditation marchée commence dès le premier pas posé sur le sol le matin. La conscience commence dès le réveil. C'est ainsi qu'avant de nous lever et de marcher, nous récitons un poème pour nous adresser à tous les petits animaux que nous risquons de blesser dans la journée. La marche méditative se pratique absolument partout. Le Thây a ainsi avoué : « Depuis que j'habite mon petit ermitage, je n'ai jamais trahi mon escalier. » Monter ou descendre les marches est un rendez-vous d'amour avec l'escalier quand j'y emmène la pleine conscience. De même, nous allons nous diriger en bordure de la Marne et vous sentirez chaque pas, chaque inspiration, chaque expiration. Vous vous concentrerez simultanément sur ce que vous sentez sous vos pieds. D'abord des graviers, puis du goudron, puis de la terre, puis de l'herbe… Soyez attentifs à chaque pas, à chaque souffle. Marchez comme si vous alliez à la rencontre d'un écureuil », nous explique la sœur. Elle se tourne vers les deux petites filles du groupe : « À chaque pas, dites : "Je fais un bisou à la terre." Avant de partir, nous entonnons des chants, tour à tour en français et en vietnamien.

Le silence nous rejoint et nous allons à la rencontre de l'instant, la respiration épousant nos pas. La cordée s'avance lentement, profondément. Les promeneurs du dimanche, à pied ou à vélo, nous regardent, intrigués. Un pas après l'autre, toujours unique. Je suis dans mon pied, je sens. Je regarde les maisons bourgeoises le long du chemin, l'herbe bien tondue, les enfants qui jouent, l'oiseau dans le ciel. Je mets un certain temps à me poser dans le silence, à me reposer dans le rythme, à entrer dans l'instant. D'un coup, j'y suis, d'un coup, c'est simple : je suis où il faut, ici et maintenant. Tout en moi est ouvert. Nous descendons vers l'eau, je marche, j'inspire, j'expire, j'entends, je vois, je sens. Tout est là, je suis là, je suis dans tout.

La Marne coule paisiblement. Des canards font la sieste dans les nénuphars. Ils lèvent la tête face à notre étrange assemblée silencieuse puis reprennent leur repos dans les reflets verts d'eau. Un enfant passe avec son père : « Regarde papa, un mariage ! » Oui, tu es intuitif, quelque chose de sacré se passe... Une communion d'êtres. Nous reprenons notre méditation marchée jusqu'au seuil de la salle du repas. J'aurais aimé qu'elle se prolonge encore et encore...

La table a été dressée en notre absence. C'est un festin ! Tant de couleurs, tant de saveurs... Je bénis le repas des yeux. Chacun se sert puis nous rejoignons la salle de méditation au deuxième étage – encore des orchidées... – et déjeunons assis, dans un silence absolu, en présence de tous les ancêtres qui ont transmis ces délicieuses recettes. Il n'y a pas de moment de pratique privilégié : la méditation est dans chaque geste, cha-

> *J'écoute le chant de l'oiseau non pour sa voix, mais pour le silence qui la suit.*
> Bouddha

que mouvement et chaque activité. Un frère récite une bénédiction qui nous invite à la reconnaissance pour ce que nous allons partager et à ne pas oublier que nous ne mangeons que pour pouvoir atteindre l'idéal de servir tous les êtres. J'essaie de prendre chaque bouchée en pleine conscience. La clochette continue de retentir à intervalles réguliers. On s'arrête au milieu de nos gestes. Je laisse pousser en moi cette méditation de Thich Nhat Hanh : « Quand j'ai une orange, j'aimerais manger cette orange comme un acte de méditation. Je la tiens dans la paume de ma main et je la regarde. J'ai du temps pour la regarder avec pleine conscience. "J'inspire, il y a une orange dans ma main gauche, j'expire, je souris à mon orange." Vous êtes réellement là dans l'ici et le maintenant pour pouvoir reconnaître l'orange. Avec vos yeux spirituels vous pouvez voir une orange fleurir. Vous pouvez voir le soleil et la pluie traversant la fleur d'oranger. Vous pouvez voir la petite orange encore bien verte et vous pouvez voir l'oranger travailler avec le temps pour l'amener à la taille actuelle. Maintenant l'orange est entre mes mains. Je la regarde et lui souris et pour moi c'est quelque chose de miraculeux. Quand je respire avec pleine conscience, je reviens au moment présent, je vis vraiment et je suis moi-même un miracle »… Les fenêtres sont ouvertes sur le jardin. Le bébé gazouille encore, ignorant du passé et de l'avenir. Vie.

Après la vaisselle communautaire, nous nous retrouvons dans la salle de méditation avec Henri pour une heure de viet tai-chi, un ensemble de mouvements corporels et de techniques internes qui sollicitent les principaux méridiens du corps et éveillent l'énergie. Sur Schubert, entre autres, je découvre une autre forme de méditation en mouvement. Il nous fait composer des chorégraphies avec notre corps et notre souffle. Plus qu'un simple exercice corporel, il propose quelque chose de plus habité. Je suis nuages, je suis vagues… Peu à peu, sans discours, en tirant, avec une grande et belle lenteur l'énergie de la terre, en inspirant celle du ciel, je sens que je change de qualité d'être. Mon corps, mes émotions, mon mental s'apaisent. Je touche ma beauté intérieure et je l'exprime. Je danse, corps et mental harmonieusement reliés, je suis *là*. En nous demandant de conserver cette sérénité intérieure, frère Phap Tâp prend la suite pour quarante-cinq minutes de « relaxation totale ». Nous nous allongeons en posture du lion (en position fœtale) et prolongeons notre état de détente, guidés par sa voix. « La relaxation totale peut être assise, debout, marchée ou allongée. Tous les actes de notre vie doivent peu à peu se faire dans la détente », nous explique-t-il. J'entre en contact avec ma beauté, je souris avec mes yeux et mes lèvres. Je souris à ma beauté, à ma sagesse intérieures. Ma respiration devient ample, on entend quelqu'un ronfler… Et j'avoue que si l'exercice de méditation allongée avait duré, j'aurais peut-être aussi succombé à la détente du sommeil…

À méditer

« *Vivre en pleine conscience, c'est vivre le moment présent. Tout simplement ! […] On saute du lit le matin en pensant à tout ce qui nous attend dans les prochaines heures et on rentre le soir avec tout ce qu'il y a eu de bon et de moins bon dans la journée. […] Comment pouvons-nous réellement voir la tendre beauté d'une fleur si notre esprit vagabonde entre l'hier et le plus tard ? Comment pouvons-nous être fascinés par la radiante beauté d'un coucher de soleil si nous l'observons distraitement en pensant aux plaisirs à venir du souper qui mijote ? […] Vivre le moment présent… Nous sommes ici et maintenant… Nous en sommes conscients et le seul moment à vivre est cet instant présent. Unique et merveilleux moment… C'est le seul moment qui soit réel. Calme, Sourire, Instant présent, Moment unique.* »
Thich Nhat Hanh

Quelles qu'elles soient, les choses ne peuvent – heureusement – pas durer. Nous reprenons contact avec
l'extérieur pour la fin de la journée. Les visages
détendus, profondément calmes, nous réinstallons les
tapis et zafus de méditation pour clore cette journée
de pleine conscience par un dernier échange sur le
Dharma (ensemble des enseignements offerts par le
Bouddha). Un à un, chacun partage avec le groupe ce
qu'il a ressenti et vécu dans la journée. Il est vrai qu'en
une petite journée, les expériences de pleine conscience se sont succédé, à mille lieues de notre vie agitée,
dissipée et bavarde. Dans un relatif silence, nous avons
pris conscience de notre souffle, de nos pas, de nos
gestes, nous avons fait la vaisselle, tendu les bras vers
le ciel, souri… Chacun reçoit la clochette de la parole.
Les autres sont invités à écouter, seulement écouter. On
n'échange pas, on ne se répond pas, on ne se juge pas,
on ne s'interrompt pas. On écoute comme on médite,
profondément, en vérité. Dans un silence majestueux,
noble. « Le silence des fleurs » dit frère Phap Tu. « La
douceur est un chemin », ajoute sœur Élizabeth.
« Dans la vie "ordinaire", il est rare d'avoir tant de personnes qui se taisent quand vous parlez… », avoue
l'une. L'autre dit : « Au fur et à mesure de la journée,
vos visages devenaient plus beaux. » Je confirme. « Merci. Cela fait du bien de voir autant de sourires. À Paris,
j'ai appris à ne plus sourire », dit encore une autre…
Un dernier temps de questions/réponses est offert. Une
femme blonde au sourire lumineux demande une ex-
plication pour le bracelet-chapelet – un *mala* – que les
moines portent au poignet. Frère Phap Luong lui répond en vietnamien (les traducteurs ont eu du travail

aujourd'hui…) : « Avec mon *mala*, je me concentre sur la joie. Joie d'un pas, joie d'un rire de bébé, joie d'une fleur qui éclôt. Chaque perle symbolise une joie pour moi. Je passe mes journées à les compter. Cela les multiplie ! Quand je vois ou ressens de la souffrance, j'égrène encore mon mala : pour ne pas oublier la joie. Je concentre toute ma responsabilité d'homme sur la joie », dit-il dans un éclat de rire. Le frère Phap Tâp conclut par une provocation : « Convertissez-vous et vivez ! Se convertir, pour nous, c'est revenir à l'intérieur de notre corps. Si on veut redevenir des vivants, il faut revenir habiter notre corps. Nous sommes des rois et des reines… mais en exil. Notre royaume, c'est notre corps… Explorons-le en pleine conscience, sans relâche. »

Petite bibliothèque idéale (et subjective)

Livres à lire avant une retraite ou pour la prolonger…

▌ *La Plénitude de l'instant. Vivre en pleine conscience*, Thich Nhat Hanh, Dangles, 1994.

▌ *Toucher la vie*, Thich Nhat Hanh, Dangles, 2001.

▌ *Bouddha et Jésus sont des frères*, Thich Nhat Hanh, Le Relié, 2001.

▌ *La Vision profonde*, Thich Nhat Hanh, Albin Michel, coll. « Spiritualités vivantes », 1998.

▌ *Le Miracle de la pleine conscience*, Thich Nhat Hanh, L'Espace bleu, 1994.

Adresses en France

AQUITAINE

Village des Pruniers
(Dordogne)

La communauté – plus de cent trente personnes – est disséminée sur plusieurs hameaux. Elle accueille tous ceux qui veulent venir se ressourcer, de quelques jours à quelques mois. On vient parfois vous chercher à la gare en petite voiture fonctionnant à l'énergie électrique… Chaque année, Thây accueille plus d'un millier de retraitants venus du monde entier. La nature, les chants, les cloches et les sourires vous attendent : le dépaysement est immédiat.
Idéalement, pour faire une véritable expérience de la pleine conscience, il est conseillé de rester sept jours mais il existe aussi des journées de pleine conscience – les jeudi et dimanche – qui peuvent donner un avant-goût. Pour ceux qui choisissent de passer plusieurs jours, sachez que chaque semaine compte un « jour de paresse »…

Contact
• Hameau du haut
(pour les hommes et les couples)
Le Pey – 24240 Thénac
Tél. : 05 53 58 48 58
Courriel : UH-office@plumvillage.org
Site : http://www.villagedespruniers.org

• Hameau du bas
(pour les femmes et les couples)
Meyrac – 47120 Loubès-Bernac
Tél. : 05 53 94 75 40
Courriel : LH-office@plumvillage.org
Site : http://www.villagedespruniers.org

> *Ayons de bonnes pensées,*
> *ne prononçons pas*
> *de paroles dures*
> *disons la vérité,*
> *gardons notre esprit*
> *rempli de gentillesse*
> *bienveillante.*
>
> Mingun Sayadaw

ÎLE-DE-FRANCE

Maison de l'Inspir
(Seine-Saint-Denis)

En région parisienne, la maison de l'Inspir permet de passer quelque temps auprès des moines et moniales, à pratiquer dans la tradition de Thich Nhat Hanh. Elle est située dans un quartier verdoyant avec la Marne au bout de la rue. Idéal pour marcher en pleine conscience ! Les jeudis et les dimanches, des journées de pleine conscience sont organisées.

▷ *Voir reportage p. 340-353.*

Contact
7 allée des Belles-Vues
93160 Noisy-le-Grand
Tél. : 09 51 35 46 34
Courriel : maisondelinspir@yahoo.fr
Site : http://www.villagedespruniers.org
Aller à la rubrique « Le Village à Paris »

Le mouvement vipassana

*" Si tu ne trouves pas la vérité là où tu es,
où crois-tu donc la trouver ? "*

Jack Kornfield

*V*ipassana (littéralement « vision pénétrante ») est
une pratique de méditation, déritualisée et laïci-
sée, qui appartient à toutes les traditions bouddhistes
mais qui a pris son essor en Birmanie au XIXe siècle,
au sein de la tradition *theravada* (en pali, « doctrine
des anciens » ou « bouddhisme des origines »). Elle se
veut désengagée des aspects religieux et cultuels du
bouddhisme. En Europe, c'est l'Indien S.N. Goenka,
disciple du maître birman U Ba Khin, qui la popula-
risa (voir reportage). Cet enseignement doit conduire
à changer sa manière de vivre grâce à la pratique,
véritable scalpel intérieur, et au respect des préceptes
(qui ne sont pas des commandements).

Le mouvement vipassana met particulièrement l'accent
sur la capacité de chacun à vivre plus intensément
dans le moment présent et à y être beaucoup plus
attentif. De plus en plus de pratiquants sont engagés
dans les milieux carcéral et hospitalier, notamment
dans le domaine des soins palliatifs.

Dix jours de « scalpel intérieur »

C'est une psychothérapeute hors du commun, Jenny, qui m'avait mis le pied à l'étrier en ce début des années 1990. Un drame familial venait d'éclater, ajoutant son poids à un quotidien que je gérais déjà avec force médicaments. Elle m'avait conseillé de partir faire une retraite vipassana en Bourgogne. Elle m'avait juste précisé qu'il s'agissait de dix jours de méditation bouddhiste et que le silence était obligatoire pendant toute la durée de la session. Elle estimait que la plongée me serait salutaire. Étrangement, je n'ai pas posé de questions. Ou à peine. J'étais à la fois dans la confiance et dans l'urgence. J'ai réservé la première date disponible cet été-là. J'y ai, depuis, fait trois séjours de dix jours. C'est aussi là-bas, en retraite, que j'ai choisi de passer le 31 décembre 1999 avec trois amis. À minuit, loin de la fête et des feux d'artifice, je ne buvais pas de champagne, mon dernier repas, végétarien, avait été celui du déjeuner et je dormais. À 2h30 du matin, en communion avec tous les méditants vipassana du monde, nous méditions et envoyions les bienfaits de notre pratique à tous les êtres vivants… Souvenir inoubliable. Et, même si aujourd'hui je ne pratique plus sur le coussin de méditation, le *zafu,* mais sur le petit banc des chrétiens, cette expérience m'a incontestablement fait changer de direction intérieure.

Vipassana signifie « voir les choses telles qu'elles sont réellement ». C'est une des plus anciennes techniques de méditation de l'Inde. Elle y a été enseignée il y a plus de deux mille cinq cents ans, comme un remède universel aux maux universels. La technique de méditation vipassana, une technique universelle exempte de tout dogme, est une expérience radicale, enseignée lors de retraites de dix jours. L'enseignement que l'on suit à Dhamma Mahi, en Bourgogne, est celui qu'a transmis S.N. Goenka, un enseignant d'origine indienne qui ne souhaite pas que cette technique de méditation soit présentée sous une quelconque étiquette religieuse.

Je me souviens de mon premier séjour…

J'arrive en fin d'après-midi dans un ancien centre de vacances pour jeunes enfants près d'Auxerre, en pleine campagne. Une retraite intensive y est organisée chaque mois. Le soleil éclate d'optimisme et moi d'appréhension pour deux raisons : la première est le silence absolu imposé pendant les dix jours du stage, la seconde est qu'il faut s'abstenir de tout intoxicant pendant les dix jours et que je fume… trois paquets de cigarettes par jour ! Je me promène dans le jardin. La propriété est immense pour garantir le silence (cent soixante-cinq hectares), mais une clôture restreint notre périmètre. Les femmes sont d'un côté, les hommes de l'autre. Nous avons le droit d'échanger jusqu'à demain. Ensuite, nous entrerons dans le « noble silence », qui engage le corps, la

> *Les bouddhas disent que la vacuité consiste à renoncer aux opinions. Ceux qui croient à la vacuité sont incorrigibles.*
>
> Nagarjuna

parole et l'esprit. Autrement dit, non seulement il ne faut pas parler, pas penser, mais aussi faire le silence des yeux : ne pas regarder, ne pas lire...

Les retraitants arrivent tout au long de la journée, de tous les coins de France et même d'Europe. Quelle mouche nous a piqués pour que nous sacrifiions tous dix jours de vacances en août ? Le soir, nous prenons une légère collation végétarienne – dans les préceptes de base, il faut notamment s'abstenir de tuer toute créature vivante – et nous nous couchons tôt, dans des dortoirs de six personnes dans une ambiance de colonie de vacances. Ça ne va pas durer... L'horaire que je découvre dans le « code de discipline » avant d'éteindre la lumière me donne froid dans le dos : lever à 4 heures, extinction des lumières à 21 h 30 ! « L'emploi du temps a été conçu afin de permettre aux étudiants de maintenir une pratique continue. Il est conseillé de le suivre d'aussi près que possible afin d'obtenir les meilleurs résultats. » « Conseillé » n'est donc pas obligatoire, me dis-je... Je calcule : en tout onze heures de méditation sont proposées par jour !

Pour le premier jour, nous avons le droit à une grasse matinée : petit déjeuner copieux à partir de 7 heures. Les autres matins, on entendra les réveils sonner ici et là à 4 heures, quoique la méditation de 4h30 à 6h30 soit facultative. Moi qui ai une relation passionnelle au sommeil, comme tous les insomniaques, je me lève chaque matin avant le coq. Le jour n'est pas levé, il fait frais, je ne suis pas peu fière. Je file ensuite sous la douche. Une femme, matin après matin, me précède et est en train de se laver les dents avec un fil dentaire. À 4h15, c'est une image qui me dérange. Je focalise sur elle durant toute la retraite. Bien que nous n'ayons pas le droit de nous regarder, mon premier regard en ouvrant la porte de la salle de bains commune est pour elle, discrètement, rapidement, dans le miroir. Un regard noir.

À cette heure-ci, le Dhamma Hall, la salle de méditation, est plongée dans une quasi-obscurité. De petites lampes de faible intensité nous permettent de rejoindre notre place. Je reste chaque matin jusqu'à 5h30. J'aime cette heure volée au cœur de la nuit. L'esprit n'a pas encore été happé par l'activité de la journée et toutes ses mauvaises habitudes ne sont pas encore réveillées. Même si le sommeil s'invite parfois sur mon coussin, c'est une heure calme, de belle attention au corps. Je repars ensuite dormir une petite heure avant de me lever, par l'odeur du café alléchée.

La journée communautaire commence à 8 heures dans le Dhamma Hall. Un gong résonne. Nous prenons des coussins puis allons rejoindre les places qui nous ont été attribuées, les hommes à gauche, les femmes à droite, comme à la synagogue. Nous devons être environ cent cinquante. Nous faisons connaissance avec

Pas d'histoire d'argent entre nous...

L'enseignement bouddhique n'est pas un produit de consommation, il doit par conséquent être offert à celui qui le demande. Ainsi, dans la voie Vipassana, la connaissance est gratuite. Aucune participation financière n'est demandée pour les cours, pas même pour couvrir le coût de la nourriture et du logement. À la fin des dix jours d'enseignement, on donne ce qu'on veut, ce qu'on peut.

le couple d'assistants nordiques qui va diriger le cours des dix jours puis entrons sans plus attendre dans la pratique d'*anapana* (voir encadré), une technique de méditation qui permet d'entrer en douceur dans la technique vipassana, qui englobe tout le corps. Une cassette audio nous guide pas à pas. « Maintenez votre attention dans la région au-dessous des narines et au-dessus de la lèvre supérieure. Demeurez conscients de chaque respiration, du souffle qui entre et qui sort. Si votre esprit est très agité ou paresseux, respirez un peu plus fort quelques minutes. Sinon, votre respiration doit être naturelle. » Les enseignants, en posture irréprochable, yeux fermés, pratiquent. Comme des modèles qui nous communiqueraient leur énergie. La simplicité de cette « activité » me convient très bien pour débuter et je me calme assez vite intérieurement. Nous pouvons nous asseoir dans la position qui nous convient le mieux. De toutes façons, concentrer son esprit sur son corps, rien que sur son corps, amène naturellement des réactions de douleur pour tous, débutants comme anciens, et ce quelle que soit la posture. Je vais apprendre à composer avec cet inconfort – parfois des crampes terribles – puisque la méditation vipassana est précisément orientée vers l'observation de la sensation. Pour conclure la méditation, nous entendons des chants en pali. C'est le signal de la fin… La première heure de méditation de ma vie

> *Lekh lekha, "Va vers toi-même" : lève les yeux et, du lieu où tu es, regarde. Non pas plus tard, non d'ailleurs ! Du lieu où tu es. Maintenant. Ici.*
>
> Patrick Levy

n'a pas été si terrible que cela. Presque agréable en fait. Il n'empêche, nous rejoignons tous le jardin pour nous dégourdir les jambes, les bras, prendre l'air !

De 9 heures à 11 heures, nous sommes invités à poursuivre notre expérience, en restant soit dans la salle de méditation, soit dans notre chambre. Méditer en chambre me semble un concept plein de promesses… Hélas, je vais vite m'en rendre compte, quand on s'est levé à 4 heures du matin, l'appel du lit est une tentation presque insurmontable même si, dans une chambre de six, il est difficile d'aller faire une sieste incognito… Le premier jour, encore intimidée, je suis le mouvement général et reste dans le Dhamma Hall. Les autres jours, ma détermination ne l'emporte pas toujours. Lorsque le rythme immuable me pèse, je « ruse » en méditant assise sur mon lit. Il m'arrive parfois, sans en avoir l'air, de glisser quelques minutes dans les bras de Morphée. Peut-être moins par fatigue que pour échapper à la méditation intensive. Puis je reprends ma concentration sur la respiration, comme un bon petit soldat.

À 11 heures, nous nous dirigeons vers la salle des repas. C'est une explosion de couleurs et de saveurs. Tout est strictement végétarien. En cuisine, une équipe de retraitants cambodgiens qui se sont portés volontaires pour le service officient toute la semaine, pour notre plus grande satisfaction. Dans un contexte où le moindre geste, la moindre activité sont millimétrés et où tout tourne autour de la méditation, les plaisirs de la table sont un grand moment… même si, y compris pendant les repas, nous sommes invités à méditer sur nos sensations en mâchant…

Nous gardons les yeux baissés, dans le noble silence, pour rester dans un état méditatif à chaque seconde. C'est horriblement difficile. Se taire, oui. Mais se taire avec les yeux, moi dont le métier de journaliste est de lire et d'écrire, est une véritable gageure. Je me souviens d'un jour où je me suis enfermée dans la douche pour lire la notice du shampoing !

Je remplis mon assiette et pars dans le jardin déjeuner sur l'herbe. Ma peau prend un peu le soleil, je mange des plats savamment parfumés. Entièrement à ce que je fais, je suis bien. Je commence à trouver cela intéressant. Le cinquième jour, en marchant dans le jardin, je réalise que... je n'ai pas fumé une cigarette depuis mon arrivée et que je n'y ai pas pensé une seule fois ! Mon attention était ailleurs... Voilà qui est instructif par rapport au discours sur l'incontournable dépendance nicotinique.

Le déjeuner achevé, nous avons encore une heure libre devant nous puis une heure et demie de méditation en chambre. Ce premier jour, je ne reste pas dehors, je file dormir pour oublier que je viens de m'engager dans une drôle d'aventure. Mes compagnes de chambrée me rejoignent mais, après une demi-heure de repos, la mauvaise surprise est qu'elles se lèvent toutes pour méditer. Trois rejoignent le Dhamma Hall, deux se mettent en tailleur sur leur lit, yeux fermés, et se lancent dans le périmètre autour de leurs narines. Je me sens obligée de faire de même. Ce moment de la journée est également dédié aux entretiens avec les enseignants. Tous les trois jours, nous sommes convoqués par sexe, par groupe de quatre. Nous évoquons les unes après les autres nos ressentis et l'enseignante

Anapana : exercer sa vigilance

Quelles que soient les écoles, la pratique de la méditation attentive au va-et-vient du souffle (*anâpâ-nâ-sati*) est l'une des bases fondamentales de toutes les méditations bouddhiques. Les maîtres des trois véhicules l'enseignent et elle est sans danger. Cela consiste à observer sa propre respiration. Cette technique a été décrite de façon très précise par le Bouddha : elle comprend seize étapes ou paliers. Les pratiquants au stage de dix jours de vipassana commencent par un entraînement de trois jours d'anapana.

Le pratiquant commence par se concentrer, de façon consciente, sur la porte des narines (zone en triangle qui va du bout de votre nez, en englobant les narines, jusqu'à la lèvre supérieure). La comparaison souvent utilisée est celle du scieur : il ne se concentre pas sur la totalité de la lame de sa scie mais sur le point où celle-ci attaque le bois. Attentif, il inspire. Attentif, il expire. Il observe tout d'abord la respiration sur la zone, sans chercher à modifier sa respiration : il se contente de l'observer, lente ou plus rapide, s'apaisant peu à peu. Au bout d'un moment, il détourne son attention sur ses narines et se concentre sur l'entrée de la respiration dans une narine, puis dans l'autre, alternativement. Enfin, il pose son attention sur les sensations de la zone.

Peu à peu, son esprit va s'apaiser. Sa respiration, plus légère, va se raréfier, rendant l'exercice de plus en plus subtil. On peut faire cet exercice en préliminaire à la méditation ou le conserver pendant tout le temps de celle-ci. Cette totale vigilance à l'instant présent fait taire le vagabondage mental.

Certains moines poursuivent anapana plusieurs heures par jour, voire plusieurs jours d'affilée. Cet effort de concentration impersonnelle, intense et prolongée sur un objet unique permet de diminuer progressivement l'activité de l'esprit. La même technique est ensuite appliquée aux émotions qui surgissent : juste observer ses émotions, ne pas les condamner, ne pas les approuver non plus ; les observer, de façon équanime (égalité d'âme, d'humeur). Aucune émotion, ni positive ni négative, ne dure. Toute existence a un caractère éphémère et inconstant. On n'accède à la connaissance que dans cette compréhension. Dès lors, méditer, ce sera peu à peu se rendre compte que notre maison est vide, que notre mental, que nos émotions, que notre moi n'existent pas alors ; toute souffrance cesse, c'est l'Illumination, nous sommes dans la joie. Nous sommes libres.

nous donne des conseils personnalisés. L'entretien avec l'enseignante m'a parfois redonné du courage… 14h25. Le gong retentit à nouveau pour nous appeler à la méditation commune obligatoire. De toute façon, une absence sur le coussin ne peut pas passer inaperçue. D'ailleurs, dès qu'un retraitant craque et quitte le centre – ils ont été quelques-uns –, l'agencement des coussins est immédiatement revu pour ne pas nous décourager.

Jour après jour, de 4 heures du matin à 21h30, nous allons alterner les moments ensemble obligatoires, les moments ensemble libres, et les moments en chambre. Mais, à toute heure, l'activité est la même : garder l'équanimité, quoi qu'il arrive.

Cela me rend parfois folle. À d'autres moments, je suis envahie d'une sérénité et d'une ouverture indicibles. Dans la journée, le silence de la campagne qui nous entoure n'est troublé que par les oiseaux et les vaches. Certains après-midi, avec la lumière d'août derrière les baies vitrées, une grande quiétude se dégage du Dhamma Hall. On sent l'attention de tout le groupe, comme si nous nous portions mutuellement. Quelque chose de palpable est dans l'air. Cent cinquante personnes explorent leur corps et leur respiration. Cent cinquante personnes sont là et pas ailleurs. Parfois un fou rire ou une crise de larmes troue le silence…

À 17 heures, le break d'une heure est le bienvenu. Pause thé et goûter pour les nouveaux retraitants. Les anciens n'y ont pas droit. On ne médite pas aussi bien le ventre plein, mais les débutants n'en sont pas encore conscients. Je le confirme, j'aurais été incapable de me passer de ce repas, d'autant qu'on saute le dîner ! L'ascèse, rien que l'ascèse. Le ventre rassasié, je retrouve encore le jardin, mon havre, et je marche, je marche, je marche. Mon corps est présent, douloureux mais habité, comme jamais. Pour me détendre et me donner l'impression d'être encore libre sinon de mon emploi du temps, au moins dans ma tête (!), je chante intérieurement de vieilles chansons françaises. Oui, vraiment, dix jours de

> **Le silence permet de trouver son destin.**
> Lao Tseu

vipassana apprennent à se voir comme on est, ni plus ni moins. Ce n'est pas forcément très valorisant, mais c'est très instructif.

À 18 heures, une méditation « obligatoire » nous attend. Je commence à avoir du mal à maintenir mon attention sur mon souffle qui entre et sort de mes narines. Je sens que ma patience ne va pas durer et j'espère que nous passerons vite à la technique vipassana. J'ignore que je vais passer trois jours sur cette zone de mon corps et que mon calme va céder la place à l'ennui puis à la colère. Vipassana se mérite, on n'y plonge pas sur un claquement de doigts impatient. Observer sa respiration naturelle, c'est observer son esprit, enseigne-t-on. Tout le monde, souffle et esprit, va bientôt chahuter… Quelle idée de s'imposer de telles choses en étant consentante !

Le quatrième jour, nous sommes enfin invités à plonger dans la technique vipassana. Observer son corps, partie par partie, en partant des pieds jusqu'au sommet du crâne, sans attente, sans rejet, sans jugement. Observer heure après heure les sensations qui se succèdent dans le genou, dans le pied, dans la paume de la main… Observer inlassablement la vérité de la sensation, la vérité du corps, la vérité du vivant que je suis.

L'un des meilleurs moments de la journée, chaque jour, a été la conférence de Goenka écoutée à partir de cassettes. Cette fois, hommes et femmes se rejoignent. L'enseignement est proposé en différentes langues. Soir après soir, pendant une heure, il décrit exactement ce que j'ai vécu dans la journée et me l'explique. Je découvre alors, stupéfaite, que nous traversons tous les mêmes épreuves – la tristesse, la révolte : « Qu'est-ce que je fais ici ? Je ne vais pas rester une minute de plus », l'exaltation, l'ennui…– au même moment. Je découvre ainsi que cette fatigue qui ne me quitte pas tout le jour est en fait un classique : le sommeil est un des pires ennemis du méditant. Quand on le sait, on l'affronte tout à fait différemment. Pendant l'heure d'enseignement, je ne résiste pas à regarder celles et ceux qui m'entourent. Au fil des jours, je comprends pour la première fois ce que veut dire le « silence des yeux » : regarder est un acte bavard. En effet, les yeux baissés, ne voyant pas l'autre, je ne le juge pas, je n'interprète pas tel regard, tel geste.
Nous n'allons pas finir la journée par une activité mentale. Avant l'extinction des feux, nous méditons encore quarante-cinq minutes. C'est une heure apaisée, enfin. Les analyses de Goenka m'ont fait du bien, ce que je fais là reprend du sens, ma détermination est renforcée. Avant d'aller me coucher, je vais dans le jardin contempler la nuit étoilée allongée dans l'herbe.

« *Pourquoi voyagez-vous?*
Pour trouver ceux qui savent
encore vivre en paix. »
Ella Maillart

Je pense à la journée écoulée. Je sens progressivement qu'observer mes sensations à la loupe, seconde après seconde, pore après pore, me décape. J'entre dans la compréhension de l'impermanence. Je commence à saisir comment cela va devenir une force nouvelle pour moi.

Les premières nuits, j'ai un mal fou à m'endormir car j'ai faim. Le goûter est déjà loin et le premier toast me semble à des années-lumière. Cela passe vite. La sensation de faim d'une jeune femme bien nourrie et en bonne santé est elle aussi éphémère. Les nuits suivantes, j'ai également un mal fou à m'endormir car je n'arrive plus à m'arrêter de méditer... J'ai pris le pli, le sommeil n'envahit plus ni mes jours ni mes nuits. Explorer m'épuise, me passionne, m'énerve, fait

Petite bibliothèque idéale (et subjective)

Livres à lire avant une retraite ou pour la prolonger...

Dharma vivant, Jack Kornfield, Éd. Vivez Soleil, 2001.

L'Art de vivre. Méditation vipassana enseignée par S.N. Goenka, William Hart, Le Seuil, coll. « Points Sagesse », 1997.

Le Bouddhisme libéré des croyances, Stephen Batchelor, Bayard, 2004.

L'Attention, source de plénitude. Pratique de la méditation vipassana, V.R. Dhiravamsa, Dangles, 1983.

remonter mes émotions à la surface, mais je n'ai plus peur de rien car je sais que cela va disparaître comme c'est venu.

Au bout de neuf jours, un matin à 9 heures, le gong de la parole retentit. Je pars me réfugier au fond du jardin : je me suis tant et si bien blottie dans le silence que je ne veux plus parler. Après une session sur l'impermanence, les paroles semblent de peu de poids. Une des premières personnes qui vient me trouver est... la jeune femme au fil dentaire. Elle me raconte combien les dix jours ont parfois été durs pour elle et combien elle est heureuse de faire ma connaissance... Je découvre alors une femme douce et délicate.

Quelque chose de neuf est né en moi là-bas, vraiment. Peut-être une certaine compréhension du rythme de la vie.

J'y suis revenue à deux reprises, cette fois accompagnée : mon changement – on voit le réel avec une nouvelle clairvoyance – avait convaincu des amis de tenter l'expérience. Vipassana a été une étape absolument décisive dans ma croissance spirituelle.

Adresses en France

AQUITAINE

Le moulin de Chaves
(Dordogne)

Le moulin de Chaves est un ancien monastère zen, dans un vallon boisé, juste au bord de la rivière de l'Auvezère en Dordogne. C'est un lieu pour « être », un lieu pour se connecter avec soi-même, avec les autres, et avec la nature. Il offre un environnement paisible et le soutien de la communauté permet de recevoir et de pratiquer les enseignements spirituels conduisant à l'éveil. Ancré dans la pratique bouddhiste du vipassana, le centre propose des retraites intensives et silencieuses de méditation, ainsi que des périodes de pratique relationnelle, pour intégrer l'éveil au cœur de toute notre vie.

Contact
Rue Le Maine – 24640 Cubjac
Tél. : 05 53 05 97 46
Courriel : mail@moulindechaves.org
Site : http://www.moulindechaves.org

BOURGOGNE

Association bouddhique theravada Vivekârâma
(Saône-et-Loire)

Les sessions de méditation (assise en silence et attention à la respiration) sont ouvertes à toute personne en bonne santé physique et mentale, aux pratiquants issus de différentes écoles bouddhiques ou aux débutants recherchant une approche simple de la culture de l'esprit. Plutôt que de collectionner des pratiques ou faire du syncrétisme, il est simplement demandé à chacun de prendre ce qui lui convient à son niveau et de l'essayer avec sincérité. L'association propose

À méditer

> « *Le bouddhisme n'est ni réductible à la recherche d'un mieux-être ni un baume pour les bobos de la vie quotidienne. Il ne propose pas un "nouvel âge" de compromis où tout ira mieux sans rien changer à nos habitudes, et la méditation bouddhique n'est ni une technique de relaxation ni un anxiolytique pour échapper à la réalité quotidienne. Il suggère au contraire de nous interroger au plus profond de nous-mêmes sur les mobiles qui nous animent.* »
>
> Philippe Cornu

des sessions et retraites à Paris, Mâcon, Dijon et Lyon, mais aussi des retraites de printemps, d'été et d'automne près de Cluny, en Saône-et-Loire. Tradition des moines de la forêt, theravada.

Contact
Michel-Henri Dufour
278 rue Carnot – 71000 Mâcon
Tél. : 03.85.39.46.97
Site : http://mhd-abt.club.fr/vivekarama

Dhamma Mahi
(Yonne)

Sur le plan mondial, il existe actuellement cent trente centres de méditation dans la tradition de Goenka. Le centre Dhamma Mahi propose environ une session vipassana par mois. Parallèlement aux stages pour adultes, il y existe des sessions d'anapana pour les enfants et les adolescents.

▶ *Voir reportage p. 356-369.*

Contact
Dhamma Mahi
Le Bois planté – 89350 Louesme
Tél. : 03 86 45 75 14 – Fax : 03 86 45 76 20
Courriel : info@mahi.dhamma.org
Site : http://www.mahi.dhamma.org/
Pour en savoir plus sur la tradition birmane
de Goenka : http://www.french.dhamma.org

Centre Sakyamuni
(Yonne)

À 30 km de Fontainebleau. La retraite vipassana – tradition Mahasi Sayadaw – se passe en silence. Les méditants pratiquent toute la journée en alternant la méditation en marche, la méditation en posture assise et dans les activités quotidiennes. L'un des principaux centres de méditation vipassana en France.

Contact
33 allée Émile-Gemton
Montbéon – 89340 Saint-Agnan
Courriel : candasobha@yahoo.fr
Site : http://centre.sakyamuni.free.fr

ÎLE-DE-FRANCE

Association Terre d'Éveil

L'association Terre d'Éveil-Vipassana est un groupe non affilié créé en Île-de-France dans le but de proposer un accès aux sources de sagesse millénaire issues de la tradition theravada du bouddhisme. Pour participer à une retraite, il n'est pas nécessaire d'être bouddhiste ni même d'adhérer aux concepts ou principes bouddhistes. Il est par contre essentiel d'être mû par un désir sincère de progresser dans le développement de la connaissance de soi et de l'ouverture du cœur. Les activités de Terre d'Éveil-Vipassana se déroulent dans différents lieux,

▌ *Mettâ* : partagez ce que vous avez reçu

Dans certaines écoles, on recommande d'achever la méditation par un moment de *mettâ* (littéralement « amour compatissant »). Demandez pardon à tous les êtres que vous avez blessés et pardonnez à ceux qui vous ont blessé. Visualisez la respiration comme un lien d'amour qui vous unit à tous les êtres. Souhaitez-leur la cessation de toute forme de souffrance. C'est le moment – quelques minutes à la fin de votre méditation – où partager ce que vous avez reçu.

Essayer de remédier aux fautes par l'attention et non par la volonté.

Simone Weil

notamment au Forum 104, à la maison de l'Inde et au centre d'accueil Adèle-Picot pour les retraites à Paris, au prieuré Saint-Thomas à Épernon, près de Chartres et à la chartreuse de la Part-Dieu en Suisse pour les retraites résidentielles.

Contact

15 avenue Franco-Russe – 75007 Paris
Tél.: 06 08 30 62 36
Site: www.vipassana.fr

PROVENCE-ALPES CÔTE D'AZUR

Le Refuge, centre bouddhique d'étude et de méditation
(Bouches-du-Rhône)

Rattaché à l'ordre contemplatif des moines de la forêt. Dans un endroit calme et paisible, l'ermitage du Refuge offre la possibilité de retraites individuelles aux méditants confirmés et sérieux (sur recommandation). Des mini-retraites silencieuses d'une journée sont également possibles.

Contact

370 Chemin Fontaine-de-Fabrègues
13510 Éguilles
Tél/Fax: 04 42 92 45 28 ou 04 42 92 60 39
Courriel: refugebouddhique@wanadoo.fr
Site: http://www.refugebouddhique.com

RHÔNE-ALPES

Monastère Bodhinyanarama
(Ardèche)

Perché sur une colline surplombant la cité, le Rhône et les vignobles de L'Hermitage, le monastère Bodhinyanarama organise douze sessions annuelles dans lesquelles sont dispensés les enseignements de Bouddha basés sur « la méditation et la connaissance de soi ». Idéal pour les cadres stressés. Ce monastère appartient à la tradition des moines de la forêt de Thaïlande, l'une des plus anciennes traditions du bouddhisme theravada.

Contact

Monastère des moines de la forêt
6, chemin de Boucharin
07300 Tournon
Tél.: 04 75 08 86 69
Fax: 04 75 08 61 09

Adresses en Belgique

PROVINCE DE NAMUR

Dhammaramsi

Le Dhamma Group de Bruxelles s'est fixé, pour ses activités résidentielles, dans la vallée de la Meuse, non loin de Namur. Il s'agit d'un ancien béguinage et d'une forge désaffectée, dans un environnement calme, avec des collines tout autour. Le centre est ouvert à tous, que ce soit dans le cadre d'une retraite ou individuellement. Le centre pratique Vipassana dans la tradition birmane de Mahasi Sayadaw.

> *Puissent les ondes*
> *de l'amour se propager*
> *À travers la fontaine*
> *de l'esprit.*
> *Puisse chaque fibre*
> *du corps émettre ce son :*
> *" Puissent tous les êtres*
> *être heureux !"*

Mettâ vipassana

Anicca, l'« impermanence »

Anicca est un mot pali qui signifie l'« absence de continuité », l'« absence de permanence ».
Toute chose est limitée à une certaine durée et, par conséquent, amenée à disparaître : c'est la non-permanence. Si un phénomène est apparu, il est obligatoire qu'il finisse par disparaître. Cela est valable pour tout, il n'y a pas d'exception. C'est une loi universelle. Le corps est *anicca*, la beauté est *anicca*, la vie est *anicca*, toutes les choses de ce monde sont *anicca*. Ainsi, notre conscience est en perpétuelle mutation et toutes nos expériences, de souffrance, de joie ou encore de méditation ou mystiques, sont des expériences en mutation…

Contact

Rue des Béguines, 21
B-5170 Rivière (Profondeville)
Tél. : 32 (0)474 59 00 21
Courriel : info@dhammagroupbrussels.be
Site : http://www.dhammagroupbrussels.be

Adresses en Suisse romande

CANTON DE BERNE

Dhamma Sumeru

Le centre Vipassana se situe dans un village du Jura bernois, sur un coteau avec des pâturages, des champs et des forêts.

Contact

N° 140 – CH-2610 Mont-Soleil
Tél. : 41 (0) 32 941 16 70
Fax : 41 (0) 32 941 16 50
Courriel : info@sumeru.dhamma.org
Site : http://www.sumeru.dhamma.org

CANTON DE GENÈVE

Association bouddhiste de méditation vipassana

Contact

Charles et Patricia Genoud
5, rue du Colombier – CH-1202 Genève
Tél. et Fax : 00 41 (0) 22 345 12 53

Spiritualité indienne

« Les religions sont des fleuves, et l'océan dans lequel elles confluent, c'est le silence. »

Ramana Maharshi

À partir des Vedas (Écritures saintes), la philosophie indienne a développé six *darshanas* (littéralement « points de vue », souvent traduit par « voie de salut » ou « voie de libération ») qui constituent un tableau achevé de l'Univers. Ces systèmes philosophiques traitent en particulier de l'union de l'être humain avec l'universel. Deux *darshanas* sont connus en Occident : le Yoga et le Vedânta. Ces deux lignes directrices de la tradition prônent, chacune à leur manière, le dépassement de la dualité. L'une, le Yoga, s'occupe de l'expérimental, de la pratique ; l'autre, le Vedânta, de philosophie, d'amour de la sagesse.

En Inde, le *yoga* (littéralement « joug, attelage » entre l'âme et le corps) joue dans le développement spirituel un rôle comparable à celui de l'étude dans le développement intellectuel de l'Occidental. Cette « science de la délivrance » daterait au moins du IIIe siècle avant notre ère. Le « joug » du yoga est à la fois une contrainte et un instrument de progrès : c'est le premier système spirituel qui part du corps pour réaliser l'être suprême en soi.

Les exercices du yoga, par un contrôle du corps physique, de la volonté active et de la conscience perceptive, débarrassent le corps de ses impuretés et de son agitation, mais ils n'ont de sens, et d'intérêt, que dans la perspective de la réalisation de la liberté spirituelle. Car le véritable yoga n'a pas pour objectif la santé physique ni même psychique : il est préparation à la sagesse, aspiration à la délivrance et à l'union avec Dieu. De fait, le méditant hindouiste détourne son attention de tout ce qui est extérieur et concevable et tourne son regard à l'intérieur de lui-même pour trouver le Soi en lui, le divin *Atman* (le Moi éternel et universel). Le reste, tout le reste, est impermanent.

Fondée sur les Vedas et les Upanishads, la philosophie du Vedânta (littéralement, la « fin des Védas », au double sens du mot fin : « achèvement », « finalité ») est une spiritualité non dualiste, sans dieu personnel, qui établit un lien entre le corps et l'absolu. Le maître principal de ce courant est un brahmane du VIIIᵉ siècle, Shankara. Pour lui, le Soi inclut tout, rien n'est hors de lui, rien n'est pas lui. Il n'y a donc plus de moi et de tu, de sujet et d'objet. Il n'y a plus d'autre. Le je et l'autre sont englobés dans une totalité d'Être-Conscience-Béatitude : c'est la voie de la non-dualité (voir également l'ashram d'Arnaud Desjardins, classé en troisième partie de l'ouvrage, p. 401-421).

À voir

Darshan, l'étreinte, voyage en Inde avec Amma, documentaire d'une heure et demie, de Jan Kounen.

Le mantra : une vocalise interreligieuse

Om (ou *Aum*) est le mantra le plus employé chez les hindouistes (de même chez les bouddhistes). Cette syllabe, sacrée entre toutes, symbolise l'Absolu et tout ce que l'homme peut concevoir à son sujet. *Om* est toute chose. C'est le nom de Dieu, l'arc ; le mental est la flèche et *Brahman* (l'Absolu), la cible à atteindre. Il doit être prononcé sur une expiration la plus profonde possible. D'autres mantras fréquents sont *So'ham* (« Je suis Lui »), *Tat tvam asi* (« Tu es Cela ») ou *Aham Brahman asmi* (« Je suis Brahman »).

Le rosaire chrétien, le *Kyrie Eleison*, la prière de Jésus, le *Allah akbar* (« Dieu est grand ») arabe, le *Namu Amida Butsu* (« hommage au Bouddha Amida ») du bouddhisme amidiste japonais, le *Hare Krishna* et de nombreuses formules bouddhiques fonctionnent à la manière des mantras. Une manière de sanctifier la vie quotidienne.

Petite bibliothèque idéale (et subjective)

Livres à lire avant une retraite ou pour la prolonger...

▌ *L'Hindouisme vivant*, Jean Herbert, Robert Laffont, 1990.

▌ *Comprendre l'hindouisme*, Ysé Tardan-Masquelier, Bayard, 1999.

▌ *Clefs pour la pensée hindoue*, Madeleine Biardeau, Seghers, 1972.

Adresses en France

> *Ceux qui ne cherchent pas à se connaître se suicident à chaque instant.*

Ma Anandamayi

CENTRE

Centre Amma
(Eure-et-Loir)

Près de Chartres, dans un ancien manoir seigneurial remontant au XIIIe siècle, avec de nombreuses dépendances – écuries, bergerie, hangars – un grand parc et trois plans d'eau. Le tout représente près de trois mille mètres carrés couverts sur six hectares de terrain. Véritable star en Inde (elle est reconnue par le gouvernement indien comme porte-parole officiel de l'hindouisme), Amma, prêtresse de l'amour, a serré dans ses bras près de vingt-cinq millions de personnes à travers le monde ! Étreindre le monde, pour la Paix et l'Harmonie, telle est sa devise. L'enseignement dispensé dans son ashram du Kerala tient en quelques phrases : « Il ne suffit pas de parler de conscience, de non-dualité, de philosophie : il faut les mettre en pratique », « L'amour, la compassion, c'est très simple, c'est le mental qui complique tout ». Selon sa volonté, son enseignement est dispensé dans un ashram français.

Contact
Ferme du Plessis – 28190 Pontgouin
Tél. et Fax : 02 37 37 44 30
de 20h30 à 21h30
Courriel : centreamma@amma-europe.org
Site : http://www.amma-europe.org/french

ÎLE-DE-FRANCE

Fédération nationale des enseignants de yoga
(Paris)

La fédération vous indiquera des centres en France pour pratiquer pendant plusieurs jours. Les stages de yoga, parce qu'ils émanent d'enseignants et de lieux privés, ont un certain coût.

Contact
3 rue Aubriot – 75004 Paris
Tél. : 01 42 78 03 05
Site : www.lemondeduyoga.org

Centre védantique Ramakrishna
(Seine-et-Marne)

À 30 km au sud-est de Paris. Le seul centre de France affilié à l'ordre védantique de Ramakrishna. Le centre se trouve dans un domaine spacieux, dans une atmosphère de beauté et de sérénité.

Contact
64 boulevard Victor-Hugo – 77220 Gretz
Tél. : 01 64 07 03 11 – Fax : 01 64 42 03 57
Courriel : centre.vedantique@wanadoo.fr
Site : http://pagesperso-orange.fr/centre.vedantique

*Inspirez la force,
rendez-la manifeste en vous, expirez la faiblesse
Inspirez le courage,
rendez-le manifeste en vous, expirez la peur
Inspirez l'amour,
rendez-le manifeste en vous, expirez la haine
Inspirez la beauté,
rendez-la manifeste en vous, expirez tous les maux
Inspirez la connaissance,
rendez-la manifeste en vous,
expirez, expirez l'ignorance.*

Svâmi Veetamohananda

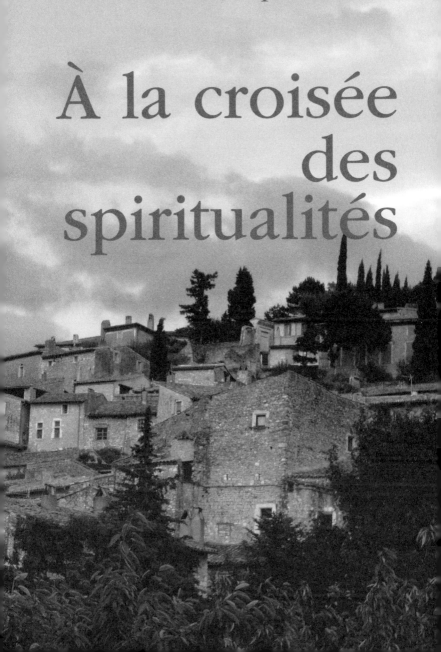

Troisième partie

À la croisée des spiritualités

>❝*Pendant que l'on attend de vivre,
la vie passe.*❞
>
> Sénèque

De plus en plus de personnes en recherche frappent aux portes de centres de spiritualité laïque. Comment définir ce qu'est une spiritualité laïque ? Marc de Smedt, éditeur et écrivain spécialiste des sagesses du monde, dans un entretien qu'il a accordé à la revue *Le Monde des religions*[1], en donne une définition éclairante : « Il s'agit du sens du sacré qui est inné, qui fait partie de la nature profonde de tout individu, au même titre que le sens de la tendresse ou de l'amour. C'est un appel intérieur qui, si l'on sait y répondre, nous conduit vers une vie plus équilibrée, plus harmonieuse. Il existe diverses manières d'y répondre, le divin n'étant que l'une de ces manières, la capacité de s'extasier devant la beauté d'une fleur ou d'un visage en étant une autre. » Ainsi, la spiritualité laïque serait une forme de sagesse accessible à tous, croyants ou athées.

Les retraites dans les centres de spiritualité laïque ne sont pas solitaires. On y découvre des enseignements, ici issus de la tradition chrétienne, là transmis par des grands maîtres orientaux, souvent un croisement des deux, et l'on s'exerce, ensemble, à la pratique. Nous avons cherché des adresses qui proposent un chemin de progression intérieur et avons, autant que possible, voulu éviter les lieux trop connotés « développement personnel ».

---

1. N° 30, juillet-août 2008.

K.G. Dürckheim : l'Occident dans le sillage zen

« La vie ne peut plus être ennuyeuse dès qu'un fil d'or vous relie à votre profondeur. »
Karlfried Graf Dürckheim

Né à Munich le 27 octobre 1896 dans une famille chrétienne, le comte Dürckheim est précocement attiré par la vie mystique. Son adolescence est marquée par la guerre de 14-18. Au front, durant quarante-six mois, il éprouve devant la mort fascination et répulsion. « Confronté à ce qu'il y a de plus terrifiant, j'ai fait, à plusieurs occasions, l'expérience d'une vie plus vaste. Cette expérience de plénitude et de sérénité, pourtant vécue dans un frisson d'effroi, sera déterminante pour le reste de ma vie », confie-t-il.
Après la guerre, Karlfried Graf Dürckheim fait des études de philosophie et de psychologie, s'installe à Kiel avec des amis, forme un petit groupe de recherche, le Quatuor, mettant en œuvre une pratique de silence intérieur et d'assise méditative. Il devient professeur

de philosophie. C'est durant cette période qu'il découvre Eckhart, « mon maître, le maître », Nietzsche, Rilke, le bouddhisme et l'évangile de saint Jean. Il s'interroge : « Je me demandais si la grande expérience que les mystiques évoquent sous des noms différents et les avait saisis et nourris ne serait pas, en fin de compte, la même expérience. »

En 1937, il est chargé de mission culturelle au Japon. Il y séjournera dix ans, s'informant du zen rinzaï, pratiquant la méditation et l'arc du tir à l'arc ou encore rencontrant le maître D.T. Suzuki. « Le moine zen témoigne d'une force de recueillement intérieur qui, en quelque sorte, le fortifie à l'extérieur. Comme s'il portait en lui du plomb qui le relie sans cesse aux profondeurs de son être. Plus rien ne peut alors l'atteindre, il devient totalement indépendant du monde. » C'est du Japon, et de sa culture du silence, que K.G. Dürckheim tirera la part majeure de son enseignement. De retour en Allemagne après la guerre, sa famille est ruinée. Il repart de zéro et reprend son travail sur une « philosophie de l'unité ». Il ouvre à Todtmos-Rutte, en Forêt-Noire, un centre de formation et de rencontres de psychologie existentielle, avec l'analyste junguienne Maria Hippius, à l'intention de ceux qui veulent s'éveiller à une nouvelle attitude intérieure. K.G. Dürckheim meurt le 28 décembre 1988. La transmission de son enseignement est aujourd'hui bien vivante.

« La voie de l'action » au centre Dürckheim

Sur le chemin spirituel, « tout commence par une expérience », disait le guide spirituel allemand Karlfried
Graf Dürckheim… Cela tombe bien, un centre qui
porte son nom transmet son enseignement sur le chemin initiatique, à 1,5 km du si beau village perché de
Mirmande, en Drôme provençale. Il est dirigé par l'un
de ses fidèles élèves, Jacques Castermane, sur la voie
depuis quarante ans. Ici, peu de discours – juste ce
qu'il faut –, mais des exercices pour se glisser dans le
sentir et des expériences à vivre au présent.
« Vous êtes ici pour retrouver votre état de santé
fondamental. On repère vite son symptôme : c'est la
paix intérieure. C'est le sens et le but de toutes les
traditions de sagesse d'Orient et d'Occident. Pour faire
cette expérience de l'Être, K.G. Dürckheim propose
une palette d'exercices. Vous découvrirez ce travail
en temps utile : on ne va pas commencer avec le
mental, il travaille déjà assez comme cela. De toute
façon, ici on ne vient pas pour "faire" des choses mais
pour se défaire du trop ! » annonce d'emblée Jacques
Castermane au moment de la présentation. Le stage
« La voie de l'action », pour lequel je me suis inscrite,
affiche complet. Nous sommes vingt participants (un
tiers d'hommes tout de même !). Plus de la moitié d'entre nous viennent à Mirmande pour la première fois.
L'heure de la pratique sonne : on a pris assez de mauvaises habitudes, ne perdons pas de temps. Le premier

exercice donne le *la* : Jacques Castermane nous envoie marcher dans la nature pour voir l'« infaisable ». *Kesako* ? C'est tout ce qui se fait très bien sans nous et que nous serions incapables de « faire » nous-mêmes. Ainsi des actes stupéfiants de respirer ou encore de marcher. Je pars dans les vergers, la consigne aiguise mon regard. Je vois et sens une rose, je vois le vent dans mes cheveux ou dans les arbres, je vois la pêche sur l'arbre, je vois la pêche tombée de l'arbre, je vois le vol de l'oiseau, je vois l'herbe tendue vers le soleil. À la fin de ma promenade, je me sens très calme et très reconnaissante à l'invisible qui permet l'infaisable !

> *Le bara : le fait de se centrer ailleurs que dans le moi et de gagner ainsi une certaine liberté et une certaine indépendance.*
>
> Karlfried Graf Dürckheim

Nous rejoignons le dojo à l'épaisse moquette blanche. On s'incline en entrant. « Vous ne vous inclinez devant personne. C'est votre ego que vous pliez », insiste Jacques Castermane. Sur un tapis d'un mètre carré, chacun prend un *zafu* (un coussin japonais rond), un petit banc ou un tabouret et s'assied dans la position qui lui convient le mieux. « Depuis l'enfance, on nous dit de nous tenir droit. Moi je vous dis : "tenez-vous grand". N'ayez pas peur de votre grandeur. » Nous entrons dans notre première méditation guidée...

« Coïncider avec l'inspiration, coïncider avec l'expiration, c'est adhérer à son destin », dit un maître zen. Docile, pendant une demi-heure, face au mur, j'essaie d'épouser mon destin et de vivre l'instant présent : j'observe ma respiration, rien que ma respiration, je glisse dans la sensation de l'inspir, dans la sensation de l'expir. « Si quelqu'un vous regarde, il doit voir quelqu'un d'assis pour toujours en ce moment. Vous êtes assis éternellement en ce moment. Essayer de passer du "Je respire" à "Cela respire", c'est passer du niveau de l'ego à un autre niveau d'être, celui de votre nature essentielle », explique Jacques Castermane. Je sens une crampe dans un mollet et, si mon corps reste extérieurement immobile, je me tortille dans des états d'âme… Le son de « claquettes » signifie la fin de l'assise. Nous enchaînons par une méditation marchée de dix minutes. « Vous marchez depuis l'âge de onze mois environ. Mais ce pas, vous ne l'avez encore jamais fait. Ni celui-là. Soyez entier dans ce que vous faites. » Je respire, je marche, je vis, je vis, je vis. L'après-midi s'achève sur les questions que les exercices ont soulevées. Une jeune femme s'interroge : « Que faire des pensées lorsqu'elles surgissent en méditation ? » Voilà une question qui intéresse chacun d'entre nous ! « Avant de savoir que faire d'elles, interrogez-vous sur ce qu'elles font de vous ! Regardez à quel point elles vous maîtrisent, d'un point de vue physique, affectif, mental. Comment être plus fort qu'elles ? En vous glissant dans la sensation. Lorsque vous plongez une main dans l'eau bouillante, vous ne pensez plus. La pensée autonome incessante perd toute sa puissance face à la sensation. Goûtez votre vie au lieu de la penser ! » L'assise est un véritable exercice spirituel et l'attention portée à la respiration une « arme » douce mais toute-puissante. « Il y a beaucoup plus de ce que vous appelez Dieu dans une sensation que dans une idée sur Dieu », disait Dürckheim à des religieux…

Un dernier exercice nous est donné pour la soirée : le « rien que ». *Rien qu*'ouvrir une porte, *rien qu*'allumer la lumière de sa chambre, *rien que* défaire ses chaussures, *rien que* mettre son réveil. Je vous le conseille,

À méditer

« *Un homme, vivement intéressé par quelques lectures sur le zen, fait un premier séjour dans un monastère. Dès le deuxième jour, il n'arrête pas de se plaindre. Les raisons ne manquent pas et peuvent se résumer en une phrase : ce qu'il aimerait qui soit n'est pas ; ce qu'il aimerait qui ne soit pas est ! La liste de ses lamentations est longue [...] : comme les moines, chaque matin, il doit se lever à 4 heures ; les assises lui semblent interminables ; le silence imposé l'angoisse ; sur un chemin bordé d'arbres, il a pour tâche de balayer les feuilles qui semblent attendre qu'il soit passé pour tomber de plus belle. Lui qui venait au monastère pour trouver la paix intérieure ne ressent qu'agitation, irritation, impatience, révolte. [...]*
Au troisième jour de cette épreuve, il est heureux d'apprendre que l'abbé du monastère va le recevoir. [...] Le vieux maître écoute tranquillement l'énoncé des doléances formulées par cet homme. Plein de compassion, souriant, il lui dit : "Cher monsieur, n'oubliez pas d'être heureux" ! Touché par ces paroles et ne pouvant cacher son émotion, l'homme remercie le vieux maître de ce "souhait" qui, dit-il, lui met du baume au cœur. Entendant cela, mais cette fois avec un regard sévère, le Roshi prend la parole : "Cher monsieur, lorsque je vous dis : N'oubliez pas d'être heureux, je ne formule pas un souhait ; je vous donne une instruction !" »
Jacques Castermane

c'est un exercice d'attention à l'instant merveilleux. On constate, sans avoir besoin de discours savant ou pontifiant, à quel point nous ne sommes jamais là. Mais déjà dans le lendemain ou à ressasser des images et des pensées... Cette première journée n'a commencé qu'à 16h30 mais elle porte déjà des fruits qui ont du goût ! Nous préparons ensuite le couvert du soir – un traiteur livre chaque jour des repas – puis dînons ensemble dans la salle à manger. Respirer consciemment est plus épuisant qu'il n'y paraît. Ça nous a creusés ! Tout le monde mange de bon appétit, en glissant dans la sensation du fromage de chèvre bien fait...

Le centre n'hébergeant pas les retraitants, après la vaisselle communautaire, tout le monde se sépare à 20h30 et rejoint son gîte, son petit hôtel... Pour ma part, je suis aux Fougères, une chambre d'hôtes à 500 mètres. Ce mas du XIIe siècle a abrité le tout premier centre Dürckheim, inauguré par le maître lui-même en 1981, sept ans avant sa mort.

Le lendemain, comme chaque jour du stage, rendez-vous est donné à 7 heures pour l'assise du matin. Réveil à 6h15. Un petit chemin à travers bois me conduit au centre tout proche. Je respire les odeurs du matin, je regarde l'infaisable de la rosée, du soleil qui monte dans le ciel. Ce réveil en conscience n'est finalement pas si désagréable... Après une heure de méditation immobile, et pendant qu'une équipe s'occupe des petits déjeuners, nous allons nous promener. « Se promener, ce n'est pas promener votre passé ou votre futur. Ne vous attardez pas sur les événements d'hier, n'anticipez pas ce qui va arriver demain. Promenez-vous dans l'espace vécu et le temps vécu, ici et maintenant. Nos pensées nous écartent du réel, c'est-à-dire de l'instant. L'attention à l'instant présent doit s'étendre de l'assise à tout le reste de la journée, de la vie. La vie spirituelle, ce n'est pas se préparer à une vie future, c'est s'exercer à vivre maintenant. Je respire pour vivre tout de suite. Ce n'est pas rien et ça ne dure pas ! Existez maintenant », nous conseille Jacques. Le soleil tape déjà sur la peau. J'existe en ce moment. De retour au centre, un homme fait son yoga du matin sur l'herbe, d'autres, assis sur les chaises de jardin, contemplent la nature. On sent que chacun *se rassemble…*

Jacques prend avec nous ce premier petit déjeuner. « C'est un exercice rêvé. Il y a du pain, du beurre, de la confiture de cerises, du café. C'est l'occasion de s'exercer pour goûter la vie avec les cinq sens au lieu de penser notre vie en prenant notre petit déjeuner ! Faites cela dans le plus beau silence. » Je fais comme si je goûtais le pain pour la première fois, comme si cette gorgée de café était la première. Quelle belle expérience que de regarder mes gestes ordinaires avec

Prendre son envol

Si le maître agit comme une personne voyante guidant un aveugle, il n'en demeure pas moins que le maître véritable est en réalité à l'intérieur de chacun de nous et qu'il faudra bien, in fine, franchir seul, pas à pas, chacun des obstacles de l'ascension. L'enseignant n'est qu'un guide qui aide son disciple à atteindre progressivement sa propre autonomie…

un œil neuf et attentif ! Quelle chance de commencer la journée dans l'émerveillement ! De 9 à 10 heures, nous pratiquons le *samu*, le service à la collectivité. « Ce qui vous manque, ce ne sont pas de nouvelles idées, c'est de la pratique ! » Bien vu ! Les uns s'occupent du dojo, d'autres de la cuisine, de la salle à manger ou des sanitaires. Je m'inscris pour les activités de jardin au soleil. On transpire en nettoyant l'allée de gravier et en ôtant les mauvaises herbes et les pissenlits. Mais puisque c'est pour la bonne cause… « Qui est là dans ce que tu fais ? » interrogeait K.G. Dürckheim. S'exercer à l'attention, descendre dans le ressenti, est vital, car si la distraction et la dispersion rendent l'homme malade, l'attention guérit. Les bouddhistes le font savoir depuis deux mille cinq cents ans. C'est une médecine facile !

Après les suées, une heure d'enseignement pour mettre ce que nous vivons en perspective. Jacques nous en dit un peu plus sur les êtres de nature que nous sommes. Certains enregistrent ses paroles de sagesse… « À la naissance, il y a un être de nature. Il ne nomme pas, il ne commente pas encore. Il est dans l'acte pur de sentir, d'entendre, de s'asseoir… Le zen nous invite à retrouver notre être de nature, pas à le construire. Il faut nous couper de l'illusion qu'il faut penser pour vivre ! Ici, nous cherchons à nous mettre en résonance avec notre vraie nature. Les exercices de sagesse que nous pratiquons sont là pour nous aider à nous défaire de tout ce qui entrave les êtres essentiels que nous sommes. On peut en faire une expérience subite, après trois jours de pratique, ou avoir un cheminement plus lent et plus systématique. Notre

*Le champ le plus directement accessible
à la pratique de la voie spirituelle
est le corps, le corps qu'on est.*
K.G. Dürckheim

être de nature s'exprime à travers toutes nos actions car l'Être est action. Ainsi, être assis est une action, observer ma respiration est une action... Je me remets en contact avec une action pure. K.G. Dürckheim fait une différence fondamentale entre le corps que j'ai et le corps que je suis. On met le premier sur la balance. On dit : "Ceci est ma main à moi, mon arthrose à moi." Le corps que je suis, c'est ma main en mouvement. Comme l'enfant qui bouge ses doigts dans son berceau. C'est ce geste qui, plus tard, lui permettra de jouer du Mozart, d'enfoncer un clou, d'ouvrir une porte ou de caresser une femme. Le corps que je suis est action infaisable. Ça ne se comprend pas. Ça se sent, ça s'expérimente. »
Pour poursuivre sur un champ d'application concret, Jacques nous distribue un texte inspiré par maître Dôgen, « Comment fermer une porte quand on se dit sur la voie spirituelle ? ». Il nous invite, pendant une heure, à nous installer dans la nature et à trouver une action de notre quotidien que nous nous engageons à faire consciemment dès la fin du stage, de retour chez nous. Pour les uns, ce sera le temps de la douche ou de mettre la table. Pour d'autres, le temps pour aller le matin de leur domicile à leur parking... Le moindre geste nous enseigne. Une porte, si elle nous ramène au réel et devient un exercice d'attention, peut devenir un maître... Nous déjeunons jusqu'à 13 heures, toujours enveloppés de silence, avant de prendre un temps de repos jusqu'à 16 heures. Je file faire une sieste aux Fougères – le réveil était un peu matinal pour moi... – puis, pendant une heure, je goûte aux joies du soleil, un jour sur un transat, un autre dans

un hamac en lisant un livre d'entretiens passionnants entre K.G. Dürckheim et Jacques Castermane.

Après une collation, nous nous retrouverons chaque après-midi au dojo pendant une heure et demie pour exercer notre corps et retrouver ses gestes innés, parfaitement maîtrisés. « Il faut se prendre en main, comme l'artisan prend quotidiennement dans ses mains l'œuvre non encore achevée », disait K.G. Dürckheim. Tour à tour, nous travaillons notre façon de nous centrer dans notre « juste milieu », notre *hara* (voir vignette). Nous pratiquons ainsi l'art de la marche – bien centré dans son hara et au son du *Boléro* de Ravel, cela donne une expérience assez extraordinaire ! Nous nous allongeons sur le sol, une balle sous le sacrum, nous écoutons *Danses sacrées et danses profanes* de Debussy avec un seul mot d'ordre : « Rien qu'écouter », nous cherchons à retrouver notre

Le *hara*, un centre vital

« Ce que le Japon appelle le *hara* est la capacité de l'homme à se situer en son "juste milieu". Le centre de l'être n'est, en effet, ni dans sa poitrine ni dans sa tête, comme l'Occidental le croit trop souvent, mais au niveau du bassin. La centration dans le hara est conforme à la nature. Ainsi, si un jeune enfant n'était pas centré naturellement dans son "juste milieu", il lui serait impossible de s'asseoir et de rester assis, de se mettre debout et de rester debout, puis de marcher. Hara, c'est aussi la détermination dont il témoigne à chaque fois qu'il tombe et qu'il se relève... Hara est le centre vital de cet être de *nature* qu'est chaque nouveau-né. Ne rassemble ta force qu'en un endroit : le bas-ventre (...) Lorsque la force provenant du hara disparaît, alors apparaissent les dérèglements, tels qu'agitation, envie, colère, avidité et méfiance. »
Jacques Castermane

position fœtale et nous nous tortillons sur la moquette pour libérer nos gestes... Chaque séance s'achève sur les questions et commentaires suscités par les exercices. Jacques en profite pour nous parler à nouveau du calme qui nous manque tant. « On ne gagne pas le calme ! Qu'est-ce qui nous empêche de le trouver et de le garder ? Notre petit moi et ses deux rengaines : "Moi je veux", "Moi je ne veux pas". Autrement dit, je veux autre chose que ce que j'ai, autre chose que ce que je fais. Je refuse ce qui est, ce qui m'arrive. On peut d'ailleurs en profiter pour s'interroger sur le moi que l'on impose aux autres... Le calme n'est nulle part ailleurs que dans le réel, le calme est dans ce qui est. » Sur ces paroles qui sonnent immédiatement juste, nous prenons une demi-heure. Je me mets sur une chaise, à l'ombre d'un arbre, les pieds nus sur le tronc. J'écoute et regarde le vent, je contemple les différentes nuances de verts du jardin. Je ne pense pas, j'existe. La journée s'achève par une demi-heure d'assise en silence. J'ai beaucoup aimé ces assises du soir, où on peut déposer tout ce que l'on a entendu et vécu dans la journée. À 20h30, tout le monde quitte le centre. Les uns vont prendre un verre au village de Mirmande, les langues se délient un peu, les autres regagnent leurs appartements.

L'emploi du temps de la semaine est immuable. En réalité, les plages de temps libre sont assez nombreuses. Je ne les ai pas vécues comme étant « à part » mais au contraire comme une façon d'intégrer en solitaire ce qui résonne après un enseignement, une assise, un exercice, une réponse un peu vive à une question... Pénétrer dans l'instant présent est la pratique la plus

dure qui soit, car à chaque seconde de la journée, je
suis tentée de quitter le réel. Au centre Dürckheim,
avec mes « acolytes » de la semaine, tout nous y ramène. La voie tracée par K.G. Dürckheim n'utilise pas
la pensée discursive, elle n'invite pas à une croyance
quelconque, elle ne propose aucune spé-
culation métaphysi-
que, elle est un che-
min d'expérience et
d'exercices au quoti-
dien. Tout ce que j'ai
vécu pendant ma se-

> *Sur le chemin spirituel,
> il ne faut rien chercher
> qui serait extraordinaire.
> L'extraordinaire est dans
> la PROFONDEUR de l'ordinaire !*
> Karlfried Graf Dürckheim

maine est ainsi devenu exercices, jusqu'aux longueurs
que je m'offrais dans la petite piscine des Fougères…
Tout n'a pas toujours été facile, mon petit moi s'est
pris de belles claques et la cure quotidienne d'immobilité m'a un peu secouée. « Les thérapies occidentales
cherchent à guérir le moi qui souffre alors que c'est
le fait que je sois enfermé dans un moi qui veut, qui
ne veut pas, qui est la cause de la souffrance. En
revanche, on peut guérir du moi, ne serait-ce que le
temps d'une respiration. D'instant en instant, on peut
rester en contact avec une autre manière de voir la
vie. Soyez là où vous êtes, seulement là où vous êtes
et dites oui à ce qui est. Il pleut ce matin ? Je dis oui.
C'est le réel, je ne peux me mentir. Je vis dans le réel,
je l'accepte. J'ai mal au genou, au dos ? Je suis inquiet
pour ma fille ? À tout, je dis oui. Exercez-vous en
commençant par de petits oui au réel. Sentez le réel. »
Quatre jours pour donner le goût de l'instant, rien que
de l'instant… Message bien transmis, monsieur Caster-

mane. Il ne me reste plus qu'à vivre ma vie au lieu de la penser ou de la rêver… Je comprends pourquoi il y a tant d'anciens au centre : ils ont besoin de séances de rattrapage !

Parole de retraitant

« Je faisais de l'aïkido depuis quelques années comme un acharné quand une amie m'a proposé de lire Hara de Graf Dürckheim. Comme tant d'autres avant et après moi, cette lecture a été un vrai choc. J'y ai notamment été interpellé par sa description de moments d'une qualité exceptionnelle au cœur du quotidien. Il appelle cela les moments numineux. J'avais fait une expérience similaire vers neuf ans. Je trouvais enfin quelqu'un qui mettait des mots sur une chose dont je n'arrivais à parler à personne. Je n'ai pas eu à faire de zigzag spirituel de lieu en lieu : l'expérience que j'ai vécue en venant pour la première fois au centre Dürckheim a confirmé celle que j'avais vécue en lisant le livre. Je n'ai plus eu besoin d'aller voir ailleurs, j'avais trouvé ce qu'il me fallait. C'était en 2001. Depuis, je viens ici très régulièrement. Ce qui me nourrit le plus, c'est la simplicité de l'enseignement et des exercices : quoi que nous fassions, nous revenons toujours à la sensation de ce que nous vivons. Au centre, on n'accumule pas les savoirs : tout est déjà en nous, le centre réunit simplement les conditions pour que nous trouvions ce qui nous habite. Pour moi, les semaines passées ici sont comme des cures de silence et de simplicité. »

Matthieu

Adresses en France

Karlfried Graf Dürckheim a associé une forme de thérapie initiatique faisant une synthèse laïque des apports du zen, du christianisme et de la psychanalyse jungienne.

Rhône-Alpes

Centre de spiritualité, de sagesse et de méditation
(Drôme)

En France, Jacques Castermane poursuit ce travail au centre Dürckheim, dans la Drôme. Il délivre un enseignement sur huit ans. Un certain nombre de personnes sont désormais certifiées par le centre Dürckheim et proposent donc un travail dans le même esprit (à Paris, en Bretagne, en Suisse, en Belgique). Voir leurs coordonnées sur le site.

▹ *Voir le reportage pages précédentes.*

Contact

Centre Dürckheim – 26270 Mirmande
Tél.: 04 75 63 06 60 – Fax: 04 75 63 08 15
Courriel : contact@centre-durckheim.com
Site: http://www.centre-durckheim.com

En région parisienne, le centre Assise et la maison de Tobie (voir p. 291) proposent également un travail autour de Dürckheim, avec une orientation plus religieuse mais ouverte à tous. Voir également les orthodoxes de Béthanie, p. 280.

Petite bibliothèque idéale (et subjective)

Livres à lire avant une retraite ou pour la prolonger…

▮ *Le Hara, centre vital de l'homme*, Karlfried Graf Dürckheim, Le Courrier du Livre, 1964. Un livre incontournable.

▮ *Le Centre de l'Être*, propos recueillis par Jacques Castermane, Albin Michel, coll. «Spiritualités vivantes», 1992.

▮ *Dialogue sur le chemin initiatique*. Entretiens de Graf Dürckheim avec Alphonse Goettmann, Albin Michel, coll. «Spiritualités vivantes», 1979.

▮ *La Sagesse exercée*, Jacques Castermane, La Table Ronde, 2005.

▮ *Méditer, pourquoi et comment ?*, Karlfried Graf Dürckheim, Le Courrier du Livre, 1999.

Arnaud Desjardins, un maître spirituel contemporain

«La lumière la plus vive ne peut éclairer que le réel... »

André Comte-Sponville

«J'avais vingt-quatre ans [atteint de la tuberculose, il est en sanatorium] lorsque j'ai lu pour la première fois des livres sur l'hindouisme. Et ce qui m'a frappé, ça a été un éblouissement, une révélation : on disait que la religion ou la spiritualité, ce n'était pas des dogmes à croire, mais une expérience de vie à faire. Ce qu'ils appellent une réalisation, ce que les sages d'il y a deux, trois mille ans avaient découvert, si je me donnais beaucoup de mal, je pouvais le découvrir moi aussi. Alors il m'a semblé que c'était ce qu'il y avait de plus intéressant. D'un seul coup, cela a plus compté pour moi que l'argent, la réussite, l'ambition, le succès[1]. » Fils de protestants austères, Arnaud Desjardins est né en 1925. Il fut pendant vingt-deux ans un réalisateur de télévision français célèbre.

---

1. Éric Edelmann, *Mangalam. Un parcours auprès d'Arnaud Desjardins*, Éd. du Relié, 2007.

Il se fait connaître dans les années 1960 par une série de reportages inédits sur le bouddhisme tibétain, les ashrams hindous, les monastères zen du Japon et les confréries soufies d'Afghanistan. Il lâche un jour la caméra pour approfondir sa propre quête spirituelle et devenir le disciple d'un grand maître hindou, Svâmi Prajnânpad. Durant neuf années consécutives, il effectue auprès de lui des séjours réguliers jusqu'à ce qu'une transformation radicale s'opère en lui. En 1974, à la mort du maître bengali, il se retire dans le centre de la France pour partager avec quelques lecteurs de ses livres son expérience et assumer à son tour le rôle de guide. Trois lieux jalonnent son parcours de maître spirituel : Le Bost en Auvergne, Font-d'Isière dans le Gard, et Hauteville, en Ardèche. Aujourd'hui, avec son équipe, le vieux sage riche d'expérience accueille dans son ashram des hommes et des femmes d'horizons religieux divers en quête de spiritualité.

La vie d'un ashram s'organise toujours autour du maître ou *guru*. Ce terme, si sacré pour tout l'Orient traditionnel et si discrédité en Occident où il est devenu synonyme d'escroc et de charlatan, désigne tout simplement celui qui retransmet l'enseignement spirituel qu'il a lui-même reçu auprès de son propre maître. La relation qui s'établit au fil des années entre le maître et le disciple est la plus précieuse de toutes puisque c'est celle qui va peu à peu nous permettre de nous transformer et d'émerger des conflits et des souffrances dans lesquels nous nous débattons pour accéder à un monde de sagesse, de sérénité et de compassion.

À lire

Arnaud Desjardins. *L'ami spirituel*, Jacques Mousseau, Perrin, 2004.

Sous le regard d'Arnaud Desjardins

> « *De même que nous sommes nus sous nos vêtements, l'amour est déjà notre réalité fondamentale voilée par les craintes et les espoirs de l'ego.* »
>
> Arnaud Desjardins

On croit qu'il n'y a plus de maîtres contemporains, au sens où l'Inde l'entend, et l'on a tort : Amma (voir p. 378), Chandra Swâmi ou encore Lee Lozowick sont des maîtres du XXIᵉ siècle. Ils attirent de nombreux chercheurs spirituels lors de leurs rares passages dans l'Hexagone. Le premier, Chandra Swâmi, est un yogi du nord de l'Inde, qui a passé de nombreuses années en retraite solitaire, et de nombreuses autres en silence total. Il pratique *mauna*, le silence des lèvres, ne répondant aux questions que par écrit[2]. Le second, Lee Lozowick, surnommé « Mister Lee », est poète et parolier. Maître de la tradition baûl, il dirige la Hohm Community, une communauté de disciples des États-Unis, d'Europe et du Canada et consacre tout son temps à enseigner dans des ashrams en Arizona, en France et en Inde.

---

2. Son livre majeur est *Le Chant du silence* publié aux éditions du Relié.

Plus près de nous, Arnaud Desjardins, un maître français, accueille ceux qui le reconnaissent comme un guide sur la Voie dans son ashram près de Valence. Il transmet ainsi à près de deux mille personnes l'enseignement qu'il a reçu de son propre maître, Svâmi Prajnânpad, un gourou indien contemporain (1891-1974) dont l'enseignement plonge ses racines dans la tradition indienne la plus ancienne.

Je décide, après avoir lu un livre d'Arnaud Desjardins comme cela est demandé à ceux qui viennent pour la première fois, de venir faire l'expérience d'un séjour fin août. Cette « obligation » de lecture, inhabituelle, m'avait dérangée, mais finalement, les *Lettres à une jeune disciple* me donnent une connaissance préalable des principaux aspects de la Voie pratiquée à Hauteville. Autant savoir dans quelle pratique on s'engage…

Le regard qui est celui d'Arnaud Desjardins et le chemin qu'il propose sont uniques en France. De fait, le climat

À méditer

« N'est un méditant que celui qui peut faire silence au point de disparaître, celui qui ne demande rien, ne cherche rien, ne se souvient de rien, ne prévoit rien, ne compare rien, a renoncé à toutes les expériences transcendantes. L'égoïste n'est jamais un méditant. Celui qui demeure prisonnier d'une méthode ou d'une technique non plus. Celui qui se bat avec lui-même pour concentrer son attention encore moins. »
Arnaud Desjardins

et les nourritures que l'on trouve à l'ashram d'Hauteville sont différents de tout ce que l'on trouve non seulement « dans le monde », mais dans les autres lieux de
retraite spirituelle. Le lieu est animé de bénédictions de
très grands maîtres, dont certains ont offert à Arnaud
Desjardins des re-
liques précieuses
comme le linge de
corps de Ramdas,
la robe de lama
dont était vêtu

> **Le chemin ne consiste pas
> à acquérir ce qui nous manque
> mais à perdre ce qui est en trop.**
> Arnaud Desjardins

Kangyur Rinpoché lorsqu'il a quitté le Tibet ou encore
le tapis de daim sur lequel Svâmi Prajnânpad, respec-
tueusement surnommé « Svâmiji » par ses disciples, se
tenait en ascète. « En méditation, confie Arnaud Desjardins, il était beau comme une œuvre d'art… » Exposés dans une vitrine de la grande salle, ces « cadeaux »
sont signes que le lieu concentre des énergies et une
convergence d'influences spirituelles peu banales…

Les nouveaux sont attendus tous les lundis à 11 heures.
Une fois installée dans ma chambre de bois clair, je
rejoins les autres (nous sommes huit nouveaux venus)
dans un petit salon. Odile, chargée de l'accueil, nous
invite à une première visite de l'ashram. Je suis conquise d'emblée… Plus que la beauté et la sérénité du lieu,
plus que la colline boisée et la forêt de cent soixante-
quinze hectares qui nous entoure et nous protège (des
plans sont distribués pour les promeneurs), plus que le
charme de la maison, l'esprit de rencontre et d'ouverture dont semble témoigner le maître de maison me
subjugue : si Arnaud Desjardins a vécu son ascèse

auprès de Svâmi Prajnânpad, on trouve partout, sur tous les murs, de somptueux tirages en noir et blanc des maîtres et des sages hindouistes, tibétains et soufis qui, pour la plupart, ont joué un rôle très précieux lors

Parole de retraitant

« *Ce sont souvent les événements de la vie qui nous conduisent à nous poser les questions qui comptent. J'étais dans une période pénible, avec un divorce long et douloureux. Libraire, j'avais lu de nombreux livres de spiritualité et la question du sens m'intéressait depuis longtemps. Mais il m'a fallu perdre mon emploi et être libéré de mon couple pour qu'elle s'impose vraiment : je venais de tout perdre, j'étais mûr pour m'interroger sur l'essentiel. Le travail avec un psy m'a paru trop "horizontal". J'avais besoin de prendre de la hauteur par rapport à mon être existentiel. Mon divorce m'a permis de récupérer la moitié de mon patrimoine. Pendant deux ans, tout mon argent est passé dans la recherche de mon être essentiel... C'est le plus vital pour moi. L'été de la séparation d'avec ma femme, en pleine souffrance, je me suis alors inscrit pour une semaine de découverte du bouddhisme au centre de Karma Ling. D'emblée, j'ai rejeté leur approche. Il y avait une vie spirituelle mais elle n'était pas assez incarnée pour moi. J'ai aussitôt modifié mes plans et me suis inscrit à un cours de yoga énergétique avec Éliane Claire Thiercelin. L'automne suivant, sur les conseils d'une cousine, je suis allé à Hauteville, l'ashram d'Arnaud Desjardins, à côté de Valence. À peine arrivé, en voyant Arnaud Desjardins, cela a été une évidence : ma place était là. J'avais enfin devant moi une porte ouverte vers l'essentiel. J'ai su que cet homme était un sage, qu'il allait m'aider à faire le travail sur moi et m'entraîner*

de sa quête de la sagesse. Comme un immense merci silencieux à tous ceux qui ont emprunté et éclairé la Voie. Les photos ont un point commun saisissant : la présence, la puissance des regards... Les regards de

vers l'amour. Je sentais à son regard clair qu'il avait fait tout le chemin. J'y suis retourné cinq fois dans l'année qui a suivi. Depuis, j'y vais à peu près une fois par trimestre. Ce que je vis là-bas suffit à me nourrir. On y trouve toutes les nourritures pour un chemin de vérité.

Récemment, Jacques Castermane, qui dirige depuis trente ans le centre Dürckheim tout proche[1], est venu animer une session pendant une semaine à Hauteville. J'ai été très sensible à son langage. Il a une façon précise d'aborder le lâcher-prise et la place du corps sur le chemin. Cela a été pour moi un autre éclairage, comme un nouveau spot qui éclaire un autre aspect du décor. Pour renforcer mon travail avec Arnaud Desjardins, je suis allé suivre une session "La voie de l'action" avec lui. J'ai appris à inscrire mon corps dans l'instant présent, à plonger dans mon hara. En Occident, on vit tous dans notre tête, dans notre ego. Alors qu'il faut redescendre dans le ressenti... Ma place reste cependant chez Arnaud. En dehors des moments forts des stages, nous formons une véritable communauté, j'ai presque envie de parler de "fraternité". Il y a un blog pour ceux qui souhaitent maintenir le lien et nous partageons nos découvertes, nos impressions, nos difficultés. C'est stimulant, au milieu de la cacophonie ambiante, d'avoir un lieu d'harmonie... J'apprends peu à peu à être vrai. »
Olivier

---

1. Voir p. 400.

maîtres spirituels comme
Svâmiji, Ramana Maharshi,
Ramdas, Taisen Deshimaru
ou encore Ma Anandamayi
sont si clairs, si profonds, si
bienveillants. J'entends comme un appel à faire confiance : le chemin existe et il est
praticable par chacun.

Plus insolite encore, un bâtiment secondaire abrite trois
sanctuaires séparés : une
salle d'étude juive ou *beth-
midrash*, une chapelle chrétienne œcuménique et une
petite mosquée. Un bassin
d'ablutions à usage exclusif
des musulmans, se trouve
à l'entrée... À deux pas, on
trouve également un splendide sanctuaire tibétain. Le
sectarisme ne règne pas ici : tous ceux qui cherchent,
tous ceux qui ont trouvé sont les bienvenus et peuvent
se recueillir ou méditer avec les signes extérieurs qui
sont les leurs. « Ce ne sont pas des curiosités à visiter
mais des lieux de recueillement. Le besoin de retrouver
et parfois de se réconcilier avec ses racines fait partie
d'une démarche de connaissance de soi et d'unification
intérieure », nous précise Odile. « La présence des sanctuaires ne signifie en aucun cas qu'Hauteville est un lieu
de syncrétisme où l'on mélange un peu tout sans être
fidèle à rien. L'enseignement qui y est transmis, la méthode qui y est proposée demeurent fidèles à ce qu'Ar-

naud a trouvé auprès de Svâmi Prajnânpad : une voie d'érosion de l'égocentrisme compatible avec les différents credos et convictions religieuses », ajoute la brochure de bienvenue qui nous est remise. Ma curiosité est aiguisée. J'ai hâte de croiser le regard du maître...

Une cloche retentit et nous nous dirigeons sans un bruit – le repas est un moment pris en silence – vers la salle à manger. Une gigantesque table en U est dressée pour les soixante convives que nous sommes. Les anciens sont une majorité écrasante... Comme dans une famille, une serviette en tissu marquée à notre nom nous indique notre place. Je n'ai vu cela dans presque aucun centre de retraite ! Notre place à table change matin, midi et soir. Étrange ballet silencieux où, pendant quelques minutes, chacun cherche sa place. Jolie symbolique aussi...

À Hauteville, on ne se comporte pas comme dans un endroit ordinaire. Retrouver le sens du sacré passe par mille détails qui n'en sont pas... Ainsi, debout derrière nos chaises, nous attendons qu'Arnaud (ici tout le monde parle de lui par son « petit nom ») arrive avec son épouse Véronique et ses proches collaborateurs pour nous asseoir. On ne commence à manger qu'une fois tout le monde servi. De même, on ne quitte pas la table tant que tout le monde n'a pas terminé... Résultat : le repas est « expédié » en une vingtaine de minutes tout au plus car personne n'a envie d'être celui qui fait attendre soixante personnes... Le déjeuner achevé, le débarrassage et la vaisselle se font en commun, toujours dans le plus grand silence, puis nous nous séparons pour un break jusqu'à 15 heures. Une petite sieste ne sera pas de refus...

Je retrouve le groupe des nouveaux venus – quatre hommes, quatre femmes – dans la « salle des invités ». Pendant ce temps, les anciens travaillent au service de l'ashram (le *seva* en Inde) : cuisine, ménage, chantier, jardin et forêt. Nous sommes accueillis « officiellement » par Thierry qui prend le pouls des premières heures et répond aux questions des uns et des autres. Mes compagnons confient être particulièrement déstabilisés par le silence obligatoire à certaines heures ou dans certains lieux. Thierry nous explique qu'un lieu est prévu pour échanger : ainsi, dans la « salle orientale » – un vrai petit salon arabe –, nous pouvons nous retrouver quand nous avons besoin de parler. « Un aspect de notre démarche va consister à nous affranchir progressivement d'habitudes émotionnelles et mentales dont nous ne soupçonnons pas l'importance. Les règles d'Hauteville, peu nombreuses, sont là pour nous y aider. N'utilisez pas la règle de silence, par exemple, comme refuge si vous êtes plutôt timide ou introverti ; tentez de vous "recentrer" si vous avez tendance à vous éparpiller dans des conversations par trop superficielles. » Une heure plus tard, on frappe à la porte et une jeune femme souriante nous apporte du thé et des petits gâteaux. La salle porte bien son nom, on se sent invités de marque.

Comme nous l'explique Thierry, « vous venez à Hauteville pour vous-mêmes, avec votre demande personnelle et un premier séjour est par définition une découverte. Que votre première impression soit positive ou pas, ne tirez pas de conclusion trop rapide ou définitive. Restez ouverts, proches de ce que vous ressentez en vérité et essayez de tirer profit de votre séjour

| À méditer

« Oui.
Seulement, simplement oui
Toujours oui

Untel dit ceci
Et le dit même avec colère...
Oui
C'est qu'il ne pouvait pas parler autrement...

Tel autre a fait cela
Qui peut sembler abominable...
Oui...
Car il ne pouvait faire autrement...

Ce oui
Ce simple oui
Dit calmement
Et comme avec une compréhension profonde
Emplie de patience
Et de compassion
Est bien
Le plus haut des accomplissements

Car il n'est plus rien
Qui vous soit étranger
Dont vous soyez séparé

Tout
Ne fait plus
Qu'un. »

Svâmi Prajnânpad

Conduis-moi du non-être à l'être.
Conduis-moi de l'obscurité à la lumière.
Conduis-moi de la mort à l'immortalité.

Brihad-âranyaka-Upanishad

en osant demander. Ainsi vous serez plus à même de sentir, une fois retournés chez vous, si la démarche de transformation intérieure proposée ici vous convient vraiment ». À la fin de la réunion, les visages sont plus détendus : on sent mieux la direction que va prendre notre séjour. Par ailleurs, pour certains, comprendre le pourquoi des règles est souvent apaisant…

Une petite demi-heure plus tard, nous nous retrouvons dans la petite salle de réunion pour le rendez-vous tant attendu, celui de l'enseignement avec Arnaud. Il anime quatre réunions par semaine, les autres sont confiées à de rares et très proches collaborateurs, sur la Voie depuis des décennies.

Chacun est invité à poser le plus naturellement du monde une question qui a trait à l'enseignement et à sa mise en pratique plutôt que des questions générales qui ne nous concernent pas très concrètement. « Dans un climat de respect et d'ouverture aux autres, vous pouvez aborder des questions personnelles en sachant qu'il n'y a pas de bonnes ou de mauvaises questions mais des questions qui vous concernent plus ou moins. Plus vous vous impliquerez dans une question, plus vous attirerez en retour une réponse qui peut se révéler décisive pour vous », nous a-t-on expliqué tout à l'heure. Cette façon d'appréhender l'enseignement, directement liée à notre vérité profonde, me séduit d'emblée.

Nous nous pressons pour nous asseoir sur nos coussins de méditation, les femmes d'un côté, les hommes de l'autre, comme c'est traditionnellement le cas dans de nombreux lieux de recueillement… Les anciens portent un châle beige, symbole visuel de l'effacement de l'ego (voir vignette). La salle est petite pour contenir soixante personnes, mais cela donne justement un aspect plus convivial et moins intimidant pour celles et ceux qui souhaitent poser une question publique...

Ne crains pas d'avancer lentement, crains seulement de t'arrêter.

Proverbe chinois

Lorsque Arnaud paraît, à 17h30 précises – la ponctualité est chose sacrée –, il prend place sur une estrade, en position du lotus, enveloppé dans un châle blanc. Tout le monde s'incline pour le *prânam*, le salut indien, Arnaud s'incline à son tour face à nous tous et rend hommage à la relation qu'il entretient avec chacun. L'instant est empreint d'une belle solennité...

À Hauteville, on a coutume de dire que « la question fait la réunion ». De fait, un homme lève le doigt et demande comment un sage souffre. Vaste question à laquelle Arnaud Desjardins répond pendant plus d'une heure sans s'interrompre ! Il faut dire que la question de la souffrance est au centre de l'enseignement de Svâmi Prajnânpad. Mais il y a un hic : il est demandé de ne pas prendre de notes pendant l'enseignement de façon à être totalement présent et à écouter avec son cœur. De cette façon, on est amené à être dans une démarche plus active et à faire un effort de mémoire. En sortant de la réunion, tellement dense que j'en ai parfois les larmes aux yeux, je cours noter ce qui m'a marquée. « Il y a ma souffrance et moi. Nous sommes deux. En refusant la souffrance, en m'écriant "non" devant ce qui m'arrive de douloureux, je crie plus fort que la vérité. Ma pensée amplifie ce qui est, instant après instant elle se débat, "non", elle se crispe, elle refuse de souffrir, "non", elle en rajoute et j'entre dans un cercle vicieux : en plus de souffrir, je souffre de souffrir ! Au contraire, si j'accepte mon ressenti face à ce qui est, pas plus, pas moins, je deviens "un avec". Quittant la dualité, je peux entrer dans ma profondeur. Il n'y a alors plus de souffrance : il y a un ressenti qui adhère à ce qui est. Il y a la souffrance sans moi ! Il n'y a plus d'abonné au numéro demandé ! Apprenons à entrer dans la perfection du "oui", oui à ce qui est, pas à ce que je voudrais qui soit. Il ne s'agit pas de se blinder ! Le sage enlève son armure et dit : "Tirez vos flèches, je ne refuse rien..." Il ne devient pas insensible, il passe à un autre niveau de sensibilité. » Pendant une heure,

Le châle

À Hauteville, lors des méditations ou des réunions où Arnaud Desjardins transmet l'enseignement qu'il a reçu de Svâmi Prajnânpad, tous portent une large pièce d'étoffe beige que l'on appelle *tchador* en Inde, de même que les juifs s'enveloppent d'un châle, le *talith*, et les soufis d'une ample pièce de laine. Ce châle, qui masque les particularités individuelles les plus immédiates (telles que vêtements et bijoux), est un symbole de l'effacement visuel de l'ego. En nivelant les inégalités, il favorise la concentration. Mais plus encore, cette étoffe permet un rassemblement d'énergie : ce châle, du simple fait qu'il est porté dans des circonstances particulières, s'imprègne peu à peu d'une certaine énergie, exactement comme un lieu où l'on prie beaucoup en vient à être imprégné d'influences spirituelles qui constituent une aide précieuse pour ceux qui viennent s'y recueillir. C'est la raison pour laquelle ce vêtement consacré doit rester personnel et ne pas être prêté.

je le regarde pantoise, assez subjuguée par ses talents de pédagogue, d'acteur – son sens de l'humour, toujours utilisé à bon escient nous déride face à un sujet grave, ses anecdotes personnelles qui émaillent son discours pour l'incarner... – et son sourire inspiré. À la fin de la rencontre, après plus d'une heure de parole, il laisse volontairement planer un temps de pur silence. On le sent palpable, profond, un silence ami. Il quitte la salle en nous regardant un à un, dans un sourire intérieur que je ne connaissais pas. Il nous sourit comme s'il était content de nous voir ici, content de nous connaître, content que la Voie passe de main en main... Je sors de la réunion assez « sonnée ». Je repense à tout ce que j'ai entendu de

« Les changements profonds sont déroutants »

Entretien

Quels conseils donneriez-vous à une personne qui hésite encore à venir faire un séjour, qui a peur ?
Il est tout naturel d'avoir des peurs qui surgissent car nous savons profondément que si nous empruntons sérieusement un vrai chemin, nous serons appelés au changement. Or les changements profonds, comme toute métamorphose, sont déroutants. La peur est donc normale. Je l'interprète même comme un bon signe. Sachant cela, il est ensuite important d'être le plus clair possible avec soi-même : « À quoi j'aspire ? Qu'est-ce que je viens chercher ? » Dire que l'on ne va pas bien est une approche un peu floue ; pouvez-vous m'indiquer la route ? Oui, mais vers quoi ? Qu'attendez-vous ? Enfin, il est primordial de lâcher toutes les idées préconçues que vous avez sur ce que l'on peut trouver auprès d'un maître. Il faut avoir une attente précise au niveau profond mais pas sur la manière dont les choses doivent se passer.

neuf et de personnel pendant le dîner. Nous sommes ensuite libres jusqu'à 21 heures pour la méditation et l'entrée dans le grand silence de la nuit, gardien de la vigilance. Je n'ose me rendre dans la salle orientale pour converser... Je gagne ma chambre et me lance dans *Un parcours auprès d'Arnaud Desjardins*, le livre d'un des plus proches disciples d'Arnaud depuis trente ans, Éric Edelmann, qui anime Mangalam, l'ashram d'Arnaud au Québec.

À 21 heures, nous nous retrouvons dans l'obscurité du dojo. Quelques bougies trouent les ténèbres. Le silence est absolu pendant une demi-heure. J'observe ce qui est en moi, je pense à tous mes non et au grand oui. Je regagne ma chambre dans la nuit. Tout l'ashram est plongé dans un silence total, obligatoire jusqu'au petit déjeuner. Jeûne des sons... Les odeurs de la forêt montent de la terre, j'inspire ce qui est. Après avoir lu une heure, je m'endors dans un esprit d'adhésion.

Hauteville étant un lieu consacré à la recherche intérieure, la journée commence et s'achève par la méditation. Celle du soir est silencieuse, celle du matin, à 7h30, est guidée. Elle s'apparente au *kusen* dans les monastères japonais, c'est-à-dire à l'enseignement donné aux disciples pendant que ceux-ci sont dans la posture du zazen. Avant de rejoindre le dojo, je fais une petite marche dans la forêt pour m'ouvrir au réel. Ce matin, c'est une collaboratrice québecquoise d'Arnaud, Édith, qui nous guide. « Dès que vous pactisez avec les sensations, les émotions ou les pensées de surface, vous en êtes esclave, vous entrez en prison. Je les vois, je les reconnais, je les lâche. Elles sont éphémères. Je ne porte plus mon existence, je me laisse porter par la Vie. Sans captation, sans refus… J'observe ce qui est, je ne me trouble pas, je ne m'arrête pas. Ne pas s'arrêter, c'est déjà la liberté… » Chaque matin, malgré mes crampes, la méditation guidée sera presque un régal. Après le petit déjeuner, le service à l'ashram sonne. Je fais une visite éclair à la chapelle chrétienne. À onze heures, nous avons une nouvelle réunion avec Arnaud. Aujourd'hui la question posée concerne l'Éveil. Comme la veille, je suis sous le charme de l'enseigne-ment VIVANT. Pour le déjeuner, comme chaque mardi lorsque le temps le permet, la communauté se rend ensuite en pique-nique après une belle marche silen-cieuse dans la forêt – on croise le jardin de méditation et son étang. Tandis que les anciens dressent la table des festivités dans un lieu ombragé, Arnaud accueille

Petite bibliothèque idéale (et subjective)

Livres à lire avant une retraite ou pour la prolonger…

▌ *Lettre à une jeune disciple*, Arnaud Desjardins, La Table ronde, 2006.

▌ *Bienvenue sur la Voie*, Arnaud Desjardins, La Table ronde, 2005.

▌ *Les Chemins de la sagesse*, Arnaud Desjardins, La Table ronde, 1999.

▌ *En relisant les Évangiles*, Arnaud Desjardins, La Table ronde, 1990.

les nouveaux venus en nous serrant, un à un, dans ses bras, longtemps. Une femme, bouleversée par l'inattendu et la tendresse du geste, pleure contre son épaule. Puis les langues se délient enfin. Que ces échanges informels font du bien ! Tant de pensées, de questions, de sensations bruissent depuis deux jours…

Mais revenons à la Voie… À seize heures, trois fois par semaine, nous sommes convoqués pour un travail corporel dans la grande sal-

> **Les livres qui ont inspiré Arnaud Desjardins lorsqu'il était jeune disciple et auxquels il souhaite rendre hommage**
>
> ▌ *Fragments d'un enseignement inconnu*, Ouspensky, disciple de Gurdjieff, Stock, 1949.
>
> ▌ *Commentaires de l'Évangile*, Lanza del Vasto, Denoël, 1951.
>
> ▌ *La Sagesse et la Destinée*, Maurice Maeterlink, Éd. Le Cri, Poche, 1928.
>
> ▌ *Anthologie du soufisme*, Éva de Vitray-Meyerovitch, Albin Michel, coll. « Spiritualités vivantes », 1995.

le. Ce travail prépare le corps à la méditation. Arnaud souhaite vivement que tous y participent, ne serait-ce que pour découvrir combien ils ont été amenés à négliger ce « corps physique ». Svâmiji lui-même a fait tous les jours et presque jusqu'à sa mort des *asanas* de hatha yoga. Cette pratique de prise de conscience par le corps est nécessaire à la Voie. Il n'est qu'à voir combien je souffre en zazen pendant les méditations et les réunions pour m'en convaincre…

Nous avons à peine un quart d'heure de battement avant de rejoindre Arnaud pour une rencontre informelle sans châle, sans *prânam* et sans séparation hommes-femmes. Arnaud garde en effet un souvenir ému des moments spontanés passés auprès de Svâmi Ramdas dans son ashram où tous se réunissaient chaque jour autour de « Papa ». Il n'est plus l'heure de parler d'enseignement et de pratique mais de discuter à bâtons rompus des « choses du monde » ou de poser des questions plus personnelles à Arnaud concernant sa vie passée ou présente. Une tasse de thé et des petits gâteaux au beurre nous sont servis tandis qu'Arnaud parle de la décadence de la société ou du rattachement spirituel d'Hauteville. Une causerie en famille…

Après le dîner, certains prennent une tisane dans la salle orientale, d'autres feuillettent les albums photos ou la *Lettre d'Hauteville* qui donne tous les trimestres des nouvelles des uns et des autres et éclaire certains aspects de la Voie.

L'ashram d'Hauteville n'est pas un lieu de passage, c'est un lieu de vie à nul autre pareil, non pas idyllique, idéal ou « mieux qu'ailleurs » ; non, c'est un lieu réel, qui ressemble à la vraie vie et où l'on apprend à la voir et à l'accepter telle qu'elle se présente, sans la commenter, sans la juger. Un lieu pour expérimenter une nouvelle vision, une nouvelle position pour accueillir l'instant…

Adresses en France

Servir est une religion ; et j'avais embrassé cette foi dans le sentiment que ce n'était qu'en servant qu'on pouvait atteindre Dieu.

Gandhi

RHÔNE-ALPES

Hauteville
(Ardèche)

Arnaud Desjardins délivre l'enseignement de son maître Svâmi Prajnânpad dans son centre de recherche spirituelle. Hauteville est un lieu de retraite, où l'on alterne les pratiques de méditation, le travail corporel et une participation à divers travaux manuels (cuisine, jardin, bricolage). C'est une voie « dans le monde » qui trouve ses sources dans le Vedânta indien et où l'on prend appui sur le quotidien de façon très concrète pour pratiquer et avancer. Le séjour n'est pas tarifé. Chacun fait une donation qui lui semble juste.

▶ *Voir le reportage pages précédentes.*

Contact
Association d'Hauteville
07800 Saint-Laurent-du-Pape
Tél. : 04 75 62 29 29
Site : http://www.amis-hauteville.fr

Mangalam

Au Québec, Arnaud Desjardins a également ouvert un ashram, Mangalam, terme sanscrit qui signifie « bénédiction ».

Contact
Mangalam
120 chemin Verger-Modèle
Frelighsburg – Québec J0J 1C0
Site : ashram-mangalam.qc.ca

L'Arche de Lanza del Vasto

Créée par l'écrivain, poète et philosophe Lanza del Vasto (disciple occidental de Gandhi), la communauté de l'Arche, fondée sur le modèle des ashrams in-

> *Le livre de la vie*
> *est le livre suprême,*
> *Qu'on ne peut ni fermer*
> *ni rouvrir à son choix;*
> *Le passage attachant*
> *ne s'y lit pas deux fois,*
> *mais le feuillet fatal*
> *se tourne de lui-même;*
> *On voudrait revenir*
> *à la page où l'on aime,*
> *Et la page où l'on meurt*
> *est déjà sous vos doigts.*
> **Lamartine**

diens, est basée sur un travail sur soi et l'ouverture aux autres. Vivant en permanence le dialogue interreligieux, ouvertes aux voies spirituelles laïques, les communautés de l'Arche sont des lieux d'expérimentation non violente

dans tous les aspects de la vie. On peut y rencontrer des personnes d'horizons très divers, prier et danser avec la communauté mais aussi se reposer et se recueillir. Les séjours libres ou communautaires, de courte ou de longue durée, sont possibles. L'Arche propose aussi des sessions diverses: résolution des conflits, médiation, communication non violente, camp de formation à la non-violence pour les jeunes, yoga, chant, danse, développement personnel…

Adresses en France

• La Fleyssière
(Hérault, Languedoc-Roussillon)
La communauté est située en pleine nature, sur les plateaux sauvages et ventés du haut Languedoc, en bordure du Larzac, dans un cadre propice au calme, grâce à son environnement paisible, loin de tout bruit.

Contact
34650 Joncels
Tél.: 04 67 44 40 90
Courriel: KatharinaMoeckel@yahoo.de

• La Borie noble
(Hérault, Languedoc-Roussillon)
La communauté accueille familles et célibataires qui souhaitent connaître et partager la vie communautaire de l'Arche. La base de leur vie est un engagement sur les chemins de la non-violence. Il s'enracine dans le travail sur soi et la recherche spirituelle et s'exprime dans le service et le partage, le choix d'une vie simple, le respect de tout ce qui vit et l'action pour la justice et la paix par des moyens non violents.

Contact
34650 Roqueredonde
Tél. : 04 67 44 09 89 – Fax : 04 67 57 20 20
Courriel : cremersylvia@hotmail.com

• Arche de Saint-Antoine
(Isère, Rhône-Alpes)

Dans le beau village médiéval de Saint-Antoine, l'Abbaye, à une petite heure du Vercors. La communauté s'est enracinée dans ce village qui a vécu une vocation d'accueil pendant des siècles. Trois mille personnes et quatre-vingts groupes viennent chaque année s'y ressourcer. L'accueil est assuré par une communauté dont la direction de vie est la non-violence, et dont l'accueil est la vocation et la principale activité.

Contact
Cour du Cloître
38160 Saint-Antoine-l'Abbaye
Tél. : 04 76 36 45 52 ou 04 76 36 45 97
Fax : 04 76 36 42 90
Courriel : arche.de.st.antoine@wanadoo.fr
Site : http://www.arche-de-st-antoine.com

Adresses en Suisse romande

• Communauté de Chambrelien
(Canton de Neuchâtel)

Contact
2, route du Pré-Vert – CH-2019 Chambrelien
Tél. : 00 41 (0) 32 855 13 19
Fax : 00 41 (0) 32 855 17 18
Courriel : martiax@bluewin.ch

À lire :

▌ *Le Pèlerinage aux sources*, Lanza del Vasto, Folio-Gallimard, 1972. Le livre majeur de cet auteur.
▌ *Lanza del Vasto*, Arnaud de Mareuil, Dangles, 1998.

> « *Saint-Antoine est un lieu particulier. Ce qui m'a touché, c'est la manière dont j'ai été accueilli, la différence que j'ai constatée entre tous les gens qui vivent ici : différence d'âge, de nationalité, et j'ai aussi été touché par cette vie de partage. C'est une manière de vivre qui correspond assez fort à l'Évangile. J'ai vu aussi les limites et les contradictions. Et c'est rassurant de voir que ce sont des humains « normaux » qui essaient de vivre autre chose. C'est ma deuxième famille.* »
>
> **Gereon**

Jean Vanier : à la rencontre des exclus

Depuis quarante ans, d'abord en Inde, puis à Tahiti, en Côte-d'Ivoire, au Honduras, l'association de l'Arche, fondée par le catholique québécois Jean Vanier, a développé cent quarante communautés œcuméniques et interreligieuses, réparties sur les cinq continents. Par l'accueil de l'enfant abandonné, du vieillard, du malade, l'Arche rend la dignité au rejeté, à l'exclu, au pauvre. Pour le fondateur de l'Arche, aujourd'hui âgé de plus de quatre-vingts ans, les pauvres sont les prophètes de notre temps : « On vient à l'Arche pour aider les pauvres ; on reste à l'Arche parce qu'on est pauvre soi-même. »

La Merci
(Charente, Poitou-Charentes)
Entre Cognac et Jarnac, la maison accueille des personnes ayant un handicap mental et ceux qui veulent partager un temps de leur vie avec elles dans un cadre institu-tionnel et communautaire (découverte de la richesse de la personne handicapée, partage, don de soi, vie spirituelle…). Pour Jean Vanier, on trouve le bonheur dans la relation avec le plus exclu…

Contact
Rue de l'Arche – Bel Air- 16200 Courbillac
Tél. : 05 45 21 74 16 – Fax: 05 45 96 50 85
Site : http://www.larche-lamerci.com

(Gard, Languedoc-Roussillon)
Contact
29 rue d'Orléans
BP 35 – 60350 Trosly-Breuil
Tél. : 03 44 85 56 00 – Fax: 03 44 85 65 51
Courriel : dir.trosly@archoise.org
Site : trosly.archoise.org

À lire :
▎ *La Communauté, lieu du pardon et de la fête*, Jean Vanier, Fleurus, 1998.
▎ *Jean Vanier et l'aventure de l'Arche*, Kathryn Spink, L'Atelier, 2007.

Volontariat auprès des personnes handicapées avec la Fondation John-Bost

Accompagnement de personnes handicapées et malades mentales, au centre de la Fondation John-Bost, œuvre protestante d'utilité publique, à La Force (Dordogne). Il est nécessaire d'avoir plus de dix-huit ans et d'être disponible un mois.

Contact
Fondation John-Bost – 24130 La Force
Tél. : 05 53 58 01 03

À lire :
▎ *Aimer jusqu'au bout. Le scandale du lavement des pieds*, Jean Vanier, Novalis et Bayard Éditions/Centurion, 1996.

Marcher, voyager, méditer : retraites en plein air

❝*Celui qui a beaucoup voyagé*
a beaucoup appris,
plus qu'il ne saurait en dire.❞
Siracide 34,9-11

« Je ne connais guère qu'une ou deux personnes, dit Henry Thoreau dans son essai *Walking*, qui sachent vraiment ce qu'est l'art de la marche. » Le déplacement marque le quotidien comme la vie spirituelle : marcher, errer, avancer…

Vous avez besoin de vous retrouver en tête à tête avec vous-même, de vous défaire de vos liens, de vous déconditionner sans être enfermé ni recevoir de grands discours ? La marche itinérante peut être une méditation naturelle active, un chemin de profondeur et une expérience fondamentale. Et il n'y a pas que la longue marche spirituelle sur les chemins de Saint-Jacques-de-Compostelle… On peut aussi ouvrir son regard et son cœur en mer ou en haute montagne, entre horizon et altitude infinis.

En marche !
Quelques marches et retraites de quelques jours

"La venue du Seigneur se prépare en marchant."

Guerric d'Igny, moine du xie siècle

▌ **Marche-retraite dans les Pyrénées**, pour les dix-huit-trente ans, avec la communauté des Béatitudes de Nay, dans les Pyrénées-Atlantiques, sur le thème « Toujours plus haut !... des marches vers Dieu ». Tél. : 05 59 61 26 26.

▌ **Les frères carmes d'Avon** (p. 160) organisent aussi des week-ends de méditation et des marches en forêt de Fontainebleau.

▌ **Prieuré Sainte-Thérèse** dans le Cantal (p. 239).

▌ Chez les jésuites, le **centre Saint-Hughes** du Biviers (p. 189) mais également le centre La Baume-lès-Aix organisent notamment des formules de marche-prière de quatre ou cinq jours.

▌ **Le Cénacle, maison Thérèse-Couderc de La Louvesc** (p. 190).

▌ **La famille Charles de Foucauld** organise une retraite-randonnée tous les ans au mois d'août ainsi qu'une marche des jeunes qui s'achève à Notre-Dame-des-Neiges. Voir sur le site : www.charles-defoucault.org.

Petite bibliothèque idéale
(et subjective)

Livres à lire avant une retraite ou pour la prolonger...

▌ *Marcher, méditer*, Jacques Vigne et Michel Jourdan, Albin Michel, coll. « Spiritualités vivantes », 1998.

▌ *Marche et méditation : un chemin vers soi*, Pierre-Yves Brissiaud, Éd. Jouvence, 2004.

▌ *Paroles de désert*, Albin Michel, 2002.

▌ *Je marche seule*, Françoise Jaussaud, Éditions L'Iroli, 2001. Sur un mode de répertoire alphabétique, l'auteur raconte son expérience de randonneuse solitaire sur des chemins français et espagnols.

Agences et associations

> *Sans méditation, on est comme aveugle dans un monde d'une grande beauté, plein de lumières et de couleurs.*
>
> Krishnamurti

Agences de voyages organisant des marches spirituelles
dans des lieux naturels (montagne, désert, champ) ou des retraites sans frontières

▌ Ictus Voyages

À travers des immensités et des espaces somptueux ou évocateurs, des expériences physiques et méditatives conduisent au voyage intérieur, celui qui mène à la rencontre avec soi-même et à la rencontre avec le divin. Ces marches sont un temps favorable au ressourcement intérieur et à la contemplation. Des temps de prière quotidiens et quelques messes sont proposées. Loin d'un raid

Quand la mer devient une expérience spirituelle

▌ Les Pèlerins de la mer
Un pèlerinage maritime, c'est embarquer pour vivre ensemble une expérience spirituelle, humaine et sportive unique. La richesse de la vie en équipage, les temps de formation et de réflexion à travers les enseignements religieux et les discussions, les messes célébrées quotidiennement dans des chapelles, à bord des voiliers ou en plein air, les navigations selon les humeurs de la météo, les escales et les veillées festives. Pèlerinages de cinq ou sept jours, pour les jeunes.

Contact
44 rue de l'Est – 92100 Boulogne-Billancourt
Courriel : info@pelerinsdelamer.org
Site : http://www.pelerinsdelamer.org/

▌ Vie en mer
L'association Vie en mer propose des croisières et retraites animées par des catholiques ignaciens, pour vivre une expérience de navigation, de partage, de vie communautaire et de ressourcement personnel.

Contact
Courriel : accueil@vieenmer.org
SIte : http://vieenmer.org

sportif, ces itinéraires proposent cinq à six heures de marche par jour. Il y a des résistances en nous, qui ne se taisent qu'après l'effort physique, nous ouvrant plus intimement à la Présence…

18 rue Gounod
92210 Saint-Cloud
Tél.: 01 41 12 04 80
Courriel: contact@ictusvoyages.com
Site: http://www.ictusvoyages.com

Spiritours

Un voyagiste québécois pionnier en la matière. Spécialisé dans les voyages de ressourcement (petits et grands groupes), dans un souci de tourisme équitable. Sa mission est de permettre à des individus de s'arrêter pour faire le point sur leur vie et se ressourcer tout en favorisant des démarches de croissance personnelle et spirituelle.

Courriel: spiritours@sympatico.ca
Site: http://www.spiritours.com

Plongée dans le désert

Terre du Ciel, via l'agence de voyages Infinitude, organise des séjours dans le désert et propose des sessions d'une semaine (« Ouverture à l'infini », « Les mots du silence », « L'esprit du désert »…), soit en campement fixe, soit en randonnée chamelière.
En marge du campement, plusieurs ermitages sont prévus pour ceux qui souhaitent vivre un séjour contemplatif en solitaire. Dans les dunes du Sud marocain, les rochers du désert du Sinaï ou encore dans l'Adrar mauritanien…

Le goum : huit jours dans le désert

Le goum est une semaine dans le désert qui réunit une vingtaine de jeunes adultes. Ils marchent vingt kilomètres par jour, sans montre, ni papiers, ni argent, et dorment à la belle étoile sans rencontrer autre chose que le silence des grands espaces. Les goums ont un désert de prédilection : les Causses. Ce qui ne les empêche pas, de temps à autre, d'aller arpenter les déserts d'Europe ou d'ailleurs… Ces marches de huit jours dans le désert ont fait leurs preuves auprès de plusieurs milliers de jeunes entre vingt et trente-cinq ans.
Un des maîtres mots des goums, c'est l'« expérience » : il s'agit de faire l'expérience du désert où Dieu se révèle, l'expérience d'une marche de huit jours avec des gens qu'on ne connaît pas, sans jugement, sans a priori.
Partez avec un(e) ami(e) : à deux, on tient mieux le coup ! Mais attention : dans ces marches, la découverte de l'autre est une dimension essentielle. Aussi, tâchez de ne pas partir avec un « noyau d'amis » trop important. Une quarantaine de goums ont lieu chaque année, entre Pâques et septembre.

Jean Gillard tél.: 05 55 70 32 62
Jean Cauvin tél.: 04 91 91 26 08
Courriel: equipe@goums.org
Site: http://www.goums.org

« *Marcher en méditant peut être très agréable. Nous nous promenons à pas lents, seuls ou avec des amis, si possible dans un très bel endroit. La méditation permet de vraiment apprécier la marche – nous ne marchons pas pour arriver quelque part, mais pour la marche elle-même. Le but est d'être dans l'instant présent, conscients de notre respiration et du fait de marcher, pour pouvoir goûter chacun de nos pas. Nous devons nous débarrasser de nos problèmes et angoisses, ne pas penser au futur ni au passé, et simplement goûter l'instant présent. Nous pouvons prendre la main d'un enfant. Nous allons pas à pas, comme si nous étions chacun l'homme le plus heureux de la terre.* »
Thich Nhat Hahn

Contact

Infinitude, domaine de Chardenoux
71500 Bruailles
Tél. : 03 85 60 40 33 – Fax : 03 85 60 40 31
Courriel : infos@terre-du-ciel.fr
Site : www.terre-du-ciel.fr

Terre entière, l'agence des pèlerinages chrétiens

Avant même d'être un acte religieux, le pèlerinage est par essence un acte humain. Être en mouvement, être à la recherche du sens, l'homme cherche et trouve des repères : le lieu de sa naissance, sa famille, sa patrie ou sa région. Marcher n'est pas errer… L'agence Terre entière est spécialisée dans les pèlerinages chrétiens.

Contact

10 rue de Mézières – 75006 Paris
Tél. : 01 44 39 03 03 – Fax : 01 42 84 18 99
Site : http://www.terreentiere.com

Montagne et prière

Depuis trente ans, l'association Montagne et prière (diocèse de Cambrai) organise en juillet et en août des camps d'une semaine pour les jeunes (entre vingt et trente-cinq ans) dans un chalet de la Maurienne (Alpes).

« J'aime bien le parallèle entre la montagne et la prière ; au-delà d'un sommet il y en a un autre et c'est encore plus beau. » (Parole de retraitant)

Contact

Courriel : jean-marie.telle@wanadoo.fr
Site : http://montagneetpriere.free.fr

Le Réseau jeunesse ignacien (RJI) propose également des marches en montagne avec les symboles bibliques pour les dix-huit-trente ans :
Site : http://www.rji.fr

Conclusion

> *« La foi véritable est quelque chose*
> *qui surgit dans le cœur*
> *et dont la sincérité se vérifie par les œuvres. »*
>
> Mahomet

Après une telle aventure et tant de rencontres, je pensais avoir quantité de choses à dire en achevant ce livre. Mais contre toute attente, ces voyages intérieurs et extérieurs me conduisent plus au silence qu'à conclure en bavardant de « choses intéressantes ». Ce que j'ai retenu de ces saisons de retraite ? Je ne le saurai que lorsque les choses auront maturé et décanté. Pourtant, d'emblée, il y a une chose que je sais : nos vies sont trop compliquées, nos cerveaux envahis de pensées et nos journées ne sont que carrefours de décisions à prendre. Un temps de retraite est une invitation à la simplification.

Quel que soit le lieu où la bonté de la vie vous conduira, je ne peux que vous souhaiter cette rencontre avec le tout simple. On craint de revenir à ce noyau des choses alors qu'en réalité, on n'y laisse qu'un peu de saleté et de peaux mortes, comme dans l'eau d'un bain purificateur.

Ne vous « gavez » pas comme une oie. À plus d'une ou deux expériences par an, on risque de tomber dans la consommation spirituelle. Soyez patient et confiant, les fruits poussent d'abord invisiblement.

« C'est vraiment du miel que tu as trouvé, en trouvant la sagesse ? Pourtant, n'en mange pas trop, pour ne pas la vomir d'écœurement. Manges-en de manière à rester toujours sur ta faim. Car c'est elle qui dit : "Ceux qui me mangent auront encore faim." Ne t'en gorge pas pour ne pas la vomir : cela même que tu paraîtrais avoir te serait enlevé car avant qu'il ne soit temps, tu te serais arrêté dans ta recherche », disait très justement saint Bernard. Quelle actualité malgré

Pour plus d'exhaustivité

▌ *Le Guide Saint-Christophe : 500 adresses en France et à l'étranger pour l'accueil spirituel, le repos, les vacances ou l'accueil des retraités*, La Vie/Malesherbes Publications.

▌ *Le Petit Futé : Séjours spirituels, abbayes, communautés, monastères*, Nouvelles Éditions de l'Université.

▌ *Le Petit Futé : Séjours spirituels en Europe*, Nouvelles Éditions de l'Université.

▌ *Le Guide des monastères : 400 lieux ouverts au public en France, Belgique, Luxembourg et Suisse*, Éd. Horay.

▌ *Guide des centres bouddhistes en France*, Philippe Ronce, Éd. Noêsis.

▌ *Bouddhismes, Le guide des écoles du bouddhisme en France, Suisse, Belgique*, Alain Sillard, Éd. LeSir-Nil éditions.

▌ *Guide du bouddhisme tibétain*, Philippe Cornu, LGF Livre de Poche.

▌ *Guide du Tibet en France et en Europe*, Éd. Claire Lumière.

▌ *Guide du zen*, Éric Rommeluère, LGF Livre de Poche.

presque dix siècles de distance ! Prenez le temps d'un premier week-end. Une fois tous les dix ans ? Pourquoi pas. Le précieux est unique.

Pourquoi craignons-nous tant la solitude et le silence de la retraite ? Peut-être parce que nous (nous) cachons trop de chagrins, de mesquineries, d'erreurs, de non-dits et de beautés en jachère et que nous avons peur de les croiser... Nous y allons aussi pour cela, croiser le fer avec notre peur et notre espérance, les mettre en miroir et retrouver une ambition pour demain, pour notre foi, pour notre pratique, pour notre vie.

Ces moments de tête-à-tête avec ce qui nous habite profondément donnent des brassées de fleurs, certaines discrètes, d'autres aux couleurs et odeurs plus spectaculaires. Toutes embaument l'avenir et la vérité qui se cherche.

Le temps de la retraite est une borne, un caillou blanc et rond comme la lune qui éclaire nos nuits.

Pour entrer en contact avec l'auteur :
anne.ducrocq@club-internet.fr

Index

Index géographique

En France

Par ordre alphabétique de région, puis de département, puis de commune.

ALSACE

Bas-Rhin

Munster. Centre communautaire du Hohrodberg (protestants), 284.

Oberbronn. Les sœurs du Très Saint Sauveur (divers catholiques), 249.

Ottrott. Le domaine de Windeck (foyer de charité), 232.

Rosheim. Monastère du Saint-Sacrement (bénédictins), 72.

Strasbourg. Maison Saint-Jean-Baptiste (fraternité monastique de Jérusalem), 237.

Thal-Marmoutier. Le Chant des sources (franciscains), 132.

Weiterswiller. Temple Kosan-ryumonji (bouddhistes zen), 332.

Haut-Rhin

Orbey. Monastère de Saint-Jean-Baptiste d'Unterlinden (dominicains), 119.

Ottmarsheim. Le prieuré Saint-Bernard (divers catholiques), 249.

Reiningue. Abbaye Notre-Dame d'Œlenberg (cisterciens), 95.

Sigolsheim. Monastère de Sigolsheim (franciscains), 132.

AQUITAINE

Dordogne

Cubjac. Le moulin de Chaves (vipassana), 370.

Échourgnac. Abbaye Notre-Dame-de-Bonne-Espérance d'Échourgnac (cisterciens), 95.

Échourgnac. Le prieuré Saint-Jean-Baptiste (bénédictins), 72.

La Coquille. Monastère Kanshoji (bouddhistes zen), 332.

Monestier. Sainte-Croix (chrétiens d'Orient), 278.

Saint-Léon-sur-Vézère. Centre d'études de Chanteloube (bouddhistes tibétains), 309.

Saint-Léon-sur-Vézère. Dhagpô Kagyu Ling (bouddhistes tibétains), 309.

Sarlat. Centre Notre-Dame de Temniac (jésuites), 187.

Terrasson-Lavilledieu. Monastère de la Transfiguration (orthodoxes), 278.

Thénac. Village des Pruniers (bouddhistes zen vietnamiens), 354.

Gironde

Auros. Abbaye Sainte-Marie du Rivet (cisterciens), 95-96.

Martillac. Monastère de la Sainte Famille (divers catholiques), 248.

Nérac. Monastère des clarisses de Nérac (franciscains), 132.

Rions. Monastère du Broussey (carmes), 157.

Landes
Dax. Monastère de Saint-Dominique (dominicains), 119.

Lot-et-Garonne
Agen. L'Ermitage (carmes), 162.
Colayrac-Saint-Cirq. Notre-Dame de Lacépède (foyer de charité), 232.
Nérac. Monastère des clarisses (franciscains), 132.
Villeneuve-sur-Lot. Monastère de l'Annonciade (franciscains), 132.

Pyrénées-Atlantiques
Orthez. Monastère de la Visitation d'Orthez (spiritualité visitandine), 243.
Urt. Abbaye de Notre-Dame de Belloc (bénédictins), 72.
Urt. Monastère Sainte-Scolastique (bénédictins), 73.

AUVERGNE

Allier
Chantelle. Abbaye Saint-Vincent (bénédictins), 73.
Dompierre-sur-Besbre. Abbaye des Sept-Fons (cisterciens), 96.
Moulins. Monastère de la Visitation de Moulins (visitandines), 243.
Saint-Germain-des-Fossés. Le Prieuré (communautés de Saint Jean), 239.
Souvigny. Prieuré Saint-Pierre-et-Saint-Paul (communautés de Saint Jean), 239.
Ygrande. Ermitage Yogi Ling (bouddhistes tibétains), 310.

Cantal
Murat. Prieuré Sainte-Thérèse (communautés de Saint Jean), 239.

Paulhenc. Centre spirituel de la Pomarède (divers catholiques), 249.
Saint-Flour. Monastère de la Visitation de Saint-Flour (visitandines), 243.
Saint-Flour. Monastère Saint-Joseph (carmes), 157.

Haute-Loire
Langeac. Monastère de Sainte-Catherine-de-Sienne de Langeac (dominicains), 119.

Puy-de-Dôme
Biollet. Dhagpô Kundreul Ling (bouddhistes tibétains), 311.
Orcines. Le Pignolet (carmes), 162.
Saint-Amant-Tallende. Abbaye Notre-Dame de Randol (bénédictins), 73.

BASSE-NORMANDIE

Calvados
Brucourt. Monastère de l'Annonciade (franciscains), 132-133.
Caen. Monastère de la Visitation de Sainte-Marie de Caen (visitandines), 243.
Juaye-Mondaye. Abbaye Saint-Martin de Mondaye (chanoines réguliers de Prémontré), 227.
Saint-Sever. Carmel de Saint-Sever (carmes), 157.

Manche
Avranches. Monastère du carmel (carmes), 157.
Bricquebec. Abbaye Notre-Dame-de-Grâce (cisterciens), 96.
Saint-Pair-sur-Mer. Carmel de Saint-Pair-sur-Mer (carmes), 157-158.
Valognes. Abbaye Notre-Dame-de-Protection (bénédictins), 74.

CORSE

Haute-Corse

Bastia. Monastère Sainte-Claire de Bastia (franciscains), 134.

Erbalunga. Monastère du Saint-Sacrement (bénédictins), 77.

Corse-du-Sud

L'Île-Rousse. Couvent Saint-Dominique de Corbara (communautés de Saint Jean), 239-240.

FRANCHE-COMTÉ

Doubs

Besançon. Monastère Sainte-Claire de Besançon (franciscains), 134.

Chaux-les-Passavant. Abbaye Notre-Dame-de-la-Grâce-Dieu (cisterciens), 99.

Montferrand-le-Château. Dominicaines de Béthanie (dominicains), 120-121.

Val-d'Oise
Pontoise. Carmel Saint-Joseph (carmes), 160.
Saint-Gervais. Centre Assise (œcuménisme), 291, 336.
Saint-Prix. Maison du couple de Massabielle (divers catholiques), 252.

Yvelines
Blaru. Prieuré de Béthanie (bénédictins), 79.
Poissy. Foyer de charité de La Part-Dieu, 233.
Versailles. Diaconesses de Reuilly (protestants), 286.
Versailles. Notre-Dame-du-Cénacle (jésuites), 190.

LANGUEDOC-ROUSSILLON

Aude
Fanjeaux. Monastère de Sainte-Marie (dominicains), 121.
Ladern-sur-Lauquet. Abbaye Sainte-Marie de Rieunette (cisterciens), 99.
Villebazy. Monastère de Cantauque (orthodoxes), 280.
Villebazy. Monastère de la Théotokos et de Saint-Martin (orthodoxes), 279.

Gard
Anduze. Monastère de la Paix-Dieu (cisterciens), 99-100.
Gagnières. Centre chrétien de Gagnières (protestants), 284.
La Bastide-d'Engras. Monastère de la Protection-de-la-Mère-de-Dieu, dit Monastère de Solan (orthodoxes), 280.
Nîmes. Monastère Sainte-Claire (franciscains), 135.
Saint-Laurent-le-Minier. Kagyu Yi-Ong Tcheu Ling (bouddhistes tibétains), 314.

Hérault
Béziers. La Margelle (carmes), 163.
Joncels. La Fleyssière (L'Arche de Lanza del Vasto), 422.
Le Bousquet-d'Orb. Monastère Saint-Nicolas (orthodoxes), 280.
Montpellier. Couvent des carmes (carmes), 161.
Montpellier. Espace Manrèse (jésuites), 188.
Montpellier. Kagyu Rintchen Tcheu Ling (bouddhistes tibétains), 314.
Montpellier. La Belle Porte (charismatiques), 225.
Roqueredonde. La Borie noble (L'Arche de Lanza del Vasto), 422-423.
Roqueredonde. Lérab Ling (bouddhistes tibétains), 314.
Saint-Guilhem-le-Désert. Carmel Saint-Joseph de l'Abbaye de Gellone (carmes), 161.
Saint-Mathieu-de-Tréviers. Dominicaines des Tourelles, communauté de la Transfiguration (dominicains), 121-122.

Lozère
Saint-Julien-des-Points. Skyte Sainte-Foy (orthodoxe), 280.

Pyrénées-Orientales
Perpignan. Centre spirituel Mont-Thabor (carmes), 163.
Perpignan. Monastère Sainte-Claire de Perpignan (franciscains), 135.

LIMOUSIN

Corrèze
Aubazine. Abbaye Saint-Étienne (charismatiques), 224.
Brive-la-Gaillarde. Maison d'accueil Saint-Antoine (franciscains), 135.

Nord-Pas-de-Calais

Nord
Godewaersvelde. Abbaye Sainte-Marie du Mont-des-Cats (cisterciens), 101.
Haubourdin. Monastère Sainte-Claire (francicaines), 136.
Lille. Couvent des carmes (carmes), 164.
Lille. Monastère de la Visitation (visitandines), 244.
Mouvaux. Centre spirituel du Hautmont (jésuites), 188.
Raismes. Communauté du Cénacle (jésuites), 190.
Saint-André. Monastère Notre-Dame-de-la-Plaine (cisterciens), 102.

Pas-de-Calais
Blangy-sur-Ternoise. Abbaye Sainte-Berthe (carmes), 162.
Courset. Foyer de charité, 233.
Troisvaux. Abbaye de Belval (cisterciens), 102.
Wisques. Abbaye de Wisques (bénédictins), 79.

Pays-de-Loire

Loire-Atlantique
Nantes. Monastère de la Visitation (visitandines), 244.

Maine-et-Loire
Bégrolles-en-Mauges. Abbaye Notre-Dame de Bellefontaine (cisterciens), 102.
La Pommeraye. Centre spirituel de La Pommeraye (carmes), 164.

Mayenne
Entrammes. Abbaye Notre-Dame de Port-du-Salut (cisterciens), 102-103.

Laval. Abbaye de la Coudre (cisterciens), 103.
Laval. Monastère des carmélites (carmes), 164.

Sarthe
Château-l'Hermitage. Communauté Notre-Dame-de-l'Abbaye (charismatiques), 225.
Flée. Monastère Notre-Dame-de-la-Paix (bénédictins), 80.
Saint-Cosmes-en-Vairais. Centre de retraite Kalachakra (bouddhistes tibétains), 315.
Saint-Mars-de-Locquenay. Monastère Saint-Silouane (orthodoxes), 281.
Solesmes. Abbaye Sainte-Cécile (bénédictins), 81.
Solesmes. Abbaye Saint-Pierre de Solesmes (bénédictins), 80.

Vendée
La Roche-sur-Yon. Monastère de la Visitation (visitandines), 244.

Picardie

Oise
Attichy. Frères de Saint Jean (communautés de Saint Jean), 240.
Chiry-Ourscamp. Abbaye d'Ourscamp (divers catholiques), 253.
Jonquières. Carmel de Jonquières (carmes), 166.
Troussures. Notre-Dame-de-Cana (communautés de Saint Jean), 240.

Somme
Amiens. Carmel du Saint-Esprit (carmes), 166.
Amiens. Monastère de la Visitation (visitandines), 244.

En Belgique

Par ordre alphabétique de province puis de commune.

BRUXELLES

PROVINCE DU BRABANT WALLON

PROVINCE DU HAINAULT

PROVINCE DE LIÈGE

PROVINCE DE LUXEMBOURG

Canton de Neuchâtel

Areuse. Communauté de Grandchamp (œcuménisme), 294.
Chambrelien. Communauté de Chambrelien (l'Arche de Lanza del Vasto), 423.

Canton du Valais

Bourg-Saint-Pierre. Hospice Le Grand-Saint-Bernard (chanoines réguliers de Prémontré), 228.
Le Bouveret. Abbaye Saint-Benoît de Port-Valais. Maison Sainte-Marthe (bénédictins), 90.
Saint-Maurice. Foyer Franciscain (franciscains), 141.
Simplon Dorf. Hospice du Simplon (chanoines réguliers de Prémontré), 228.
Sion. Fraternité de Sion (franciscains), 141.
Sion. Sœurs franciscaines de Sainte-Marie-des-Anges (franciscains), 141.

Canton de Vaud

Bex. Foyer de charité Dents du Midi, 235.
Jongny. Monastère Sainte-Claire La Grand-Part (franciscains), 141.
Le Mont-Pèlerin. Rabten Choeling (bouddhistes tibétains), 317.
Pompaples. Diaconesses de Saint-Loup (protestants), 286.
Puidoux. Crêt-Bérard (protestants), 287.
Romainmôtier. Fraternité En Dieu te fie (protestants), 287.

Au Luxembourg

Clervaux. Abbaye Saint-Maurice de Clervaux (bénédictins), 90.
Luxembourg. Carmel de Luxembourg (carmes), 168.
Luxembourg. Foyer de charité, 235.

Index par communes

Besançon. Monastère Sainte-Claire de Besançon (franciscains), 134.

Bex (CH). Foyer de charité Dents du Midi, 235.

Béziers. La Margelle (carmes), 163.

Biollet. Dhagpô Kundreul Ling (bouddhistes tibétains), 311.

Biviers. Centre Saint-Hughes du Biviers (jésuites), 189.

Blangy-sur-Ternoise. Abbaye Sainte-Berthe (carmes), 162.

Blaru. Prieuré de Béthanie (bénédictins), 79.

Blauvac. Abbaye Notre Dame-de-Bon-Secours (cisterciens), 107.

Boëge. Monastère Notre-Dame-de-la-Gloire-Dieu (frères et sœurs de Bethléem), 219.

Bonlieu-sur-Roubion. Prieuré Sainte-Anne de Bonlieu (chanoines réguliers de Prémontré), 227.

Bouillon (B). Abbaye Notre-Dame de Clairefontaine (cisterciens), 111.

Boulaur. Abbaye Sainte-Marie de Boulaur (cisterciens), 101.

Bourg-Saint-Pierre (CH). Hospice Le Grand-Saint-Bernard (chanoines réguliers de Prémontré), 228.

Bouzy-la-Forêt. Abbaye de Notre-Dame de Bouzy (bénédictins), 77.

Boyer. Abbaye Notre-Dame de Vénière (bénédictins), 75.

Bréhan. Abbaye Notre-Dame de Timadeuc (cisterciens), 98.

Bricquebec. Abbaye Notre-Dame-de-Grâce (cisterciens), 96.

Briis-sous-Forges. Carmel de Frileuse (carmes), 160.

Brive-la-Gaillarde. Maison d'accueil Saint-Antoine (franciscains), 135.

Brucourt. Monastère de l'Annonciade (franciscains), 132-133.

Bruxelles (B). Église orthodoxe, 282.

Bussy-en-Othe. Monastère de Bussy (orthodoxes), 278.

C

Caen. Monastère de la Visitation de Sainte-Marie (visitandines), 243.

Campénéac. Abbaye de la Joie-Notre-Dame (cisterciens), 98.

Cannes. Abbaye Notre-Dame de Lérins (cisterciens), 104-105.

Castagniers. Abbaye Notre-Dame de la Paix (cisterciens), 106.

Caylus. Les ermitages Notre-Dame-de-la-Résurrection (Fraternités monastiques de Jérusalem), 214.

Cenves. Maison Saint-Joseph (communautés de Saint Jean), 240.

Cerniat (CH). Chartreuse de la Valsainte (chartreux), 217.

Chambrelien (CH). Communauté de **Chambrelien**. (l'Arche de Lanza del Vasto), 423.

Champhol. Carmel de Chartres (carmes), 159.

Chantelle. Abbaye Saint-Vincent (bénédictins), 73.

Château-l'Hermitage. Communauté Notre-Dame-de-l'Abbaye (charismatiques), 225.

Châteauneuf-de-Galaure. Foyer de charité, 234.

Châtillon-Saint-Jean. Abbaye Notre-Dame de Triors (bénédictins), 84.

Chaux-les-Passavant. Abbaye Notre-Dame-de-la-Grâce-Dieu (cisterciens), 99.

Chevetogne (B). Monastère de l'Exaltation-de-la-Sainte-Croix (bénédictins), 87.

Chezelles. Maison d'accueil de Chezelles (charismatiques), 224.

Chiry-Ourscamp. Abbaye d'Ourscamp (divers catholiques), 253.

Choisy-le-Roi. La maison de Tobie (œcuménisme), 290, 336.

Clamart. Carmel de l'Incarnation de Clamart (carmes), 160.

franciscaine de Tibériade (franciscains), 255.

Le Barroux. Abbaye Notre-Dame-de-l'Annonciation (bénédictins), 84.

Le Barroux. Abbaye Sainte-Madeleine du Barroux (bénédictins), 84.

Le Bec-Hellouin. Abbaye Notre-Dame du Bec-Hellouin (bénédictins), 78.

Le Bousquet-d'Orb. Monastère Saint-Nicolas (orthodoxes), 280.

Le Bouveret (CH). Abbaye Saint-Benoît de Port-Valais. Maison Sainte-Marthe (bénédictins), 90.

Le Cayrol-Espalion. Abbaye de Notre-Dame de Bonneval (cisterciens), 101.

Le Havre. Carmel de la Transfiguration (carmes), 160.

Le Mas de Sablières (jésuites), 191.

Le Mazet-Saint-Voy. Communauté du Moûtier Saint-Voy (protestants), 285.

Le Monêtier-les-Bains. Chalet Frère Soleil (franciscains), 138.

Le Mont-Pèlerin (CH). Rabten Choeling (bouddhistes tibétains), 317.

Le Pâquier-Monbarry (CH). Carmel du Pâquier (carmes), 168.

Le Plantay. Abbaye Notre-Dame des Dombes (œcuménisme), 293.

Le Thoronet. Monastère Notre-Dame-du-Torrent-de-Vie (frères et sœurs de Bethléem), 218.

Lepuix-Gy. Prieuré Saint-Benoît de Chauveroche (bénédictins), 78.

Les Granges-le-Roi. Maison d'accueil Notre-Dame de l'Ouÿe (divers catholiques), 252.

Les Houches. Foyer de charité de La Flatière, 234.

Libramont (B). Notre-Dame-de-la-Paix (communautés de Saint Jean), 241.

Ligugé. Abbaye Saint-Martin de Ligugé (bénédictins), 82.

Lille. Couvent des carmes (carmes), 164.

Lille. Monastère de la Visitation (visitandines), 244.

Limoges. Carmel du Mont-Notre-Dame (carmes), 163.

Lorgues. Monastère Saint-Michel du Var (orthodoxes), 281.

Louesme. Dhamma Mahi (vipassana), 371.

Luxembourg (L). Carmel de Luxembourg (carmes), 168.

Luxembourg (L). Foyer de charité, 235.

Luze. Monastère Saint-Michel-et-Saint-Martin (orthodoxes), 279.

Lyon. Notre-Dame du Cénacle (jésuites), 191.

M

Mâcon. Association bouddhique theravada Vivekârâma (bouddhistes theravada), 370-371.

Malonne (B). Monastère Clarté-Notre-Dame (franciscains), 141.

Maredret (B). Abbaye de Maredret (bénédictins), 87.

Margut. Ermitage Saint-Walfroy (divers catholiques), 252.

Marseille. Carmel de Notre-Dame (carmes), 166.

Martillac. Monastère de la Sainte Famille (divers catholiques), 248.

Marzens. Institut Vajra Yogini (bouddhistes tibétains), 315.

Menton. Monastère de l'Annonciade (franciscains), 138.

Meymac. Prieuré du Jassonneix (cisterciens), 100.

Millau. Monastère Sainte-Claire (franciscains), 136.

Mirmande. Centre de spiritualité, de sagesse et de méditation, dit centre Dürckheim, 400.

Poitiers. Talitha Koum (divers catholiques), 281.
Pompaples (CH). Diaconesses de Saint-Loup (protestants), 286.
Pontgouin. Centre Amma (ashram hindouiste), 378.
Pontoise. Carmel Saint-Joseph (carmes), 160.
Posieux (CH). Abbaye d'Hauterive (cisterciens), 111.
Pradines. Abbaye Saint-Joseph-et-Saint-Pierre (bénédictins), 84.
Prailles. Monastère de l'Annonciation (bénédictins), 81.
Puidoux (CH). Crêt-Bérard (protestants), 287.

R

Raismes. Communauté du Cénacle (jésuites), 190.
Redon. La Roche-du-Theil (divers catholiques), 251.
Reiningue. Abbaye Notre-Dame d'Œlenberg (cisterciens), 95.
Rennes. Monastère Sainte-Claire de Rennes (franciscains), 133.
Resteigne (B). Maison Notre-Dame (chartreux), 217.
Rions. Monastère du Broussey (carmes), 157.
Rivière (Profondeville) (B). Dhammaramsi (vipassana), 372-373.
Rixensart (B). Monastère de l'Alliance (bénédictins), 85.
Rochefort (B). Abbaye Notre-Dame de Saint-Rémy-de-Rochefort (cisterciens), 111.
Rodez. Carmel (carmes), 164.
Romainmôtier (CH). Fraternité En Dieu te fie (protestants), 287.

Romont (CH). Abbaye Notre-Dame-de-la-Fille-Dieu (cisterciens), 112.
Roôcourt-la-Côte. Monastère Sainte-Claire (franciscains), 133.
Roquefort-les-Pins. Foyer de charité Maria Mater, 234.
Roqueredonde. La Borie noble (L'Arche de Lanza del Vasto), 422-423.
Roqueredonde. Lérab Ling (bouddhistes tibétains), 314.
Rosheim. Monastère su Saint-Sacrement (bénédictins), 72.
Roybon. Abbaye de Notre-Dame de Chambarand (cisterciens), 108.

S

Sablonceaux. Abbaye de Sablonceaux (œcuménisme), 292-293.
Saint-Agnan. Centre Sakyamuni (vipassana), 371.
Saint-Agrève. La Demeure sans limites (bouddhistes zen), 334.
Saint-Amant-Tallende. Abbaye Notre-Dame de Randol (bénédictins), 73.
Saint-André. Monastère Notre-Dame-de-la-Plaine (cisterciens), 102.
Saint-Antoine-l'Abbaye. Arche de Saint-Antoine (l'Arche de Lanza del Vasto), 423.
Saint-Bernard-du-Touvet. Monastère Notre-Dame-des-Petites-Roches (cisterciens), 109.
Saint-Cosmes-en-Vairais. Centre de retraite Kalachakra (bouddhistes tibétains), 315.
Saint-Dolay. Monastère Sainte Présence (orthodoxes), 278-279.
Saint-Doulchard. Monastère de l'Annonciade (franciscains), 133.
Saint-Étienne-du-Grès. Communauté de Pomeyrol (protestants), 285.

V

Valaire. Temple de la Gendronnière (bouddhistes zen), 333.

Valognes. Abbaye Notre-Dame-de-Protection (bénédictins), 74.

Vals-les-Bains. Monastères des clarisses (franciscains), 138.

Vandœuvre-lès-Nancy. Monastère Sainte-Claire de Vandœuvre (franciscains), 136.

Vannes. Monastère du carmel de Vannes (carmes), 159.

Venasque. Institut Notre-Dame-de-Vie (carmes), 162.

Vence. Maison Lacordaire (dominicains), 122-123.

Veneux-les-Sablons. Institut Ganden Ling (bouddhistes tibétains), 313-134.

Verdun. Monastère du carmel (carmes), 163.

Versailles. Diaconesses de Reuilly (protestants), 286.

Versailles. Notre-Dame-du-Cénacle (jésuites), 190.

Vezin-le-Coquet. Carmel de Montigné (carmes), 159.

Villebazy. Monastère de Cantauque (orthodoxes), 280.

Villebazy. Monastère de la Théotokos et de Saint-Martin (orthodoxes), 279.

Villeneuve-les-Genêts. Temple de Komyo-In (bouddhistes), 332-333.

Villeneuve-sur-Lot. Monastère de l'Annonciade (franciscains), 132.

Villers-devant-Orval (B). Abbaye d'Orval (cisterciens), 110-111.

Vitreux. Abbaye Notre-Dame d'Acey (cisterciens), 99.

Voiron. Monastère de la Visitation Notre-Dame-du-May (visitandines), 245.

Voreppe. Monastère des clarisses (franciscains), 139.

Voreppe. Monastère Notre-Dame de Chalais (dominicains), 123.

W

Waterloo (B). Notre-Dame de Fichermont (charismatiques), 224.

Weiterswiller. Temple Kosan-ryumonji (bouddhistes zen), 332.

Wepion (B). Centre spirituel La Pairelle (jésuites), 191.

Wisques. Abbaye de Wisques (bénédictins), 79.

Y

Ygrande. Ermitage Yogi Ling (bouddhistes tibétains), 310.

Index des citations

Légendes
des photographies

Toutes les photographies sont d'Anne Ducrocq,
© Anne Ducrocq/VS.

Abbaye du Bec-Hellouin : pages 91, 103, 468.
Ashram d'Arnaud Desjardins : quatrième de couverture
et page 412.
Carmel d'Avon : pages 81, 162, 167, 390.
Centre de rencontres spirituelles de Béthanie :
quatrième de couverture et pages 265, 274, 453.
Chartreuse de Sélignac : première de couverture
et pages 21, 46-47, 134, 179, 201, 213, 219, 295, 344
430, 438-439, 445, 448, 460, 463.
Dhagpô Kundreul Ling : quatrième de couverture
et pages 39, 296-297, 308.
La Gendronnière (temple zen) : pages 327,
337 (tombe de maître Deshimaru).
Centre Dürckheim de Mirmande : pages 380-381.
Monastère des bénédictines de Chantelle : pages 89, 424.

M erci à...

Marc de Smedt, pour sa confiance une nouvelle fois renouvelée,
Frédéric Lenoir et Bernard Ugeux, pour leurs regards éclairés,
Fabrice Midal, pour ses conseils, ses encouragements et ses
cravates qui sourient,
Marion, Olivier, Florence, Pierre, pour la sincérité de leurs témoi-
gnages,
Éric de Clermont-Tonnerre, pour sa disponibilité naturelle,
Marika et Bertrand Thomas de la chartreuse de Sélignac, pour la
simplicité et la générosité de leur accueil,
Pascal et Carole Sauvage de Béthanie, pour leur délicatesse,

Merci à celles et ceux qui m'ont si gentiment accordé de leur temps,
moines, moniales, frères, sœurs ou laïcs et tout particulièrement :
le père Jean-Marie de l'abbaye du Bec-Hellouin ; frère Gabriel de
l'abbaye de Cîteaux ; sœur Hélène de la communauté de Grandchamp ; Arnaud de Rolland du centre spirituel jésuite de Manrèse ;
Arnaud Desjardins et Thierry Martin de l'ashram de Hauteville ;
Jacques Castermane du centre Dürckheim ; Thierry Gournay de
la famille franciscaine ; le père Denis-Marie Ghesquières du carmel d'Avon ; Hughes Naas du temple de la Gendronnière ; sœur
Élizabeth de la maison de l'Inspir.
Merci à Valérie, cachée dans le travail ingrat mais précieux de l'index
de ce livre, cachée, aussi, et surtout derrière ma persévérance.
Merci à ma mère pour le baptême, offert le deuxième jour de ma
vie, qui éclaire tout.

Merci à celles et ceux, « anonymes », qui se sont confiés à moi
dans les différents lieux que j'ai traversés, merci pour le cadeau,
parfois bouleversant, de leur confiance.
Que leur désir d'avancer en terres intérieures soit contagieux.

Table des matières

Du même auteur

Changer le monde en se transformant, Le Relié, 2009.

Guide des retraites spirituelles : les bonnes adresses pour se ressourcer, Librio, 2008.

La Société vue par les religions, Librio, 2008.

Béthanie ou l'Art de guérir, Presses de la Renaissance, 2006.

Le Courage de changer sa vie, Le Relié, 2003 ; Albin Michel, coll. « Espaces libres », 2004.

Suivi éditorial :
Anne-Sophie Jouanneau
Conception maquette intérieure :
Caractère B
Réalisation maquette intérieure :
Cécile Vagne

Impression Pollina, avril 2009

Éditions Albin Michel
22 rue Huyghens, 75014 Paris
www.albin-michel.fr

ISBN : 978-2-226-19113-7
N° d'édition : 25817
N° d'impression : L50028A
Dépôt légal : mai 2009
Imprimé en France